刑事检察法律文书系列丛书

陈国庆　总主编

刑事检察文书写作规范与指导

（下　册）

周惠永　主编

XINGSHI JIANCHA WENSHU XIEZUO
GUIFAN YU ZHIDAO

中国检察出版社

总目录

下册目录

第四章

刑事诉讼监督检察文书

第一节　刑事立案监督案件适用文书

刑事立案监督案件适用文书，是人民检察院在办理监督侦查机关不应当立案而立案或应当立案而不立案的案件，监督本院负责侦查的部门不应当立案而立案或应当立案而不立案的案件，以及监督行政执法机关不移送涉嫌犯罪案件过程中所使用的相关文书。

4.1.1　法律文书：立案监督审查通知书

（一）基本概念

立案监督审查通知书，是检察机关负责控告申诉的部门在对申诉材料、有关案件材料或案卷进行审查后，认为原侦查机关不立案或者立案决定正确，通知控告、申诉人时所使用的法律文书。

（二）相关依据

1. 法律依据

《中华人民共和国刑事诉讼法》第一百一十三条："人民检察院认为公安机关对应当立案侦查的案件而不立案侦查的，或者被害人认为公安机关对应当立案侦查的案件而不立案侦查，向人民检察院提出的，人民检察院应当要求公安机关说明不立案的理由。人民检察院认为公安机关不立案理由不能成立的，应当通知公安机关立案，公安机关接到通知后应当立案。"

2. 司法解释规定

《人民检察院刑事诉讼规则》第五百五十八条："人民检察院负责控告申诉检察的部门受理对公安机关应当立案而不立案或者不应当立案而立案的控告、申诉，应当根据事实、法律进行审查。认为需要公安机关说明不立案或者立案理由的，应当及时将案件移送负责捕诉的部门办理；认为公安机关立案或者不立案决定正确的，应当制作相关法律文书，答复控告人、申诉人。”

（三）文书结构

1. 首部

首部制作文书的人民检察院需注明所在省（自治区、直辖市）的名称，不能只写地区级市、县、区院名。文书名称，即“立案监督审查通知书”。文号生成格式为：“××检立监控申审通〔20××〕×号”。

2. 正文

本文书为格式文书，主要内容包括：

抬头，控告人/申诉人姓名，行文上顶格书写。

主文模板为，“你不服×××（写明公安机关名称、不立案或立案通知书文号），请求提起立案监督的申诉材料收悉。经本院审查认为，……（阐明具体依据和理由），公安机关不立案（或者立案）决定符合法律规定”，按模板填充要求，依次写明公安机关名称、不立案或立案通知书文号，本院审查认定的结论、依据和理由。

3. 尾部

落款为发出日期，日期上加盖院印。

（四）文书模板及制作说明

1. 文书模板

×××人民检察院

立案监督审查通知书

××检立监控申审通〔20××〕×号

________（控告人/申诉人姓名）：

你不服×××（写明公安机关名称、不立案或立案通知书文号），请求提起立案监督的申诉材料收悉。经本院审查认为，……（阐明具体依据和理由），公安机关不立案（或者立案）决定符合法律规定。

特此通知

20××年××月××日
（院印）

2. 制作说明

（1）本文书依据《中华人民共和国刑事诉讼法》第一百一十三条，《人民检察院刑事诉讼规则》第五百五十八条的规定制作。是检察机关负责控告申诉的部门在对申诉材料、有关案件材料或案卷进行审查后，认为原侦查机关不立案决定正确，通知控告、申诉人时使用。

（2）本文书一式二份，一份送达控告、申诉人（单位），一份附卷。

4.1.2　法律文书：要求说明立案理由通知书

（一）基本概念

要求说明立案理由通知书，是人民检察院要求公安机关书面说明立案理由时所使用的法律文书。

（二）相关依据

1. 司法解释规定

《人民检察院刑事诉讼规则》第五百五十九条第二款："对于有证据证明公安机关可能存在违法动用刑事手段插手民事、经济纠纷，或者利用立案实施报复陷害、敲诈勒索以及谋取其他非法利益等违法立案情形，尚未提请批准逮捕或者移送起诉的，人民检察院应当要求公安机关书面说明立案理由。"

第五百六十条："人民检察院要求公安机关说明不立案或者立案理由，应当书面通知公安机关，并且告知公安机关在收到通知后七日以内，书面说明不立案或者立案的情况、依据和理由，连同有关证据材料回复人民检察院。”

2. 其他规定

最高人民检察院、公安部《关于刑事立案监督有关问题的规定（试行）》第六条第二款：“人民检察院经审查，有证据证明公安机关可能存在违法动用刑事手段插手民事、经济纠纷，或者办案人员利用立案实施报复陷害、敲诈勒索以及谋取其他非法利益等违法立案情形，且已采取刑事拘留等强制措施或者搜查、扣押、冻结等强制性侦查措施，尚未提请批准逮捕或者移送审查起诉的，经检察长批准，应当要求公安机关书面说明立案理由。”

（三）文书结构

本文书为三联填充式文书。

1. 第一联

本联主要用于审批程序，不附卷，由办案部门统一留存。

（1）首部。本部分包括制作文书的人民检察院名称，需注明所在省（自治区、直辖市）的名称，不能只写地区级市、县、区院名；文书名称，即“要求说明立案理由通知书”；文书名称下方标注“（存根）”字样；文号生成格式为：“××检××立通〔20××〕×号”。

（2）正文。依次填写：案由；犯罪嫌疑人基本情况，包括姓名、性别、年龄、工作单位、住址、公民身份号码、是否人大代表或政协委员等；发现途径；公安机关立案时间；送达机关；批准人、承办人、填发人姓名；填发时间。

2. 第二、三联

第二联由承办人附卷，第三联送达公安机关。

（1）首部。本部分与存根叙写内容基本相同，不同之处在于第二联文书名称下方注“（副本）”字样，第三联文书名称下方无标注。

（2）正文。抬头，发往单位，要求说明立案理由的公安机关名称，行文上顶格书写。

要求说明立案理由的法律依据，并按照模板填充要求说明立案理由的案件名称。

（3）尾部。填发文书的日期，日期上加盖院印。

（四）文书模板及制作说明

1. 文书模板

×××人民检察院

要求说明立案理由通知书

（存　根）

××检××立通〔20××〕×号

案由＿＿＿＿＿＿＿＿

犯罪嫌疑人＿＿＿＿＿＿＿＿

发现途径＿＿＿＿＿＿＿＿

公安机关立案时间＿＿年＿＿月＿＿日

送达机关＿＿＿＿＿＿＿＿

批准人＿＿＿＿＿＿＿＿

承办人＿＿＿＿＿＿＿＿

填发人＿＿＿＿＿＿＿＿

填发时间＿＿＿＿＿＿＿＿

第一联　统一保存

×××人民检察院

要求说明立案理由通知书

（副　本）

××检××立通〔20××〕×号

＿＿＿＿：

根据《人民检察院刑事诉讼规则》第五百五十九条、第五百六十条和《最高人民检察院、公安部关于刑事立案监督有关问题的规定（试行）》第六条的规定，请在收到本通知书以后七日以内向本院书面说明＿＿＿＿＿＿＿＿一案的立案理由。

20××年××月××日

（院印）

第二联　附卷

×××人民检察院

要求说明立案理由通知书

××检××立通〔20××〕×号

＿＿＿＿：

根据《人民检察院刑事诉讼规则》第五百五十九条、第五百六十条和《最高人民检察院、公安部关于刑事立案监督有关问题的规定（试行）》第六条的规定，请在收到本通知书以后七日以内向本院书面说明＿＿＿＿＿＿＿＿一案的立案理由。

20××年××月××日

（院印）

第三联　送达公安机关

2. 制作说明

（1）本文书依据《人民检察院刑事诉讼规则》第五百五十九条、第五百六十条和最高人民检察院、公安部《关于刑事立案监督有关问题的规定（试行）》第六条的规定制作。是检察机关要求公安机关书面说明立案理由时使用。

（2）以案为单位制作。

（3）本文书共三联，第一联统一保存备查，第二联附卷，第三联送达公安机关。

4.1.3　法律文书：要求说明不立案理由通知书

（一）基本概念

要求说明不立案理由通知书，是检察机关要求侦查机关书面说明不立案理由时所使用的法律文书。

（二）相关依据

1. 法律依据

《中华人民共和国刑事诉讼法》第一百一十三条："人民检察院认为公安机关对应当立案侦查的案件而不立案侦查的，或者被害人认为公安机关对应当立案侦查的案件而不立案侦查，向人民检察院提出的，人民检察院应当要求公安机关说明不立案的理由。人民检察院认为公安机关不立案理由不能成立的，应当通知公安机关立案，公安机关接到通知后应当立案。"

2. 司法解释规定

《人民检察院刑事诉讼规则》第五百五十九条第一款："人民检察院经审查，认为需要公安机关说明不立案理由的，应当要求公安机关书面说明不立案的理由。"

第五百六十条："人民检察院要求公安机关说明不立案或者立案理由，应当书面通知公安机关，并且告知公安机关在收到通知后七日以内，书面说明不立案或者立案的情况、依据和理由，连同有关证据材料回复人民检察院。”

第六百八十条：“人民检察院办理国家安全机关、海警机关、监狱移送的刑事案件以及对国家安全机关、海警机关、监狱立案、侦查活动的监督，适用本规则关于公安机关的规定。”

（三）文书结构

本文书为三联填充式文书。

1. 第一联

本联主要用于审批程序，不附卷，由办案部门统一留存。

（1）首部。本部分包括制作文书的人民检察院名称，需注明所在省（自治区、直辖市）的名称，不能只写地区级市、县、区院名；文书名称，即“要求说明不立案理由通知书”；文书名称下方标注“（存根）”字样；文号生成格式为：“××检××不立通〔20××〕×号”。

（2）正文。依次填写：案由；犯罪嫌疑人基本情况，包括姓名、性别、年龄、工作单位、住址、公民身份号码、是否人大代表或政协委员等；发现途径；侦查机关不立案的时间；送达机关；批准人、承办人、填发人姓名；填发时间。

2. 第二、三联

第二联由承办人附卷，第三联送达侦查机关。

（1）首部。本部分与存根叙写内容基本相同，不同之处在于第二联文书名称下方注“（副本）”字样，第三联文书名称下方无标注。

（2）正文。抬头，发往单位，要求说明不立案理由的侦查机关名称，行文上顶格书写。

要求说明不立案理由的法律依据，并按照模板填充要求说明不立案理由的案件名称。

（3）尾部。填发文书的日期，日期上加盖院印。

（四）文书模板及制作说明

1. 文书模板

×××人民检察院

要求说明不立案理由通知书

（存　根）

××检××不立通〔20××〕×号

案由________________

犯罪嫌疑人________________

发现途径________________

侦查机关不立案的时间____年__月__日

送达机关________________

批准人________________

承办人________________

填发人________________

填发时间________________

第一联　统一保存

×××人民检察院

要求说明不立案理由通知书

（副　本）

××检××不立通〔20××〕×号

________：

根据《中华人民共和国刑事诉讼法》第一百一十三条的规定，请在收到本通知书以后七日以内向本院书面说明________________一案的不立案理由。

20××年××月××日

（院印）

第二联　附卷

×××人民检察院

要求说明不立案理由通知书

××检××不立通〔20××〕×号

________：

根据《中华人民共和国刑事诉讼法》第一百一十三条的规定，请在收到本通知书以后七日以内向本院书面说明________________一案的不立案理由。

20××年××月××日

（院印）

第三联　送达侦查机关

2. 制作说明

（1）本文书依据《中华人民共和国刑事诉讼法》第一百一十三条和《人民检察院刑事诉讼规则》第五百五十九条、第五百六十条、第六百八十条的规定制作。是检察机关要求公安机关、国家安全机关、海警机关、监狱等书面说明不立案理由时使用。

（2）本文书以案为单位制作。

（3）本文书共三联，第一联统一保存备查，第二联附卷，第三联送达侦查机关。

4.1.4 法律文书：要求说明逾期不作立案决定理由通知书

（一）基本概念

要求说明逾期不作立案决定理由通知书，是检察机关要求侦查机关书面说明逾期不作出立案决定的理由时所使用的法律文书。

（二）相关依据

《人民检察院刑事诉讼规则》第五百六十二条：“公安机关对当事人的报案、控告、举报或者行政执法机关移送的涉嫌犯罪案件受理后未在规定期限内作出是否立案决定，当事人或者行政执法机关向人民检察院提出的，人民检察院应当受理并进行审查。经审查，认为尚未超过规定期限的，应当移送公安机关处理，并答复报案人、控告人、举报人或者行政执法机关；认为超过规定期限的，应当要求公安机关在七日以内书面说明逾期不作出是否立案决定的理由，连同有关证据材料回复人民检察院。公安机关在七日以内不说明理由也不作出立案或者不立案决定的，人民检察院应当提出纠正意见。人民检察院经审查有关证据材料认为符合立案条件的，应当通知公安机关立案。”

第六百八十条：“人民检察院办理国家安全机关、海警机关、监狱移送的刑事案件以及对国家安全机关、海警机关、监狱立案、侦查活动的监督，适用本规则关于公安机关的规定。”

（三）文书结构

本文书为三联填充式文书。

1. 第一联

本联主要用于审批程序，不附卷，由办案部门统一留存。

（1）首部。本部分包括制作文书的人民检察院名称，需注明所在省（自治区、直辖市）的名称，不能只写地区级市、县、区院名；文书名称，即“要求说明逾期不作立案决定理由通知书”；文书名称下方标注“（存根）”字样；文号生成格式为：“××检××逾通〔20××〕×号”。

（2）正文。依次填写：案由；犯罪嫌疑人基本情况；发现途径；侦查机关逾期不作出是否立案决定的时间；送达机关；批准人、承办人、填发人姓名；填发时间。

2. 第二、三联

第二联由承办人附卷，第三联送达侦查机关。

（1）首部。本部分与存根叙写内容基本相同，不同之处在于第二联文书名称下方注“（副本）”字样，第三联文书名称下方无标注。

（2）正文。抬头，逾期不作出是否立案决定的侦查机关名称，行文上顶格书写。

主文模板为“根据《人民检察院刑事诉讼规则》第五百六十二条的规定，请在收到本通知书以后七日以内向本院书面说明×××一案逾期不作出是否立案决定的理由”，按照模板要求写明要求说明逾期不作立案决定理由的案件名称。

（3）尾部。填发文书的日期，日期上加盖院印。

（四）文书模板及制作说明

1. 文书模板

×××人民检察院

要求说明逾期不作立案决定理由通知书

（存　根）

××检××逾通〔20××〕×号

案由________

犯罪嫌疑人________

发现途径________

侦查机关逾期不作是否立案决定的时间____年____月____日

送达机关________

批准人________

承办人________

填发人________

填发时间________

第一联　统一保存

×××人民检察院

要求说明逾期不作立案决定理由通知书

（副　本）

××检××逾通〔20××〕×号

________：

根据《人民检察院刑事诉讼规则》第五百六十二条的规定，请在收到本通知书以后七日以内向本院书面说明________一案逾期不作出是否立案决定的理由。

20××年××月××日

（院印）

第二联　附卷

×××人民检察院

要求说明逾期不作立案决定理由通知书

××检××逾通〔20××〕×号

________：

根据《人民检察院刑事诉讼规则》第五百六十二条的规定，请在收到本通知书以后七日以内向本院书面说明________一案逾期不作出是否立案决定的理由。

20××年××月××日

（院印）

第三联　送达侦查机关

2. 制作说明

（1）本文书依据《人民检察院刑事诉讼规则》第五百六十二条、第六百八十条的规定制作。是检察机关要求公安机关、国家安全机关、海警机关、监狱等单位书面说明逾期不作出立案决定的理由时使用。

（2）本文书以案为单位制作。

（3）本文书共三联，第一联统一保存备查，第二联附卷，第三联送达侦查机关。

4.1.5　法律文书：不立案理由审查意见通知书

（一）基本概念

不立案理由审查意见通知书，是人民检察院审查侦查机关说明的不立案理由后，认为其不立案理由成立时，通知控告人，包括被害人及其法定代理人（近亲属）时所使用的法律文书。

（二）相关依据

1. 法律依据

《中华人民共和国刑事诉讼法》第一百一十三条：“人民检察院认为公安机关对应当立案侦查的案件而不立案侦查的，或者被害人认为公安机关对应当立案侦查的案件而不立案侦查，向人民检察院提出的，人民检察院应当要求公安机关说明不立案的理由。人民检察院认为公安机关不立案理由不能成立的，应当通知公安机关立案，公安机关接到通知后应当立案。”

2. 司法解释规定

《人民检察院刑事诉讼规则》第五百五十七条第二款：“人民检察院发现公安机关可能存在应当立案侦查而不立案侦查情形的，应当依法进行审查。”

第五百六十一条第一款：“公安机关说明不立案或者立案的理由后，人民检察院应当进行审查。认为公安机关不立案或者立案理由不能成立的，经检察长决定，应当通知公安机关立案或者撤销案件。”

（三）文书结构

本文书为三联填充式文书。

1. 第一联

本联主要用于审批程序，不附卷，由办案部门统一留存。

（1）首部。本部分包括制作文书的人民检察院名称，需注明所在省（自治区、直辖市）的名称，不能只写地区级市、县、区院名；文书名称，即“不立案理由审查意见通知书”；文书名称下方标注“（存根）”字样；文号生成格式为：“××检××不立审〔20××〕×号”。

（2）正文。依次填写：案由；被害人；被控告人（包括自然人和单位）；不立案侦查机关；批准人、承办人、填发人姓名；填发日期。

2. 第二、三联

第二联由承办人附卷，第三联送达被通知人。

（1）首部。本部分与存根叙写内容基本相同，不同之处在于第二联文书名称下方注“（副本）”字样，第三联文书名称下方无标注。

（2）正文。抬头，控告人姓名或控告单位的单位名称，行文上顶格书写。

首句模板为“关于你（单位）指控×××涉嫌×××一案，向本院提出×××对应当立案侦查的案件不立案侦查，×××已向本院说明不立案的理由”，按照模板填充要求依次写明被控告人姓名、涉嫌罪名，应当立案而不立案的侦查机关名称。

本院审查的结论及法律依据，即“根据《中华人民共和国刑事诉讼法》第一百一十三条的规定，经本院审查认为：×××（侦查机关）说明的不立案理由成立”。

（3）尾部。填发文书的日期，日期上加盖院印。

（四）文书模板及制作说明

1. 文书模板

××× 人民检察院

不立案理由审查意见通知书

（存　根）

××检××不立审〔20××〕×号

案由________________

被害人________________

被控告人________________

不立案侦查机关________________

批准人________________

承办人________________

填发人________________

填发时间________________

第一联　统一保存

××× 人民检察院

不立案理由审查意见通知书

（副　本）

××检××不立审〔20××〕×号

________：

关于你（单位）指控________涉嫌________一案，向本院提出________对应当立案侦查的案件不立案侦查，________已向本院说明不立案的理由。根据《中华人民共和国刑事诉讼法》第一百一十三条的规定，经本院审查认为：________说明的不立案理由成立。

特此通知

20××年××月××日

（院印）

第二联　附卷

××× 人民检察院

不立案理由审查意见通知书

××检××不立审〔20××〕×号

________：

关于你（单位）指控________涉嫌________一案，向本院提出________对应当立案侦查的案件不立案侦查，________已向本院说明不立案的理由。根据《中华人民共和国刑事诉讼法》第一百一十三条的规定，经本院审查认为：________说明的不立案理由成立。

特此通知

20××年××月××日

（院印）

第三联　送达被通知人

2. 制作说明

（1）本文书依据《中华人民共和国刑事诉讼法》第一百一十三条和《人民检察院刑事诉讼规则》第五百五十七条、第五百六十一条的规定制作。是人民检察院审查侦查机关说明的不立案理由后，认为其不立案理由成立时，通知被害人及其法定代理人（近亲属）时使用。

（2）本文书共三联，第一联统一保存备查，第二联附卷，第三联送达被通知人。

4.1.6 法律文书：立案理由审查意见通知书

（一）基本概念

立案理由审查意见通知书，是人民检察院审查侦查机关说明的立案理由后，认为其立案理由成立时，通知当事人时所使用的法律文书。

（二）相关依据

《人民检察院刑事诉讼规则》第五百五十七条第一款："被害人及其法定代理人、近亲属或者行政执法机关，认为公安机关对其控告或者移送的案件应当立案侦查而不立案侦查，或者当事人认为公安机关不应当立案而立案，向人民检察院提出的，人民检察院应当受理并进行审查。"

第五百六十一条："公安机关说明不立案或者立案的理由后，人民检察院应当进行审查。认为公安机关不立案或者立案理由不能成立的，经检察长决定，应当通知公安机关立案或者撤销案件。

人民检察院认为公安机关不立案或者立案理由成立的，应当在十日以内将不立案或者立案的依据和理由告知被害人及其法定代理人、近亲属或者行政执法机关。"

（三）文书结构

本文书为三联填充式文书。

1. 第一联

本联主要用于审批程序，不附卷，由办案部门统一留存。

（1）首部。本部分包括制作文书的人民检察院名称，需注明所在省（自治区、直辖市）的名称，不能只写地区级市、县、区院名；文书名称，即“立案理由审查意见通知书”；文书名称下方标注“（存根）”字样；文号生成格式为：“××检××立审〔20××〕×号”。

（2）正文。依次填写：案由；被害人；控告人（申诉人）；立案侦查机关；批准人、承办人、填发人姓名；填发日期。

2. 第二、三联

第二联由承办人附卷，第三联送达被通知人。

（1）首部。本部分与存根叙写内容基本相同，不同之处在于第二联文书名称下方注“（副本）”字样，第三联文书名称下方无标注。

（2）正文。抬头，控告（申诉）人姓名，行文上顶格书写。

首句模板为“关于你控告（申诉）×××（侦查机关名称）对×××（当事人姓名）不应当立案侦查而立案侦查一案，向本院提出×××（侦查机关名称）对不应当立案侦查的案件立案侦查，×××（侦查机关名称）已向本院说明立案的理由”，按照模板填充要求依次写明不应当立案而立案的侦查机关名称、当事人姓名。

本院审查的结论及法律依据，即“根据《人民检察院刑事诉讼规则》第五百五十八条的规定，经本院审查认为：×××（侦查机关名称）说明的立案理由成立”。

（3）尾部。填发文书的日期，日期上加盖院印。

（四）文书模板及制作说明

1. 文书模板

×××人民检察院

立案理由审查意见通知书

（存　根）

××检××立审〔20××〕×号

案由____________

控告人（申诉人）____________

立案侦查机关____________

批准人____________

承办人____________

填发人____________

填发时间____________

第一联　统一保存

×××人民检察院

立案理由审查意见通知书

（副　本）

××检××立审〔20××〕×号

________：

关于你控告（申诉）________（侦查机关名称）对________（当事人姓名）不应当立案侦查而立案侦查一案，向本院提出________对不应当立案侦查的案件立案侦查，________已向本院说明立案的理由。根据《人民检察院刑事诉讼规则》第五百五十八条的规定，经本院审查认为：________说明的立案理由成立。

特此通知

20××年××月××日

（院印）

第二联　附卷

×××人民检察院

立案理由审查意见通知书

××检××立审〔20××〕×号

________：

关于你控告（申诉）________（侦查机关名称）对________（当事人姓名）不应当立案侦查而立案侦查一案，向本院提出________对不应当立案侦查的案件立案侦查，________已向本院说明立案的理由。根据《人民检察院刑事诉讼规则》第五百五十八条的规定，经本院审查认为：________说明的立案理由成立。

特此通知

20××年××月××日

（院印）

第三联　送达被通知人

2. 制作说明

（1）本文书依据《人民检察院刑事诉讼规则》第五百五十七条、第五百六十一条的规定制作。是人民检察院审查侦查机关说明的立案理由后，认为其立案理由成立时，通知当事人时使用。

（2）本文书共三联，第一联统一保存备查，第二联附卷，第三联送达被通知人。

4.1.7　法律文书：通知撤销案件书

（一）基本概念

通知撤销案件书，是检察机关经审查，认为公安机关说明的立案理由不成立，要求公安机关撤销案件时所使用的法律文书。

（二）相关依据

1. 司法解释规定

《人民检察院刑事诉讼规则》第五百六十一条第一款："公安机关说明不立案或者立案的理由后，人民检察院应当进行审查。认为公安机关不立案或者立案理由不能成立的，经检察长决定，应当通知公安机关立案或者撤销案件。"

第五百六十三条："人民检察院通知公安机关立案或者撤销案件，应当制作通知立案书或者通知撤销案件书，说明依据和理由，连同证据材料送达公安机关，并且告知公安机关应当在收到通知立案书后十五日以内立案，对通知撤销案件书没有异议的应当立即撤销案件，并将立案决定书或者撤销案件决定书及时送达人民检察院。"

第五百六十四条："人民检察院通知公安机关立案或者撤销案件的，应当依法对执行情况进行监督。

公安机关在收到通知立案书或者通知撤销案件书后超过十五日不予立案或者未要求复议、提请复核也不撤销案件的，人民检察院应当发出纠正违法通知书。公安机关仍不纠正的，报上一级人民检察院协商同级公安机关处理。

公安机关立案后三个月以内未侦查终结的，人民检察院可以向公安机关发出立案监督案件催办函，要求公安机关及时向人民检察院反馈侦查工作进展情况。”

2. 其他规定

最高人民检察院、公安部《关于刑事立案监督有关问题的规定（试行)》第八条第一款：“人民检察院经调查核实，认为公安机关不立案或者立案理由不成立的，经检察长或者检察委员会决定，应当通知公安机关立案或者撤销案件。”

第九条：“人民检察院通知公安机关立案或者撤销案件的，应当制作《通知立案书》或者《通知撤销案件书》，说明依据和理由，连同证据材料移送公安机关。

公安机关应当在收到《通知立案书》后十五日以内决定立案，对《通知撤销案件书》没有异议的应当立即撤销案件，并将《立案决定书》或者《撤销案件决定书》复印件及时送达人民检察院。”

（三）文书结构

1. 首部

首部制作文书的人民检察院需注明所在省（自治区、直辖市）的名称，不能只写地区级市、县、区院名。文书名称，即“通知撤销案件书”。文号生成格式为：“××检××通撤〔20××〕×号”。

2. 正文

本文书为格式文书，主要内容包括：

抬头，写明发往单位，即通知撤销案件的侦查机关名称，行文上顶格书写。

首句写明本院收到侦查机关回复立案理由说明书的时间及案件名称。

通知撤销立案的理由，写明侦查机关立案理由不能成立的原因和应当撤销案件的事实、法律依据。

通知公安机关撤销案件的法律依据和要求，根据相关法律规定，“现通知你局撤销×××案并将撤销案件决定书复印件及时送达本院”。

3. 尾部

落款为文书发出日期，日期上加盖院印。

（四）文书模板及制作说明

1. 文书模板

×××人民检察院

通知撤销案件书

××检××通撤〔20××〕×号

________（侦查机关名称）：

本院于________年________月________日收到你局回复的________案的《立案理由说明书》，经审查认为：

（写明侦查机关立案理由不能成立的原因和应当撤销案件的事实、法律依据）

根据《人民检察院刑事诉讼规则》第五百六十一条、第五百六十三条、第五百六十四条和《最高人民检察院、公安部关于刑事立案监督有关问题的规定（试行）》第八条、第九条的规定，现通知你局撤销______案并将撤销案件决定书复印件及时送达本院。

20××年××月××日

（院印）

2. 制作说明

（1）本文书依据《人民检察院刑事诉讼规则》第五百六十一条、第五百六十三条、第五百六十四条和最高人民检察院、公安部《关于刑事立案监督有关问题的规定（试行）》第八条第一款、第九条的规定制作。是检察机关经审查，认为公安机关说明的立案理由不成立，要求公安机关撤销案件时使用。

（2）本文书一式二份，一份留存，一份送达公安机关。

4.1.8 法律文书：通知立案书

（一）基本概念

通知立案书，是人民检察院认为侦查机关说明的不立案理由不能成立，或者侦查机关不说明不立案理由，但经审查符合立案条件，通知侦查机关立案时所使用的法律文书。

（二）相关依据

1. 法律依据

《中华人民共和国刑事诉讼法》第一百一十三条："人民检察院认为公安机关对应当立案侦查的案件而不立案侦查的，或者被害人认为公安机关对应当立案侦查的案件而不立案侦查，向人民检察院提出的，人民检察院应当要求公安机关说明不立案的理由。人民检察院认为公安机关不立案理由不能成立的，应当通知公安机关立案，公安机关接到通知后应当立案。"

2. 司法解释规定

《人民检察院刑事诉讼规则》第五百六十三条："人民检察院通知公安机关立案或者撤销案件，应当制作通知立案书或者通知撤销案件书，说明依据和理由，连同证据材料送达公安机关，并且告知公安机关应当在收到通知立案书后十五日以内立案，对通知撤销案件书没有异议的应当立即撤销案件，并将立案决定书或者撤销案件决定书及时送达人民检察院。"

（三）文书结构

1. 首部

首部需注明制作文书的人民检察院所在省（自治区、直辖市）的名称，不能只写地区级市、县、区院名。文书名称，即"通知立案书"。文号生成格式为："××检××通立〔20××〕×号"。

2. 正文

本文书为格式文书，主要内容包括：

抬头，写明发往单位，即通知立案的侦查机关名称，行文上顶格书写。

首句写明本院收到侦查机关回复不立案理由说明书的时间及案件名称，包括涉案人员姓名及涉嫌罪名。

通知立案的理由，写明侦查机关关于不立案理由不能成立的原因和应当立案的事实根据和法律依据。

通知公安机关立案的法律依据和要求，根据相关法律规定，“现通知你局在收到本《通知立案书》后十五日以内对涉嫌×××（罪名）的×××（姓名）进行立案，并将立案决定书副本送达本院”。

3. 尾部

落款为发出日期，日期上加盖院印。

（四）文书模板及制作说明

1. 文书模板

×××人民检察院

通知立案书

××检××通立〔20××〕×号

________（侦查机关名称）：

本院于________年______月______日收到你局回复的____（姓名）____涉嫌____（罪名）____的《不立案理由说明书》，本院审查认为：

（写明侦查机关关于不立案理由不能成立的原因和应当立案的事实根据和法律依据）

根据《中华人民共和国刑事诉讼法》第一百一十三条的规定，现通知你局在收到本《通知立案书》后十五日以内对涉嫌____（罪名）____的____（姓名）____进行立案，并将立案决定书副本送达本院。

20××年××月××日

（院印）

2. 制作说明

（1）本文书依据《中华人民共和国刑事诉讼法》第一百一十三条和《人民检察院刑事诉讼规则》第五百六十三条的规定制作。是人民检察院认为侦查机关说明的不立案理由不能成立，或侦查机关不说明不立案理由，但经审查符合立案条件，通知侦查机关立案时使用。

（2）本文书一式二份，一份留存，一份送达侦查机关。

4.1.9 法律文书：检察意见书

（一）基本概念

检察意见书，是人民检察院接到控告、举报或者发现行政执法机关不移送涉嫌犯罪案件的，应当向行政执法机关提出检察意见，要求其按照管辖规定向公安机关或者人民检察院移送涉嫌犯罪案件时所使用的法律文书。

（二）相关依据

《人民检察院刑事诉讼规则》第五百五十七条第三款："人民检察院接到控告、举报或者发现行政执法机关不移送涉嫌犯罪案件的，经检察长批准，应当向行政执法机关提出检察意见，要求其按照管辖规定向公安机关移送涉嫌犯罪案件。"

（三）文书结构

1. 首部

首部需注明制作文书的人民检察院所在省（自治区、直辖市）的名称，不能只写地区级市、县、区院名。文书名称，即"检察意见书"。文号生成格式为："××检××意〔20××〕×号"。

2. 正文

本文书为格式文书，主要内容包括：

抬头，写明检察意见的发往单位，行文上顶格书写；

案件来源及查处（审查）情况；

认定的事实、证据、决定事项（认定结论）及法律依据；

根据法律规定，提出检察意见的具体内容和要求。

3. 尾部

落款为发出日期，日期上加盖院印。

（四）文书模板及制作说明

1. 文书模板

×××人民检察院

检察意见书

××检××意〔20××〕×号

一、发往单位。

二、案件来源及查处（审查）情况。

三、认定的事实、证据、决定事项（认定结论）及法律依据。

四、根据法律规定，提出检察意见的具体内容和要求。

20××年××月××日

（院印）

2. 制作说明

（1）本文书依据《人民检察院刑事诉讼规则》第五百五十七条第三款的规定制作。是人民检察院接到控告、举报或者发现行政执法机关不移送涉嫌犯罪案件的，应当向行政执法机关提出检察意见，要求其按照管辖规定向公安机关或者人民检察院移送涉嫌犯罪案件时使用。

（2）本文书一式二份，一份送达有关机关，一份附卷。

4.1.10 工作文书：移送函（适用立案监督）

（一）基本概念

移送函（适用立案监督），是人民检察院收到不服侦查机关立案决定、不服侦查机关不立案决定或受理后未在规定期限内作出是否立案的决定（侦查机关实际尚未作出不予立案决定且尚未超过规定期限）的投诉材料，移送公安机关处理时所使用的工作文书。

（二）相关依据

1. 司法解释规定

《人民检察院刑事诉讼规则》第五百六十二条："公安机关对当事人的报案、控告、举报或者行政执法机关移送的涉嫌犯罪案件受理后未在规定期限内作出是否立案决定，当事人或者行政执法机关向人民检察院提出的，人民检察院应当受理并进行审查。经审查，认为尚未超过规定期限的，应当移送公安机关处理，并答复报案人、控告人、举报人或者行政执法机关；认为超过规定期限的，应当要求公安机关在七日以内书面说明逾期不作出是否立案决定的理由，连同有关证据材料回复人民检察院。公安机关在七日以内不说明理由也不作出立案或者不立案决定的，人民检察院应当提出纠正意见。人民检察院经审查有关证据材料认为符合立案条件的，应当通知公安机关立案。"

2. 其他规定

最高人民检察院、公安部《关于刑事立案监督有关问题的规定（试行）》第五条第三项："人民检察院对于公安机关应当立案侦查而不立案侦查的线索进行审查后，应当根据不同情况分别作出处理：……（三）公安机关尚未作出不予立案决定的，移送公安机关处理。"

第六条第一款："人民检察院对于不服公安机关立案决定的投诉，可以移送立案的公安机关处理。"

（三）文书结构

1. 首部

首部需注明制作文书的人民检察院所在省（自治区、直辖市）的名称，不能只写地区级市、县、区院名。文书名称，即“移送函”。文号生成格式为：“××检××移字〔20××〕×号”。

2. 正文

本文书为格式文书，主要内容包括：

抬头，写明发往单位，即移送处理的公安机关名称，行文上顶格书写。

主文模板为“我院于××××年××月××日收到×××不服你局对×××立案（不立案）的投诉材料，经审查，根据最高人民检察院、公安部《关于刑事立案监督有关问题的规定（试行）》有关规定，现移送你局依法处理，请将处理情况及时函告我院”，按要求写明案件来源，即收到投诉人（姓名）不服公安机关处理决定投诉的时间及案件名称。说明依法移送处理，并请将处理情况及时函告。

3. 尾部

落款为文书发出日期，日期上加盖院印。

相关投诉材料作为附件。

（四）文书模板及制作说明

1. 文书模板

×××人民检察院

移送函

××检××移字〔20××〕×号

×××公安局：

我院于××××年××月××日收到×××不服你局对×××立案

（不立案）的投诉材料，经审查，根据最高人民检察院、公安部《关于刑事立案监督有关问题的规定（试行）》有关规定，现移送你局依法处理，请将处理情况及时函告我院。

附件：（相关投诉材料）

20××年××月××日

（院印）

2. 制作说明

（1）本文书根据最高人民检察院、公安部《关于刑事立案监督有关问题的规定（试行）》第五条、第六条的规定制作。人民检察院收到不服公安机关立案（不立案）的投诉材料，对公安机关已经立案或者公安机关尚未作出不予立案决定，移送公安机关处理时使用。

（2）本文书同相关投诉材料一并移交有管辖权的公安机关。

（3）本文书加盖人民检察院章。

4.1.11 工作文书：要求说明（不）立案理由审批表

（一）基本概念

要求说明（不）立案理由审批表，是人民检察院经过必要的调查、核实，对是否要求公安机关说明（不）立案理由进行审批时所使用的工作文书。

（二）相关依据

1. 法律依据

《中华人民共和国刑事诉讼法》第一百一十三条：“人民检察院认为公安机关对应当立案侦查的案件而不立案侦查的，或者被害人认为公安机关对应当立案侦查的案件而不立案侦查，向人民检察院提出的，人民检察院应当要求公安机关说明不立案的理由。人民检察院认为公安机关不立案理由不能成立的，应当通知公安机关立案，公安机关接到通知后应当立案。”

2. 司法解释规定

《人民检察院刑事诉讼规则》第五百五十九条：“人民检察院经审查，认为需要公安机关说明不立案理由的，应当要求公安机关书面说明不立案的理由。

对于有证据证明公安机关可能存在违法动用刑事手段插手民事、经济纠纷，或者利用立案实施报复陷害、敲诈勒索以及谋取其他非法利益等违法立案情形，尚未提请批准逮捕或者移送起诉的，人民检察院应当要求公安机关书面说明立案理由。”

（三）文书结构

本文书为表格式审批文书，其中正文部分以表格形式呈现。

1. 首部

文书名称，即“要求说明（不）立案理由审批表”。

2. 正文

按照表格的要求结合案件具体情况依次填充案由、侦查机关、案源；涉案人情况，包括姓名、性别、年龄、工作单位及住址；主要案情；承办人意见；部门负责人意见；检察长意见。

3. 尾部

附涉案证据材料份数及页数。

（四）文书模板及制作说明

1. 文书模板

要求说明（不）立案理由审批表

案　　由		侦查机关		案　　源	
涉案人	姓　　名	性　　别	年　　龄	工作单位及住址	
主要案情					
承办人意见					
部门负责人意见					
检察长意见					

附：涉案证据材料　份，共计　页。

2. 制作说明

（1）在“主要案情”中阐述根据调查核实所认定的案件事实和证据情况，在“承办人意见”中阐述经审查认为要求公安机关说明（不）立案理由的依据和理由。

（2）本文书采用填表式，一式一份，附卷备查。

（3）应当将涉案证据材料作为本审批表的附件，一并呈报审批。

4.1.12　工作文书：立案监督案件审查意见书

（一）基本概念

立案监督案件审查意见书，是检察机关对侦查机关说明（不）立案理由后进行审查审批时所使用的工作文书。

（二）相关依据

1. 法律依据

《中华人民共和国刑事诉讼法》第一百一十三条：“人民检察院认为公安机关对应当立案侦查的案件而不立案侦查的，或者被害人认为公安机关对应当立案侦查的案件而不立案侦查，向人民检察院提出的，人民检察院应当要求公安机关说明不立案的理由。人民检察院认为公安机关不立案理由不能成立的，应当通知公安机关立案，公安机关接到通知后应当立案。”

2. 司法解释规定

《人民检察院刑事诉讼规则》第五百六十一条：“公安机关说明不立案或者立案的理由后，人民检察院应当进行审查。认为公安机关不立案或者立案理由不能成立的，经检察长决定，应当通知公安机关立案或者撤销案件。

人民检察院认为公安机关不立案或者立案理由成立的，应当在十日以内将不立案或者立案的依据和理由告知被害人及其法定代理人、近亲属或者行政执法机关。”

（三）文书结构

1. 首部

制作文书的人民检察院需注明所在省（自治区、直辖市）的名称，不能只写地区级市、县、区院名。文书名称，即“立案监督案件审查意见书”。

2. 正文

（1）首句。写明开展立案监督的经过，包括监督线索发现情况、发出要求说明要求说明（不）立案理由通知书情况，侦查机关说明理由的经过。

（2）涉案人的基本情况。包括姓名、性别、出生年月日、出生地和户籍地、公民身份号码、民族、文化程度、职业、工作单位及职务、住址，是否受过刑事处罚及处罚的种类和时间，采取强制措施的情况等。

（3）发案、立案情况。对于侦查机关应当立案侦查而不立案侦查案件，应当写明发案情况、公安机关不立案的情况；侦查机关不应当立案侦查而立案侦查案件，应当写明公安机关立案的情况；检察机关侦查部门（不）立案侦查案件，应当写明受案、初查和（不）立案侦查的情况。

（4）经审查认定的案件事实及证据。对于侦查机关应当立案侦查而不立案侦查案件，应当写明公安机关说明的不立案理由，然后根据调查收集的证据材料，写明认定的案件事实以及对不立案理由的意见；侦查机关不应当立案侦查而立案侦查案件，应当根据调查收集的证据材料，写明认定的案件事实以及对公安机关立案的意见；检察机关侦查部门（不）立案侦查案件，应当写明认定的案件事实以及建议立案侦查或撤销案件的理由和法律依据。

（5）需要说明的问题。可以写明不宜在前几项中表述，但可能影响案件处理的已客观存在的具体情况，包括案件背景、有关领导批示情况，与公安机关的其他沟通交流情况，是否属于督办或挂牌案件，敏感案件预警或处置情况，同案人处理情况等。

（6）处理意见。应当根据《人民检察院刑事诉讼规则》第五百六十一条、第五百六十三条、第五百六十六条，根据审查情况，分别提出侦查机关（不）立案理由成立，建议将审查结果告知被害人及其法定代理人、近亲属或者行政执法机关；侦查机关（不）立案理由不能成立，建议通知侦查机关立案或者撤销案件；同意检察机关侦查部门（不）立案决定，或者建议检察机关侦查部门立案侦查（撤销案件）。

3. 尾部

落款承办人署名，文书制作日期。

（四）文书模板及制作说明

1. 文书模板

×××人民检察院

立案监督案件审查意见书

本（部、厅）于××××年××月××日收到控申部门移送的×××案立案监督材料（本院在工作中发现），于××××年××月××日向×××公安局发出《要求说明（不）立案理由通知书》，×××公安局于××××年××月××日向本院回复了《（不）立案理由说明书》，说明了该案的（不）立案理由。承办人×××经审查完毕，现报告如下：

一、涉案人的基本情况

涉案人×××（曾用名×××，绰号×××），（性别）×，××××年××月××日出生，公民身份号码×××，（民族）×，文化程度××，户籍所在地×××，住×××。工作单位×××。于××××年××月××日被×××单位采取×××（强制措施），现羁押于×××。

二、发案、立案情况

1. 侦查机关应当立案侦查而不立案侦查案件，应当写明发案情况、公安机关不立案的情况。

2. 侦查机关不应当立案侦查而立案侦查案件，应当写明公安机关立案的情况。

3. 检察机关侦查部门（不）立案侦查案件，应当写明受案、初查和（不）立案侦查的情况。

三、经审查认定的案件事实及证据

1. 侦查机关应当立案侦查而不立案侦查案件，应当写明公安机关说明的不立案理由，然后根据调查收集的证据材料，写明认定的案件事实以及对不立案理由的意见。

2. 侦查机关不应当立案侦查而立案侦查案件，应当根据调查收集的证据材料，写明认定的案件事实以及对公安机关立案的意见。

3. 检察机关侦查部门（不）立案侦查案件，应当写明认定的案件事实以及建议立案侦查或撤销案件的理由和法律依据。

四、需要说明的问题

×××

五、处理意见

×××

承办人：×××

20××年××月××日

2. 制作说明

（1）本文书依据《中华人民共和国刑事诉讼法》第一百一十三条，《人民检察院刑事诉讼规则》第五百六十一条的规定制作，是人民检察院对侦查机关说明（不）立案理由后进行审查审批时使用。

（2）本文书一式一份，在审批后附卷备查。

4.1.13 工作文书：立案监督案件催办函

（一）基本概念

立案监督案件催办函，是人民检察院监督立案，对于侦查机关立案后三个月内仍未侦查终结的，要求侦查机关及时向人民检察院反馈侦查工作进展情况时所使用的工作文书。

（二）相关依据

1. 司法解释规定

《人民检察院刑事诉讼规则》第五百六十四条第三款："公安机关立案后三个月以内未侦查终结的，人民检察院可以向公安机关发出立案监督案件催办函，要求公安机关及时向人民检察院反馈侦查工作进展情况。”

2. 其他规定

最高人民检察院、公安部《关于刑事立案监督有关问题的规定（试行）》第十一条：“公安机关对人民检察院监督立案的案件应当及时侦查。犯罪嫌疑人在逃的，应当加大追捕力度；符合逮捕条件的，应当及时提请人民检察院批准逮捕；侦查终结需要追究刑事责任的，应当及时移送人民检察院审查起诉。

监督立案后三个月未侦查终结的，人民检察院可以发出《立案监督案件催办函》，公安机关应当及时向人民检察院反馈侦查进展情况。”

（三）文书结构

本文书为二联填充式文书。第一联副本，承办人附卷；第二联正本，送达公安机关。本文书二联文书结构相同。

1. 首部

本部分包括制作文书的人民检察院名称，需注明所在省（自治区、直辖市）的名称，不能只写地区级市、县、区院名；文书名称，即“立案监督案件催办函”；第一联文书名称下方标注“（副本）”字样，第二联文书名称下方标注“（正本）”字样；文号生成格式为：“××检××催函〔20××〕×号”。

2. 正文

主文模板为“根据《人民检察院刑事诉讼规则》第五百六十四条、最高人民检察院、公安部《关于刑事立案监督有关问题的规定（试行）》第十一条的规定，请将×××案的侦查进展情况函告我院，并及时侦查终结”，写明催办的立案监督案件名称。

3. 尾部

填发文书的日期，日期上加盖院印。

（四）文书模板及制作说明

1. 文书模板

×××人民检察院
立案监督案件催办函
（副　本）

××检××催函〔20××〕×号

×××公安局：

根据《人民检察院刑事诉讼规则》第五百六十四条、最高人民检察院、公安部《关于刑事立案监督有关问题的规定（试行）》第十一条的规定，请将×××案的侦查进展情况函告我院，并及时侦查终结。

20××年××月××日
（院印）

第一联　附卷

×××人民检察院
立案监督案件催办函
（正　本）

××检××催函〔20××〕×号

×××公安局：

根据《人民检察院刑事诉讼规则》第五百六十四条的规定、最高人民检察院、公安部《关于刑事立案监督有关问题的规定（试行）》第十一条的规定，请将×××案的侦查进展情况函告我院，并及时侦查终结。

20××年××月××日
（院印）

第二联　送达公安机关

2. 制作说明

（1）本文书依据《人民检察院刑事诉讼规则》第五百六十四条，最高人民检察院、公安部《关于刑事立案监督有关问题的规定（试行）》第十一条的规定制作。是人民检察院监督立案，侦查机关立案后三个月内仍未侦查终结的，要求侦查机关及时向人民检察院反馈侦查工作进展情况时使用。

（2）本文书共二联，第一联附卷，第二联送达公安机关。

（3）本文书加盖人民检察院章。

4.1.14　工作文书：提请协商报告书（适用监督应当立案）

（一）基本概念

提请协商报告书（适用监督应当立案），是公安机关在收到通知立案书后超过十五日未要求复议、提请复核也不立案，收到纠正违法通知书后仍不纠正，报上一级人民检察院协商同级公安机关处理时使用的工作文书。

（二）相关依据

《人民检察院刑事诉讼规则》第五百六十四条："人民检察院通知公安机关立案或者撤销案件的，应当依法对执行情况进行监督。

公安机关在收到通知立案书或者通知撤销案件书后超过十五日不予立案或者未要求复议、提请复核也不撤销案件的，人民检察院应当发出纠正违法通知书。公安机关仍不纠正的，报上一级人民检察院协商同级公安机关处理。

公安机关立案后三个月以内未侦查终结的，人民检察院可以向公安机关发出立案监督案件催办函，要求公安机关及时向人民检察院反馈侦查工作进展情况。"

（三）文书结构

1. 首部

制作文书的人民检察院需注明所在省（自治区、直辖市）的名称，不能只写地区级市、县、区院名。文书名称，即“提请协商报告书”。文号生成格式为：“××检××立提商字〔20××〕×号”。

2. 正文

抬头，写明发往单位，为上一级人民检察院。

首句，写明立案监督案件承办人民检察院办理立案监督案件的诉讼经过，根据《人民检察院刑事诉讼规则》的监督办案流程详细阐述。注意突出写明发出立案通知书或撤销案件通知书以及发出撤销案件通知书的情况，说明侦查机关仍不纠正。

犯罪嫌疑人基本情况。写明犯罪嫌疑人姓名、性别、出生日期、公民身份号码、民族、文化程度、户籍所在地、住址、工作单位等自然情况基本信息。写明犯罪嫌疑人被采取强制措施情况，被采取羁押强制措施的应写明羁押场所。

公安机关说明的不立案理由。要结合公安机关说明的理由进行全面、充分阐述，可以摘要但不能歪曲原意。

经审查认定的案件事实及证据。根据调查核实和侦查机关说明理由时提供的证据，进行分析论证，详细叙述案件发生的时间、地点，影响案件事实表述的当事人之间的关系，案件的起因，实施行为的经过、手段、后果，以及社会影响，事实描述要清楚、详尽、客观。分析现有证据是否可以证明有犯罪事实、是否符合立案条件、是否需要追究刑事责任等。

需要说明的问题。可以对案件写明不宜在前几项中表述，但可能影响案件处理的已客观存在的具体情况，包括案件背景、有关领导批示情况，与公安机关的其他沟通交流情况，是否属于督办或挂牌案件，敏感案件预警或处置情况等。

处理意见。写明审查后的处理意见，提出犯罪嫌疑人的行为符合或不符合立案条件，侦查机关说明的理由不能成立，应当依法立案或者撤销案件。根据《人民检察院刑事诉讼规则》第五百六十四条，报请上一级人民检察院协商上一级侦查机关处理。

3. 尾部

附公安机关不立案理由说明书、纠正违法通知书作为附件。

落款文书制发日期，日期上加盖院印。

（四）文书模板及制作说明

1. 文书模板

×××人民检察院

提请协商报告书

××检××立提商字〔20××〕×号

×××人民检察院：

我院于××××年××月××日向×××公安局发出×××号《通知立案书》，该局收到《通知立案书》后超过十五日未立案，本院于××××年××月××日发出《纠正违法通知书》，该局仍未予以立案，现报请你院协商×××公安局予以处理。

一、犯罪嫌疑人基本情况

涉案人×××（曾用名×××，绰号×××），（性别）×，××××年××月××日出生，公民身份号码×××，（民族）××，文化程度××，户籍所在地×××，住×××。工作单位×××。

二、公安机关说明的不立案理由

×××

三、经审查认定的案件事实及证据

×××

四、需要说明的问题

×××

五、处理意见

本院认为，犯罪嫌疑人×××已涉嫌×××罪，公安机关说明的不立案理由不成立，应当依法立案。依据《人民检察院刑事诉讼规则》第五百六十四条的规定，特报请你院协商×××公安局处理。

附件：1. 公安机关不立案理由说明书

2. 纠正违法通知书

20××年××月××日
（院印）

2. 制作说明

（1）本文书根据《人民检察院刑事诉讼规则》第五百六十四条的规定制作。是公安机关在收到通知立案书后超过十五日未要求复议、提请复核也不立案，收到纠正违法通知书后仍不纠正，报上一级人民检察院协商同级公安机关处理时使用。

（2）本文书需附公安机关不立案理由说明书和纠正违法通知书一并送达上一级人民检察院。

（3）本文书加盖人民检察院印章。

4.1.15 工作文书：提请协商报告书（适用监督应当撤案）

（一）基本概念

提请协商报告书（适用监督应当撤案），是人民检察院对于公安机关在收到撤销案件通知书后超过十五日未要求复议、提请复核也不撤销案件，收到纠正违法通知书后仍不纠正，报上一级人民检察院协商同级公安机关处理时所使用的工作文书。

（二）相关依据

《人民检察院刑事诉讼规则》第五百六十四条：“人民检察院通知公安机关立案或者撤销案件的，应当依法对执行情况进行监督。

公安机关在收到通知立案书或者通知撤销案件书后超过十五日不予立案或者未要求复议、提请复核也不撤销案件的，人民检察院应当发出纠正违法通知书。公安机关仍不纠正的，报上一级人民检察院协商同级公安机关处理。

公安机关立案后三个月以内未侦查终结的，人民检察院可以向公安机关发出立案监督案件催办函，要求公安机关及时向人民检察院反馈侦查工作进展情况。”

（三）文书结构

1. 首部

制作文书的人民检察院需注明所在省（自治区、直辖市）的名称，不能只写地区级市、县、区院名。文书名称，即“提请协商报告书”。文号生成格式为：“××检××立提商字〔20××〕×号”。

2. 正文

抬头，写明发往单位，为上一级人民检察院。

首句，写明立案监督案件承办人民检察院办理立案监督案件的诉讼经过，根据《人民检察院刑事诉讼规则》的监督办案流程详细阐述。注意突出写明发出立案通知书或撤销案件通知书以及发出撤销案件通知书的情况，说明侦查机关仍不纠正。

犯罪嫌疑人基本情况。写明犯罪嫌疑人姓名、性别、出生日期、公民身份号码、民族、文化程度、户籍所在地、住址、工作单位等自然情况基本信息。写明犯罪嫌疑人被采取强制措施情况，被采取羁押强制措施的应写明羁押场所。监督撤案的案件可能涉及强制措施使用情况，也应当予以阐述。

侦查机关说明的立案理由。要结合侦查机关说明的理由进行全面、充分阐述，可以摘要但不能歪曲原意。

经审查认定的案件事实及证据。根据调查核实和侦查机关说明理由时提供的证据，进行分析论证，详细叙述案件发生的时间、地点，影响案件事实表述的当事人之间的关系，案件的起因，实施行为的经过、手段、后果，以及社会影响，事实描述要清楚、详尽、客观。分析现有证据是否可以证明有犯罪事实、是否符合立案条件、是否需要追究刑事责任等。

需要说明的问题。可以对案件写明不宜在前几项中表述，但可能影响案件处理的已客观存在的具体情况，包括案件背景、有关领导批示情况，与公安机关的其他沟通交流情况，是否属于督办或挂牌案件，敏感案件预警或处置情况等。

处理意见。写明审查后的处理意见，提出犯罪嫌疑人的行为符合或不符合立案条件，侦查机关说明的理由不能成立，应当依法立案或者撤销案件。根据《人民检察院刑事诉讼规则》第五百六十四条，报请上一级人民检察院协商上一级侦查机关处理。

3. 尾部

附公安机关立案理由说明书、纠正违法通知书作为附件。

落款文书制发日期，日期上加盖院印。

（四）文书模板及制作说明

1. 文书模板

×××人民检察院

提请协商报告书

××检××立提商字〔20××〕×号

×××人民检察院：

本院于××××年××月××日向×××公安局发出×××号《撤销案件通知书》，该局收到《撤销案件通知书》后未提出复议复核，也未撤销案件，我院于××××年××月××日发出《纠正违法通知书》，该局仍未撤销案件，现报请你院协商×××公安局予以处理。

一、犯罪嫌疑人基本情况

涉案人×××（曾用名×××，绰号×××），（性别）×，××××年××月××日出生，公民身份号码×××，（民族）××，文化程度××，户籍所在地×××，住×××。工作单位×××。于××××年××月××日被×××单位采取×××（强制措施），现羁押于×××。

二、公安机关说明的立案理由

×××

三、经审查认定的案件事实及证据

×××

四、需要说明的问题

×××

五、处理意见

本院认为，犯罪嫌疑人×××的行为不符合立案条件，×××公安局说明的立案理由不成立，应当依法撤销案件。依据《人民检察院刑事诉讼规则》第五百六十四条的规定，特报请你院协商×××公安局处理。

附件：1. 公安机关立案理由说明书

2. 纠正违法通知书

20××年××月××日

（院印）

2. 制作说明

（1）本文书根据《人民检察院刑事诉讼规则》第五百六十四条的规定制作，是公安机关在收到撤销案件通知书后超过十五日未要求复议、提请复核也不撤销案件，收到纠正违法通知书后仍不纠正，报上一级人民检察院协商同级公安机关处理时使用。

（2）本文书需附公安机关立案理由说明书和纠正违法通知书一并送达上一级人民检察院。

（3）本文书加盖人民检察院印章。

4.1.16　工作文书：商请案件审查报告（适用立案监督）

（一）基本概念

商请案件审查报告（适用立案监督），是上一级人民检察院收到下一级人民检察院报送的提请协商报告书后，审查是否需协商同级公安机关处理时所使用的工作文书。

（二）相关依据

《人民检察院刑事诉讼规则》第五百六十四条："人民检察院通知公安机关立案或者撤销案件的，应当依法对执行情况进行监督。

公安机关在收到通知立案书或者通知撤销案件书后超过十五日不予立案或者未要求复议、提请复核也不撤销案件的，人民检察院应当发出纠正违法通知书。公安机关仍不纠正的，报上一级人民检察院协商同级公安机关处理。

公安机关立案后三个月以内未侦查终结的，人民检察院可以向公安机关发出立案监督案件催办函，要求公安机关及时向人民检察院反馈侦查工作进展情况。"

（三）文书结构

1. 首部

制作文书的人民检察院需注明所在省（自治区、直辖市）的名称，不能只写地区级市、县、区院名。文书名称，即"商请案件审查报告"。

2. 正文

写明案件来源、收案及案件审查情况，"本院于××××年××月××日收×××检察院报送的×××案的立案监督商请处理材料。承办人×××审阅了相关材料，现已审查完毕"。

（1）犯罪嫌疑人基本情况。包括姓名、性别、公民身份号码、民族、文化程度、户籍所在地、住址地、工作单位及被采取强制措施情况等。

（2）公安机关说明的（不）立案理由。阐述公安机关说明的（不）立案理由。

（3）下级检察院报送商请的理由。阐述下级院报送本院商请协商处理的理由。

（4）经审查认定的案件事实及证据。

（5）处理意见。重点要结合经审查认定的案件事实及证据，突出对侦查机关说明的（不）立案理由、下级检察院报送商请的理由进行审查，提出是否向同一级侦查机关协商的意见。

3. 尾部

落款承办人署名，文书制作日期。

（四）文书模板及制作说明

1. 文书模板

×××人民检察院

商请案件审查报告

本院于××××年××月××日收×××检察院报送的×××案的立案监督商请处理材料。承办人×××审阅了相关材料，现已审查完毕。

一、犯罪嫌疑人基本情况

涉案人×××（曾用名×××，绰号×××），（性别）×，××××年××月××日出生，公民身份号码×××，（民族）××，文化程度××，户籍所在地×××，住×××。工作单位×××。于××××年××月××日被×××单位采取×××（强制措施）。

二、公安机关说明的（不）立案理由

×××

三、下级检察院报送商请的理由

×××

四、经审查认定的案件事实及证据

×××

五、处理意见

×××

承办人：×××

20××年××月××日

2. 制作说明

（1）本文书根据《人民检察院刑事诉讼规则》第五百六十四条的规定制作。是上一级人民检察院收到下一级人民检察院报送的提请协商报告书后，审查是否需协商同级公安机关处理时使用。

（2）以案件承办检察官名义制作，为检察官审查案件和报请院领导审批时使用。

4.1.17　工作文书：商请函（适用监督应当立案而不立案）

（一）基本概念

商请函（适用监督应当立案而不立案），是上一级人民检察院收到下一级人民检察院报送的提请协商报告书后，经审查认为公安机关不立案理由不成立，协商同级公安机关立案时所使用的工作文书。

（二）相关依据

《人民检察院刑事诉讼规则》第五百六十四条："人民检察院通知公安机关立案或者撤销案件的，应当依法对执行情况进行监督。

公安机关在收到通知立案书或者通知撤销案件书后超过十五日不予立案或者未要求复议、提请复核也不撤销案件的，人民检察院应当发出纠正违法通知书。公安机关仍不纠正的，报上一级人民检察院协商同级公安机关处理。

公安机关立案后三个月以内未侦查终结的，人民检察院可以向公安机关发出立案监督案件催办函，要求公安机关及时向人民检察院反馈侦查工作进展情况。"

（三）文书结构

1. 首部

制作文书的人民检察院需注明所在省（自治区、直辖市）的名称，不能只写地区级市、县、区院名。文书名称，即"商请函"。文号生成格式为："××检××商〔20××〕×号"。

2. 正文

本文书为格式文书，主要内容包括：

抬头，写明发往单位，即商请对象同级公安机关的名称，行文上顶格书写。

第一段模板为"×××检察院于××××年××月××日向×××公安局发出×××号《立案通知书》，通知该局对涉嫌×××的犯罪嫌疑人×××进行立案，该局收到《立案通知书》后十五日内未予立案，×××检察院于××××年××月××日向该局发出《纠正违法通知书》，该局仍未立案"，本段写明协商事由，即下级检察院向下级公安机关发出立案通知书后十五日内未予立案，继而发出纠正违法通知书，下级公安机关仍未立案的情形，包括相关文书制发的时间、文号、下级检察机关、公安机关的名称、案件名称（犯罪嫌疑人姓名、案由）等。

第二段模板为"×××检察院遂报请本院处理，经审查，本院认为，犯罪嫌疑人×××的行为符合立案条件，×××公安局说明的不立案理由不成立，×××检察院向×××公安局发出的《立案通知书》及《纠正违法通知书》事实清楚，适用法律正确。现请你局督促×××公安局及时予以纠正"，本段写明下级检察院报请本院处理后，本院审查认定的情况，并请同级公安机关督促下级公安机关及时予以纠正，按照模板要求结合具体情况写明下级检察机关、公安机关的名称及案件名称。

3. 尾部

下级公安机关不立案理由说明书、下级检察机关的纠正违法通知书作为附件。

落款为发出日期，日期上加盖院印。

（四）文书模板及制作说明

1. 文书模板

×××人民检察院

商请函

××检××商〔20××〕×号

×××（同级公安机关）：

×××检察院于××××年××月××日向×××公安局发出×××号《立案通知书》，通知该局对涉嫌×××的犯罪嫌疑人×××进行立案，该局收到《立案通知书》后十五日内未予立案，×××检察院于××××年××月××日向该局发出《纠正违法通知书》，该局仍未立案。

×××检察院遂报请本院处理，经审查，本院认为，犯罪嫌疑人×××的行为符合立案条件，×××公安局说明的不立案理由不成立，×××检察院向×××公安局发出的《立案通知书》及《纠正违法通知书》事实清楚，适用法律正确。现请你局督促×××公安局及时予以纠正。

附件：1. 公安机关不立案理由说明书

2. 纠正违法通知书

20××年××月××日

（院印）

2. 制作说明

（1）本文书根据《人民检察院刑事诉讼规则》第五百六十四条的规定制作。是上一级人民检察院收到下一级人民检察院报送的提请协商报告书后，经审查认为公安机关不立案理由不成立，协商同级公安机关立案时使用。

（2）本文书需附公安机关不立案理由说明书和纠正违法通知书一并送达同级公安机关。

（3）本文书加盖人民检察院印章。

4.1.18 工作文书：商请函（适用监督不应当立案而立案）

（一）基本概念

商请函（适用适用监督不应当立案而立案），是指上一级人民检察院收到下一级人民检察院报送的提请协商报告书后，经审查认为公安机关立案理由不成立，协商同级公安机关撤销案件时所使用的工作文书。

（二）相关依据

《人民检察院刑事诉讼规则》第五百六十四条：“人民检察院通知公安

机关立案或者撤销案件的，应当依法对执行情况进行监督。

公安机关在收到通知立案书或者通知撤销案件书后超过十五日不予立案或者未要求复议、提请复核也不撤销案件的，人民检察院应当发出纠正违法通知书。公安机关仍不纠正的，报上一级人民检察院协商同级公安机关处理。

公安机关立案后三个月以内未侦查终结的，人民检察院可以向公安机关发出立案监督案件催办函，要求公安机关及时向人民检察院反馈侦查工作进展情况。”

（三）文书结构

1. 首部

制作文书的人民检察院需注明所在省（自治区、直辖市）的名称，不能只写地区级市、县、区院名。文书名称，即“商请函”。文号生成格式为：“××检××商〔20××〕×号”。

2. 正文

本文书为格式文书，主要内容包括：

抬头，写明发往单位，即商请对象同级公安机关的名称，行文上顶格书写。

第一段模板为“×××检察院于××××年××月××日向×××公安局发出×××号《撤销案件通知书》，通知该局撤销对涉嫌×××的犯罪嫌疑人×××的立案决定书，该局收到《撤销案件通知书》后未提出复议复核，也未撤销案件，×××检察院于××××年××月××日向该局发出《纠正违法通知书》，该局仍未撤销案件”，本段写明协商事由，即下级检察院向下级公安机关发出撤销案件通知书后未提出复议复核，也未撤销案件，继而发出纠正违法通知书，下级公安机关仍未撤销案件的情形，需写明的内容包括相关文书制发的时间、文号、下级检察机关、公安机关的名称、案件名称（犯罪嫌疑人姓名、案由）等。

第二段模板为“×××检察院报请本院处理，经审查，本院认为，×××的行为不符合立案条件，×××公安局说明的立案理由不成立，×××检察院向×××公安局发出的《撤销案件通知书》及《纠正违法通知书》事实清楚，适用法律正确。现请你局督促×××公安局及时予以纠正”，本段写明下级检察院报请本院处理后，本院审查认定的情况，并请同级公安机关督促下级公安机关及时予以纠正，按照模板要求结合具体情况写明下级检察机关、公安机关的名称及案件名称。

3. 尾部

下级公安机关立案理由说明书、下级检察机关的纠正违法通知书作为附件。

落款为发出日期，日期上加盖院印。

（四）文书模板及制作说明

1. 文书模板

×××人民检察院

商请函

××检××商〔20××〕×号

×××（同级公安机关）：

×××检察院于××××年××月××日向×××公安局发出×××号《撤销案件通知书》，通知该局撤销对涉嫌×××的犯罪嫌疑人×××的立案决定书，该局收到《撤销案件通知书》后未提出复议复核，也未撤销案件，×××检察院于××××年××月××日向该局发出《纠正违法通知书》，该局仍未撤销案件。

×××检察院报请本院处理，经审查，本院认为，×××的行为不符合立案条件，×××公安局说明的立案理由不成立，×××检察院向×××公安局发出的《撤销案件通知书》及《纠正违法通知书》事实清楚，适用法律正确。现请你局督促×××公安局及时予以纠正。

附件：1. 公安机关立案理由说明书
　　　2. 纠正违法通知书

20××年××月××日
（院印）

2. 制作说明

（1）本文书根据《人民检察院刑事诉讼规则》第五百六十四条的规定制作。是上一级人民检察院收到下一级人民检察院报送的提请协商报告书后，经审查认为公安机关立案理由不成立，协商同级公安机关撤销案件时使用。

（2）本文书需附公安机关立案理由说明书和纠正违法通知书一并送达同级公安机关。

（3）本文书应在制作商请案件审查报告后使用。

（4）本文书加盖人民检察院印章。

第二节　刑事立案监督复议、复核案件适用文书

刑事立案监督复议、复核案件适用文书，是人民检察院在办理刑事立案监督复议、复核案件过程中，即办理公安机关认为人民检察院撤销案件通知有错误，要求同级人民检察院复议，或者经同级人民检察院复议后维持原决定，认为维持决定错误，提请上一级人民检察院复核的案件时所使用的相关文书。

4.2.1　法律文书：复议决定书（适用立案监督复议）

（一）基本概念

复议决定书（适用立案监督复议），是侦查机关认为通知撤销案件决定有错误，向人民检察院要求复议，人民检察院重新审查后作出决定时所使用的法律文书。

（二）相关依据

1. 司法解释规定

《人民检察院刑事诉讼规则》第五百六十五条第一款："公安机关认为人民检察院撤销案件通知有错误，要求同级人民检察院复议的，人民检察院应当重新审查。在收到要求复议意见书和案卷材料后七日以内作出是否变更的决定，并通知公安机关。"

2. 其他规定

最高人民检察院、公安部《关于刑事立案监督有关问题的规定（试行）》第十条第一款："公安机关认为人民检察院撤销案件通知有错误的，应当在五日以内经县级以上公安机关负责人批准，要求同级人民检察院复议。人民检察院应当重新审查，在收到要求《复议意见书》和案卷材料后七日以内作出是否变更的决定，并通知公安机关。"

（三）文书结构

本文书为三联填充式文书。

1. 第一联

本联主要用于审批程序，不附卷，由办案部门统一留存。

（1）首部。本部分包括制作文书的人民检察院名称需注明所在省（自治区、直辖市）的名称，不能只写地区级市、县、区院名；文书名称，即"复议决定书"；文书名称下方标注"（存根）"字样；文号生成格式为："××检××立监议〔20××〕×号"。

（2）正文。依次填写：案由；犯罪嫌疑人基本情况；复议决定内容；送达单位；批准人、承办人、填发人姓名；填发时间。

2. 第二、三联

第二联由承办人附卷，第三联送达公安机关。

（1）首部。本部分与存根叙写内容基本相同，不同之处在于第二联文书名称下方注"（副本）"字样，第三联文书名称下方无标注。

（2）正文。抬头，提出复议的侦查机关名称，行文上顶格书写。

主文模板为"你单位对本院撤销×××案的通知书要求复议的意见

书收悉。经本院复议认为：……。根据《人民检察院刑事诉讼规则》第五百六十五条、最高人民检察院、公安部《关于刑事立案监督有关问题的规定（试行)》第十条之规定，本院决定……”，按照模板填充要求依次写明要求复议的案件名称，经本院复议认定的结论、决定及法律依据。

（3）尾部。填发文书的日期，日期上加盖院印。

（四）文书模板及制作说明

1. 文书模板

（立案监督复议）

××× 人民检察院

复议决定书

（存　根）

××检××立监议〔20××〕×号

案由________

犯罪嫌疑人基本情况________

____

复议决定内容________

送达单位________

批准人________

承办人________

填发人________

填发时间________

第一联　统一保存

××× 人民检察院

复议决定书

（副　本）

××检××立监议〔20××〕×号

________（侦查机关）：

你单位对本院撤销________案的通知书要求复议的意见书收悉。经本院复议认为：________。根据《人民检察院刑事诉讼规则》第五百六十五条、最高人民检察院、公安部《关于刑事立案监督有关问题的规定（试行）》第十条之规定，本院决定________。

20××年××月××日

（院印）

第二联　附卷

××× 人民检察院

复议决定书

××检××立监议〔20××〕×号

________（侦查机关）：

你单位对本院撤销________案的通知书要求复议的意见书收悉。经本院复议认为：________。根据《人民检察院刑事诉讼规则》第五百六十五条、最高人民检察院、公安部《关于刑事立案监督有关问题的规定（试行）》第十条之规定，本院决定________。

20××年××月××日

（院印）

第三联　送达公安机关

2. 制作说明

（1）本文书系依据《人民检察院刑事诉讼规则》第五百六十五条和最高人民检察院、公安部《关于刑事立案监督有关问题的规定（试行）》第十条的规定制作。为侦查机关认为通知撤销案件决定有错误，向人民检察院要求复议，人民检察院重新审查后作出决定时使用。

（2）本文书共三联，第一联存根，统一保存备查，第二联附卷，第三联送达侦查机关。

4.2.2　法律文书：复核决定书（适用立案监督复核）

（一）基本概念

复核决定书（适用立案监督复核），是人民检察院在侦查机关认为通知撤销案件决定有错误，向作出决定的人民检察院要求复议，意见未被接受，向上一级人民检察院提请复核，上一级人民检察院作出复核决定时所使用的法律文书。

（二）相关依据

1. 司法解释规定

《人民检察院刑事诉讼规则》第五百六十五条："公安机关认为人民检察院撤销案件通知有错误，要求同级人民检察院复议的，人民检察院应当重新审查。在收到要求复议意见书和案卷材料后七日以内作出是否变更的决定，并通知公安机关。

公安机关不接受人民检察院复议决定，提请上一级人民检察院复核的，上级人民检察院应当在收到提请复核意见书和案卷材料后十五日以内作出是否变更的决定，通知下级人民检察院和公安机关执行。

上级人民检察院复核认为撤销案件通知有错误的，下级人民检察院应当立即纠正；上级人民检察院复核认为撤销案件通知正确的，应当作出复核决定并送达下级公安机关。"

2. 其他规定

最高人民检察院、公安部《关于刑事立案监督有关问题的规定（试行）》第十条第二、三款："公安机关不接受人民检察院复议决定的，应当在五日以内经县级以上公安机关负责人批准，提请上一级人民检察院复核。上级人民检察院应当在收到《提请复核意见书》和案卷材料后十五日以内作出是否变更的决定，通知下级人民检察院和公安机关执行。

上级人民检察院复核认为撤销案件通知有错误的，下级人民检察院应当立即纠正；上级人民检察院复核认为撤销案件通知正确的，下级公安机关应当立即撤销案件，并将《撤销案件决定书》复印件及时送达同级人民检察院。”

（三）文书结构

本文书为四联填充式文书。

1. 第一联

本联主要用于审批程序，不附卷，由办案部门统一留存。

（1）首部。本部分包括制作文书的人民检察院名称需注明所在省（自治区、直辖市）的名称，不能只写地区级市、县、区院名；文书名称，即“复核决定书”；文书名称下方标注“（存根）”字样；文号生成格式为：“××检××立监核〔20××〕×号”。

（2）正文。依次填写：案由；犯罪嫌疑人基本情况；复核决定内容；送达单位；批准人、承办人、填发人姓名；填发时间。

2. 第二、三联

第二联由承办人附卷，第三联送达公安机关。

（1）首部。本部分与存根叙写内容基本相同，不同之处在于第二联文书名称下方注“（副本）”字样、第三联文书名称下方无标注。

（2）正文。抬头，提起复核的公安机关名称，行文上顶格书写。

主文模板为“你局对×××人民检察院×××号通知撤销案件书提请复核的意见书和案件材料收悉。经本院复核认为：……。根据《人民检察院刑事诉讼规则》第五百六十五条、最高人民检察院、公安部《关于刑事立案监督有关问题的规定（试行）》第十条之规定，本院决定……”,按照模板填充要求依次写明要求复核的案件名称，经本院复核认定的结论、决定及法律依据。

（3）尾部。填发文书的日期，日期上加盖院印。

3. 第四联

（1）首部。本部分与存根叙写内容基本相同，不同之处在于第四联文书名称下方无标注。

（2）正文。抬头，作出撤销案件通知的下级人民检察院名称，行文上顶格书写。

主文模板为“×××公安局对你院×××号通知撤销案件书提请复核的意见书和案件材料收悉。经本院复核认为：……。根据《人民检察院刑事诉讼规则》第五百六十五条、最高人民检察院、公安部《关于刑事立案监督有关问题的规定（试行）》第十条之规定，本院决定……，现通知你院执行”，按照模板填充要求依次写明要求复核的案件名称，经本院复核认定的结论、决定及法律依据，并通知下级人民检察院执行该决定。

（3）尾部。填发文书的日期，日期上加盖院印。

（四）文书模板及制作说明

1. 文书模板

立案监督复核

××× 人民检察院

复核决定书

（存　根）

××检××立监核〔20××〕×号

案由__________

犯罪嫌疑人基本情况__________

____

复核决定内容__________

送达单位__________

批准人__________

承办人__________

填发人__________

填发时间__________

第一联　统一保存

××× 人民检察院

复核决定书

（副　本）

××检××立监核〔20××〕×号

__________公安局：

你局对__________人民检察院__________号通知撤销案件书提请复核的意见书和案件材料收悉。经本院复核认为：__________。根据《人民检察院刑事诉讼规则》第五百六十五条、最高人民检察院、公安部《关于刑事立案监督有关问题的规定（试行）》第十条之规定，本院决定__________。

20××年××月××日

（院印）

第二联　附卷

×××人民检察院

复核决定书

××检××立监核〔20××〕×号

________公安局：

你局对__________人民检察院__________号通知撤销案件书提请复核的意见书和案件材料收悉。经本院复核认为：__________。根据《人民检察院刑事诉讼规则》第五百六十五条、最高人民检察院、公安部《关于刑事立案监督有关问题的规定（试行）》第十条之规定，本院决定__________。

20××年××月××日

（院印）

第三联　送达公安机关

×××人民检察院

复核决定通知书

××检××立监核〔20××〕×号

________人民检察院：

________公安局对你院__________号通知撤销案件书提请复核的意见书和案件材料收悉。经本院复核认为：__________。根据《人民检察院刑事诉讼规则》第五百六十五条、最高人民检察院、公安部《关于刑事立案监督有关问题的规定（试行）》第十条之规定，本院决定__________，现通知你院执行。

20××年××月××日

（院印）

第四联　送达下级人民检察院

2. 制作说明

（1）本文书依据《人民检察院刑事诉讼规则》第五百六十五条，最高人民检察院、公安部《关于刑事立案监督有关问题的规定（试行）》第十条的规定制作。是人民检察院在侦查机关认为不批捕、不起诉、附条件不起诉或者通知撤销案件决定有错误，向作出决定的人民检察院要求复议，意见未被接受，向上一级人民检察院提请复核，上一级人民检察院作出复核决定时使用。

（2）本文书共四联，第一联统一保存备查，第二联附卷，第三联送达侦查机关，第四联送达作出决定的下级人民检察院。

4.2.3 工作文书：通知撤销案件复议的审查报告

（一）基本概念

通知撤销案件复议的审查报告，是人民检察院对侦查机关认为撤销案件通知有错误的复议申请进行审查时所使用的工作文书。

（二）相关依据

《人民检察院刑事诉讼规则》第五百六十五条第一款："公安机关认为人民检察院撤销案件通知有错误，要求同级人民检察院复议的，人民检察院应当重新审查。在收到要求复议意见书和案卷材料后七日以内作出是否变更的决定，并通知公安机关。"

（三）文书结构

1. 首部

标题部分，制作文书的人民检察院需注明所在省（自治区、直辖市）的名称，不能只写地区级市、县、区院名。文书名称，即"关于犯罪嫌疑人×××涉嫌×××案通知撤销案件复议的审查报告"，标题中写明犯罪嫌疑人姓名及涉嫌罪名。

2. 正文

写明案件来源、收案及案件审查情况，"本院于××××年××月×

×日向×××公安局发出撤销×××案的通知书，该局于××××年××月××日提出复议。承办人×××对相关材料审查完毕”。

（1）涉案人基本情况。包括姓名、性别、公民身份号码、民族、文化程度、户籍所在地、住所地、工作单位及被采取强制措施情况等。

（2）案件来源及发案、立案情况。

（3）通知撤销案件的理由。写明撤案公安机关立案理由不能成立的原因和应当撤销案件的法律依据。

（4）公安机关要求复议的理由和依据。

（5）经审查认定的案件事实及证据。

（6）需要说明的问题。

（7）处理意见。承办人意见：经审查，认为本院作出的撤销案件的决定是正确的或者有错误，而建议维持或撤销作出的原撤销案件通知书。

3. 尾部

落款承办人署名，文书制作日期。

（四）文书模板及制作说明

1. 文书模板

×××人民检察院

关于犯罪嫌疑人×××涉嫌×××案
通知撤销案件复议的审查报告

本院于××××年××月××日向×××公安局发出撤销×××案的通知书，该局于××××年××月××日提出复议。承办人×××对相关材料审查完毕，现报告如下：

一、涉案人基本情况

涉案人×××（曾用名×××，绰号×××），（性别）×，××××年××月××日出生，公民身份号码×××，（民族）××，（接受教育程度）××，户籍所在地×××，住×××。工作单位×××。于××××年××月××日被×××单位采取×××（强制措施）。

二、案件来源及发案、立案情况

×××

三、通知撤销案件的理由

（写明撤案公安机关立案理由不能成立的原因和应当撤销案件的法律依据）

四、公安机关要求复议的理由和依据

×××

五、经审查认定的案件事实及证据

×××

六、需要说明的问题

×××

七、处理意见

承办人意见：经审查，认为我院发出的撤销案件通知书是正确的。因此，建议维持我院作出的撤销案件通知书。

（承办人意见：经审查，认为我院作出的撤销案件的决定有错误，应予变更。因此，建议撤销作出的原撤销案件通知书）

承办人：×××

20××年××月××日

2. 制作说明

（1）本文书依据《人民检察院刑事诉讼规则》第五百六十五条第一款的规定制作。是人民检察院对侦查机关认为撤销案件通知有错误的复议申请进行审查时使用。

（2）人民检察院对于侦查机关的复议意见，应当结合通知撤销案件的理由、公安机关要求复议的理由和依据，进行重新审查，认定案件事实及证据，并提出本院发出的撤销案件通知书是否正确的意见。认为撤销案件通知书正确的，要建议维持本院作出的撤销案件通知书。撤销案件的决定有错误，应予变更的，提出撤销作出的原撤销案件通知书的建议。

4.2.4　工作文书：通知撤销案件复核审查报告

（一）基本概念

通知撤销案件复核审查报告，是上级人民检察院对侦查机关认为撤销案件通知有错误的复核申请进行审查时所使用的工作文书。

（二）相关依据

《人民检察院刑事诉讼规则》第五百六十五条第二款："公安机关不接受人民检察院复议决定，提请上一级人民检察院复核的，上级人民检察院应当在收到提请复核意见书和案卷材料后十五日以内作出是否变更的决定，通知下级人民检察院和公安机关执行。"

（三）文书结构

1. 首部

标题部分，制作文书的人民检察院需注明所在省（自治区、直辖市）的名称，不能只写地区级市、县、区院名。文书名称，即"通知撤销案件复核审查报告"。

2. 正文

写明案件来源、收案及案件审查情况，"本院于××××年××月××日收到×××公安局对×××检察院通知撤销×××案提请复核的相关材料。承办人×××对相关材料审查完毕"。

（1）涉案人基本情况。包括姓名、性别、公民身份号码、民族、文化程度、户籍所在地、住址地、工作单位及被采取强制措施情况等。

（2）案件来源及发案、立案情况。

（3）下级人民检察院通知撤销案件的理由以及复议决定维持的理由。

（4）公安机关提请复核的理由。

（5）经审查认定的案件事实及证据。

（6）需要说明的问题。

（7）处理意见。承办人意见：经审查，认为下级人民检察院作出的撤销案件的决定以及维持该通知的复议决定书是正确的或者有错误，而建议维持或撤销下级人民检察院的复议决定。

3. 尾部

落款承办人署名，文书制作日期。

（四）文书模板及制作说明

1. 文书模板

×××人民检察院

通知撤销案件复核审查报告

本院于××××年××月××日收到×××公安局对×××检察院通知撤销×××案提请复核的相关材料。承办人×××对相关材料审查完毕，现报告如下：

一、涉案人基本情况

涉案人×××（曾用名×××，绰号×××），（性别）×，××××年××月××日出生，公民身份号码×××，（民族）××，（接受教育程度）××，户籍所在地×××，住×××。工作单位×××。于××××年××月××日被×××单位采取×××（强制措施）。

二、案件来源及发案、立案情况

×××

三、下级人民检察院通知撤销案件的理由以及复议决定维持的理由

×××

四、公安机关提请复核的理由

×××

五、经审查认定的案件事实及证据

×××

六、需要说明的问题

×××

七、处理意见

承办人意见：经审查，认为×××检察院作出的撤销案件通知书以及维持该通知的复议决定书正确。因此建议维持该院的复议决定。

（承办人意见：经审查，认为×××人民检察院作出的撤销案件通知书错误，建议撤销该院作出的复议决定）

承办人：×××

20××年××月××日

2. 制作说明

（1）本文书依据《人民检察院刑事诉讼规则》第五百六十五条第二款的规定制作。是上级人民检察院对侦查机关认为撤销案件通知有错误的复核申请进行审查时使用。

（2）上级人民检察院对于侦查机关的提请复核意见，应当结合下级人民检察院通知撤销案件的理由和复议决定维持的理由、公安机关提请复核的理由和依据，进行重新审查，认定案件事实及证据，并提出本院作出的撤销案件通知书以及维持该通知的复议决定书是否正确的意见。认为正确的，要建议维持下级人民检察院的复议决定。认为确有错误，应予纠正的，要建议撤销下级人民检察院作出的复议决定，下级人民检察院应当立即纠正。

第三节　侦查活动监督案件适用文书

侦查活动监督案件适用文书，是人民检察院对公安机关的侦查活动或对人民检察院直接受理立案侦查案件的侦查活动进行监督的过程中所使用的相关文书。

4.3.1 法律文书：纠正违法通知书

（一）基本概念

纠正违法通知书，是人民检察院对于侦查机关侦查活动中情节较重的违法行为，以特定的书面形式要求纠正的一种法律文书。

（二）相关依据

1. 法律依据

（1）《中华人民共和国人民检察院组织法》第二十一条："人民检察院行使本法第二十条规定的法律监督职权，可以进行调查核实，并依法提出抗诉、纠正意见、检察建议。有关单位应当予以配合，并及时将采纳纠正意见、检察建议的情况书面回复人民检察院。

抗诉、纠正意见、检察建议的适用范围及其程序，依照法律有关规定。"

（2）《中华人民共和国刑事诉讼法》第八条："人民检察院依法对刑事诉讼实行法律监督。"

第五十七条："人民检察院接到报案、控告、举报或者发现侦查人员以非法方法收集证据的，应当进行调查核实。对于确有以非法方法收集证据情形的，应当提出纠正意见；构成犯罪的，依法追究刑事责任。"

第一百条："人民检察院在审查批准逮捕工作中，如果发现公安机关的侦查活动有违法情况，应当通知公安机关予以纠正，公安机关应当将纠正情况通知人民检察院。"

第一百一十七条："当事人和辩护人、诉讼代理人、利害关系人对于司法机关及其工作人员有下列行为之一的，有权向该机关申诉或者控告：

（一）采取强制措施法定期限届满，不予以释放、解除或者变更的；

（二）应当退还取保候审保证金不退还的；

（三）对与案件无关的财物采取查封、扣押、冻结措施的；

（四）应当解除查封、扣押、冻结不解除的；

（五）贪污、挪用、私分、调换、违反规定使用查封、扣押、冻结的财物的。

受理申诉或者控告的机关应当及时处理。对处理不服的，可以向同级人民检察院申诉；人民检察院直接受理的案件，可以向上一级人民检察院申诉。人民检察院对申诉应当及时进行审查，情况属实的，通知有关机关予以纠正。”

第一百七十一条：“人民检察院审查案件的时候，必须查明：

（一）犯罪事实、情节是否清楚，证据是否确实、充分，犯罪性质和罪名的认定是否正确；

（二）有无遗漏罪行和其他应当追究刑事责任的人；

（三）是否属于不应追究刑事责任的；

（四）有无附带民事诉讼；

（五）侦查活动是否合法。”

2. 司法解释规定

《人民检察院刑事诉讼规则》第五十八条：“辩护人、诉讼代理人认为其依法行使诉讼权利受到阻碍向人民检察院申诉或者控告的，人民检察院应当及时受理并调查核实，在十日以内办结并书面答复。情况属实的，通知有关机关或者本院有关部门、下级人民检察院予以纠正。”

第七十三条：“人民检察院经审查认定存在非法取证行为的，对该证据应当予以排除，其他证据不能证明犯罪嫌疑人实施犯罪行为的，应当不批准或者决定逮捕。已经移送起诉的，可以依法将案件退回监察机关补充调查或者退回公安机关补充侦查，或者作出不起诉决定。被排除的非法证据应当随案移送，并写明为依法排除的非法证据。

对于侦查人员的非法取证行为，尚未构成犯罪的，应当依法向其所在机关提出纠正意见。对于需要补正或者作出合理解释的，应当提出明确要求。

对于非法取证行为涉嫌犯罪需要追究刑事责任的，应当依法立案侦查。”

第二百六十四条：“经审查讯问犯罪嫌疑人录音、录像，发现公安机关、本院负责侦查的部门讯问不规范，讯问过程存在违法行为，录音、录像内容与讯问笔录不一致等情形的，应当逐一列明并向公安机关、本院负责侦查的部门书面提出，要求其予以纠正、补正或者书面作出合理解释。发现讯问笔录与讯问犯罪嫌疑人录音、录像内容有重大实质性差异的，或者公安机关、本院负责侦查的部门不能补正或者作出合理解释的，该讯问笔录不能作为批准或者决定逮捕、提起公诉的依据。”

第二百六十五条：“犯罪嫌疑人及其辩护人申请排除非法证据，并提供相关线索或者材料的，人民检察院应当调查核实。发现侦查人员以刑讯逼供等非法方法收集证据的，应当依法排除相关证据并提出纠正意见。

审查逮捕期限届满前，经审查无法确定存在非法取证的行为，但也不能排除非法取证可能的，该证据不作为批准逮捕的依据。检察官应当根据在案的其他证据认定案件事实和决定是否逮捕，并在作出批准或者不批准逮捕的决定后，继续对可能存在的非法取证行为进行调查核实。经调查核实确认存在以刑讯逼供等非法方法收集证据情形的，应当向公安机关提出纠正意见。以非法方法收集的证据，不得作为提起公诉的依据。”

第二百八十六条：“人民检察院应当将批准逮捕的决定交公安机关立即执行，并要求公安机关将执行回执及时送达作出批准决定的人民检察院。如果未能执行，也应当要求其将回执及时送达人民检察院，并写明未能执行的原因。对于人民检察院不批准逮捕的，应当要求公安机关在收到不批准逮捕决定书后，立即释放在押的犯罪嫌疑人或者变更强制措施，并将执行回执在收到不批准逮捕决定书后三日以内送达作出不批准逮捕决定的人民检察院。

公安机关在收到不批准逮捕决定书后对在押的犯罪嫌疑人不立即释放或者变更强制措施的，人民检察院应当提出纠正意见。”

第二百八十七条：“对于没有犯罪事实或者犯罪嫌疑人具有刑事诉讼法第十六条规定情形之一，人民检察院作出不批准逮捕决定的，应当同时告知公安机关撤销案件。

对于有犯罪事实需要追究刑事责任，但不是被立案侦查的犯罪嫌疑人实施，或者共同犯罪案件中部分犯罪嫌疑人不负刑事责任，人民检察院作出不批准逮捕决定的，应当同时告知公安机关对有关犯罪嫌疑人终止侦查。

公安机关在收到不批准逮捕决定书后超过十五日未要求复议、提请复核，也不撤销案件或者终止侦查的，人民检察院应当发出纠正违法通知书。公安机关仍不纠正的，报上一级人民检察院协商同级公安机关处理。”

第三百一十七条：“对公安机关重新计算侦查羁押期限的备案，由负责捕诉的部门审查。负责捕诉的部门认为公安机关重新计算侦查羁押期限不当的，应当提出纠正意见。”

第三百二十七条：“最高人民检察院决定核准追诉的案件，最初受理案件的人民检察院应当监督公安机关的侦查工作。

最高人民检察院决定不予核准追诉，公安机关未及时撤销案件的，同级人民检察院应当提出纠正意见。犯罪嫌疑人在押的，应当立即释放。”

第四百六十条：“人民检察院受理案件后，应当向未成年犯罪嫌疑人及其法定代理人了解其委托辩护人的情况，并告知其有权委托辩护人。

未成年犯罪嫌疑人没有委托辩护人的，人民检察院应当书面通知法律援助机构指派律师为其提供辩护。

对于公安机关未通知法律援助机构指派律师为未成年犯罪嫌疑人提供辩护的，人民检察院应当提出纠正意见。”

第五百五十二条：“人民检察院发现刑事诉讼活动中的违法行为，对于情节较轻的，由检察人员以口头方式提出纠正意见；对于情节较重的，经检察长决定，发出纠正违法通知书。对于带有普遍性的违法情形，经检察长决定，向相关机关提出检察建议。构成犯罪的，移送有关机关、部门依法追究刑事责任。

有申诉人、控告人的，调查核实和纠正违法情况应予告知。”

第五百五十三条：“人民检察院发出纠正违法通知书的，应当监督落实。被监督单位在纠正违法通知书规定的期限内没有回复纠正情况的，人民检察院应当督促回复。经督促被监督单位仍不回复或者没有正当理由不纠正的，人民检察院应当向上一级人民检察院报告。”

第五百六十四条：“人民检察院通知公安机关立案或者撤销案件的，应当依法对执行情况进行监督。

公安机关在收到通知立案书或者通知撤销案件书后超过十五日不予立案或者未要求复议、提请复核也不撤销案件的，人民检察院应当发出纠正违法通知书。公安机关仍不纠正的，报上一级人民检察院协商同级公安机关处理。

公安机关立案后三个月以内未侦查终结的，人民检察院可以向公安机关发出立案监督案件催办函，要求公安机关及时向人民检察院反馈侦查工作进展情况。”

（三）文书结构

1. 首部

标题部分，需注明所在省（自治区、直辖市）的名称，不能只写地区级市、县、区院名。文书名称，即“纠正违法通知书”。文号生成格式为：“××检××纠违〔20××〕×号”。

2. 正文

抬头，发往单位，即发生违法情况的单位，行文上顶格书写。

开头及首句，依据《人民检察院刑事诉讼法律文书格式样本（2020版）》中的要求，开头及首句的模板是“本院在办理________案件中（或在工作中）发现，你________在侦查________案过程中存在下列违法行为：……”，这句填空式模句目的是，检察机关应在开头部位写明侦查违法情形发现的过程。

发现的违法情况，本部分要求全面、完整、有逻辑的描述具体的违法情形。一是注明调查核实，相较于“经检察”，调查核实更能反映出检察机关向侦查机关发出纠正违法通知书前已进行翔实的调查工作，而不是随意制发。二是“发现”后书写顺序为：（1）发生违法情况的具体单位和人员。违法人员要写明姓名、所在单位、职务等。（2）违法事实。写明违法的时间、地点、经过、手段、目的和后果等。

认定违法的理由和法律依据，“本院认为”后写明违法行为触犯的法律、法规的具体条款、违法行为的性质、释法说理等。

纠正意见，本部分写明，“根据……（法律依据）的规定，现通知你________予以纠正，并在收到本通知书后十五日内将纠正情况告知本院。

如对上述意见有异议，请于收到本通知书次日起________日内向我院提出复查”。主要强调检察机关发出纠正违法通知书的严肃性、重要性。列明检察机关开展监督工作的法律依据、被纠正单位回复期限及提出异议期限。

3. 尾部

落款为发出日期，日期上加盖公章。

（四）文书模板及制作说明

1. 文书模板

×××人民检察院

纠正违法通知书

××检××纠违〔20××〕×号

________（侦查机关）：

本院在办理________案件中（或在工作中）发现，你________在侦查________案过程中存在下列违法行为：

1. 发现的违法情况。包括违法人员的姓名、单位、职务、违法事实等，如果是单位违法，要写明违法单位的名称。违法事实，要写明违法时间、地点、经过、手段、目的和后果等。可表述为：经调查核实，发现……

2. 认定违法的理由和法律依据。包括违法行为触犯的法律、法规和规范性文件的具体条款，违法行为的性质，释法说理等。可表述为：本院认为……

根据《中华人民共和国刑事诉讼法》第________条之规定，现通知你________予以纠正，并在收到本通知书后十五日内将纠正情况告知本院。如对上述意见有异议，请于收到本通知书次日起________日内向我院提出复查。

20××年××月××日

（院印）

2. 制作说明

（1）本文书依据《中华人民共和国刑事诉讼法》第八条、第五十七条、第一百条、第一百一十七条、第一百七十一条，《人民检察院刑事诉讼规则》第二百八十七条、第五百五十二条、第五百五十三条、第五百六十四条等规定制作。是人民检察院依法纠正侦查机关的违法活动时使用。

（2）本文书的文号“××检××纠违〔20××〕×号”由提出纠正违法意见的具体业务部门分别按顺序编号。

（3）本文书一案一文书，同一案件发现多项违法问题的，制发一份文书即可，各违法项按照严重程度从重到轻排序。

（4）人民检察院除可以对本地、同级侦查机关制发纠正违法通知书，对其他地方、上下级侦查机关提请审查逮捕、移送审查起诉等行为进行监督，制发纠正违法通知书不受地区、级别限制。

（5）本文书一式二份，一份送达发生违法行为的单位，一份附卷。

4.3.2 法律文书：侦查活动监督通知书

（一）基本概念

侦查活动监督通知书，是人民检察院对于侦查机关侦查活动中的一般违法情形以及部分重大违法情形，以书面形式进行纠正的法律文书。

（二）相关依据

1. 法律依据

《中华人民共和国刑事诉讼法》第八条：“人民检察院依法对刑事诉讼实行法律监督。”

第一百条：“人民检察院在审查批准逮捕工作中，如果发现公安机关的侦查活动有违法情况，应当通知公安机关予以纠正，公安机关应当将纠正情况通知人民检察院。”

第一百七十一条：“人民检察院审查案件的时候，必须查明：

（一）犯罪事实、情节是否清楚，证据是否确实、充分，犯罪性质和罪名的认定是否正确；

（二）有无遗漏罪行和其他应当追究刑事责任的人；

（三）是否属于不应追究刑事责任的；

（四）有无附带民事诉讼；

（五）侦查活动是否合法。”

2. 司法解释规定

《人民检察院刑事诉讼规则》第五百五十一条：“人民检察院对刑事诉讼活动实行法律监督，发现违法情形的，依法提出抗诉、纠正意见或者检察建议。

人民检察院对于涉嫌违法的事实，可以采取以下方式进行调查核实：

（一）讯问、询问犯罪嫌疑人；

（二）询问证人、被害人或者其他诉讼参与人；

（三）询问办案人员；

（四）询问在场人员或者其他可能知情的人员；

（五）听取申诉人或者控告人的意见；

（六）听取辩护人、值班律师意见；

（七）调取、查询、复制相关登记表册、法律文书、体检记录及案卷材料等；

（八）调取讯问笔录、询问笔录及相关录音、录像或其他视听资料；

（九）进行伤情、病情检查或者鉴定；

（十）其他调查核实方式。

人民检察院在调查核实过程中不得限制被调查对象的人身、财产权利。”

第五百六十七条：“人民检察院应当对侦查活动中是否存在以下违法行为进行监督：

（一）采用刑讯逼供以及其他非法方法收集犯罪嫌疑人供述的；

（二）讯问犯罪嫌疑人依法应当录音或者录像而没有录音或者录像，或者未在法定羁押场所讯问犯罪嫌疑人的；

（三）采用暴力、威胁以及非法限制人身自由等非法方法收集证人证言、被害人陈述，或者以暴力、威胁等方法阻止证人作证或者指使他人作伪证的；

（四）伪造、隐匿、销毁、调换、私自涂改证据，或者帮助当事人毁灭、伪造证据的；

（五）违反刑事诉讼法关于决定、执行、变更、撤销强制措施的规定，或者强制措施法定期限届满，不予释放、解除或者变更的；

（六）应当退还取保候审保证金不退还的；

（七）违反刑事诉讼法关于讯问、询问、勘验、检查、搜查、鉴定、采取技术侦查措施等规定的；

（八）对与案件无关的财物采取查封、扣押、冻结措施，或者应当解除查封、扣押、冻结而不解除的；

（九）贪污、挪用、私分、调换、违反规定使用查封、扣押、冻结的财物及其孳息的；

（十）不应当撤案而撤案的；

（十一）侦查人员应当回避而不回避的；

（十二）依法应当告知犯罪嫌疑人诉讼权利而不告知，影响犯罪嫌疑人行使诉讼权利的；

（十三）对犯罪嫌疑人拘留、逮捕、指定居所监视居住后依法应当通知家属而未通知的；

（十四）阻碍当事人、辩护人、诉讼代理人、值班律师依法行使诉讼权利的；

（十五）应当对证据收集的合法性出具说明或者提供证明材料而不出具、不提供的；

（十六）侦查活动中的其他违反法律规定的行为。”

（三）文书结构

1. 首部

首部主要由检察机关名称、文书名称和文号三部分组成。检察机关的名称应为全称，即要注明所在省（自治区、直辖市）名称，不能只写地区级市、县、区院名。文书名称，即“侦查活动监督通知书”。文号生成格式为：“××检××侦通〔20××〕×号”。

2. 正文

抬头，发往单位，即出现侦查活动违法情形的侦查机关，行文上顶格书写。对于公安机关来说，虽然大部分案件的违法情形都出现在派出所、交通队、刑侦支队等，但发往单位均应当为“××公安局”。

案件基本情况。包括出现违法情形的案件名称，发现违法情形的来源，违法人员的姓名及侦查部门等。该部分内容表述为：“经审查，发现你局在办理犯罪嫌疑人×××涉嫌×××罪（××字〔20××〕×号提捕、提延、移诉书或写明提前介入、控告申诉情况）一案中存在以下侦查违法情形（侦查人员：×××，×××，×××侦查部门）”。

发现的违法情形。主要是指违法情形的类别、具体表现及其后果。包括违法情形的总结归纳、具体表现及其后果。例如“辨认未制作辨认笔录，主要表现在：……”对于违法情形具体表现的描述，应当准确、详细，便于侦查机关进行核实。对于一个案件中有多个违法情形的，应当按照由重到轻的顺序分别进行列举。

认定违法的法律依据。包括违法行为触犯的法律法规和规范性文件的条款。认定违法情形的法律依据应当以侦查监督平台中依据的法律法规为主，避免随意扩大援引范围。在引用法律法规时，表述应当完整、规范，详细列明发布的部门和法律法规名称，避免使用“两高两部”等不规范的简称。

纠正意见。包括法律依据、通知纠正、回复期限等。法律依据应当表述为：“根据《中华人民共和国刑事诉讼法》第八条、第一百条、第一百七十一条的规定”。需要注意的是，对于第一百条和第一百七十一条，应当选择适用，对于不适用的条款，应当进行删除。对于侦查活动监督通知书来说，相关法律法规并没有对落实整改期限做出明确规定。根据实践中的情况，可在文书中向侦查机关规定十日的落实整改期限，应表述为“请于收到通知书十日内将纠正情况书面告知我院”。另外，《人民检察院刑事诉讼规则》第五百五十四条规定了被监督单位对纠正意见申请复查的权利，但该规定是针对纠正违法通知书的。对于侦查活动监督通知书，相关法律法规并没有赋予被监督单位申请复查的救济权，因此不能在文书随意增加“可申请复查”的语句。

3. 尾部

落款文书制发日期并加盖本院印章。

(四) 文书模板及制作说明

1. 文书模板

××× 人民检察院

侦查活动监督通知书

××检××侦通〔20××〕×号

________ (侦查机关):

经审查,发现你局在办理犯罪嫌疑人×××涉嫌×××罪(××字〔20××〕×号提捕、提延、移诉书或写明提前介入、控告申诉情况)一案中存在以下侦查违法情形(侦查人员:×××,×××,××侦查部门):

1. 发现的违法情形。

2. 认定违法的法律依据。

根据《中华人民共和国刑事诉讼法》第八条、第一百条、第一百七十一条的规定,特通知你局予以纠正。请于收到通知书十日内将纠正情况书面告知我院。

20××年××月××日

(院印)

2. 制作说明

(1) 本文书依据《中华人民共和国刑事诉讼法》第八条、第一百条、第一百七十一条等有关法律规定制作,是人民检察院依法通知侦查机关纠正一般侦查活动违法情形时使用。

(2) 本文书采用叙述式,写明检察机关发现的违法情形,有多个违法情形的，按违法程度从重到轻的顺序排序。

（3）本文书一式二份，一份送达发生违法行为的单位，一份附卷。

4.3.3　工作文书：督促回复函

（一）基本概念

督促回复函，是检察机关向侦查机关发出纠正违法通知书后，被监督单位在纠正违法通知书规定的期限内没有回复纠正情况时，检察机关用于督促侦查机关回复时使用的工作文书。

（二）相关依据

《人民检察院刑事诉讼规则》第五百五十三条："人民检察院发出纠正违法通知书的，应当监督落实。被监督单位在纠正违法通知书规定的期限内没有回复纠正情况的，人民检察院应当督促回复。经督促被监督单位仍不回复或者没有正当理由不纠正的，人民检察院应当向上一级人民检察院报告。"

（三）文书结构

本文书为二联填充式文书。第一联副本附卷，第二联正本送达侦查机关。本文书二联文书结构一致。

1. 首部

本部分包括制作文书的人民检察院名称，需注明所在省（自治区、直辖市）的名称，不能只写地区级市、县、区院名；文书名称，即"督促回复函"；第一联文书名称下方注"（副本）"字样、第二联文书名称下方注"（正本）"字样；文号生成格式为："××检××督复〔20××〕×号"。

2. 正文

抬头，被监督单位公安机关的名称，行文上顶格书写。

主文模板为"我院于××××年××月××日以××号纠正违法通知书要求你局纠正侦查犯罪嫌疑人×××案中的违法行为，你局至今未予回复。根据《人民检察院刑事诉讼规则》第五百五十三条之规定（视情况写明法律依据），请你局在接到本函后七日内将纠正违法的情况函告我院”，按照模板填充要求写明纠正违法通知书制发的时间、文号、涉及违法行为的案件名称，要求公安机关依法纠正的法律依据及纠正时限。

3. 尾部

填制发文书的日期，日期上加盖院印。

（四）文书模板及制作说明

1. 文书模板

×××人民检察院

督促回复函

（副　本）

××检××督复〔20××〕×号

×××公安局：

我院于××××年××月××日以××号纠正违法通知书要求你局纠正侦查犯罪嫌疑人×××案中的违法行为，你局至今未予回复。根据《人民检察院刑事诉讼规则》第五百五十三条之规定（视情况写明法律依据），请你局在接到本函后七日内将纠正违法的情况函告我院。

20××年××月××日

（院印）

第一联　附卷

×××人民检察院

督促回复函

（正　本）

××检××督复〔20××〕×号

×××公安局：

我院于××××年××月××日以××号纠正违法通知书要求你局纠正侦查的犯罪嫌疑人×××案中的违法行为，你局至今未予回复。根据《人民检察院刑事诉讼规则》第五百五十三条之规定，请你局在接到本函后七日内将纠正违法的情况函告我院。

20××年××月××日

（院印）

第二联　送达侦查机关

2. 制作说明

（1）本文书依据《人民检察院刑事诉讼规则》第五百五十三条的规定制作。为被监督单位在纠正违法通知书规定的期限内没有回复纠正情况时，检察机关用于督促侦查机关回复时使用。

（2）本文书共二联，第一联附卷，第二联送达侦查机关。

4.3.4 工作文书：提供指定居所监视居住案件材料通知书

（一）基本概念

提供指定居所监视居住案件材料通知书，是人民检察院要求公安机关、人民法院提供指定居所监视居住决定书和相关案卷材料时所使用的工作文书。

（二）相关依据

1. 法律依据

《中华人民共和国刑事诉讼法》第七十五条第四款："人民检察院对指定居所监视居住的决定和执行是否合法实行监督。"

2. 司法解释规定

《人民检察院刑事诉讼规则》第一百一十九条第二款："人民检察院可以要求有关机关提供指定居所监视居住决定书和相关案卷材料。经审查，发现存在下列违法情形之一的，应当及时通知其纠正：

（一）不符合指定居所监视居住的适用条件的；

（二）未按法定程序履行批准手续的；

（三）在决定过程中有其他违反刑事诉讼法规定的行为的。"

（三）文书结构

1. 首部

首部由检察机关名称、文书名称和文号三部分组成。其中，检察机关的名称应为全称，即要注明所在省（自治区、直辖市）名称，不能只写地区级市、县、区院名。文书名称，即"提供指定居所监视居住案件材料通知书"。文号生成格式为："××检××提指居通字〔20××〕×

号”，写在最右端。

2. 正文

抬头，发往单位，监督对象除了公安机关，也可以是人民法院。虽然全国检察业务应用系统 2.0 中模板仅为公安机关，但根据《人民检察院刑事诉讼规则》第一百一十八条：“对于公安机关、人民法院决定指定居所监视居住的案件，由批准或者决定的公安机关、人民法院的同级人民检察院负责捕诉的部门对决定是否合法实行监督。”说明检察机关不仅对批准指定居所监视居住的公安机关进行监督，对人民法院批准指定居所监视居住的案件应进行监督，因此该文书送达对象包括人民法院。

通知内容，本部分属于填充式内容，填充的内容包括作出指定居所监视居住的时间、批准执行的公安机关、涉嫌的罪名、执行的犯罪嫌疑人、反馈决定书和相关案件材料的期限。

3. 尾部

落款，发出日期并加盖院印。

（四）文书模板及制作说明

1. 文书模板

×××人民检察院

提供指定居所监视居住案件材料通知书

××检××提指居通字〔20××〕×号

×××公安局/人民法院：

你局于××××年××月××日批准×××公安局对涉嫌×××的犯罪嫌疑人×××指定居所监视居住。为维护犯罪嫌疑人的合法权益，根据《中华人民共和国刑事诉讼法》第七十五条之规定，请你局于××××年××月××日之前向我院提供指定居所监视居住决定书和相关案件材料。

20××年××月××日

（院印）

2. 制作说明

（1）本文书依据《中华人民共和国刑事诉讼法》第七十五条，《人民检察院刑事诉讼规则》第一百一十九的规定制作。是人民检察院要求公安机关、人民法院提供指定居所监视居住决定书和相关案卷材料时使用。

（2）本文书送达对象为批准指定居所监视居住的公安机关、人民法院。

（3）本文书加盖院印。

4.3.5 工作文书：适用监视居住建议书

（一）基本概念

适用监视居住建议书，是人民检察院建议侦查机关采取监视居住强制措施时使用的工作文书。

（二）相关依据

1. 法律依据

《中华人民共和国刑事诉讼法》第七十四条："人民法院、人民检察院和公安机关对符合逮捕条件，有下列情形之一的犯罪嫌疑人、被告人，可以监视居住：

（一）患有严重疾病、生活不能自理的；

（二）怀孕或者正在哺乳自己婴儿的妇女；

（三）系生活不能自理的人的唯一扶养人；

（四）因为案件的特殊情况或者办理案件的需要，采取监视居住措施更为适宜的；

（五）羁押期限届满，案件尚未办结，需要采取监视居住措施的。

对符合取保候审条件，但犯罪嫌疑人、被告人不能提出保证人，也不交纳保证金的，可以监视居住。

监视居住由公安机关执行。"

2. 司法解释规定

《人民检察院刑事诉讼规则》第一百零七条："人民检察院对于符合逮捕条件，具有下列情形之一的犯罪嫌疑人，可以监视居住：

（一）患有严重疾病、生活不能自理的；

（二）怀孕或者正在哺乳自己婴儿的妇女；

（三）系生活不能自理的人的唯一扶养人；

（四）因为案件的特殊情况或者办理案件的需要，采取监视居住措施更为适宜的；

（五）羁押期限届满，案件尚未办结，需要采取监视居住措施的。

前款第三项中的扶养包括父母、祖父母、外祖父母对子女、孙子女、外孙子女的抚养和子女、孙子女、外孙子女对父母、祖父母、外祖父母的赡养以及配偶、兄弟姐妹之间的相互扶养。

对符合取保候审条件，但犯罪嫌疑人不能提出保证人，也不交纳保证金的，可以监视居住。"

（三）文书结构

1. 首部

首部由检察机关名称、文书名称和文号三部分组成。其中，检察机关的名称应为全称，即要注明所在省（自治区、直辖市）名称，不能只写地区级市、县、区院名。文书名称，即"适用监视居住建议书"。文号生成格式为："××检××监居建〔20××〕×号"。

2. 正文

抬头，发往单位，即向检察机关提请逮捕的侦查机关。

建议内容，本部分为填充式内容，填充内容包括检察机关受理提请逮捕的日期、提请逮捕意见书文号、案件名称、适用监视居住犯罪嫌疑人名字。注意对于一案中有两人以上适用监视居住的，一人一文书。

3. 尾部

落款，发出日期并加盖院印。

（四）文书模板及制作说明

1. 文书模板

×××人民检察院

适用监视居住建议书

××检××监居建〔20××〕×号

×××（侦查机关）：

本院于××××年××月××日收到你局以×××号文书提请批准逮捕×××案的文书及案卷材料，经审查认为，犯罪嫌疑人×××符合《中华人民共和国刑事诉讼法》第七十四条第一款的规定，无需逮捕，现建议你局对犯罪嫌疑人×××采取监视居住强制措施。

20××年××月××日

（院印）

2. 制作说明

（1）本文书依据《中华人民共和国刑事诉讼法》第七十四条，《人民检察院刑事诉讼规则》第一百零七条的规定制作。是人民检察院建议侦查机关采取监视居住强制措施时使用。

（2）本文书发送提请逮捕的侦查机关。

（3）本文书加盖人民检察院印章。

4.3.6　工作文书：犯罪线索移送函

（一）基本概念

犯罪线索移送函，是检察机关内部部门在办案或者工作中发现的属于人民检察院直接受理侦查案件线索，向负责侦查部门移送线索时使用的检察工作文书。

（二）相关依据

《人民检察院刑事诉讼规则》第一百六十六条第一款：“人民检察院直接受理侦查案件的线索，由负责侦查的部门统一受理、登记和管理。负责控告申诉检察的部门接受的控告、举报，或者本院其他办案部门发现的案件线索，属于人民检察院直接受理侦查案件线索的，应当在七日以内移送负责侦查的部门。”

（三）文书结构

1. 首部

首部由检察机关名称、文书名称和文号三部分组成。其中，检察机关的名称应为全称，即要注明所在省（自治区、直辖市）名称，不能只写地区级市、县、区院名。文书名称，即“犯罪线索移送函”。文号生成格式为：“××检侦监线索移〔20××〕×号”。

2. 正文

抬头，发往部门，仅限定于检察机关内部负责侦查职能的部门，对外移送犯罪线索不适用于此文书。

线索情况，该部门应写明线索发现的来源、涉及的人员及具体行为、造成的后果等。

反馈情况，犯罪线索移送后，经审查后的结果需要反馈至线索移送部门，应表述为“现将该线索移送你部门，并将查处结果函告（线索移送部门）”，具体根据《人民检察院刑事诉讼规则》第一百七十二条之规定，对于其他机关或者本院其他办案部门移送的案件线索，决定不予立案的，负责侦查的部门应当制作不立案通知书，写明案由和案件来源、决定不立案的原因和法律依据，自作出不立案决定之日起十日内送达移送案件线索的机关或者部门。

3. 尾部

落款，移送线索日期，建议添加移送线索部门。

附件，是将涉及的相关证据及需要移送的材料，制作清单并随移送函移送。

（四）文书模板及制作说明

1. 文书模板

×××人民检察院

犯罪线索移送函

××检侦监线索移〔20××〕×号

×××（本院侦查部门名称）：

×××检察（科、处、部、厅）在办理犯罪嫌疑人×××中（在工作中），发现如下犯罪线索：

×××

现将该线索移送你部门，并将查处结果函告我（科、处、部、厅）。

20××年××月××日

附（相关材料）

2. 制作说明

（1）本文书根据《人民检察院刑事诉讼规则》第一百六十六条的规定制作，是检察机关内部部门在办案或者工作中发现的属于人民检察院直接受理侦查案件线索，向负责侦查的部门移送线索时使用。

（2）本文书共二联，第一联附卷，第二联送达侦查部门。

4.3.7 工作文书：侦查活动监督调查报告

（一）基本概念

侦查活动监督调查报告，是人民检察院对发现的严重诉讼违法行为启动调查核实程序，在调查核实完成后将整个调查核实过程及分析论证结果及时制作记录报告所使用的检察工作文书。

（二）相关依据

1. 法律依据

《中华人民共和国刑事诉讼法》第五十六条："采用刑讯逼供等非法方法收集的犯罪嫌疑人、被告人供述和采用暴力、威胁等非法方法收集的证人证言、被害人陈述，应当予以排除。收集物证、书证不符合法定程序，可能严重影响司法公正的，应当予以补正或者作出合理解释；不能补正或者作出合理解释的，对该证据应当予以排除。

在侦查、审查起诉、审判时发现有应当排除的证据的，应当依法予以排除，不得作为起诉意见、起诉决定和判决的依据。"

第五十七条："人民检察院接到报案、控告、举报或者发现侦查人员以非法方法收集证据的，应当进行调查核实。对于确有以非法方法收集证据情形的，应当提出纠正意见；构成犯罪的，依法追究刑事责任。"

第五十八条："法庭审理过程中，审判人员认为可能存在本法第五十六条规定的以非法方法收集证据情形的，应当对证据收集的合法性进行法庭调查。

当事人及其辩护人、诉讼代理人有权申请人民法院对以非法方法收集的证据依法予以排除。申请排除以非法方法收集的证据的，应当提供相关线索或者材料。"

第五十九条："在对证据收集的合法性进行法庭调查的过程中，人民检察院应当对证据收集的合法性加以证明。

现有证据材料不能证明证据收集的合法性的，人民检察院可以提请人民法院通知有关侦查人员或者其他人员出庭说明情况；人民法院可以通知有关侦查人员或者其他人员出庭说明情况。有关侦查人员或者其他人员也可以要求出庭说明情况。经人民法院通知，有关人员应当出庭。"

第六十条："对于经过法庭审理，确认或者不能排除存在本法第五十六条规定的以非法方法收集证据情形的，对有关证据应当予以排除。"

2. 司法解释规定

《人民检察院刑事诉讼规则》第六十六条："对采用刑讯逼供等非法方法收集的犯罪嫌疑人供述和采用暴力、威胁等非法方法收集的证人证言、被害人陈述，应当依法排除，不得作为移送审查逮捕、批准或者决定逮捕、移送起诉以及提起公诉的依据。"

第六十七条："对采用下列方法收集的犯罪嫌疑人供述，应当予以排除：

（一）采用殴打、违法使用戒具等暴力方法或者变相肉刑的恶劣手段，使犯罪嫌疑人遭受难以忍受的痛苦而违背意愿作出的供述；

（二）采用以暴力或者严重损害本人及其近亲属合法权益等进行威胁的方法，使犯罪嫌疑人遭受难以忍受的痛苦而违背意愿作出的供述；

（三）采用非法拘禁等非法限制人身自由的方法收集的供述。"

第六十八条："对采用刑讯逼供方法使犯罪嫌疑人作出供述，之后犯罪嫌疑人受该刑讯逼供行为影响而作出的与该供述相同的重复性供述，应当一并排除，但下列情形除外：

（一）侦查期间，根据控告、举报或者自己发现等，公安机关确认或者不能排除以非法方法收集证据而更换侦查人员，其他侦查人员再次讯问时告知诉讼权利和认罪认罚的法律规定，犯罪嫌疑人自愿供述的；

（二）审查逮捕、审查起诉期间，检察人员讯问时告知诉讼权利和认罪认罚的法律规定，犯罪嫌疑人自愿供述的。"

第六十九条："采用暴力、威胁以及非法限制人身自由等非法方法收集的证人证言、被害人陈述，应当予以排除。"

第七十条："收集物证、书证不符合法定程序，可能严重影响司法公正的，人民检察院应当及时要求公安机关补正或者作出书面解释；不能补正或者无法作出合理解释的，对该证据应当予以排除。

对公安机关的补正或者解释，人民检察院应当予以审查。经补正或者作出合理解释的，可以作为批准或者决定逮捕、提起公诉的依据。"

第七十一条："对重大案件，人民检察院驻看守所检察人员在侦查终结前应当对讯问合法性进行核查并全程同步录音、录像，核查情况应当及时通知本院负责捕诉的部门。

负责捕诉的部门认为确有刑讯逼供等非法取证情形的，应当要求公安机关依法排除非法证据，不得作为提请批准逮捕、移送起诉的依据。”

第七十二条：“人民检察院发现侦查人员以非法方法收集证据的，应当及时进行调查核实。

当事人及其辩护人或者值班律师、诉讼代理人报案、控告、举报侦查人员采用刑讯逼供等非法方法收集证据，并提供涉嫌非法取证的人员、时间、地点、方式和内容等材料或者线索的，人民检察院应当受理并进行审查。根据现有材料无法证明证据收集合法性的，应当及时进行调查核实。

上一级人民检察院接到对侦查人员采用刑讯逼供等非法方法收集证据的报案、控告、举报，可以直接进行调查核实，也可以交由下级人民检察院调查核实。交由下级人民检察院调查核实的，下级人民检察院应当及时将调查结果报告上一级人民检察院。

人民检察院决定调查核实的，应当及时通知公安机关。”

第七十三条：“人民检察院经审查认定存在非法取证行为的，对该证据应当予以排除，其他证据不能证明犯罪嫌疑人实施犯罪行为的，应当不批准或者决定逮捕。已经移送起诉的，可以依法将案件退回监察机关补充调查或者退回公安机关补充侦查，或者作出不起诉决定。被排除的非法证据应当随案移送，并写明为依法排除的非法证据。

对于侦查人员的非法取证行为，尚未构成犯罪的，应当依法向其所在机关提出纠正意见。对于需要补正或者作出合理解释的，应当提出明确要求。

对于非法取证行为涉嫌犯罪需要追究刑事责任的，应当依法立案侦查。”

第七十四条：“人民检察院认为可能存在以刑讯逼供等非法方法收集证据情形的，可以书面要求监察机关或者公安机关对证据收集的合法性作出说明。说明应当加盖单位公章，并由调查人员或者侦查人员签名。”

（三）文书结构

1. 首部

标题部分，制作文书的人民检察院需注明所在省（自治区、直辖市）的名称，不能只写地区级市、县、区院名。文书名称，即“侦查活动监督调查报告”。

2. 正文

写明案件来源、线索发现及案件调查情况，“我院于××××年××月××日发现×××侦查机关可能存在违法侦查行为，经承办人×××对案件情况进行调查，通过询问知情人员，调取相关材料，现已调查完毕”。

（1）线索来源。写明案件来源，如果是控申部门移送，写明控告举报线索的基本情况；如果是办案中自行发现的，简要写明发现的经过。

（2）调查情况。写明承办人对案件情况进行调查，通过询问，调取犯罪案件材料已完成调查工作。

（3）经调查认定的案件事实及证据。写明经调查核实，查明的事实及证明相关事实所依据的证据，对证据证明情况分析论证。有需要说明的问题也在此部分予以说明。

（4）处理意见。结合经调查认定的案件事实及证据，写明对侦查机关的取证过程是否违法，对非法证据是否排除，对瑕疵证据是否需要补正或做出合理解释，提出意见。

3. 尾部

落款承办人署名，文书制作日期。

（四）文书模板及制作说明

1. 文书模板

×××人民检察院

侦查活动监督调查报告

我院于××××年××月××日发现×××侦查机关可能存在违法侦查行为，经承办人×××对案件情况进行调查，通过询问知情人员，调取相关材料，现已调查完毕。

一、线索来源

犯罪嫌疑人（申诉人）×××投诉×××侦查机关存在违法侦查行为（写明案件来源，如果是控申部门移送，写明控告举报线索的基本情况；如果是审查起诉案件中自行发现的，简要写明发现的经过）。

二、调查情况

承办人对案件情况进行调查，通过询问，调取犯罪案件材料已完成调查工作。

三、事实及证据情况

经承办人调查核实，现查明事实如下：

×××

证明上述事实的证据有：

×××

分析论证：×××

需要说明的问题：×××

四、处理意见

1. 承办人认为，侦查机关在侦查×××犯罪案件过程中，采取×××侦查行为，符合《中华人民共和国刑事诉讼法》第×××条、《公安机关办理刑事案件程序规定》第×××条之规定。拟书面反馈侦查机关、本院相关部门（监所部门、控申部门）。

2. 承办人认为，侦查机关在侦查×××犯罪案件过程中，采取

×××侦查行为，违反《中华人民共和国刑事诉讼法》第×××条、《公安机关办理刑事案件程序规定》第×××条之规定。根据《中华人民共和国刑事诉讼法》第一百一十七条、《人民检察院刑事诉讼规则》第五百五十二条之规定，拟向侦查机关发出《纠正违法通知书》（或口头向侦查机关提出纠正意见）。

3. 写明对侦查机关的取证过程是否违法，对非法证据是否排除，对瑕疵证据是否需要补正或做出合理解释，提出意见。

承办人：×××

20××年××月××日

2. 制作说明

（1）本文书根据《中华人民共和国刑事诉讼法》第五十六条至六十条，《人民检察院刑事诉讼规则》第六十六条至第七十四条的规定，适用于人民检察院记录对严重诉讼违法行为开展调查核实的文书。

（2）本文书不需要用印，但需要留存备查并归档。

第四节　侦查活动监督复查案件适用文书

侦查活动监督复查案件适用文书，是人民检察院对侦查机关的违法侦查行为提出的纠正意见不被侦查机关接受，侦查机关要求复查的案件进行审查过程中所使用的相关文书。

4.4.1　法律文书：撤销纠正违法意见决定书

（一）基本概念

撤销纠正违法意见决定书，是人民检察院经复查后，认为纠正违法意见错误，撤销原纠正违法意见时所使用的法律文书。

（二）相关依据

《人民检察院刑事诉讼规则》第五百五十四条第一款："被监督单位对纠正意见申请复查的，人民检察院应当在收到被监督单位的书面意见后七日以内进行复查，并将复查结果及时通知申请复查的单位。经过复查，认为纠正意见正确的，应当及时向上一级人民检察院报告；认为纠正意见错误的，应当及时予以撤销。"

（三）文书结构

本文书为三联填充式文书。

1. 第一联

本联主要用于审批程序，不附卷，由办案部门统一留存。

（1）首部。本部分包括制作文书的人民检察院名称，需注明所在省（自治区、直辖市）的名称，不能只写地区级市、县、区院名；文书名称，即"撤销纠正违法意见决定书"；文书名称下方标注"（存根）"字样；文号生成格式为："××检××撤纠〔20××〕×号"。

（2）正文。依次填写：案由；犯罪嫌疑人基本情况；纠正违法通知书文号；撤销纠正违法意见的理由；送达机关；批准人、承办人、填发人姓名；填发时间。

其中，撤销纠正违法意见的理由应当简要阐述经复查后认定原纠正违法意见错误的理由，例如侦查活动不存在违法情形、未构成重大违法、不应制发纠正违法通知书等。

2. 第二、三联

第二联由承办人附卷，第三联送达被监督单位。

（1）首部。本部分与存根叙写内容基本相同，不同之处在于第二联文书名称下方注"（副本）"字样，第三联文书名称下方无标注。

（2）正文。抬头，发往单位为被监督单位即申请复查的单位，该部分应当填写单位全称，行文上顶格书写。

主文模板为"本院于××××年××月××日以××号作出的纠正

违法意见。现经本院重新审查认为：……。根据《人民检察院刑事诉讼规则》第五百五十四条的规定，决定予以撤销”，按照模板填充要求依次写明作出纠正违法意见的时间、文号，阐述经审查重新认定的结论和撤销纠正违法意见的决定及法律依据。

（3）尾部。填发文书的日期，日期上加盖院印。

（四）文书模板及制作说明

1. 文书模板

×××人民检察院

撤销纠正违法意见决定书

（存 根）

××检××撤纠〔20××〕×号

案由__________

犯罪嫌疑人基本情况__________

____

纠正违法通知书文号__________

撤销纠正违法意见的理由__________

送达机关__________

批准人__________

承办人__________

填发人__________

填发时间__________

第一联 统一保存

×××人民检察院

撤销纠正违法意见决定书

（副 本）

××检××撤纠〔20××〕×号

__________：

本院于______年____月____日以____________号作出的纠正违法意见。现经本院重新审查认为：______________________________。

根据《人民检察院刑事诉讼规则》第五百五十四条的规定，决定予以撤销。

20××年××月××日

（院印）

第二联 附卷

×××人民检察院

撤销纠正违法意见决定书

××检××撤纠〔20××〕×号

__________：

本院于______年____月____日以____________号作出的纠正违法意见。现经本院重新审查认为：______________________________。

根据《人民检察院刑事诉讼规则》第五百五十四条的规定，决定予以撤销。

20××年××月××日

（院印）

第三联 送达被监督单位

2. 制作说明

（1）本文书依据《人民检察院刑事诉讼规则》第五百五十四条的规定制作。是被监督单位提出对人民检察院纠正违法意见不服的复查时，人民检察院经复查后，认为纠正违法意见错误，撤销纠正违法意见时使用。

（2）本文书共三联，第一联统一保存备查，第二联由作出撤销决定的部门附卷，第三联送达被监督单位。

4.4.2 工作文书：纠正违法事项的审查报告（本院复查）

（一）基本概念

纠正违法事项的审查报告（本院复查），是人民检察院对公安机关不服检察机关纠正意见的申请进行复查时使用的工作文书。

（二）相关依据

《人民检察院刑事诉讼规则》第五百五十四条第一款："被监督单位对纠正意见申请复查的，人民检察院应当在收到被监督单位的书面意见七日内进行复查，并将复查结果及时通知申请复查的单位。经过复查，认为纠正意见正确的，应当及时向上一级人民检察院报告；认为纠正意见错误的，应当及时予以撤销。"

（三）文书结构

1. 首部

标题部分，制作文书的人民检察院需注明所在省（自治区、直辖市）的名称，不能只写地区级市、县、区院名。文书名称，即"纠正违法事项的审查报告"。

2. 正文

写明案件来源、收案及案件审查情况，包括原纠正意见的案件信息、被监督单位、纠正意见作出时间、提出复查时间等，具体表述"本院于××××年××月××日向×××公安局在侦查犯罪嫌疑人×××案中的违法情形提出纠正意见，该局于××××年××月××日向本院提出复查意见。承办人进行了审查，核实了有关材料，现已审查完毕”。

违法行为及认定理由。该部分应当详细阐述原纠正意见中认定的侦查机关违法行为，以及该行为所违反的法律法规。侦查机关有多个违法行为的，应当逐一进行列举。相关内容应当与原纠正意见保持一致。

侦查机关要求复查的理由。该部分主要记载被监督单位在申请复查的文书中阐述的理由，且应当对复查申请中的理由进行原文摘抄，保证完整性、准确性。

处理意见。该部分是对纠正意见进行复查所形成的结论。处理意见应当围绕侦查活动是否存在违法情形、违法情形造成的后果、是否属于重大违法等方面展开论证，尤其是要对被监督单位要求复查的理由是否成立一一进行分析阐述。

在论证意见之后，应当分情况写明处理意见。认为存在侦查活动重大违法情形，原纠正意见正确的，应当写明："经复查，认为原纠正意见正确，建议向×××人民检察院报告"。认为不存在侦查活动违法情形，或者不应当书面纠正违法的，应当写明："经复查，认为原纠正意见错误，建议予以撤销"。

3. 尾部

落款承办人署名，文书制作日期。

（四）文书模板及制作说明

1. 文书模板

×××人民检察院

纠正违法事项的审查报告

本院于××××年××月××日向×××公安局在侦查犯罪嫌疑人×××案中的违法情形提出纠正意见，该局于××××年××月××日向本院提出复查意见。承办人进行了审查，核实了有关材料，现已审查完毕。

一、违法行为及认定理由

（写明侦查机关侦查活动违法的事实和认定的法律依据）

二、侦查机关要求复查的理由

（对侦查机关的理由进行原文摘录）

三、处理意见

×××

承办人：×××

20××年××月××日

2. 制作说明

本文书依据《人民检察院刑事诉讼规则》第五百五十四条的规定制作。为被监督单位对人民检察院纠正违法意见不服的，人民检察院复查时使用。

4.4.3　工作文书：纠正违法事项复查报告（向上级院报告）

（一）基本概念

纠正违法事项复查报告（向上级院报告），是人民检察院经复查后，认为原纠正违法意见正确，向上一级人民检察院报告时所使用的工作文书。

（二）相关依据

《人民检察院刑事诉讼规则》第五百五十四条第一款：“被监督单位对纠正意见申请复查的，人民检察院应当在收到被监督单位的书面意见后七日以内进行复查，并将复查结果及时通知申请复查的单位。经过复查，认为纠正意见正确的，应当及时向上一级人民检察院报告；认为纠正意见错误的，应当及时予以撤销。”

（三）文书结构

1. 首部

首部由检察机关名称、文书名称和文号三部分组成。其中，检察机关的名称应为全称，即要注明所在省（自治区、直辖市）名称，不能只写地区级市、县、区院名。文书名称，即“纠正违法事项复查报告”。文号生成格式为：“××检××纠违复〔20××〕×号”。

2. 正文

抬头，发往单位，为上一级人民检察院，名称应为全称，行文上顶格书写。

复查案件基本情况。该部分应写明原纠正意见的案件信息、被监督单位、纠正意见作出时间、提出复查时间等。应当表述为：“本院于××××年××月××日向×××公安局在侦查犯罪嫌疑人×××案中的违法情形提出纠正意见，该局于××××年××月××日向本院提出复查意见。现将复查情况报告如下：”

违法行为及认定理由。该部分应当详细阐述侦查机关的违法行为，以及该行为所违反的法律法规。侦查机关有多个违法行为的，应当逐一进行列举。相关内容应当与原纠正意见保持一致。

侦查机关要求复查的理由。该部分主要记载被监督单位在申请复查的文书中阐述的理由，且应当对复查申请中的理由进行原文摘抄，保证完整性、准确性。

复查结论。该部分是对纠正意见进行复查所形成的结论，是纠正违法事项复查报告的重点内容。复查意见应当围绕侦查活动存在违法情形、该违法情形造成的严重后果、属于重大违法应当进行书面纠正等方面展开论证，尤其是要对被监督单位要求复查的理由逐一进行反驳，阐述其复查理由不成立的原因。在论证意见之后，应当写明“经复查，认为原纠正意见正确，现根据《人民检察院刑事诉讼规则》第五百五十四条第一款的规定向你院报告”。

3. 尾部

落款文书制发日期并加盖本院印章。

(四) 文书模板及制作说明

1. 文书模板

×××人民检察院

纠正违法事项复查报告

××检××纠违复〔20××〕×号

×××人民检察院：

本院于××××年××月××日向×××公安局在侦查犯罪嫌疑人×××案中的违法情形提出纠正意见，该局于××××年××月××日向本院提出复查意见。现将复查情况报告如下：

一、违法行为及认定理由

（写明侦查机关侦查活动违法的事实和认定的法律依据）

二、侦查机关要求复查的理由

（对侦查机关的理由进行原文摘录）

三、复查结论

×××

20××年××月××日

（院印）

2. 制作说明

（1）本文书依据《人民检察院刑事诉讼规则》第五百五十四条的规定制作。为被监督单位对人民检察院纠正违法意见申请复查时，人民检察院复查后认为纠正意见正确，向上一级人民检察院报告时使用。

（2）本文书应当向上一级人民检察院报送。

（3）本文书加盖院章。

第五节　侦查活动监督复查结果的审查案件适用文书

侦查活动监督复查结果的审查案件适用文书，是人民检察院对下一级检察院报告的在侦查活动监督中向侦查机关提出的纠正违法意见审查后，认为下一级检察院的纠正意见正确，应当及时通知同级侦查机关督促下级侦查机关纠正；或者认为下一级检察院的纠正意见不正确，书面通知下一级检察院予以纠正时所使用的相关文书。

4.5.1　工作文书：督促纠正违法通知书

（一）基本概念

督促纠正违法通知书，是上级人民检察院对复查结果进行审查后，认为纠正意见正确，向被监督单位的上级机关或者主管机关发文以督促被监督单位纠正时使用的工作文书。

（二）相关依据

《人民检察院刑事诉讼规则》第五百五十四条："被监督单位对纠正意见申请复查的，人民检察院应当在收到被监督单位的书面意见后七日以内进行复查，并将复查结果及时通知申请复查的单位。经过复查，认为纠正意见正确的，应当及时向上一级人民检察院报告……

上一级人民检察院经审查，认为下级人民检察院纠正意见正确的，应当及时通报被监督单位的上级机关或者主管机关，并建议其督促被监督单位予以纠正；认为下级人民检察院纠正意见错误的，应当书面通知下级人民检察院予以撤销，下级人民检察院应当执行，并及时向被监督单位说明情况。"

（三）文书结构

本文书为三联填充式文书。第一联副本附卷，第二联正本送交同级侦查机关，第三联送交下一级人民检察院。本文书三联文书结构一致。

1. 首部

首部主要由检察机关名称、文书名称和文号三部分组成。文书名称，即“督促纠正违法通知书”。文号生成格式为：“××检××督纠〔20××〕×号”。

2. 正文

抬头，发往单位。为制发文书机关的同级公安机关，也即原被监督单位的上级公安机关或主管机关。

主文包括原纠正意见基本情况，对复查结果的审查情况，建议督促纠正决定。应当表述为：“×××检察院于××××年××月××日向×××公安局发出×××号纠正违法通知书，要求该局纠正侦查犯罪嫌疑人×××案中的违法行为。该院于××××年××月××日报请我院审查。经审查，我院认为该纠正违法意见正确，请你局督促×××公安局纠正侦查违法行为”。

3. 尾部

落款文书制发日期并加盖本院印章。

（四）文书模板及制作说明

1. 文书模板

×××人民检察院

督促纠正违法通知书

（副　本）

××检××督纠〔20××〕×号

×××（同级公安机关）：

×××检察院于××××年××月××日向×××公安局发出×××号纠正违法通知书，要求该局纠正侦查犯罪嫌疑人×××案中的违法行为。该院于××××年××月××日报请我院审查。经审查，我院认为该纠正违法意见正确，请你局督促×××公安局纠正侦查违法行为。

20××年××月××日

（院印）

第一联　附卷

×××人民检察院

督促纠正违法通知书

（正　本）

××检××督纠〔20××〕×号

×××（同级公安机关）：

×××检察院于××××年××月××日向×××公安局发出×××号纠正违法通知书，要求该局纠正侦查犯罪嫌疑人×××案中的违法行为。该院于××××年××月××日报请我院审查。经审查，我院认为该纠正违法意见正确，请你局督促×××公安局纠正侦查违法行为。

20××年××月××日

（院印）

第二联　送交同级侦查机关

×××人民检察院

督促纠正违法通知书

××检××督纠〔20××〕×号

×××（同级公安机关）：

×××检察院于××××年××月××日向×××公安局发出×××号纠正违法通知书，要求该局纠正侦查犯罪嫌疑人×××案中的违法行为。该院于××××年××月××日报请我院审查。经审查，我院认为该纠正违法意见正确，请你局督促×××公安局纠正侦查违法行为。

20××年××月××日

（院印）

第三联　送交下一级人民检察院

2. 制作说明

（1）本文书依据《人民检察院刑事诉讼规则》第五百五十四条的规定制作。是上级人民检察院对复查结果进行审查后，认为纠正意见正确，向被监督单位的上级机关或者主管机关发文以督促被监督单位纠正时使用。

（2）本文书的行文对象为上级人民检察院的同级公安机关。

（3）本文书共三联，第一联附卷；第二联送交同级侦查机关；第三联送交下一级人民检察院。

（4）本文书加盖院章。

4.5.2 工作文书：撤销纠正违法意见通知书

（一）基本概念

撤销纠正违法意见通知书，是上级人民检察院认为纠正意见错误，通知下级人民检察院予以撤销时使用的工作文书。

（二）相关依据

《人民检察院刑事诉讼规则》第五百五十四条："被监督单位对纠正意见申请复查的，人民检察院应当在收到被监督单位的书面意见后七日以内进行复查，并将复查结果及时通知申请复查的单位。经过复查，认为纠正意见正确的，应当及时向上一级人民检察院报告；认为纠正意见错误的，应当及时予以撤销。

上一级人民检察院经审查，认为下级人民检察院纠正意见正确的，应当及时通报被监督单位的上级机关或者主管机关，并建议其督促被监督单位予以纠正；认为下级人民检察院纠正意见错误的，应当书面通知下级人民检察院予以撤销，下级人民检察院应当执行，并及时向被监督单位说明情况。"

（三）文书结构

本文书为二联填充式文书。第一联副本附卷，第二联送交下级人民检察院。本文书二联文书结构一致。

1. 首部

首部主要由检察机关名称、文书名称和文号三部分组成。其中，检察机关的名称应为全称，即要注明所在省（自治区、直辖市）名称，不能只写地区级市、县、区院名。文书名称，即“撤销纠正违法意见通知书”。第一联文书名称下方标注“（副本）”字样。文号生成格式为：“××检××撤纠通〔20××〕×号”。

2. 正文

抬头，发往单位。撤销纠正违法意见通知书的发往单位为下级人民检察院，也就是作出原纠正违法意见的检察院。

主文包括原纠正意见基本情况，对复查结果的审查情况，以及通知撤销决定。应当表述为：“你院于××××年××月××日向×××公安局发出的××号纠正违法通知书，经审查，本院认为×××。根据《人民检察院刑事诉讼规则》第五百五十四条之规定，通知你院予以撤销。”其中，审查情况应当简要写明撤销纠正意见的理由。

3. 尾部。

落款文书制发日期并加盖本院印章。

（四）文书模板及制作说明

1. 文书模板

×××人民检察院

撤销纠正违法意见通知书

（副　本）

××检××撤纠通〔20××〕×号

×××检察院：

你院于××××年××月××日向×××公安局发出的××号纠正违法通知书，经审查，本院认为×××。根据《人民检察院刑事诉讼规则》第五百五十四条之规定，通知你院予以撤销。

20××年××月××日

（院印）

第一联　附卷

×××人民检察院

撤销纠正违法意见通知书

（正　本）

××检××撤纠通〔20××〕×号

×××检察院：

你院于××××年××月××日向×××公安局发出的××号纠正违法通知书，经审查，本院认为×××。根据《人民检察院刑事诉讼规则》第五百五十四条之规定，通知你院予以撤销。

20××年××月××日

（院印）

第二联　送交下级人民检察院

2. 制作说明

（1）本文书依据《人民检察院刑事诉讼规则》第五百五十四条的规定制作。是上级人民检察院对复查结果进行审查后，认为下级人民检察院纠正意见错误的，书面通知下级人民检察院予以撤销时使用。

（2）本文书的行文对象为下级人民检察院。

（3）本文书共两联，第一联为副本，附卷；第二联为正本，送交下级人民检察院。

（4）本文书加盖院章。

4.5.3 工作文书：纠正违法事项的审查报告（上级院复查）

（一）基本概念

纠正违法事项的审查报告（上级院复查），是上级人民检察院对下级人民检察院报送的纠正违法事项复查报告进行审查时使用的工作文书。

（二）相关依据

《人民检察院刑事诉讼规则》第五百五十四条："被监督单位对纠正意见申请复查的，人民检察院应当在收到被监督单位的书面意见后七日以内进行复查。并将复查结果及时通知申请复查的单位。经过复查，认为纠正意见正确的，应当及时向上一级人民检察院报告；认为纠正意见错误的，应当及时予以撤销。

上一级人民检察院经审查，认为下级人民检察院纠正意见正确的，应当及时通报被监督单位的上级机关或者主管机关，并建议其督促被监督单位予以纠正；认为下级人民检察院纠正意见错误的，应当书面通知下级人民检察院予以撤销，下级人民检察院应当执行，并及时向被监督单位说明情况。"

（三）文书结构

1. 首部

标题部分，制作文书的人民检察院需注明所在省（自治区、直辖市）的名称，不能只写地区级市、县、区院名。文书名称，即“纠正违法事项的审查报告”。

2. 正文

审查的基本情况。该部分应写明复查报告的报送情况、开展审查工作的基本情况等。应当表述为：“我院于××××年××月××日收到×××人民检察院报送纠正违法复查报告及有关材料，承办人×××进行了审查，核实了有关材料，现已审查完毕”。

（1）违法行为及认定理由。该部分应当详细阐述原纠正意见中认定的侦查机关违法行为，以及该行为所违反的法律法规。侦查机关有多个违法行为的，应当逐一进行列举。相关内容应当与原纠正意见保持一致。

（2）侦查机关要求复查的理由。该部分主要记载被监督单位在申请复查的文书中阐述的理由，且应当对复查申请中的理由进行原文摘录，保证完整性、准确性。

（3）下级院复查情况。该部分应当对写明下级院开展复查工作的基本情况，包括复查的方法，经复查后认定的事实和依据，以及认为原纠正意见正确的理由等。对复查报告中的处理意见，应当进行原文摘录。

（4）处理意见。该部分是对复查报告进行审查所形成的结论。处理意见应当围绕侦查活动是否存在违法情形、违法情形造成的后果、是否属于重大违法、是否应当书面纠正等方面展开论证，尤其是要对被监督单位要求复查的理由，以及下级院认为原纠正意见正确的理由是否成立一一进行分析阐述。

在论证意见之后，应当分情况写明处理意见。认为原纠正意见正确的，应当写明：“经审查，认为该纠正违法意见正确，建议向×××公安局（被监督单位的上级或主管机关）通报，并建议由×××公安局督促×××公安局纠正侦查违法行为”。认为原纠正意见错误的，应当写明：“经审查，认为该纠正违法意见错误，建议通知×××检察院予以撤销”。

3. 尾部

落款承办人署名，文书制作日期。

（四）文书模板及制作说明

1. 文书模板

×××人民检察院

纠正违法事项的审查报告

我院于××××年××月××日收到×××人民检察院报送纠正违法复查报告及有关材料，承办人×××进行了审查，核实了有关材料，现已审查完毕。

一、违法行为及认定理由

（写明侦查机关侦查活动违法的事实和认定的法律依据）

二、侦查机关要求复查的理由

×××

三、下级院复查情况

×××

四、处理意见

×××

承办人：×××

20××年××月××日

2. 制作说明

本文书依据《人民检察院刑事诉讼规则》第五百五十四条的规定制作。是上级人民检察院对下级人民检察院报送的纠正违法事项复查报告进行审查时使用。

第六节　证据合法性调查案件适用文书

证据合法性调查案件适用文书，是人民检察院发现侦查人员以非法方法收集证据，及时进行调查核实并予以纠正时所使用的相关文书。

4.6.1　法律文书：纠正阻碍辩护人/诉讼代理人依法行使诉讼权利通知书

（一）基本概念

纠正阻碍辩护人/诉讼代理人依法行使诉讼权利通知书，是人民检察院在以通知形式依法纠正公安机关、人民检察院、人民法院及其工作人员阻碍辩护人/诉讼代理人依法行使诉讼权利时使用的法律文书。

（二）相关依据

1. 法律依据

《中华人民共和国刑事诉讼法》第四十九条："辩护人、诉讼代理人认为公安机关、人民检察院、人民法院及其工作人员阻碍其依法行使诉讼权利的，有权向同级或者上一级人民检察院申诉或者控告。人民检察院对申诉或者控告应当及时进行审查，情况属实的，通知有关机关予以纠正。"

2. 司法解释规定

《人民检察院刑事诉讼规则》第五十七条："辩护人、诉讼代理人认为公安机关、人民检察院、人民法院及其工作人员具有下列阻碍其依法行使诉讼权利行为之一，向同级或者上一级人民检察院申诉或者控告的，人民检察院负责控告申诉检察的部门应当接受并依法办理，其他办案部门应当予以配合：

（一）违反规定，对辩护人、诉讼代理人提出的回避要求不予受理或者对不予回避决定不服的复议申请不予受理的；

（二）未依法告知犯罪嫌疑人、被告人有权委托辩护人的；

（三）未转达在押或者被监视居住的犯罪嫌疑人、被告人委托辩护人的要求或者未转交其申请法律援助材料的；

（四）应当通知而不通知法律援助机构为符合条件的犯罪嫌疑人、被告人或者被申请强制医疗的人指派律师提供辩护或者法律援助的；

（五）在规定时间内不受理、不答复辩护人提出的变更强制措施申请或者解除强制措施要求的；

（六）未依法告知辩护律师犯罪嫌疑人涉嫌的罪名和案件有关情况的；

（七）违法限制辩护律师同在押、被监视居住的犯罪嫌疑人、被告人会见和通信的；

（八）违法不允许辩护律师查阅、摘抄、复制本案的案卷材料的；

（九）违法限制辩护律师收集、核实有关证据材料的；

（十）没有正当理由不同意辩护律师收集、调取证据或者通知证人出庭作证的申请，或者不答复、不说明理由的；

（十一）未依法提交证明犯罪嫌疑人、被告人无罪或者罪轻的证据材料的；

（十二）未依法听取辩护人、诉讼代理人意见的；

（十三）未依法将开庭的时间、地点及时通知辩护人、诉讼代理人的；

（十四）未依法向辩护人、诉讼代理人及时送达本案的法律文书或者及时告知案件移送情况的；

（十五）阻碍辩护人、诉讼代理人在法庭审理过程中依法行使诉讼权利的；

（十六）其他阻碍辩护人、诉讼代理人依法行使诉讼权利的。

对于直接向上一级人民检察院申诉或者控告的，上一级人民检察院可以交下级人民检察院办理，也可以直接办理。

辩护人、诉讼代理人认为看守所及其工作人员有阻碍其依法行使诉讼权利的行为，向人民检察院申诉或者控告的，由负责刑事执行检察的部门接受并依法办理；其他办案部门收到申诉或者控告的，应当及时移送负责刑事执行检察的部门。”

第五十八条：“辩护人、诉讼代理人认为其依法行使诉讼权利受到阻碍向人民检察院申诉或者控告的，人民检察院应当及时受理并调查核实，在十日以内办结并书面答复。情况属实的，通知有关机关或者本院有关部门、下级人民检察院予以纠正。”

（三）文书结构

本文书为三联填充式文书。

1. 第一联

本联主要用于审批程序，不附卷，由办案部门统一留存。

（1）首部。首部由检察机关名称、文书名称和文号三部分组成。其中，检察机关的名称应为全称，即要注明所在省（自治区、直辖市）名称，不能只写地区级市、县、区院名。文书名称，即“纠正阻碍辩护人/诉讼代理人依法行使诉讼权利通知书”。第一联文书名称下方标注“（存根）”字样。文号生成格式为：“××检××辩/诉纠〔20××〕×号”。

（2）正文。依次填写：案由；案件编号；犯罪嫌疑人姓名、性别、出生日期；申诉人/控告人姓名、工作单位；被申诉/控告单位名称；申诉/控告事由；批准人、承办人、填发人姓名；填发时间。

2. 第二、三联

第二联由承办人附卷，第三联送被申诉、控告单位。

（1）首部。第二、三联首部与第一联首部基本一致。第二联文书名称下方标注“（副本）”字样，第三联文书名称下方无标注。

（2）正文。抬头，发往单位，包括公安机关、人民检察院、人民法院。如果针对的是检察机关，应写明具体的办案部门。

通知内容，本部分属于填充式内容。需填充的内容包括：涉及的原诉讼案件名称、存在的违法行为。其中存在的违法行为参照《人民检察院刑事诉讼规则》第五十七条予以列明。

3. 尾部

落款，本部分除了在发出文书日期上加盖院印，第二联下方还需办案机关签收。

（四）文书模板及制作说明

1. 文书模板

×××人民检察院

纠正阻碍辩护人/诉讼代理人依法行使诉讼权利通知书

（存　根）

××检××辩/诉纠〔20××〕×号

案由＿＿＿＿＿＿

案件编号＿＿＿＿＿＿

犯罪嫌疑人＿＿性别＿＿出生日期＿＿

申诉人/控告人＿＿＿＿＿＿

工作单位＿＿＿＿＿＿

被申诉/控告单位＿＿＿＿＿＿

申诉/控告事由＿＿＿＿＿＿

批准人＿＿＿＿＿＿

承办人＿＿＿＿＿＿

填发人＿＿＿＿＿＿

填发时间＿＿＿＿＿＿

第一联　统一保存

×××人民检察院

纠正阻碍辩护人/诉讼代理人依法行使诉讼权利通知书

（副　本）

××检××辩/诉纠〔20××〕×号

＿＿＿＿：

你单位在办理＿＿＿＿＿＿一案中，经审查，存在＿＿＿＿＿＿情形，阻碍了辩护人/诉讼代理人依法行使诉讼权利。根据《中华人民共和国刑事诉讼法》第四十九条之规定，现通知你单位纠正违法行为，依法保障辩护人/诉讼代理人的诉讼权利。

20××年××月××日

（院印）

本通知书已收到。

办案机关收件人：

年　月　日

第二联　附卷

×××人民检察院

纠正阻碍辩护人/诉讼代理人依法行使诉讼权利通知书

××检××辩/诉纠〔20××〕×号

＿＿＿＿：

你单位在办理＿＿＿＿＿＿一案中，经审查，存在＿＿＿＿＿＿情形，阻碍了辩护人/诉讼代理人依法行使诉讼权利。根据《中华人民共和国刑事诉讼法》第四十九条之规定，现通知你单位纠正违法行为，依法保障辩护人/诉讼代理人的诉讼权利。

20××年××月××日

（院印）

第三联　送被申诉、控告单位

2. 制作说明

（1）本文书依据《中华人民共和国刑事诉讼法》第四十九条，《人民检察院刑事诉讼规则》第五十七条、第五十八条的规定制作。在人民检察院纠正有关机关阻碍辩护人或者诉讼代理人依法行使诉讼权利时使用。

（2）本文书共三联，第一联存根统一保存备查，第二联附卷，第三联送被申诉、控告单位。

4.6.2 法律文书：纠正非法取证意见书

（一）基本概念

纠正非法取证意见书，是人民检察院在审查逮捕、审查起诉中依法纠正侦查机关/调查机关非法取证行为时使用的法律文书。

（二）相关依据

1. 法律依据

《中华人民共和国刑事诉讼法》第五十七条：“人民检察院接到报案、控告、举报或者发现侦查人员以非法方法收集证据的，应当进行调查核实。对于确有以非法方法收集证据情形的，应当提出纠正意见；构成犯罪的，依法追究刑事责任。”

2. 司法解释规定

《人民检察院刑事诉讼规则》第七十三条：“人民检察院经审查认定存在非法取证行为的，对该证据应当予以排除，其他证据不能证明犯罪嫌疑人实施犯罪行为的，应当不批准或者决定逮捕。已经移送起诉的，可以依法将案件退回监察机关补充调查或者退回公安机关补充侦查，或者作出不起诉决定。被排除的非法证据应当随案移送，并写明为依法排除的非法证据。

对于侦查人员的非法取证行为，尚未构成犯罪的，应当依法向其所在机关提出纠正意见。对于需要补正或者作出合理解释的，应当提出明确要求。

对于非法取证行为涉嫌犯罪需要追究刑事责任的，应当依法立案侦查。”

3. 其他规定

最高人民法院、最高人民检察院、公安部、国家安全部、司法部《关于办理刑事案件严格排除非法证据若干问题的规定》第十四条：“犯罪嫌疑人及其辩护人在侦查期间可以向人民检察院申请排除非法证据。对犯罪嫌疑人及其辩护人提供相关线索或者材料的，人民检察院应当调查核实。调查结论应当书面告知犯罪嫌疑人及其辩护人。对确有以非法方法收集证据情形的，人民检察院应当向侦查机关提出纠正意见。

侦查机关对审查认定的非法证据，应当予以排除，不得作为提请批准逮捕、移送审查起诉的根据。

对重大案件，人民检察院驻看守所检察人员应当在侦查终结前询问犯罪嫌疑人，核查是否存在刑讯逼供、非法取证情形，并同步录音录像。经核查，确有刑讯逼供、非法取证情形的，侦查机关应当及时排除非法证据，不得作为提请批准逮捕、移送审查起诉的根据。”

（三）文书结构

1. 首部

首部由检察机关名称、文书名称和文号三部分组成。其中，检察机关的名称应为全称，即要注明所在省（自治区、直辖市）名称，不能只写地区级市、县、区院名。文号生成格式为：“××检××纠证〔20××〕×号”。

2. 正文

抬头，发往单位，存在非法取证行为的侦查机关。

主文部分属于叙述式，内容包括四项：（1）写明人民检察院接到报案、控告、举报或者发现的非法取证的情况；（2）对涉嫌的非法取证行为进行调查核实的情况，包括非法取证人员的姓名、单位、职务、非法取证时间、地点、经过、手段、目的和后果等；（3）认定存在非法取证行为的理由和法律依据；（4）提出纠正意见，并要求在一定期限内回复。

3. 尾部

落款，发出文书日期及加盖院印。附件，包括证明非法取证事实存在的证据材料；联系方式；相关依据。

(四) 文书模板及制作说明

1. 文书模板

×××人民检察院

纠正非法取证意见书

××检××纠证〔20××〕×号

________(发往单位):

本院在开展________工作中,发现________(写明人民检察院接到报案、控告、举报或者发现的非法取证的情况以及对涉嫌非法取证行为进行调查核实的情况。包括非法取证人员的姓名、单位、职务、非法取证事实等。非法取证事实,要写明非法取证时间、地点、经过、手段、目的和后果等)

本院认为________(写明认定存在非法取证行为的理由和法律依据)(写明具体的纠正意见)根据________(法律依据)的规定,特向你________提出纠正意见,请在收到本意见书后十五日内,将纠正情况书面告知本院。

附件:1. 证明非法取证事实存在的证据材料

2. 联系方式

3. 相关依据

20××年××月××日

(院印)

2. 制作说明

(1) 本文书依据《中华人民共和国刑事诉讼法》第五十七条,《人民检察院刑事诉讼规则》第七十三条和最高人民法院、最高人民检察院、公安部、国家安全部、司法部《关于办理刑事案件严格排除非法证据若干问题的规定》第十四条的规定制作。是人民检察院在审查逮捕、审查起诉中依法纠正侦查机关/调查机关非法取证行为时使用。

（2）本文书一式二份，一份送达侦查机关，一份附卷。

4.6.3　法律文书：提供证据收集合法性说明通知书

（一）基本概念

提供证据收集合法性说明通知书，是人民检察院审查判断是否排除非法证据或者向法庭证明证据收集的合法性，要求监察机关或者侦查机关说明证据收集的合法性时使用的法律文书。

（二）相关依据

1. 法律依据

《中华人民共和国刑事诉讼法》第五十六条："采用刑讯逼供等非法方法收集的犯罪嫌疑人、被告人供述和采用暴力、威胁等非法方法收集的证人证言、被害人陈述，应当予以排除。收集物证、书证不符合法定程序，可能严重影响司法公正的，应当予以补正或者作出合理解释；不能补正或者作出合理解释的，对该证据应当予以排除。

在侦查、审查起诉、审判时发现有应当排除的证据的，应当依法予以排除，不得作为起诉意见、起诉决定和判决的依据。"

第一百七十五条第一款："人民检察院审查案件，可以要求公安机关提供法庭审判所必需的证据材料；认为可能存在本法第五十六条规定的以非法方法收集证据情形的，可以要求其对证据收集的合法性作出说明。"

2. 司法解释规定

《人民检察院刑事诉讼规则》第七十四条："人民检察院认为可能存在以刑讯逼供等非法方法收集证据情形的，可以书面要求监察机关或者公安机关对证据收集的合法性作出说明。说明应当加盖单位公章，并由调查人员或者侦查人员签名。"

（三）文书结构

1. 首部

检察机关的名称应为全称，即要注明所在省（自治区、直辖市）名称，不能只写地区级市、县、区院名。文号生成格式为：“××检××提收通〔20××〕×号”。

2. 正文

抬头，发往机关，不仅包括侦查机关，也包括监察机关。

主文部分属于填充式和叙述式相结合。需要填充的内容包括案件名称、回复的期限等。需要注意以下几点：

一是清晰写明需要侦查机关、监察机关说明的事项，包括哪份证据存在合法性疑问，哪份证据需要补正或者作出书面解释等。二是回复期限应设置合理，要在符合办案期限要求的基础上，结合要求说明情况的数量、难易程度等予以设置，一般以七日、十五日较为适宜。三是需要说明的证据范围限定在涉嫌刑讯逼供收集犯罪嫌疑人、被告人供述，涉嫌采用暴力、威胁方法收集的证人证言、被害人陈述，涉嫌不符合法定程序收集的物证、书证。

3. 尾部

落款，本部分除了写明发出日期和加盖院印，也可以加上承办人联系方式，以方便发往单位与检察机关沟通。

（四）文书模板及制作说明

1. 文书模板

×××人民检察院

提供证据收集合法性说明通知书

××检××提收通〔20××〕×号

________（监察机关/侦查机关）：

你________移送审查起诉（或者侦查）的犯罪嫌疑人________涉嫌

________一案，为了解你________调查/侦查的犯罪嫌疑人________案的证据收集情况，根据《中华人民共和国刑事诉讼法》第五十六条、第一百七十五条第一款的规定，请你对该案下列证据的收集合法性作出说明，说明应当加盖单位公章，并由调查/侦查人员签名，并在收到本通知书后________日内函告本院。

……（列出具体要求）

20××年××月××日

（院印）

联系人：×××

联系方式：×××

2. 制作说明

（1）本文书依据《中华人民共和国刑事诉讼法》第五十六条、第一百七十五条第一款和《人民检察院刑事诉讼规则》第七十四条的规定制作。是人民检察院审查判断是否排除非法证据或者向法庭证明证据收集的合法性，要求监察机关或者侦查机关说明证据收集的合法性时使用。

（2）本文书一式二份，一份附卷，一份送达监察机关/侦查机关。

4.6.4 法律文书：辩护人、诉讼代理人申诉、控告答复书

（一）基本概念

辩护人、诉讼代理人申诉、控告答复书，是辩护人、诉讼代理人认为行使诉讼权利受到阻碍向人民检察院申诉或者控告，人民检察院答复时使用的法律文书。

（二）相关依据

1. 法律依据

《中华人民共和国刑事诉讼法》第四十九条："辩护人、诉讼代理人认为公安机关、人民检察院、人民法院及其工作人员阻碍其依法行使诉讼权利的，有权向同级或者上一级人民检察院申诉或者控告。人民检察院对申诉或者控告应当及时进行审查，情况属实的，通知有关机关予以纠正。"

2. 司法解释规定

《人民检察院刑事诉讼规则》第五十八条："辩护人、诉讼代理人认为其依法行使诉讼权利受到阻碍向人民检察院申诉或者控告的，人民检察院应当及时受理并调查核实，在十日以内办结并书面答复。情况属实的，通知有关机关或者本院有关部门、下级人民检察院予以纠正。"

（三）文书结构

本文书为三联填充式文书。

1. 第一联

本联主要用于审批程序，不附卷，由办案部门统一留存。

（1）首部。本部分包括制作文书的人民检察院名称，需注明所在省（自治区、直辖市）的名称，不能只写地区级市、县、区院名；文书名称，即"辩护人/诉讼代理人申诉/控告答复书"；文书名称下方标注"（存根）"字样；文号生成格式为："××检××辩/诉复〔20××〕×号"。

（2）正文。依次填写：案由；案件编号；犯罪嫌疑人姓名、性别、出生日期；申诉人/控告人姓名；工作单位；被申诉/控告单位；申诉/控告事由；批准人、承办人、填发人姓名；填发时间。

2. 第二、三联

第二联由承办人附卷，第三联交申诉、控告人。

（1）首部。第二、三联首部与第一联一致。第二联文书名称下方标注"（副本）"字样。

(2) 正文。主文部分属于填充式，包括申诉、控告的案件名称、办案人员、申诉、控告的情形、检察机关认定申诉、控告的情形是否违法及违法情形的处理情况，不要忘记将是否已经通知有关机关纠正的情况予以说明。关于申诉、控告的情形参考《人民检察院刑事诉讼规则》第五十七条规定。

(3) 尾部。落款，文书发出时间及加盖院印。

第二联需要申诉人、控告人签收。注意答复时间应在申诉、控告线索受理后十日内。

(四) 文书模板及制作说明

1. 文书模板

××× 人民检察院

辩护人/诉讼代理人

申诉/控告答复书

（存　根）

××检××辩/诉复〔20××〕×号

案由＿＿＿＿＿＿＿＿

案件编号＿＿＿＿＿＿＿＿

犯罪嫌疑人＿＿＿性别＿＿＿出生日期＿＿＿

申诉人/控告人＿＿＿＿＿＿＿＿

工作单位＿＿＿＿＿＿＿＿

被申诉/控告单位＿＿＿＿＿＿＿＿

申诉/控告事由＿＿＿＿＿＿＿＿

批准人＿＿＿＿＿＿＿＿

承办人＿＿＿＿＿＿＿＿

填发人＿＿＿＿＿＿＿＿

填发时间＿＿＿＿＿＿＿＿

第一联　统一保存

××× 人民检察院

辩护人/诉讼代理人

申诉/控告答复书

（副　本）

××检××辩/诉复〔20××〕×号

＿＿＿＿：

你对＿＿＿＿＿＿存在＿＿＿＿＿＿情形的申诉/控告已收悉。经调查，现将处理情况答复如下：＿＿＿＿＿＿＿＿＿＿＿＿＿＿＿＿的行为，属于＿＿＿＿＿＿（是否违反刑事诉讼法的规定以及是否已经依法通知其纠正）。

20××年××月××日

（院印）

本答复书已收到。

申诉人/控告人：

年　月　日

第二联　附卷

××× 人民检察院

辩护人/诉讼代理人

申诉/控告答复书

××检刑辩/诉复〔20××〕×号

＿＿＿＿：

你对＿＿＿＿＿＿存在＿＿＿＿＿＿情形的申诉/控告已收悉。经调查，现将处理情况答复如下：＿＿＿＿＿＿＿＿＿＿＿＿＿＿＿＿的行为，属于＿＿＿＿＿＿（是否违反刑事诉讼法的规定以及是否已经依法通知其纠正）。

20××年××月××日

（院印）

第三联　交申诉、控告人

2. 制作说明

（1）本文书依据《中华人民共和国刑事诉讼法》第四十九条，《人民检察院刑事诉讼规则》第五十八条的规定制作。辩护人、诉讼代理人认为行使诉讼权利受到阻碍向人民检察院申诉或者控告，人民检察院答复时使用。

（2）本文书共三联，第一联存根，统一保存备查，第二联附卷，第三联交申诉人、控告人。

4.6.5 法律文书：排除非法证据调查结论告知书

（一）基本概念

排除非法证据调查结论告知书，是犯罪嫌疑人及其辩护人等申请排除非法证据，人民检察院经调查核实，在将调查结论告知犯罪嫌疑人及其辩护人等申请人时所使用的法律文书。

（二）相关依据

1. 法律依据

《中华人民共和国刑事诉讼法》第五十六条："采用刑讯逼供等非法方法收集的犯罪嫌疑人、被告人供述和采用暴力、威胁等非法方法收集的证人证言、被害人陈述，应当予以排除。收集物证、书证不符合法定程序，可能严重影响司法公正的，应当予以补正或者作出合理解释；不能补正或者作出合理解释的，对该证据应当予以排除。

在侦查、审查起诉、审判时发现有应当排除的证据的，应当依法予以排除，不得作为起诉意见、起诉决定和判决的依据。"

2. 司法解释规定

《人民检察院刑事诉讼规则》第七十二条："人民检察院发现侦查人员以非法方法收集证据的，应当及时进行调查核实。

当事人及其辩护人或者值班律师、诉讼代理人报案、控告、举报侦查人员采用刑讯逼供等非法方法收集证据，并提供涉嫌非法取证的人员、时间、地点、方式和内容等材料或者线索的，人民检察院应当受理并进行审查。根据现有材料无法证明证据收集合法性的，应当及时进行调查核实。

上一级人民检察院接到对侦查人员采用刑讯逼供等非法方法收集证据的报案、控告、举报，可以直接进行调查核实，也可以交由下级人民检察院调查核实。交由下级人民检察院调查核实的，下级人民检察院应当及时将调查结果报告上一级人民检察院。

人民检察院决定调查核实的，应当及时通知公安机关。”

3. 其他规定

最高人民法院、最高人民检察院、公安部、国家安全部、司法部《关于办理刑事案件严格排除非法证据若干问题的规定》第十七条：“审查逮捕、审查起诉期间，犯罪嫌疑人及其辩护人申请排除非法证据，并提供相关线索或者材料的，人民检察院应当调查核实。调查结论应当书面告知犯罪嫌疑人及其辩护人。

人民检察院在审查起诉期间发现侦查人员以刑讯逼供等非法方法收集证据的，应当依法排除相关证据并提出纠正意见，必要时人民检察院可以自行调查取证。

人民检察院对审查认定的非法证据，应当予以排除，不得作为批准或者决定逮捕、提起公诉的根据。被排除的非法证据应当随案移送，并写明为依法排除的非法证据。”

（三）文书结构

本文书为四联填充式文书。

1. 第一联

本联主要用于审批程序，不附卷，由办案部门统一留存。

（1）首部。本部分包括制作文书的人民检察院名称，需注明所在省（自治区、直辖市）的名称，不能只写地区级市、县、区院名；文书名称，即“排除非法证据调查结论告知书”；文书名称下方标注“（存根）”字样；文号生成格式为：“××检××排非告〔20××〕×号”。

（2）正文。依次填写：案由；犯罪嫌疑人姓名、性别、出生日期；辩护人姓名、工作单位；申请事项；调查结论；批准人、承办人、填发人姓名；填发时间。

2. 第二、三联

第二联副本由承办人附卷，第三联送申请人。

（1）首部。第二、三联首部结构与第一联一致。第二联文书名称下方标注“（副本）”字样。

（2）正文。抬头，申请人姓名，行文上顶格书写。

主文部分属于填充式，适用于申诉、控告情况，需要填充的内容包括申请排除非法证据的日期、涉案名称、排除证据的情况。写明本院意见，即“本院经调查核实，根据《中华人民共和国刑事诉讼法》第五十六条的规定，认为……”。

对于检察机关自行发现的非法证据情形，第二联和第四联内容适当调整如下。写明检察机关发现的日期、案件名称、调查核实处理结果，如“我院于××××年××月××日发现×××案件中可能存在非法证据，经调查核实，根据《中华人民共和国刑事诉讼法》第五十六条的规定，认为××××年××月××日犯罪嫌疑人讯问笔录，因存在刑讯逼供予以排除。”

（3）尾部。落款，发出文书日期及院印，第二联需要被告知人及单位签收。

3. 第四联

第四联送达侦查机关。

（1）首部。首部结构与前三联一致，文书名称下方无标注。

（2）正文。抬头，被申请排除非法证据的侦查机关名称，行文上顶格书写。

主文部分属于填充式，需要填充的内容包括申请排除非法证据的日期、涉案名称、排除证据的情况。写明本院意见，即“本院经调查核实，根据《中华人民共和国刑事诉讼法》第五十六条的规定，认为……”。

（3）尾部。落款，发出文书日期及院印。

（四）文书模板及制作说明

1. 文书模板

××× 人民检察院

排除非法证据调查结论告知书

（存　根）

××检××排非告〔20××〕×号

案由＿＿＿＿＿＿＿＿

犯罪嫌疑人＿＿性别＿＿出生日期＿＿＿＿

辩护人＿＿＿＿＿＿＿＿

工作单位＿＿＿＿＿＿＿＿

申请事项＿＿＿＿＿＿＿＿

调查结论＿＿＿＿＿＿＿＿

批准人＿＿＿＿＿＿＿＿

承办人＿＿＿＿＿＿＿＿

填发人＿＿＿＿＿＿＿＿

填发时间＿＿＿＿＿＿＿＿

第一联　统一保存

××× 人民检察院

排除非法证据调查结论告知书

（副　本）

××检××排非告〔20××〕×号

＿＿＿＿：

你于＿＿年＿＿月＿＿日申请排除＿＿＿＿案的非法证据。本院经调查核实，根据《中华人民共和国刑事诉讼法》第五十六条的规定，认为＿＿＿＿＿＿。

特此告知

20××年××月××日

（院印）

本告知书已收到。

申请人：

年　月　日

第二联　附卷

×××人民检察院

排除非法证据调查结论告知书

××检××排非告〔20××〕×号

________：

你于______年____月____日申请排除________案的非法证据。本院经调查核实，根据《中华人民共和国刑事诉讼法》第五十六条的规定，认为______________。

特此告知

20××年××月××日

（院印）

第三联　送申请人

×××人民检察院

排除非法证据调查结论告知书

××检××排非告〔20××〕×号

________：

______（申请人）于______年____月____日申请排除________案的非法证据。本院经调查核实，根据《中华人民共和国刑事诉讼法》第五十六条的规定，认为______________。

特此告知

20××年××月××日

（院印）

第四联　送达侦查机关

2. 制作说明

（1）本文书依据《中华人民共和国刑事诉讼法》第五十六条，最高人民法院、最高人民检察院、公安部、国家安全部、司法部《关于办理刑事案件严格排除非法证据若干问题的规定》第十七条，《人民检察院刑事诉讼规则》第七十二条的规定制作。是犯罪嫌疑人及其辩护人等申请排除非法证据，人民检察院经调查核实，在将调查结论告知犯罪嫌疑人及其辩护人等申请人时使用。

（2）本文书共四联，第一联存根，统一保存，第二联附卷，第三联送申请人，第四联送达侦查机关。

（3）当检察机关自行发现非法证据的情形，经调查核实，对该证据予以排除的，可对本文书内容适当调整。

4.6.6 工作文书：非法证据调查报告

（一）基本概念

非法证据调查报告，是检察机关对非法证据开展调查核实时所使用的报告式工作文书。

（二）相关依据

1. 法律依据

《中华人民共和国刑事诉讼法》第五十六条："采用刑讯逼供等非法方法收集的犯罪嫌疑人、被告人供述和采用暴力、威胁等非法方法收集的证人证言、被害人陈述，应当予以排除。收集物证、书证不符合法定程序，可能严重影响司法公正的，应当予以补正或者作出合理解释；不能补正或者作出合理解释的，对该证据应当予以排除。

在侦查、审查起诉、审判时发现有应当排除的证据的，应当依法予以排除，不得作为起诉意见、起诉决定和判决的依据。"

第五十七条："人民检察院接到报案、控告、举报或者发现侦查人员以非法方法收集证据的，应当进行调查核实。对于确有以非法方法收集证据情形的，应当提出纠正意见；构成犯罪的，依法追究刑事责任。"

第五十八条："法庭审理过程中，审判人员认为可能存在本法第五十六条规定的以非法方法收集证据情形的，应当对证据收集的合法性进行法庭调查。

当事人及其辩护人、诉讼代理人有权申请人民法院对以非法方法收集的证据依法予以排除。申请排除以非法方法收集的证据的，应当提供相关线索或者材料。"

第五十九条："在对证据收集的合法性进行法庭调查的过程中，人民检察院应当对证据收集的合法性加以证明。

现有证据材料不能证明证据收集的合法性的，人民检察院可以提请人民法院通知有关侦查人员或者其他人员出庭说明情况；人民法院可以通知有关侦查人员或者其他人员出庭说明情况。有关侦查人员或者其他人员也可以要求出庭说明情况。经人民法院通知，有关人员应当出庭。"

第六十条："对于经过法庭审理，确认或者不能排除存在本法第五十六条规定的以非法方法收集证据情形的，对有关证据应当予以排除。"

2. 司法解释规定

《人民检察院刑事诉讼规则》第六十六条："对采用刑讯逼供等非法方法收集的犯罪嫌疑人供述和采用暴力、威胁等非法方法收集的证人证言、被害人陈述，应当依法排除，不得作为移送审查逮捕、批准或者决定逮捕、移送起诉以及提起公诉的依据。"

第六十七条："对采用下列方法收集的犯罪嫌疑人供述，应当予以排除：

（一）采用殴打、违法使用戒具等暴力方法或者变相肉刑的恶劣手段，使犯罪嫌疑人遭受难以忍受的痛苦而违背意愿作出的供述；

（二）采用以暴力或者严重损害本人及其近亲属合法权益等进行威胁的方法，使犯罪嫌疑人遭受难以忍受的痛苦而违背意愿作出的供述；

（三）采用非法拘禁等非法限制人身自由的方法收集的供述。"

第六十八条："对采用刑讯逼供方法使犯罪嫌疑人作出供述，之后犯罪嫌疑人受该刑讯逼供行为影响而作出的与该供述相同的重复性供述，应当一并排除，但下列情形除外：

（一）侦查期间，根据控告、举报或者自己发现等，公安机关确认或者不能排除以非法方法收集证据而更换侦查人员，其他侦查人员再次讯问时告知诉讼权利和认罪认罚的法律规定，犯罪嫌疑人自愿供述的；

（二）审查逮捕、审查起诉期间，检察人员讯问时告知诉讼权利和认罪认罚的法律规定，犯罪嫌疑人自愿供述的。”

第六十九条：“采用暴力、威胁以及非法限制人身自由等非法方法收集的证人证言、被害人陈述，应当予以排除。”

第七十条：“收集物证、书证不符合法定程序，可能严重影响司法公正的，人民检察院应当及时要求公安机关补正或者作出书面解释；不能补正或者无法作出合理解释的，对该证据应当予以排除。

对公安机关的补正或者解释，人民检察院应当予以审查。经补正或者作出合理解释的，可以作为批准或者决定逮捕、提起公诉的依据。”

第七十一条：“对重大案件，人民检察院驻看守所检察人员在侦查终结前应当对讯问合法性进行核查并全程同步录音、录像，核查情况应当及时通知本院负责捕诉的部门。

负责捕诉的部门认为确有刑讯逼供等非法取证情形的，应当要求公安机关依法排除非法证据，不得作为提请批准逮捕、移送起诉的依据。”

第七十二条：“人民检察院发现侦查人员以非法方法收集证据的，应当及时进行调查核实。

当事人及其辩护人或者值班律师、诉讼代理人报案、控告、举报侦查人员采用刑讯逼供等非法方法收集证据，并提供涉嫌非法取证的人员、时间、地点、方式和内容等材料或者线索的，人民检察院应当受理并进行审查。根据现有材料无法证明证据收集合法性的，应当及时进行调查核实。

上一级人民检察院接到对侦查人员采用刑讯逼供等非法方法收集证据的报案、控告、举报，可以直接进行调查核实，也可以交由下级人民检察院调查核实。交由下级人民检察院调查核实的，下级人民检察院应当及时将调查结果报告上一级人民检察院。

人民检察院决定调查核实的，应当及时通知公安机关。”

第七十三条：“人民检察院经审查认定存在非法取证行为的，对该证据应当予以排除，其他证据不能证明犯罪嫌疑人实施犯罪行为的，应当不批准或者决定逮捕。已经移送起诉的，可以依法将案件退回监察机关补充调查或者退回公安机关补充侦查，或者作出不起诉决定。被排除的非法证据应当随案移送，并写明为依法排除的非法证据。

对于侦查人员的非法取证行为，尚未构成犯罪的，应当依法向其所在机关提出纠正意见。对于需要补正或者作出合理解释的，应当提出明确要求。

对于非法取证行为涉嫌犯罪需要追究刑事责任的，应当依法立案侦查。”

第七十四条：“人民检察院认为可能存在以刑讯逼供等非法方法收集证据情形的，可以书面要求监察机关或者公安机关对证据收集的合法性作出说明。说明应当加盖单位公章，并由调查人员或者侦查人员签名。”

（三）文书结构

1. 首部

标题部分，制作文书的人民检察院需注明所在省（自治区、直辖市）的名称，不能只写地区级市、县、区院名。文书名称，即“非法证据调查报告”。

2. 正文

（1）案件受理情况。写明案件来源，如果是控申部门移送，写明控告举报线索的基本情况；如果是办案中自行发现的，简要写明发现的经过。

（2）案件基本情况。写明案件的犯罪嫌疑人、事实、当事人反映的或者自行发现的侦查取证违法的情况。

（3）调查情况。写明调查的人员、方式、经过，查明侦查机关收集取证的情况，对侦查取证是否违法进行分析。

（4）处理意见。写明对侦查机关的取证过程是否违法，对非法证据是否排除，对瑕疵证据是否需要补正或做出合理解释，提出意见。

3. 尾部

落款承办人署名，文书制作日期。

（四）文书模板及制作说明

1. 文书模板

×××人民检察院

非法证据调查报告

一、案件受理情况

写明案件来源，如果是控申部门移送，写明控告举报线索的基本情况；如果是办案中自行发现的，简要写明发现的经过。

二、案件基本情况

写明案件的犯罪嫌疑人、事实、当事人反映的或者自行发现的侦查取证违法的情况。

三、调查情况

写明调查的人员、方式、经过，查明侦查机关收集取证的情况，对侦查取证是否违法进行分析。

需要说明的问题：×××

四、处理意见

写明对侦查机关的取证过程是否违法，对非法证据是否排除，对瑕疵证据是否需要补正或做出合理解释，提出意见。

承办人：

20××年××月××日

2. 制作说明

（1）本文书根据《中华人民共和国刑事诉讼法》第五十六条至六十条，《人民检察院刑事诉讼规则》第六十六条至第七十四条的规定，用于检察机关对非法证据开展调查核实时使用。

（2）本文书不需要用印，但需要留存备查并归档。

4.6.7　工作文书：非法证据调查交办通知书

（一）基本概念

非法证据调查交办通知书，是上一级检察机关接到报案、控告、举报，或者发现侦查人员以非法方法收集证据，交由下级检察机关调查核实时使用的工作文书。

（二）相关依据

1. 法律依据

《中华人民共和国刑事诉讼法》第五十七条："人民检察院接到报案、控告、举报或者发现侦查人员以非法方法收集证据的，应当进行调查核实。对于确有以非法方法收集证据情形的，应当提出纠正意见；构成犯罪的，依法追究刑事责任。"

2. 司法解释规定

《人民检察院刑事诉讼规则》第七十二条第三款："上一级人民检察院接到对侦查人员采用刑讯逼供等非法方法收集证据的报案、控告、举报，可以直接进行调查核实，也可以交由下级人民检察院调查核实。交由下级人民检察院调查核实的，下级人民检察院应当及时将调查结果报告上一级人民检察院。"

（三）文书制作要点

1. 首部

首部由检察机关名称、文书名称和文号三部分组成。检察机关的名称应为全称，即要注明所在省（自治区、直辖市）名称，不能只写地区级市、县、区院名。文书名称，即"非法证据调查交办通知书"。文号生成格式为："××检××交证调通〔20××〕×号"。

2. 正文

抬头，发往检察院，本部分为下级检察机关，与上述格式相对应。

主文部分分为两项内容。一项为应说明上级检察机关在何案件中发现非法方法收集证据情形；另一项需列明可能存在以非法方法收集的证据，要注意写清侦查机关调取的哪一份证据存在何种违法情形，如2022年8月1日13时00分的犯罪嫌疑人供述，可能存在刑讯逼供。

3. 尾部

落款，本部分包括发出文书日期和院印，另可根据情况添加联系人及联系方式、相关证据材料。

（四）文书模板及制作说明

1. 文书模板

×××人民检察院

非法证据调查交办通知书

××检××交证调通〔20××〕×号

×××人民检察院：

犯罪嫌疑人×××案可能存在以非法方法收集证据的情形。根据《中华人民共和国刑事诉讼法》第五十七条、《人民检察院刑事诉讼规则》第七十二条第三款之规定，请你院对此予以调查，并将调查结果及时报告我院。

可能存在以非法方法收集的证据如下：……

20××年××月××日

（院印）

联系人：×××

联系方式：×××

附（相关材料）

2. 制作说明

（1）本文书依据《中华人民共和国刑事诉讼法》第五十七条，《人民检察院刑事诉讼规则》第七十二条第三款的规定制作。是上一级人民检察院发现侦查人员以非法方法收集证据，交由下级人民检察院调查核实时使用。

（2）本文书一式二份，第一份由作出决定的人民检察院附卷，第二份送达被指定的人民检察院。

第七节　二审抗诉案件适用文书

二审抗诉案件适用文书，是人民检察院对同级人民法院第一审判决、裁定提出抗诉，以及上级人民检察院对下级人民检察院按照第二审程序提出抗诉的案件，认为抗诉正确的，支持抗诉并出席法庭，或者认为抗诉不当而向同级人民法院撤回抗诉，并通知下级人民检察院时，所使用的相关文书。

4.7.1　法律文书：刑事抗诉书（适用二审程序）

具体内容参见本书第三章“公诉检察文书”第一节“一审公诉案件适用文书”之“3.1.48 法律文书：刑事抗诉书（适用二审程序）”。

4.7.2　法律文书：抗诉请求答复书

（一）基本概念

抗诉请求答复书，指人民检察院在答复被害人及其法定代理人抗诉请求时所使用的法律文书。

（二）相关依据

《中华人民共和国刑事诉讼法》第二百二十九条：“被害人及其法定

代理人不服地方各级人民法院第一审的判决的，自收到判决书后五日以内，有权请求人民检察院提出抗诉。人民检察院自收到被害人及其法定代理人的请求后五日以内，应当作出是否抗诉的决定并且答复请求人。”

（三）文书结构

本文书为三联填充式文书。

1. 第一联

本联主要用于审批程序，不附卷，由办案部门统一留存。

（1）首部。本部分包括制作文书的人民检察院名称，需注明所在省（自治区、直辖市）的名称，不能只写地区级市、县、区院名；文书名称，即“抗诉请求答复书”；文书名称下方标注“（存根）”字样；文号生成格式为：“××检××抗答〔20××〕×号”。

（2）正文。依次填写：案由；被告人；抗诉请求人；审查结果；填发人、承办人、批准人姓名；填发时间。

2. 第二、三联

第二联由承办人附卷，第三联送达抗诉请求人。

（1）首部。本部分与存根结构内容基本相同，不同之处在于第二联文书名称下方注“（副本）”字样，第三联文书名称下方无标注。

（2）正文。抬头，抗诉请求人姓名，行文上顶格书写。

主文模板为“你于××××年××月××日请求本院对×××一案一审判决提出抗诉。根据《中华人民共和国刑事诉讼法》第二百二十九条的规定，经审查，本院认为……（理由），一审判决……，决定……”，采取填充式与叙写式相结合，按照模板要求依次写明抗诉请求人提出抗诉请求的时间、请求抗诉的案件名称，写明本院审查认定的结论及理由，由此依法作出的决定。

（3）尾部。填发文书的日期，日期上加盖院印。

（四）文书模板及制作说明

1. 文书模板

×××人民检察院

抗诉请求答复书

（存　根）

××检××抗答〔20××〕×号

案由________________

被告人________________

抗诉请求人________________

审查结果________________

填发人________________

承办人________________

批准人________________

填发时间________________

第一联　统一保存

×××人民检察院

抗诉请求答复书

（副　本）

××检××抗答〔20××〕×号

________：

你于______年____月____日请求本院对____________________一案一审判决提出抗诉。根据《中华人民共和国刑事诉讼法》第二百二十九条的规定，经审查，本院认为__________（理由），一审判决__________，决定__________。

特此答复

20××年××月××日

（院印）

第二联　附卷

×××人民检察院

抗诉请求答复书

××检××抗答〔20××〕×号

________：

你于______年____月____日请求本院对____________________一案一审判决提出抗诉。根据《中华人民共和国刑事诉讼法》第二百二十九条的规定，经审查，本院认为__________（理由），一审判决________，决定________。

特此答复

20××年××月××日

（院印）

第三联　送达抗诉请求人

2. 制作说明

（1）本文书依据《中华人民共和国刑事诉讼法》第二百二十九条的规定制作。是人民检察院在答复被害人及其法定代理人抗诉请求时使用。

（2）本文书共三联，第一联统一保存备查，第二联附卷，第三联送达抗诉请求人。

4.7.3 法律文书：支持刑事抗诉意见书

（一）基本概念

支持刑事抗诉意见书，是上级人民检察院在支持下级人民检察院刑事抗诉时所使用的法律文书。

（二）相关依据

1. 法律依据

《中华人民共和国刑事诉讼法》第二百三十二条："地方各级人民检察院对同级人民法院第一审判决、裁定的抗诉，应当通过原审人民法院提出抗诉书，并且将抗诉书抄送上一级人民检察院。原审人民法院应当将抗诉书连同案卷、证据移送上一级人民法院，并且将抗诉书副本送交当事人。

上级人民检察院如果认为抗诉不当，可以向同级人民法院撤回抗诉，并且通知下级人民检察院。"

2. 司法解释规定

《人民检察院刑事诉讼规则》第五百八十九条："上一级人民检察院对下级人民检察院按照第二审程序提出抗诉的案件，认为抗诉正确的，应当支持抗诉。

上一级人民检察院认为抗诉不当的，应当听取下级人民检察院的意见。听取意见后，仍然认为抗诉不当的，应当向同级人民法院撤回抗诉，并且通知下级人民检察院。

上一级人民检察院在上诉、抗诉期限内，发现下级人民检察院应当提出抗诉而没有提出抗诉的案件，可以指令下级人民检察院依法提出抗诉。

上一级人民检察院支持或者部分支持抗诉意见的，可以变更、补充抗诉理由，及时制作支持抗诉意见书，并通知提出抗诉的人民检察院。"

（三）文书结构

1. 首部

首部由检察机关名称、文书名称和文号三部分组成。其中，检察机关的名称应为全称，即要注明所在省（自治区、直辖市）名称，不能只写地区级市、县、区院名。文书名称，即“支持刑事抗诉意见书”。文号生成格式为：“××检××支刑抗〔20××〕×号”。

2. 正文

抬头为发往部门，即同级人民法院。

主文部分采取填充与叙写相结合的方式，模板为“×××人民检察院以________号刑事抗诉书对×××人民法院××号（写明被告人姓名、案由）一案的刑事判决（裁定）提出抗诉。本院审查后认为，抗诉正确，应予支持……”，按模板要求依次写明提出抗诉的人民检察院，刑事抗诉书文号、抗诉的法院及判决、裁定书文号、案件名称；支持抗诉理由部分，简要说明支持的理由，可以在原刑事抗诉书基础上改变或补充新的抗诉理由，也可以变更原抗诉请求。

结束语，“综上所述，为维护司法公正，准确惩治犯罪，依照《中华人民共和国刑事诉讼法》第二百三十二条的规定，请你院依法纠正。”

3. 尾部

落款，支持抗诉的人民检察院，文书制发日期并加盖院印。

（四）文书模板及制作说明

1. 文书模板

×××人民检察院

支持刑事抗诉意见书

××检××支刑抗〔20××〕×号

________人民法院：

________人民检察院以________号刑事抗诉书对________人民法院

________号（写明被告人姓名、案由）一案的刑事判决（裁定）提出抗诉。本院审查后认为，抗诉正确，应予支持。……（简要说明支持的理由，可以在原刑事抗诉书基础上改变或补充新的抗诉理由，也可以变更原抗诉请求）

综上所述，为维护司法公正，准确惩治犯罪，依照《中华人民共和国刑事诉讼法》第二百三十二条的规定，请你院依法纠正。

×××人民检察院
20××年××月××日
（院印）

2. 制作说明

（1）上级人民检察院对下级人民检察院的刑事抗诉意见，可以全部支持，可以部分支持，也可以予以改变，但不得增加抗诉对象，并通知提起抗诉的下级人民检察院。

（2）本文书一式三份，一份存档，一份送同级人民法院，一份送下级人民检察院。

4.7.4 法律文书：撤回抗诉决定书

（一）基本概念

撤回抗诉决定书，是上级人民检察院在决定撤回下级人民检察院抗诉时所使用的法律文书。

（二）相关依据

1. 法律依据

《中华人民共和国刑事诉讼法》第二百三十二条："地方各级人民检察院对同级人民法院第一审判决、裁定的抗诉，应当通过原审人民法院提出抗诉书，并且将抗诉书抄送上一级人民检察院。原审人民法院应当将抗诉书连同案卷、证据移送上一级人民法院，并且将抗诉书副本送交当事人。

上级人民检察院如果认为抗诉不当，可以向同级人民法院撤回抗诉，并且通知下级人民检察院。”

2. 司法解释规定

《人民检察院刑事诉讼规则》第五百八十九条：“上一级人民检察院对下级人民检察院按照第二审程序提出抗诉的案件，认为抗诉正确的，应当支持抗诉。

上一级人民检察院认为抗诉不当的，应当听取下级人民检察院的意见。听取意见后，仍然认为抗诉不当的，应当向同级人民法院撤回抗诉，并且通知下级人民检察院。

上一级人民检察院在上诉、抗诉期限内，发现下级人民检察院应当提出抗诉而没有提出抗诉的案件，可以指令下级人民检察院依法提出抗诉。

上一级人民检察院支持或者部分支持抗诉意见的，可以变更、补充抗诉理由，及时制作支持抗诉意见书，并通知提出抗诉的人民检察院。”

（三）文书结构

本文书为四联填充式文书。

1. 第一联

本联主要用于审批程序，不附卷，由办案部门统一留存。

（1）首部。本部分包括制作文书的人民检察院名称，需注明所在省（自治区、直辖市）的名称，不能只写地区级市、县、区院名；文书名称，即“撤回抗诉决定书”；文书名称下方标注“（存根）”字样；文号生成格式为：“××检××撤抗〔20××〕×号”。

（2）正文。依次填写：案由；被告人基本情况；送达机关；抗诉单位；撤回理由；填发人、承办人、批准人姓名；填发日期。

2. 第二、三联

第二联由承办人附卷，第三联送达同级人民法院。

（1）首部。本部分与存根内容基本相同，不同之处在于第二联文书名称下方注“（副本）”字样，第三联文书名称下方无标注。

（2）正文。主文采取填充与叙写相结合方式，模板为“×××人民检察院以××号抗诉书对×××人民法院审判被告人×××一案的××号判决（裁定）提出抗诉。经本院审查认为……（写明撤回抗诉的主要理由）。根据《中华人民共和国刑事诉讼法》第二百三十二条的规定，决定撤回抗诉”，按照模板填充要求写明提出抗诉的人民检察院、抗诉书文号，抗诉对象人民法院、案件名称和抗诉的判决（裁定）文号，写明本院审查结论，撤回抗诉的主要理由。最后表明依法决定撤回抗诉。

（3）尾部。此致，文书发往单位，即同级人民法院，行文上顶格书写。填发文书的日期，日期上加盖院印。

3. 第四联

第四联送达提出抗诉的人民检察院。

（1）首部。本联文书名称为“撤回抗诉通知书”，文书名称下方无标注，其他与前三联相同。

（2）正文。主文采取填充与叙写相结合方式，模板为“你院以××号抗诉书对×××人民法院审判被告人×××一案的××号判决（裁定）提出抗诉。经本院审查认为……（写明撤回抗诉的主要理由）。根据《中华人民共和国刑事诉讼法》第二百三十二条的规定，决定撤回抗诉”，按照模板填充要求写明抗诉书文号，抗诉对象人民法院、案件名称和抗诉的判决（裁定）文号，写明本院审查结论，撤回抗诉的主要理由。最后表明依法决定撤回抗诉。

（3）尾部。填发文书的日期，日期上加盖院印。

（四）文书模板及制作说明

1. 文书模板

×××人民检察院

撤回抗诉决定书

（存　根）

××检××撤抗〔20××〕×号

案由________

被告人基本情况（姓名、性别、出生日期、公民身份号码、工作单位、住址、是否人大代表、政协委员）________

____

____

送达机关________

抗诉单位________

撤回理由________

填发人________

承办人________

批准人________

填发日期________

第一联　统一保存

×××人民检察院

撤回抗诉决定书

（副　本）

××检××撤抗〔20××〕×号

________人民检察院以________号抗诉书对________人民法院审判被告人________一案的________号判决（裁定）提出抗诉。经本院审查认为________（写明撤回抗诉的主要理由）。根据《中华人民共和国刑事诉讼法》第二百三十二条的规定，决定撤回抗诉。

此致

________人民法院

20××年××月××日

（院印）

第二联　附卷

×××人民检察院

撤回抗诉决定书

××检××撤抗〔20××〕×号

________人民检察院以________号抗诉书对________人民法院审判被告人________一案的________号判决（裁定）提出抗诉。经本院审查认为________（写明撤回抗诉的主要理由）。根据《中华人民共和国刑事诉讼法》第二百三十二条的规定，决定撤回抗诉。

此致

________人民法院

20××年××月××日

（院印）

第三联　送达同级人民法院

×××人民检察院

撤回抗诉通知书

××检××撤抗〔20××〕×号

________人民检察院：

你院以________号抗诉书对____________人民法院审判被告人________一案的________号判决（裁定）提出抗诉。经本院审查认为________（写明撤回抗诉的主要理由）。根据《中华人民共和国刑事诉讼法》第二百三十二条的规定，决定撤回抗诉。

特此通知

20××年××月××日

（院印）

第四联　送达提出抗诉的人民检察院

2. 制作说明

（1）本文书依据《中华人民共和国刑事诉讼法》第二百三十二条的规定制作。是上级人民检察院在决定撤回下级人民检察院抗诉时使用。

（2）本文书共四联，第一联统一保存备查，第二联附卷，第三联送达同级人民法院，第四联（通知书）送达提出抗诉的人民检察院。

4.7.5 法律文书：抗诉（上诉）案件出庭意见书

具体内容参见本书第三章“公诉检察文书”第二节“二审上诉案件适用文书”之“3.2.2 法律文书：抗诉（上诉）案件出庭意见书”。

4.7.6 法律文书：派员出庭通知书

具体内容参见本书第三章“公诉检察文书”第二节“二审上诉案件适用文书”之“3.2.3 法律文书：派员出席法庭通知书”。

4.7.7 工作文书：二审案件审查报告（适用抗诉案件）

（一）基本概念

二审抗诉案件审查报告（适用抗诉案件），是检察机关案件承办人员在审查办理二审抗诉刑事案件完毕后所形成的综合性报告式工作文书。

（二）相关依据

《人民检察院刑事诉讼规则》第四百四十八条：“检察人员应当客观全面地审查原审案卷材料，不受上诉或者抗诉范围的限制。应当审查原审判决认定案件事实、适用法律是否正确，证据是否确实、充分，量刑是否适当，审判活动是否合法，并应当审查下级人民检察院的抗诉书或者上诉人的上诉状，了解抗诉或者上诉的理由是否正确、充分，重点审查有争议的案件事实、证据和法律适用问题，有针对性地做好庭审准备工作。”

（三）文书结构

1. 首部

标题部分，制作文书的人民检察院需注明所在省（自治区、直辖市）的名称，不能只写地区级市、县、区院名。文书名称，即“二审案件审查报告”。本文书标题结合具体案情，可体现办案单位、被告人、案由及文书种类。如果有多个被告人或者多个罪名，则只列一名主犯和一个主罪，其他被告人和罪名可以“等×人”或“等×罪”。

2. 正文

写明案件来源与办案简要过程，模板为：“（提出抗诉检察院）于（提出抗诉日期）就原审被告人（案件名称）一案提出抗诉，经审查卷宗材料、讯问原审被告人、复核有关证据（办案简要过程），现已审查完毕。承办人认为……（简要结论），报告如下：”

（1）上诉人（原审被告人）基本情况。包括姓名、性别、公民身份号码、民族、文化程度、户籍所在地、住址地、工作单位及被采取强制措施情况等以及辩护人情况。

（2）案件侦破及诉讼经过。

（3）一审法院裁判理由和抗诉理由。

（4）案件事实和证据。

（5）需要说明的情况。

（6）承办人意见。

抗诉案件审查时需全案审查，在提请抗诉理由中未发现的问题也应予以重点分析。共同犯罪案件仅对部分被告人提出抗诉的，应全面审查全案证据，但可着重围绕抗诉理由分析原审被告人的定罪量刑，对其他同案被告人经审查认为没有抗诉必要的，可简要说明审查结果，对其他同案被告人经审查发现有问题的，应予以说明并提出处理意见。

3. 尾部

落款承办人署名，文书制作日期。

（四）文书模板及制作说明

1. 文书模板

×××人民检察院

二审案件审查报告

（案件来源与办案简要过程）【写明：（提出抗诉检察院）于（提出抗诉日期）就原审被告人（案件名称）一案提出抗诉，经审查卷宗材料、讯问原审被告人、复核有关证据（办案简要过程），现已审查完毕。承办人认为……（简要结论），报告如下：】

一、原审被告人基本情况

上诉人（或原审被告人）（姓名）（曾用名×××，与案情有关的别名×××，化名×××，绰号×××），（性别），（出生日期）出生，（证件种类）号码（证件号码），（民族），（文化程度），（职业）（工作单位+职务），户籍所在地（户籍所在地），住（住所地详细地址）。曾受到过行政处罚、刑事处罚的时间、原因、种类、决定机关、释放时间等情况。因涉嫌（移送案由+移送其他案由）罪，经批准（决定机关）批准/决定，于（执行日期）被（执行机关）执行（强制措施名称）……（一人有多个强制措施的，按强制措施序号以上述格式添加）。

辩护人×××，×××律师事务所律师。

多名原审被告人的，按上述要求分别列明。

二、案件侦破及诉讼经过

【说明：案件侦破经过要写明案件的发生、揭发或者侦查、破获过程等情况，包括时间、地点、主要涉案人员和确定犯罪嫌疑人、抓获犯罪嫌疑人、破获案件的具体过程、方法等。对于侦破过程特殊，通过技术手段或者特情抓获犯罪嫌疑人、侦破案件，以及关系到犯罪嫌疑人自首、立功认定等情节的，应当写具体、清楚】

本案由（侦查机关）侦查终结，以原审被告人（原审被告人1姓名）涉嫌（移送案由+移送其他案由），（原审被告人2姓名）涉嫌（移送案由+移送其他案由）……（多名原审被告人的，按上述格式进行添加），向（原公诉机关）移送审查起诉。（原公诉机关）向（一审法院）提起公诉。经开庭审理，（一审法院）于（原审判决日期）以（一审判决文号）刑事判决书作出一审判决，以（原审罪名+原审其他罪名）判处（原审被告人姓名1）（原审刑罚）（原审刑期），以（原审罪名+原审其他罪名）判处（原审被告人姓名2）（原审刑罚）（原审刑期）……（多名原审被告人的，按上述格式添加）

三、一审法院裁判理由和抗诉理由

……

四、案件事实和证据

（一）起诉书指控的犯罪事实

……

（二）一审判决认定的事实

……（可以仅叙述判决认定的事实与指控事实不一致之处）

（三）审查认定的事实和案件证据情况

【说明：（一）本部分是审查报告制作重点，要根据案件的具体情况叙述清楚，做到主次分明、重点突出、详略得当，叙述事实清楚，罗列证据客观、全面，说理分析恰当、充分、合乎逻辑。（二）经审查认定的事实要写明案件发生的时间、地点，犯罪嫌疑人犯罪动机、目的、手段、实施行为的准备、实行过程，危害结果和案发后的表现等内容，并以犯罪构成要件为重点，同时兼叙影响量刑的各种情形。犯罪嫌疑人有自首、立功等法定情节的，可在叙述完事实后，写明自首、立功等情形。（三）经审查认定的证据，要客观、全面逐一列举，不能遗漏。列举证据的顺序以案件破获，案情发展；先客观性证据，后主观性证据；先被害人陈述、证人证言，后犯罪嫌疑人供述的原则排列。特殊情况，承办人可以灵活掌握。（四）对证据的综合分析可根据案件具体情况进行叙述。对于事实清楚，客观证据扎实的，可简写或不写；对于主要靠言词证据、间接证据定案的，应详写，在确定、分析矛盾点、关联点、空白点的基础上，详细阐述定案证据能否形成完整锁链，得出能够排除合理怀疑的结论。对于犯罪嫌疑人翻供的，对翻供的内容、翻供的原因以及翻供是否合理等进行分析，作出结论；对于提取、固定证据、司法鉴定等方面存在缺陷、瑕疵的证据，在分析论证的基础上得出是否影响证据使用、事实认定的结论】

五、需要说明的情况

写明不宜在前几项中表述，但可能影响案件处理的已客观存在的具体情况。

六、承办人意见

写明案件在认定事实证据、适用法律和诉讼程序等方面存在争议的焦点问题，并针对焦点问题进行详细的分析，提出承办人对事实、证据、定罪、量刑、诉讼程序和风险评估等方面的审查意见，并根据案件具体情况提出处理意见。

承办人：×××

20××年××月××日

2. 制作说明

（1）本文书为人民检察院在办理二审抗诉案件过程中撰写审查报告时使用。

（2）本文书为附检察内卷文书，无须向其他机关或部门送达。

第八节 审判监督程序抗诉案件适用文书

审判监督程序抗诉案件适用文书，是最高人民检察院对地方各级人民法院、上级人民检察院对下级人民法院已经发生法律效力的刑事判决、裁定，发现确有错误，按照审判监督程序向同级人民法院依法提出抗诉，以及地方各级人民检察院对于同级人民法院已经发生法律效力的判决、裁定，认为可能有错误的，提请上一级人民检察院提出抗诉时所使用的相关文书。

4.8.1 法律文书：刑事抗诉书（适用审判监督程序）

（一）基本概念

刑事抗诉书（适用审判监督程序），是最高人民检察院对各级人民法院已经发生法律效力的刑事判决、裁定，上级人民检察院对不服下级人民法院已经发生法律效力的刑事判决、裁定，经审查认为确有错误的，按照审判监督程序向同级人民法院提出抗诉，或者指令由作出生效判决、裁定的人民法院的上一级人民检察院向同级人民法院提出抗诉时所使用的法律文书。

（二）相关依据

1. 法律依据

《中华人民共和国刑事诉讼法》第二百五十二条："当事人及其法定代理人、近亲属，对已经发生法律效力的判决、裁定，可以向人民法院或者人民检察院提出申诉，但是不能停止判决、裁定的执行。"

第二百五十四条第三款："最高人民检察院对各级人民法院已经发生法律效力的判决和裁定，上级人民检察院对下级人民法院已经发生法律效力的判决和裁定，如果发现确有错误，有权按照审判监督程序向同级人民法院提出抗诉。"

2. 司法解释规定

《人民检察院刑事诉讼规则》第五百九十一条："人民检察院认为人民法院已经发生法律效力的判决、裁定确有错误，具有下列情形之一的，应当按照审判监督程序向人民法院提出抗诉：

（一）有新的证据证明原判决、裁定认定的事实确有错误，可能影响定罪量刑的；

（二）据以定罪量刑的证据不确实、不充分的；

（三）据以定罪量刑的证据依法应当予以排除的；

（四）据以定罪量刑的主要证据之间存在矛盾的；

（五）原判决、裁定的主要事实依据被依法变更或者撤销的；

（六）认定罪名错误且明显影响量刑的；

（七）违反法律关于追诉时效期限的规定的；

（八）量刑明显不当的；

（九）违反法律规定的诉讼程序，可能影响公正审判的；

（十）审判人员在审理案件的时候有贪污受贿，徇私舞弊，枉法裁判行为的。

对于同级人民法院已经发生法律效力的判决、裁定，人民检察院认为可能有错误的，应当另行指派检察官或者检察官办案组进行审查。经审查，认为有前款规定情形之一的，应当提请上一级人民检察院提出抗诉。

对已经发生法律效力的判决、裁定的审查，参照本规则第五百八十五条的规定办理。”

第五百九十七条：“最高人民检察院发现各级人民法院已经发生法律效力的判决或者裁定，上级人民检察院发现下级人民法院已经发生法律效力的判决或者裁定确有错误时，可以直接向同级人民法院提出抗诉，或者指令作出生效判决、裁定人民法院的上一级人民检察院向同级人民法院提出抗诉。”

3. 其他规定

《人民检察院办理刑事申诉案件规定》（2020 年）第四十四条：“最高人民检察院对不服各级人民法院已经发生法律效力的刑事判决、裁定的申诉，上级人民检察院对不服下级人民法院已经发生法律效力的刑事判决、裁定的申诉，经复查决定提出抗诉的，应当按照审判监督程序向同级人民法院提出抗诉，或者指令作出生效判决、裁定的人民法院的上一级人民检察院向同级人民法院提出抗诉。”

第四十五条第一款：“经复查认为人民法院已经发生法律效力的刑事判决、裁定确有错误，具有下列情形之一的，应当按照审判监督程序向人民法院提出抗诉：

（一）原判决、裁定认定事实、适用法律确有错误致裁判不公或者原判决、裁定的主要事实依据被依法变更或者撤销的；

（二）认定罪名错误且明显影响量刑的；

（三）量刑明显不当的；

（四）据以定罪量刑的证据不确实、不充分，或者主要证据之间存在矛盾，或者依法应当予以排除的；

（五）有新的证据证明原判决、裁定认定的事实确有错误，可能影响定罪量刑的；

（六）违反法律关于追诉时效期限的规定的；

（七）违反法律规定的诉讼程序，可能影响公正审判的；

（八）审判人员在审理案件的时候有贪污受贿、徇私舞弊、枉法裁判行为的。”

第四十八条：“人民检察院决定抗诉后，承办检察官应当制作刑事抗诉书，向同级人民法院提出抗诉。

以有新的证据证明原判决、裁定认定事实确有错误提出抗诉的，提出抗诉时应当随附相关证据材料。”

（三）文书结构

本文书由首部、原审被告人基本情况、生效判决或裁定概况、对生效判决或裁定的审查意见（含事实认定）、抗诉理由、抗诉决定、尾部、附注等部分内容组成。按照首部、正文、尾部结构叙述如下：

1. 首部

标题由制作文书的单位和文书名称构成。制作文书的单位应写明所在省（自治区、直辖市）的名称，不能只写地市院名；如果是涉外案件，要注明“中华人民共和国”的字样。文书名称，即“刑事抗诉书”。

2. 正文

（1）原审被告人基本情况。写明被告人出生日期、住址等；被告人的公民身份号码、户籍地；刑满释放或者假释的具体日期等。

（2）诉讼过程、生效判决或裁定概况。写明诉讼过程及生效裁判情况。如果是一审生效判决或裁定，不仅要写明一审判决或裁定的主要内容，还要写明一审判决或裁定的生效时间。如果是二审终审的判决或裁定，应该分别写明一审和二审判决或裁定的主要内容，此外，还应该写明提起审判监督程序抗诉的原因。

（3）对生效判决或裁定的审查意见（含事实认定）。具体包括事实认定与证据、审查意见两部分内容。其中，事实认定与证据部分写明对于原审判决、裁定中认定的事实或新发现的事实、证据，应该作比较详细的介绍。审查意见部分写明检察机关对原判决（裁定）的审查意见，目的是明确指出原判决（裁定）的错误所在，告知再审法院，检察院抗诉的重点是什么。这部分要观点鲜明，简明扼要。

（4）抗诉理由。针对事实确有错误、适用法律不当或审判程序严重违法等不同情况，述写抗诉理由。具体而言：

如果法院认定的事实有误，则要针对原审裁判的错误之处，提出纠正意见，强调抗诉的针对性。对于有多节“犯罪事实”的抗诉案件，只叙述原判决（裁定）认定事实不当的部分，认定没有错误的，可以只肯定一句“对……事实的认定无异议”即可。突出检、法两家的争议重点，体现抗诉的针对性。对于共同犯罪案件，也可以类似地处理，即只对原判决（裁定）漏定或错定的部分被告人犯罪事实作重点叙述，对其他被告人的犯罪事实可简写或者不写。关于“证据部分”，应该在论述事实时有针对性地列举证据，说明证据的内容要点及其与犯罪事实的联系。此外，刑事抗诉书中不能追诉起诉书中没有指控的犯罪事实。如有自首、立功等情节，应在抗诉书中予以论述。

如果法院适用法律不当，主要针对犯罪行为的本质特征，论述应该如何认定行为性质，从而正确适用法律。要从引用罪状、量刑情节等方面分别论述。

如果法院审判程序严重违法，抗诉书就应该主要根据刑事诉讼法及有关司法解释，逐个论述原审法院违反法定诉讼程序的事实表现，再写明影响公正判决的现实或可能性，最后阐述法律规定的正确诉讼程序。

（5）结论性意见、法律根据、决定和要求事项。结论性意见应当简洁、明确。在要求事项部分，应写明“特提出抗诉，请依法判处。”

3. 尾部

落款署检察院名称并盖院印。

（四）文书模板及制作说明

1. 文书模板

×××× 人民检察院

刑事抗诉书

（适用审判监督程序）

××检××审刑抗〔20××〕×号

原审被告人……（依次写明姓名、性别、出生年月日、民族、职业、单位及职务、住址、服刑情况。有数名被告人的，依犯罪事实情节由重至轻的顺序分别列出）。

×××人民法院以×××号刑事判决书（裁定书）对被告人×××（姓名）×××（案由）一案判决（裁定）……（写明生效的一审判决、裁定或者一审及二审判决、裁定情况）。经依法审查（如果是被告人及其法定代理人不服地方各级人民法院的生效判决、裁定而请求人民检察院提出抗诉的，或者有关人民检察院提请抗诉的，应当写明这一程序，然后再写“经依法审查”），本案的事实如下：

……（概括叙述检察机关认定的事实、情节。应当根据具体案件事实、证据情况，围绕刑法规定该罪构成要件特别是争议问题，简明扼要地叙述案件事实、情节。一般应当具备时间、地点、动机、目的、关键行为情节、数额、危害结果、作案后表现等有关定罪量刑的事实、情节要素。一案有数罪、各罪有数次作案的，应当依由重至轻或者时间顺序叙述）

本院认为，该判决（裁定）确有错误（包括认定事实有误、适用法律不当、审判程序严重违法），理由如下：

……（根据情况，理由可以从认定事实错误、适用法律不当和审判程序严重违法等几方面分别论述）

综上所述……（概括上述理由），为维护司法公正，准确惩治犯罪，依照《中华人民共和国刑事诉讼法》第二百五十四条第三款的规定，对×××法院×××号刑事判决（裁定）书，提出抗诉，请依法判处。

此致

×××人民法院

×××人民检察院

20××年××月××日

（院印）

附件：1. 被告人×××现服刑于×××（或者现住×××）

2. 其他有关材料

2. 制作说明

本文书依据《中华人民共和国刑事诉讼法》第二百五十四条第三款的规定制作。是最高人民检察院对各级人民法院已经发生法律效力的刑事判决、裁定，上级人民检察院对不服下级人民法院已经发生法律效力的刑事判决、裁定，经审查认为确有错误的，按照审判监督程序向同级人民法院提出抗诉，或者指令由作出生效判决、裁定的人民法院的上一级人民检察院向同级人民法院提出抗诉时使用。

4.8.2　法律文书：抗诉书（适用违法所得没收案件审判监督程序）

（一）基本概念

抗诉书（适用违法所得没收案件审判监督程序），是人民检察院认为人民法院在违法所得没收程序中作出的生效裁定确有错误，依法提出抗诉时使用的法律文书。

（二）相关依据

1. 法律依据

《中华人民共和国刑事诉讼法》第三百条："人民法院经审理，对经查证属于违法所得及其他涉案财产，除依法返还被害人的以外，应当裁定予以没收；对不属于应当追缴的财产的，应当裁定驳回申请，解除查封、扣押、冻结措施。

对于人民法院依照前款规定作出的裁定，犯罪嫌疑人、被告人的近亲属和其他利害关系人或者人民检察院可以提出上诉、抗诉。"

2. 司法解释规定

《人民检察院刑事诉讼规则》第五百三十一条："人民检察院发现人民法院或者审判人员审理没收违法所得案件违反法律规定的诉讼程序，应当向人民法院提出纠正意见。

人民检察院认为同级人民法院按照违法所得没收程序所作的第一审裁定确有错误的，应当在五日以内向上一级人民法院提出抗诉。

最高人民检察院、省级人民检察院认为下级人民法院按照违法所得没收程序所作的已经发生法律效力的裁定确有错误的，应当按照审判监督程序向同级人民法院提出抗诉。"

（三）文书结构

1. 首部

首部由检察机关名称、文书名称和文号三部分组成。其中，检察机关的名称应为全称，即要注明所在省（自治区、直辖市）名称，不能只写地区级市、县、区院名。此外，文号由全国检察业务应用系统 2.0 统一生成，是以院名义统一进行编号，但会区分一般案件和涉未成年人案件。

2. 正文

（1）犯罪嫌疑人（被告人）基本情况。写明姓名、性别、出生年月日、公民身份号码、民族、文化程度、职业或者工作单位及职务、户籍地、住址、曾受到行政处罚、刑事处罚的情况。

（2）诉讼过程、生效判决或裁定概况。对人民法院、原审裁定书文号及对犯罪嫌疑人（被告人）的裁定结果予以完整、准确描述。

（3）对生效判决或裁定的审查意见（含事实认定）。这一部分一是对原裁判加以归纳并简要概述，二是抗诉意见要明确指出原审判决的错误，确定抗诉案件审理的核心问题，突出争议焦点，体现抗诉的针对性。

3. 尾部

此致，文书发往单位，人民法院名称，行文上顶格书写。

落款署制发文书的人民检察院名称，填发文书的日期，日期上加盖院印。

附件，新的证人名单或者证据目录。

（四）文书模板及制作说明

1. 文书模板

×××人民检察院

抗诉书

（适用违法所得没收案件审判监督程序）

××检××没抗〔20××〕×号

犯罪嫌疑人（被告人）……（写明姓名、性别、出生年月日、公民身份号码、民族、文化程度、职业或者工作单位及职务、户籍地、住址、曾受到行政处罚、刑事处罚的情况）

×××人民法院以×××号刑事裁定书对犯罪嫌疑人（被告人）×××（姓名）没收违法所得一案判决（裁定）……（写明生效的一审裁定或者一审及二审裁定情况或检察院提请抗诉情况）。经依法审查，本案的事实如下：

……（概括叙述检察机关审查认定的犯罪事实，以及依照刑法规定应当追缴的违法所得及其他涉案财产的来源、种类、数量、所在地等情况）

本院认为，该裁定确有错误（包括认定事实有误、适用法律不当、审判程序严重违法），理由如下：

……（根据情况，理由可以从认定事实错误、适用法律不当和审判程序严重违法等几方面分别论述）

综上所述……（概括上述理由），为维护司法公正，准确惩治犯罪，依照《中华人民共和国刑事诉讼法》第三百条第二款的规定，对×××法院×××号刑事裁定书，提出抗诉，请依法判处。

此致

×××人民法院

×××人民检察院

20××年××月××日

（院印）

附件：新的证人名单或者证据目录

2. 制作说明

本文书依据《中华人民共和国刑事诉讼法》第三百条第二款的规定制作。为人民检察院认为人民法院在违法所得没收程序中作出的生效裁定确有错误，依法提出抗诉时使用。

4.8.3 法律文书：指令抗诉决定书

（一）基本概念

指令抗诉决定书，是上级人民检察院复查不服人民法院生效刑事裁判申诉案件，认为原审裁判确有错误，指令有抗诉权的下级人民检察院按照审判监督程序提出抗诉时使用的法律文书。

（二）相关依据

1. 法律依据

《中华人民共和国刑事诉讼法》第二百五十四条第三款："最高人民检察院对各级人民法院已经发生法律效力的判决和裁定，上级人民检察院对下级人民法院已经发生法律效力的判决和裁定，如果发现确有错误，有权按照审判监督程序向同级人民法院提出抗诉。"

2. 司法解释规定

《人民检察院刑事诉讼规则》第五百九十七条："最高人民检察院发现各级人民法院已经发生法律效力的判决或者裁定，上级人民检察院发现下级人民法院已经发生法律效力的判决或者裁定确有错误时，可以直接向同级人民法院提出抗诉，或者指令作出生效判决、裁定人民法院的上一级人民检察院向同级人民法院提出抗诉。"

（三）文书结构

本文书采用叙述式，按以下层次叙写：

1. 首部

包括人民检察院的名称、文书名称和文书编号。人民检察院的名称即作出决定的人民检察院；文书名称为"指令抗诉决定书"；文号生成格式为："××检××刑指抗〔20××〕×号"，空白处分别填写作出决定的人民检察院的简称、年度、文书编号。

2. 正文

（1）发送单位，即"×××人民检察院"，具体写明下一级人民检察院的名称。

（2）案件来源。依次包括：作出原审裁判的人民法院名称，作出原审裁判的具体日期，原审刑事裁判的文号，判决的罪名、原审被告人姓名和判处的刑罚。

（3）决定的理由、依据和决定事项。重点写明对原审裁判确有错误的理由和法律依据。具体表述为："经审查，该判决……确有错误，应当提出抗诉。"

3. 尾部

包括制作文书的日期及作出决定的人民检察院的院印。

（四）文书模板及制作说明

1. 文书模板

×××人民检察院

指令抗诉决定书

××检××刑指抗〔20××〕×号

________人民检察院：

________人民法院于________年______月______日作出________号刑事判决，以________罪对________判处________刑罚。经审查，该判决……确有错误，应当提出抗诉。根据《人民检察院刑事诉讼规则》第五百九十七条之规定，指令你院提出抗诉。

20××年××月××日

（院印）

2. 制作说明

（1）本文书依据《人民检察院刑事诉讼规则》第五百九十七条的规定制作，是上级人民检察院复查不服人民法院生效刑事裁判申诉案件，认为原审裁判确有错误，指令有抗诉权的下级人民检察院按照审判监督程序提出抗诉时使用。

（2）本文书一式二份，一份送下级人民检察院，一份附卷。

4.8.4 法律文书：撤回抗诉决定书

具体内容参见本书第四章“刑事诉讼监督检察文书”第七节“二审抗诉案件适用文书”之“4.7.4 法律文书：撤回抗诉决定书”。

4.8.5　法律文书：不抗诉理由说明书

（一）基本概念

不抗诉理由说明书，是人民检察院经审查被害人及其法定代理人的抗诉申请，发现不应当提出抗诉的，以特定的书面形式答复抗诉请求人的一种法律文书。

（二）相关依据

1. 法律依据

《中华人民共和国刑事诉讼法》第二百二十九条："被害人及其法定代理人不服地方各级人民法院第一审的判决的，自收到判决书后五日以内，有权请求人民检察院提出抗诉。人民检察院自收到被害人及其法定代理人的请求后五日以内，应当作出是否抗诉的决定并且答复请求人。"

2. 司法解释规定

《人民检察院刑事诉讼规则》第五百八十八条："被害人及其法定代理人不服地方各级人民法院第一审的判决，在收到判决书后五日以内请求人民检察院提出抗诉的，人民检察院应当立即进行审查，在收到被害人及其法定代理人的请求后五日以内作出是否抗诉的决定，并且答复请求人。经审查认为应当抗诉的，适用本规则第五百八十四条至第五百八十七条的规定办理。

被害人及其法定代理人在收到判决书五日以后请求人民检察院提出抗诉的，由人民检察院决定是否受理。"

（三）文书结构

1. 首部

包括人民检察院的名称、文书名称、说理对象名称。人民检察院的名称即作出决定的人民检察院，写明所在省（自治区、直辖市）的名称，不能只写地市院名，如果是涉外案件，要注明"中华人民共和国"字样；文书名称，即"不抗诉理由说明书"。

2. 正文

本部分首先应当写明说理对象名称为“请求抗诉的被害人及其法定代理人”，其次再撰写正文内容。正文主要包括以下内容：

（1）提请抗诉案件的由来。本部分格式固定，属于填充式，具体表述为：“你请求抗诉的被告人×××案，经本院审查认为不符合抗诉条件，根据《中华人民共和国刑事诉讼法》第二百二十九条之规定，于××××年××月××日作出不抗诉决定。现将理由说明如下：……”

（2）说理部分。针对请求抗诉人提出的原审判决、裁定事实错误、适用法律不当或审判程序严重违法等不同情况，通过明确事理、阐明法理、讲明情理，叙写不抗诉的理由。

3. 尾部

落款，制作文书的日期及作出决定的人民检察院的院印。

（四）文书模板及制作说明

1. 文书模板

×××人民检察院

不抗诉理由说明书

×××（当事人）：

你请求抗诉的被告人×××案，经本院审查认为不符合抗诉条件，根据《中华人民共和国刑事诉讼法》第二百二十九条之规定，于××××年××月××日作出不抗诉决定。现将理由说明如下：

×××

20××年××月××日

（院印）

2. 制作说明

（1）本文书依据《中华人民共和国刑事诉讼法》第二百二十九条，

《人民检察院刑事诉讼规则》第五百八十八条的规定制作。是人民检察院在答复被害人及其法定代理人抗诉请求时使用。

（2）本文书一式二份，一份存档，一份送达抗诉请求人。

4.8.6　法律文书：抗诉案件出庭意见书

（一）基本概念

抗诉案件出庭意见书，是检察人员对抗诉案件进行审查后，为出席抗诉案件法庭时，代表检察机关在法庭辩论阶段对原审判决、裁定认定的事实、证据、定性和法律适用等问题集中发表抗诉意见时所使用的法律文书。

（二）相关依据

1. 法律依据

《中华人民共和国刑事诉讼法》第二百三十五条："人民检察院提出抗诉的案件或者第二审人民法院开庭审理的公诉案件，同级人民检察院都应当派员出庭法庭。第二审人民法院应当在决定开庭审理后及时通知人民检察院查阅案卷。人民检察院应当在一个月以内查阅完毕。人民检察院查阅案卷的时间不计入审理期限。"

2. 司法解释规定

《人民检察院刑事诉讼规则》第四百四十五条："对提出抗诉的案件或者公诉案件中人民法院决定开庭审理的上诉案件，同级人民检察院应当指派检察官出席第二审法庭。检察官助理可以协助检察官出庭。根据需要可以配备书记员担任记录。"

第四百四十六条："检察官出席第二审法庭的任务是：

（一）支持抗诉或者听取上诉意见，对原审人民法院作出的错误判决或者裁定提出纠正意见；

（二）维护原审人民法院正确的判决或者裁定，建议法庭维持原判；

（三）维护诉讼参与人的合法权利；

（四）对法庭审理案件有无违反法律规定诉讼程序的情况记明笔录；

（五）依法从事其他诉讼活动。”

第四百五十一条：“出席第二审法庭前，检察人员应当制作讯问原审被告人、询问被害人、证人、鉴定人和出示、宣读、播放证据计划，拟写答辩提纲，并制作出庭意见。”

第四百五十二条：“在法庭审理中，检察官应当针对原审判决或者裁定认定事实或适用法律、量刑等方面的问题，围绕抗诉或者上诉理由以及辩护人的辩护意见，讯问原审被告人，询问被害人、证人、鉴定人，出示和宣读证据，并提出意见和进行辩论。”

第四百五十三条：“需要出示、宣读、播放第一审期间已移交人民法院的证据的，出庭的检察官可以申请法庭出示、宣读、播放。

在第二审法庭宣布休庭后需要移交证据材料的，参照本规则第四百二十八条的规定办理。”

（三）文书结构

1. 首部

包括：制作文书的人民检察院的名称和文书名称；案件有关情况，即提起公诉机关、起诉书号、一审法院、判决书号、提起抗诉机关、抗诉书号、原审被告人（原审被告人为单位时写名称，多人的分别列明）。

2. 正文

（1）抬头。抗诉案件出庭意见书主要功能是说服审判人员采纳抗诉意见，完成出庭支持抗诉职责，主送对象是审判人员，故应当写明抬头。该文书的抬头可根据合议庭的组成形式，分别写为“审判长、审判员”或者“审判长、审判员、人民陪审员”或者“审判长、人民陪审员”或者“审判员”。

（2）出庭支持抗诉的法律依据和职责。检察人员出席抗诉案件法庭的法律依据主要来源于《中华人民共和国刑事诉讼法》第二百三十五条的规定，该部分内容具体表述为：“根据《中华人民共和国刑事诉讼法》第二百三十五条的规定，我（们）受×××人民检察院指派，代表本院，出席本法庭，依法履行职务。现对本案事实、证据、程序和原审人民法院判决（裁定）发表如下意见，请法庭注意”。

(3) 抗诉意见和抗诉理由。本部分是出庭检察员意见书的核心。根据最高人民检察院《刑事抗诉案件出庭规则（试行)》第十七条第二款的规定，本部分一般可以从三个方面展开论述：

一是在根据法庭调查情况、总结法庭质证的基础上详细论证原审法院认定事实、证据、定罪量刑、适用法律或者诉讼程序的疏漏、有误之处。

如果法院认定的事实有误，需针对原审裁判的错误之处，提出意见，强调抗诉的针对性。对于有多起“犯罪事实”的抗诉案件，只叙写原判决（裁定）认定事实不当的部分；对认定事实没有错误的，可表述为“对……事实的认定无异议”即可。对于共同犯罪案件，也可以作类似处理，即只对原判决（裁定）漏定或错定的部分被告人犯罪事实作重点叙述，对其他被告人的犯罪事实可简写或者不写。关于证据部分，应当在论述事实时有针对性地列举证据，说明证据的内容要点及其与犯罪事实的联系，对证据证明情况进行重点分析，作为认定事实的具体理由。

如果适用法律不当，应当针对犯罪行为的本质特征，论述应该如何认定行为性质，从而正确适用法律。要从引用罪状、量刑情节等方面分别论述。

如果审判程序严重违法，应当写明所依据的刑事诉讼法及有关司法解释的规定，论述原审法院违反法定程序的事实表现，及其影响公正判决的现实或可能性，写明法律规定的正确的诉讼程序。

二是阐述正确观点，明确表明支持抗诉的意见。即对于原审判决、裁定存在的错误之处提出如何纠正的建议。

三是揭露被告人犯罪行为性质、社会危害程度，剖析犯罪原因，结合案件事实，对被告人和旁听人员进行必要的法治宣传教育，以达到一般预防和特殊预防相结合的双重效果。

(4) 总结性意见。出庭检察员意见书中结论性意见应当简洁、明确，概括抗诉观点，表明原审判决在认定事实、适用法律、审判程序等方面确有错误。

3. 尾部

尾部包括检察员署名和落款日期。其中检察员为出庭支持抗诉的检察官姓名；落款时间为发表抗诉意见的当日。

（四）文书模板及制作说明

1. 文书模板

×××人民检察院

抗诉案件出庭意见书

提起公诉机关：×××
起诉书号：×××
一审法院：×××
判决书号：×××
提起抗诉机关：×××
抗诉书号：×××
原审被告人：（原审被告人为单位时写名称，多人的分别列明）

审判长、审判员：

根据《中华人民共和国刑事诉讼法》第二百三十五条的规定，我（们）受×××人民检察院指派，代表本院，出席本法庭，依法履行职务。现对本案事实、证据、程序和原审人民法院判决（裁定）发表如下意见，请法庭注意。

一、论证本案犯罪事实清楚，证据确实充分，或者一审法院认定事实、证据疏漏、有误之处；

二、案件诉讼程序是否合法；

三、揭露被告人犯罪行为性质、严重程度，评析抗诉理由；

四、论证原审判决书适用法律、定罪量刑是否正确，有误的，应提出改判的建议。

检察官×××
20××年××月××日当庭发表

2. 制作说明

（1）本文书依据《中华人民共和国刑事诉讼法》第二百三十五条，《人民检察院刑事诉讼规则》第四百四十五条等规定制作，是出庭检察人员在对抗诉案件集中发表检察意见时使用。

（2）本文书一式一份，当庭发表后附卷。

4.8.7　工作文书：刑事抗诉案件审查通知书

（一）基本概念

刑事抗诉案件审查通知书，是上级人民检察院认为下级人民检察院提请抗诉不当予以纠正时使用的工作文书。

（二）相关依据

1. 法律依据

《中华人民共和国刑事诉讼法》第二百五十四条："各级人民法院院长对本院已经发生法律效力的判决和裁定，如果发现在认定事实上或者在适用法律上确有错误，必须提交审判委员会处理。

最高人民法院对各级人民法院已经发生法律效力的判决和裁定，上级人民法院对下级人民法院已经发生法律效力的判决和裁定，如果发现确有错误，有权提审或者指令下级人民法院再审。

最高人民检察院对各级人民法院已经发生法律效力的判决和裁定，上级人民检察院对下级人民法院已经发生法律效力的判决和裁定，如果发现确有错误，有权按照审判监督程序向同级人民法院提出抗诉。

人民检察院抗诉的案件，接受抗诉的人民法院应当组成合议庭重新审理，对于原判决事实不清楚或者证据不足的，可以指令下级人民法院再审。"

2. 司法解释规定

《人民检察院刑事诉讼规则》第五百九十一条："人民检察院认为人民法院已经发生法律效力的判决、裁定确有错误，具有下列情形之一的，应当按照审判监督程序向人民法院提出抗诉：

（一）有新的证据证明原判决、裁定认定的事实确有错误，可能影响定罪量刑的；

（二）据以定罪量刑的证据不确实、不充分的；

（三）据以定罪量刑的证据依法应当予以排除的；

（四）据以定罪量刑的主要证据之间存在矛盾的；

（五）原判决、裁定的主要事实依据被依法变更或者撤销的；

（六）认定罪名错误且明显影响量刑的；

（七）违反法律关于追诉时效期限的规定的；

（八）量刑明显不当的；

（九）违反法律规定的诉讼程序，可能影响公正审判的；

（十）审判人员在审理案件的时候有贪污受贿，徇私舞弊，枉法裁判行为的。

对于同级人民法院已经发生法律效力的判决、裁定，人民检察院认为可能有错误的，应当另行指派检察官或者检察官办案组进行审查。经审查，认为有前款规定情形之一的，应当提请上一级人民检察院提出抗诉。

对已经发生法律效力的判决、裁定的审查，参照本规则第五百八十五条的规定办理。”

3. 其他规定

《人民检察院刑事抗诉工作指引》第三十六条：“上级人民检察院决定不抗诉的，应当向提请抗诉的人民检察院做好不抗诉理由的解释说明工作，一般采用书面方式。

上级人民检察院对下一级人民检察院提请抗诉的刑事申诉案件作出决定后，应当制作审查提请抗诉通知书，通知提请抗诉的人民检察院。”

（三）文书结构

本文书为二联填充式文书。第一联副本统一备案保存，第二联正本送达提请抗诉的人民检察院。第一、二联文书结构一致。

1. 首部

写明制作本文书的人民检察院的名称；文书名称，即“刑事抗诉案件审查通知书”；文号生成格式为：“××检××刑抗审通〔20××〕×号”。

2. 正文

依次填写的具体内容包括：提请抗诉的下一级人民检察院名称，如“×××人民检察院”；提请抗诉报告书的文号及提请抗诉案件名称，如“你院以××号提请抗诉报告书提请抗诉的×××案”；经审查决定不提出抗诉的主要理由。

3. 尾部

写明制作本文书的时间，具体到年月日；加盖制作本文书单位的公章。

（四）文书模板及制作说明

1. 文书模板

×××人民检察院

刑事抗诉案件审查通知书

（副　本）

××检××刑抗审通〔20××〕×号

×××人民检察院：

你院以××号提请抗诉报告书提请抗诉的×××案，经审查，本院认为，……（主要理由），决定不提出抗诉，现将审查结论通知你院。

20××年××月××日

（院印）

第一联　统一保存

×××人民检察院

刑事抗诉案件审查通知书

（正　本）

××检××刑抗审通〔20××〕×号

×××人民检察院：

你院以××号提请抗诉报告书提请抗诉的×××案，经审查，本院认为，……（主要理由），决定不提出抗诉，现将审查结论通知你院。

20××年××月××日

（院印）

第二联　送达提请抗诉的人民检察院

2. 制作说明

（1）本文书依据《中华人民共和国刑事诉讼法》第二百五十四条，《人民检察院刑事诉讼规则》第五百九十一条的规定制作。是上级人民检察院认为下级人民检察院提请抗诉不当予以纠正时使用。

（2）本文书需写明提请抗诉的人民检察院名称、具体案件名称、不支持抗诉的理由、制作日期，并加盖文书制作单位公章。

（3）本文书以案为制作单位，由办理案件的人民检察院制作。

（4）本文书共二联，第一联统一保存备查，第二联送达提请抗诉的人民检察院。

4.8.8　工作文书：审判监督程序抗诉案件审查报告

（一）基本概念

审判监督程序抗诉案件审查报告，是下级人民检察院认为同级人民法院已经发生法律效力的判决、裁定确有错误，向上一级人民检察院提请抗诉后，上一级人民检察院进行案件审查时所制作的内部工作报告类文书。

（二）相关依据

1. 法律依据

根据《中华人民共和国刑事诉讼法》第二百五十四条第三款："最高人民检察院对各级人民法院已经发生法律效力的判决和裁定，上级人民检察院对下级人民法院已经发生法律效力的判决和裁定，如果发现确有错误，有权按照审判监督程序向同级人民法院提出抗诉。"

2. 司法解释规定

《人民检察院刑事诉讼规则》第五百九十一条第一款："人民检察院认为人民法院已经发生法律效力的判决、裁定确有错误，……应当按照审判监督程序向人民法院提起抗诉……"

（三）文书结构

1. 首部

标题部分，制作文书的人民检察院需注明所在省（自治区、直辖市）的名称，不能只写地区级市、县、区院名。文书名称，即“抗诉案件审查报告”。

2. 正文

案件来源和审查办理情况部分结合案件情况，按照文书内列明的具体要求撰写案件来源及办案简要过程。

（1）当事人基本情况部分按照文书中列明的具体要求，结合案情对原审被告人、被害人的情况进行撰写，有多名原审被告人的，分别列明，原则上拟通过抗诉改判的原审被告人列明在前，其余原审被告人列明在后。

（2）诉讼过程部分按照文书列明的要求，根据原审案件起诉意见书、起诉书、判决书等文书撰写完整的诉讼过程。

（3）法院裁判理由和检察机关提请抗诉的理由部分根据一审判决书的裁判理由、提请抗诉报告的内容进行摘抄。案情比较复杂的，可以围绕争议事项摘抄裁判理由。

（4）审查认定的事实和证据部分为审查报告制作重点。该部分应当重点围绕拟抗诉的争议焦点进行审查，列明案件事实、证据，对拟抗诉的事项进行综合分析。对于有多事实的，原则上按照“一事一证一分析”的方式进行罗列，所撰写的事实应当有证据加以证实，并对证据进行分析。

（5）需要说明的问题部分根据文书列明要求，结合案件具体的内容需要，撰写不宜在前几项中表述但可能影响案件处理的客观存在的情况，对于没有问题的部分，直接写“无”即可。

（6）承办人意见部分结合案件具体情况，提出对案件是否提起抗诉提出意见，并围绕该处理意见说明理由。

3. 尾部

列明承办人姓名及日期。

（四）文书模板及制作说明

1. 文书模板

×××人民检察院
抗诉案件审查报告

（提请抗诉检察院）于（提请抗诉日期）就（案件名称）一案提请我院抗诉（或我院在工作中自行发现），经审查卷宗材料、提审原审被告人、复核有关证据，现已审查终结。承办人认为……（简要结论），报告如下：

一、当事人基本情况

原审被告人（姓名）（曾用名×××，与案情有关的别名×××，化名×××，绰号×××），（性别），（出生日期）出生，（证件种类）号码（证件号码），（民族），（文化程度），（职业）（工作单位+职务），户籍所在地（户籍所在地），住（住所地详细地址）。曾受到过行政处罚、刑事处罚的时间、原因、种类、决定机关、释放时间等情况。因涉嫌（移送案由+移送其他案由）罪，经批准（决定机关）批准/决定，于（执行日期）被（执行机关）执行（强制措施名称）……（一人有多个强制措施的，按强制措施序号以上述格式添加）。

多名原审被告人的，按上述要求分别列明。

被害人基本情况。

二、诉讼过程

按顺序写明诉讼的流程和时间。

三、法院裁判理由和检察机关提请抗诉理由

（一）法院判决情况及裁判理由

（二）检察院提请抗诉理由

四、审查认定的事实和证据

（一）本案证据情况及分析

1. 物证

2. 书证

3. 证人证言

4. 被害人陈述

5. 原审被告人的供述与辩解

6. 鉴定意见

7. 勘验、检查、辨认、侦查实验等笔录

8. 视听资料、电子数据

(二) 经审查认定的事实

五、需要说明的问题

(写明与案件有关的、对审查意见有影响的问题,如服刑表现、地方政府意见、上访隐患、刑事和解情况、敏感案件预警或处置情况等)

六、承办人意见

(一) 分析意见

一是写明对全案事实和证据的意见;

二是分析检法或一、二审法院的争议焦点。

(二) 处理意见

承办人: ×××

20××年××月××日

2. 制作说明

本文书为附检察内卷文书,无需向其他机关或部门送达。

4.8.9 工作文书:提请抗诉报告书

(一) 基本概念

提请抗诉报告书,是人民检察院对同级人民法院已发生法律效力的刑事判决、裁定进行审查后,认为已生效的裁判确有错误,为提请上一级人民检察院按照审判监督程度提出抗诉,所制作的检察业务工作文书。

（二）相关依据

1. 法律依据

《中华人民共和国刑事诉讼法》第二百五十四条第三款："最高人民检察院对各级人民法院已经发生法律效力的判决和裁定，上级人民检察院对下级人民法院已经发生法律效力的判决和裁定，如果发现确有错误，有权按照审判监督程序向同级人民法院提出抗诉。"

2. 司法解释规定

《人民检察院刑事诉讼规则》第五百九十一条："人民检察院认为人民法院已经发生法律效力的判决、裁定确有错误，具有下列情形之一的，应当按照审判监督程序向人民法院提出抗诉：

（一）有新的证据证明原判决、裁定认定的事实确有错误，可能影响定罪量刑的；

（二）据以定罪量刑的证据不确实、不充分的；

（三）据以定罪量刑的证据依法应当予以排除的；

（四）据以定罪量刑的主要证据之间存在矛盾的；

（五）原判决、裁定的主要事实依据被依法变更或者撤销的；

（六）认定罪名错误且明显影响量刑的；

（七）违反法律关于追诉时效期限的规定的；

（八）量刑明显不当的；

（九）违反法律规定的诉讼程序，可能影响公正审判的；

（十）审判人员在审理案件的时候有贪污受贿，徇私舞弊，枉法裁判行为的。

对于同级人民法院已经发生法律效力的判决、裁定，人民检察院认为可能有错误的，应当另行指派检察官或者检察官办案组进行审查。经审查，认为有前款规定情形之一的，应当提请上一级人民检察院提出抗诉。

对已经发生法律效力的判决、裁定的审查，参照本规则第五百八十五条的规定办理。"

（三）文书结构

1. 首部

包括人民检察院的名称、文书名称和文书编号。人民检察院的名称即提请抗诉的人民检察院，写明所在省（自治区、直辖市）的名称，不能只写地市院名，如果是涉外案件，要注明“中华人民共和国”字样；文书名称，即“提请抗诉报告书”；文号生成格式为：“××检××提抗〔20××〕×号”，空白处分别填写作出决定的人民检察院的简称、部门简称、年度、文书编号。

2. 正文

本部分首先应当写明拟报送的上一级人民检察院的名称，即“×××人民检察院”，其次再撰写正文内容。正文主要包括以下内容：

（1）提请抗诉案件的由来。本部分格式固定，属于填充式，具体表述为：“本院于________年________月________日收到________人民法院________年________月________日对被告人________涉嫌________一案的________号刑事判决（裁定）书。经本院审查认为：该判决（裁定）确有错误。现将审查情况报告如下：”。

（2）原审被告人基本情况。按照文书中所列项目顺序叙明；注意写明采取临时保护性约束措施、刑满释放或者假释的具体日期等。

（3）诉讼经过。写明起诉、一审判决或裁定的生效时间或者二审终审的判决或裁定日期。

（4）审查认定的犯罪事实。该部分应写明提请抗诉检察机关经审查所认定的犯罪事实，应包括原审被告人实施犯罪行为的动机、目的、时间、地点、行为过程、手段、情节、数额、危害后果等犯罪构成要件事实，以及涉及量刑等法定、酌定的情节（坦白、自首、立功、累犯等情节）。

（5）一审法院、二审法院的审判情况。本部分主要将法院裁判文书认定事实及判决理由予以概括、如实表述。如果是针对一审生效裁判提请的抗诉，则只写明一审裁判；若是针对二审裁判提请抗诉，则应当将一审、二审裁判情况均以概括性语言予以表明。如果与提请抗诉机关审查认定的事实一致，则只需写明“与审查认定事实一致”即可。

（6）判决、裁定错误之处，提请抗诉的理由和法律根据。本部分应首先指明人民法院的判决或裁定的错误之处，即判决或裁定中哪一部分、针对哪一个原审被告人的部分有误，并明确指明错误的性质，如认定事实错误、适用法律不当、量刑畸轻畸重等。然后再针对人民法院裁判的错误之处，写明提请抗诉的理由和法律依据。抗诉理由应具有针对性，抓住重点，主要是论证法院裁判的错误之处所在，明确提出抗诉观点，并将相关的法律依据予以标明。

针对认定事实确有错误、适用法律不当或审判程序严重违法等不同情况，叙写提请抗诉理由。

如果法院认定的事实有错误，则要针对原审裁判的错误之处，提出纠正意见，强调提请抗诉的针对性，对于有多起“犯罪事实”的抗诉案件，只叙述原判决（裁定）认定事实不当的部分，认定事实没有错误的，可以只肯定一句“对……事实的认定无异议”即可。突出检、法两家的争议重点，体现抗诉的针对性。对于共同犯罪案件，也可以类似处理，即只对原判决（裁定）漏定或错定的部分被告人犯罪事实作重点叙述，对其他被人的犯罪事实可简写或者不写。

如果法院适用法律错误，主要针对犯罪行为的本质特征，论述应该如何认定行为性质，从而正确适用法律。要从引用罪状、量刑情节等方面分别论述。

如果法院审判程序严重违法，主要根据《中华人民共和国刑事诉讼法》及相关司法解释，逐个论述原审法院违反法定诉讼程序的事实表现，再写明影响公正判决的现实或可能性，最后阐述法律规定的正确诉讼程序。

（7）本院检察委员会讨论情况。如果检察委员会是一致意见提请抗诉，应写明“本院检察委员会讨论后，一致意见认为”。如果检察委员会存在分歧意见，则应当将分歧意见均写明，并将检察长的意见和检察委员会的倾向性意见写明。

（8）提请事项。本部分为规定格式，表述为“为保证法律的统一正确实施，特提请你院通过审判监督程序对此案提出抗诉。现将本案案卷随文上报，请予审查”。

3. 尾部

附件。写明卷宗几册和原审被告人现在处所。

落款制作文书的日期及作出决定的人民检察院的院印。

（四）文书模板及制作说明

1. 文书模板

×××人民检察院

提请抗诉报告书

××检××提抗〔20××〕×号

________人民检察院：

本院于________年________月________日收到__________人民法院________年________月________日对被告人________涉嫌________一案的________号刑事判决（裁定）书。经本院审查认为：该判决（裁定）确有错误。现将审查情况报告如下：

一、原审被告人基本情况

原审被告人（写明姓名、性别、出生年月日、户籍地、住址、公民身份号码、民族、文化程度、职业或者工作单位及职务、住址、曾受到行政处罚、刑事处罚的情况、采取临时保护性约束措施的情况等）。

……（一人有多个强制措施的，按强制措施序号以上述格式添加）

多个原审被告人的，按上述要求分别列明。

二、诉讼经过

……

三、审查认定的犯罪事实

……

四、一审法院、二审法院的审判情况

……

五、判决、裁定错误之处，提请抗诉的理由和法律根据

……

六、本院检察委员会讨论情况

……

为保证法律的统一正确实施，特提请你院通过审判监督程序对此案提出抗诉。现将本案案卷随文上报，请予审查。

附件：1. 卷宗______册

2. 原审被告人现在处所

20××年××月××日

（院印）

2. 制作说明

（1）本文书依据《中华人民共和国刑事诉讼法》第二百五十四条第三款的规定制作。是人民检察院审查发现同级人民法院已经生效的判决、裁定确有错误而提请上级人民检察院依法抗诉时使用。

（2）本文书一份附卷，提请最高人民检察院抗诉时报二十二份；提请其他上一级人民检察院抗诉时根据各地要求份数上报。

4.8.10 工作文书：提请死刑复核监督报告书

（一）基本概念

提请死刑复核监督报告书，是省级院的刑事检察部门，对于判决结果为死刑的案件，认为需要报请最高人民检察院复核监督的，报告并移送最高人民检察院提请监督时所使用的工作文书。

（二）相关依据

《人民检察院刑事诉讼规则》第六百零二条：“最高人民检察院依法对最高人民法院的死刑复核活动实行法律监督。

省级人民检察院依法对高级人民法院复核未上诉且未抗诉死刑立即执行案件和死刑缓期二年执行案件的活动实行法律监督。”

第六百零三条："最高人民检察院、省级人民检察院通过办理下列案件对死刑复核活动实行法律监督：

（一）人民法院向人民检察院通报的死刑复核案件；

（二）下级人民检察院提请监督或者报告重大情况的死刑复核案件；

（三）当事人及其近亲属或者受委托的律师向人民检察院申请监督的死刑复核案件；

（四）认为应当监督的其他死刑复核案件。"

第六百零四条："省级人民检察院对于进入最高人民法院死刑复核程序的案件，发现具有下列情形之一的，应当及时向最高人民检察院提请监督：

（一）案件事实不清、证据不足，依法应当发回重新审判或者改判的；

（二）被告人具有从宽处罚情节，依法不应当判处死刑的；

（三）适用法律错误的；

（四）违反法律规定的诉讼程序，可能影响公正审判的；

（五）其他应当提请监督的情形。"

（三）文书结构

1. 首部

首部由检察机关名称、文书名称两部分组成。其中，检察机关的名称应为全称，即要注明所在省（自治区、直辖市）名称。文书名称，即"提请死刑复核监督报告书"。

2. 正文

（1）抬头，发往单位，本文书为省级院的刑检部门报请最高人民检察院复核监督时使用，发往单位应为"最高人民检察院"。

（2）开头部位需要写明案件名称"被告人×××因犯×××罪被判处死刑"、案件来源"本院在工作中发现或下级院报请本院向你院提请死刑复核监督或申诉人×××于×××年××月××日向本院提出申诉"，以及概括说明提请死刑复核监督的理由"经本院审查认为，×××，应提请你院进行死刑复核监督"。

（3）被告人及其他诉讼参与人的基本情况。具体如下：

姓名。被告人如果有与案件有关的曾用名、别名、化名或者绰号的，应当在其姓名后用括号注明。被告人是外国人的，应当在中文姓名或者译名后面用括号注明其外文姓名，并且注明国籍、护照号码、国外住所。被告人是聋哑人或者盲人，应当在其姓名后具体注明。例如，被告人张××（聋哑人）。根据刑事诉讼法的规定，被告人不讲真实姓名、身份不明的，人民检察院可以按照被告人自报的姓名向人民法院起诉，起诉书中应当注明。被告人自报的姓名可能造成损害他人名誉、败坏道德风俗等不良影响的，可以对被告人编号。

出生年月日。以公历为准，年月日应当用阿拉伯数字叙写。出生日期无法查清，不影响定罪量刑的，可以注明年龄；与定罪量刑有关的，应当通过骨龄测定等生物技术手段确定年龄。

公民身份号码。用阿拉伯数字，且不能移行，“号码”二字后不加冒号。对尚未办理居民身份证的，应当注明。

文化程度。一般以户口登记为准，但有证据证实更高学历的，应当以实际取得的学历为准。

职业或者工作单位及职务。这里的职业是指被告人在没有具体工作单位的情况下必须标明其所从事的工作。

住址。有固定居住地，表述为“住”，有暂时居住地，表述为“暂住”。当居住地、暂住地与户籍所在地不一致时，应当括号注明其户籍所在地。

曾受到行政处罚、刑事处罚的情况。对被告人曾经受到与定罪量刑有关的行政处罚、刑事处罚，如曾因逃税被行政处罚，又犯涉税犯罪的，应当在起诉书中写明。

因本案采取强制措施的情况。写明采取强制措施的原因、种类、批准或者决定的机关和时间、执行机关和时间。被采取过多种强制措施的，应当按时间顺序写明前后变动情况。

（4）案件侦破及诉讼过程。应写明发案、侦破、抓获被告人的过程。被告人有自首、立功情节或被告人及其辩护人提出自首或立功情节的应详细叙述抓捕过程。应写明案件侦查、起诉、一审、二审判决的时间、认定罪名和判处的刑罚。被告人上诉、被害人提请抗诉或检察机关提出抗诉的，要写清时间。存在补充侦查、延期审理、撤回起诉、请示报告等情况的，应一并写清时间、原因和处理意见。

（5）审查认定的案件事实。具体包括：起诉书指控的犯罪事实；法院判决、裁定认定的犯罪事实；经审查认定的犯罪事实。

被告人实施犯罪行为的动机、目的、时间、地点、经过、手段、情节、数额、危害结果，有无坦白、自首、立功、累犯表现等事实和从重从轻减轻免除处罚的情节。认定的案件事实与起诉书、一审判决、二审裁判不一致的地方应详细说明。

（6）一、二审法院裁判意见。如系申诉案件，此部分之后应增加申诉人的主要申诉理由部分，主要写明申诉人对死刑裁判的不同意见及其理由。

（7）本院审查意见。主要写明是否同意二审判决或裁定。具体写明判决认定的主要事实是否清楚，证据是否确实充分；适用法律是否正确，是否必须判处死刑，是否必须立即执行；有无法定、酌定从轻或者减轻处罚的情节，是否影响对被告人的定罪量刑。系检察长决定还是检察委员会的意见。

3. 尾部

落款为发出日期，日期上加盖公章。

（四）文书模板及制作说明

1. 文书模板

×××人民检察院

提请死刑复核监督报告书

×××人民检察院：

被告人×××因犯×××罪被判处死刑，本院在工作中发现（或下级院报请本院向你院提请死刑复核监督，或申诉人×××于××××年××月××日向本院提出申诉）。经本院审查认为，×××，应提请你院进行死刑复核监督。现将审查情况报告如下：

一、被告人及其他诉讼参与人的基本情况

被告人×××（曾用名×××，与案情有关的别名×××，化名×

××，绰号×××），性别×，××××年××月××日出生，公民身份号码×××，民族×，（受教育程度），职业（或工作单位及职务），住址×××（居住地与户籍地不一致时，用括号注明户籍所在地）。曾受到行政处罚、刑事处罚的情况。因涉嫌犯________罪，于________年________月______日被执行刑事拘留，________年________月________日经________院批准被逮捕。

被害人×××，性别×，××××年××月××日出生（或殁年××岁），现住址×××。

二、案件侦破及诉讼过程

……

三、审查认定的案件事实

（一）起诉书指控的犯罪事实

……

（二）法院判决、裁定认定的犯罪事实

……

（三）经审查认定的犯罪事实

……

四、一、二审法院裁判意见

一审法院审理认为：……

二审法院审理认为：……

五、本院审查意见

……

根据《人民检察院刑事诉讼规则》第六百零二条、第六百零三条、第六百零四条之规定，特提请你院向最高人民法院提出死刑复核监督意见。现将×××案卷随文上报，请予审查。

20××年××月××日

（院印）

2. 制作说明

（1）本文书依据《人民检察院刑事诉讼规则》第六百零二条、第六百零三条、第六百零四条的规定制作。对于判决结果为死刑的案件，认为需要报请最高人民检察院复核监督的，省级院的刑检部门可以制作提请死刑复核监督报告书。

（2）本文书一份附卷，提请最高人民检察院复核监督时报二十二份。

第九节　法院决定再（提）审案件适用文书

法院决定再（提）审案件适用文书，是人民检察院对人民法院决定再（提）审，按照审判监督程序重新审判，通知同级人民检察院派员出席法庭履行职务的案件，在办理过程中所使用的相关文书。

4.9.1　法律文书：再审案件出庭意见书

（一）基本概念

再审案件出庭意见书，是检察员出席再审法庭时，对再审案件的事实、证据审查情况以及对原审认定的事实、证据是否存在疏漏错误之处，对原审诉讼程序是否合法，被告人犯罪行为性质、严重程度等进行评析，对原审判决书适用法律、定罪量刑是否正确等情况发表意见时使用的法律文书。

（二）相关依据

1. 法律依据

《中华人民共和国刑事诉讼法》第二百零九条："人民检察院发现人民法院审理案件违反法律规定的诉讼程序，有权向人民法院提出纠正意见。"

第二百三十五条：“人民检察院提出抗诉的案件或者第二审人民法院开庭审理的公诉案件，同级人民检察院都应当派员出席法庭。第二审人民法院应当在决定开庭审理后及时通知人民检察院查阅案卷。人民检察院应当在一个月以内查阅完毕。人民检察院查阅案卷的时间不计入审理期限。”

2. 司法解释规定

《人民检察院刑事诉讼规则》第四百五十五条：“人民检察院对于人民法院按照审判监督程序重新审判的案件，应当对原判决、裁定认定的事实、证据、适用法律进行全面审查，重点审查有争议的案件事实、证据和法律适用问题。”

（三）文书结构

1. 首部

标题检察机关的名称应为全称，即要注明所在省（自治区、直辖市）名称，不能只写地区级市、县、区院名。文书名称，即“再审案件出庭意见书”。

首部还应写明上诉人（原审被告人）姓名、案由、起诉书号、原审判决书号。

2. 正文

抬头，发表对象，即本文书向审判长、审判员发表，行文上顶格书写。

开头及首句。本部分为模板形式，即“根据《中华人民共和国刑事诉讼法》第二百三十五条的规定，我（们）受×××检察院指派，代表本院，出席本法庭，依法执行职务。现对本案事实、证据、程序和原审人民法院判决（裁定）发表如下意见，请法庭注意。”

具体意见。本部分内容主要包括四部分，一是论证本案原审犯罪事实清楚，证据确实充分，或者原审法院认定事实、证据疏漏、有误之处；二是论述原审案件诉讼程序是否合法；三是分析原审被告人犯罪行为性质、严重程度；四是论证原审判决书适用法律、定罪量刑是否正确，有误的，应提出改判的建议。

3. 尾部

本部分写上出席法庭的检察官姓名以及当庭发表日期。

（四）文书模板及制作说明

1. 文书模板

×××人民检察院

再审案件出庭意见书

上诉人（原审被告人）：×××
案由：×××
起诉书号：×××
原审判决书号：×××

审判长、审判员：

根据《中华人民共和国刑事诉讼法》第二百三十五条的规定，我（们）受×××检察院指派，代表本院，出席本法庭，依法执行职务。现对本案事实、证据、程序和原审人民法院判决（裁定）发表如下意见，请法庭注意。

一、论证本案原审犯罪事实清楚，证据确实充分，或者原审法院认定事实、证据疏漏、有误之处；

二、原审案件诉讼程序是否合法；

三、分析原审被告人犯罪行为性质、严重程度；

四、论证原审判决书适用法律、定罪量刑是否正确，有误的，应提出改判的建议。

检察官×××
20××年××月××日当庭发表

2. 制作说明

（1）本文书依据《中华人民共和国刑事诉讼法》第二百零九条、第二百三十五条的规定制作。为公诉人在再审法庭上对证据、案件情况、原审诉讼程序、适用法律情况发表意见时使用。

(2) 本文书制作一份，当庭发表后附卷。

4.9.2　法律文书：派员出庭通知书

具体内容参见本书第三章“公诉检察文书”第二节“二审上诉案件适用文书”之“3.2.3 法律文书：派员出席法庭通知书”。

4.9.3　法律文书：刑事抗诉书（适用二审程序）

具体内容参见本书第三章“公诉检察文书”第一节“一审公诉案件适用文书”之“3.1.48 法律文书：刑事抗诉书（适用二审程序）”。

4.9.4　工作文书：再审案件审查报告

(一) 基本概念

再审案件审查报告，是检察机关在办理再审案件过程中依据事实和法律，对原判决、裁定认定的事实、证据、适用法律进行全面审查而制作的工作文书。

(二) 相关依据

1. 法律依据

《中华人民共和国刑事诉讼法》第二百五十六条：“人民法院按照审判监督程序重新审判案件，由原审人民法院审理的，应当另行组成合议庭进行。如果原来是第一审案件，应当依照第一审程序进行审判，所作的判决、裁定，可以上诉、抗诉；如果原来是第二审案件，或者是上级人民法院提审的案件，应当依照第二审程序进行审判，所作的判决、裁定，是终审的判决、裁定。

人民法院开庭审理的再审案件，同级人民检察院应当派员出席法庭。”

2. 司法解释规定

《人民检察院刑事诉讼规则》第四百五十五条："人民检察院对于人民法院按照审判监督程序重新审判的案件，应当对原判决、裁定认定的事实、证据、适用法律进行全面审查，重点审查有争议的案件事实、证据和法律适用问题。"

（三）文书结构

1. 首部

标题中检察机关的名称应为全称，即要注明所在省（自治区、直辖市）名称，不能只写地区级市、县、区院名。文书名称，即"再审案件审查报告"。

2. 正文

收受案基本情况。应列明以下内容：收案时间、移送案由、原审被告人姓名、侦查机关、原公诉机关及文书号、原审判机关及文书号、承办人意见等。

（1）原审被告人及其他诉讼参与人的基本情况。结合案件具体信息对原审被告人的情况进行撰写，具体内容可以参照二审审查报告文书中列明的事项内容。

（2）案件侦破及诉讼经过。按照文书列明的要求，结合发、破案报告撰写案件侦破过程。根据原审案件起诉意见书、起诉书、判决书等文书撰写完整的诉讼过程。

（3）生效裁判理由和提请抗诉理由。

（4）法院决定再审理由。

（5）审查后案件事实和证据。包括生效裁判认定的犯罪事实和承办人审查认定的事实和案件证据情况。生效裁判认定的犯罪事实摘抄生效裁判文书认定的内容，审查认定的事实和案件证据情况为审查报告制作重点，根据案件的具体内容，结合文书内列明的要求，列明案件事实、证据，对案件证据进行综合分析。

（6）需要说明的问题及有关情况。根据文书列明要求，结合案件具体的内容需要，撰写不宜在前几项中表述但可能影响案件处理的客观存在的情况，对于没有问题的部分，直接写“无”即可。

（7）承办人意见。写明案件在认定事实证据、适用法律和诉讼程序等方面存在争议的焦点问题，并针对焦点问题进行详细的分析，提出承办人对事实、证据、定罪、量刑、诉讼程序和风险评估等方面的审查意见，并根据案件具体情况提出处理意见。

3. 尾部。

写明办案人姓名，落款为审结日期。

（四）文书模板及制作说明

1. 文书模板

×××人民检察院

再审案件审查报告

（案件来源与办案简要过程）【（提请抗诉检察院）于（提请抗诉日期）就（案件名称）一案提请（上一级人民检察院）抗诉，或×××法院于××××年××月××日通过审判监督程序，就（案件名称）一案决定再审，我院于××××年××月××日收到×××法院关于×××案的再审决定书。经审查卷宗材料、提审原审被告人、复核有关证据（办案简要过程），现已审查完毕。承办人认为……（简要结论），报告如下：】

一、原审被告人基本情况

……

二、案件侦破及诉讼经过

（案件侦破经过要写明案件的发生、揭发或者侦查、破获过程等情况，包括时间、地点、主要涉案人员和确定犯罪嫌疑人、抓获犯罪嫌疑人、破获案件的具体过程、方法等。对于侦破过程特殊，通过技术手段或者特情抓获犯罪嫌疑人、侦破案件，以及关系到犯罪嫌疑人自首、立功认定等情节的，应当写具体、清楚）

（诉讼经过要写明完整的诉讼过程）本案由×××侦查终结，……

三、生效裁判理由和提请抗诉理由

四、法院决定再审理由

……

五、审查后案件事实和证据

（一）生效裁判认定的犯罪事实

……

（二）审查认定的事实和案件证据情况

……

六、需要说明的问题及有关情况

写明不宜在前几项中表述，但可能影响案件处理的已客观存在的具体情况。

七、承办人意见

写明案件在认定事实证据、适用法律和诉讼程序等方面存在争议的焦点问题，并针对焦点问题进行详细的分析，提出承办人对事实、证据、定罪、量刑、诉讼程序和风险评估等方面的审查意见，并根据案件具体情况提出处理意见。

承办人：×××

20××年××月××日

2. 制作说明

（1）本文书为人民检察院在办理再审案件过程中撰写审查报告时使用。

（2）本文书为附检察内卷文书，无需向其他机关或部门送达。

4.9.5 工作文书：对法院刑事判决、裁定审查表（适用再审案件）

（一）基本概念

对法院刑事判决、裁定审查表（适用再审案件），是人民检察院依法对人民法院的第一、二审、再审判决、裁定书进行审查时使用的工作文书。

（二）相关依据

1. 法律依据

《中华人民共和国刑事诉讼法》第二百零九条："人民检察院发现人民法院审理案件违反法律规定的诉讼程序，有权向人民法院提出纠正意见。"

第二百二十八条："地方各级人民检察院认为本级人民法院第一审的判决、裁定确有错误的时候，应当向上一级人民法院提出抗诉。"

第二百二十九条："被害人及其法定代理人不服地方各级人民法院第一审的判决的，自收到判决书后五日以内，有权请求人民检察院提出抗诉。人民检察院自收到被害人及其法定代理人的请求后五日以内，应当作出是否抗诉的决定并且答复请求人。"

第二百五十四条第三款："最高人民检察院对各级人民法院已经发生法律效力的判决和裁定，上级人民检察院对下级人民法院已经发生法律效力的判决和裁定，如果发现确有错误，有权按照审判监督程序向同级人民法院提出抗诉。"

第二百五十六条："人民法院按照审判监督程序重新审判的案件，由原审人民法院审理的，应当另行组成合议庭进行。如果原来是第一审案件，应当依照第一审程序进行审判，所作的判决、裁定，可以上诉、抗诉；如果原来是第二审案件，或者是上级人民法院提审的案件，应当依照第二审程序进行审判，所作的判决、裁定，是终审的判决、裁定。

人民法院开庭审理的再审案件，同级人民检察院应当派员出席法庭。"

2. 司法解释规定

《人民检察院刑事诉讼规则》第五百七十条："人民检察院应当对审判活动中是否存在以下违法行为进行监督：

（一）人民法院对刑事案件的受理违反管辖规定的；

（二）人民法院审理案件违反法定审理和送达期限的；

（三）法庭组成人员不符合法律规定，或者依照规定应当回避而不回避的；

（四）法庭审理案件违反法定程序的；

（五）侵犯当事人、其他诉讼参与人的诉讼权利和其他合法权利的；

（六）法庭审理时对有关程序问题所作的决定违反法律规定的；

（七）违反法律规定裁定发回重审的；

（八）故意毁弃、篡改、隐匿、伪造、偷换证据或者其他诉讼材料，或者依据未经法定程序调查、质证的证据定案的；

（九）依法应当调查收集相关证据而不收集的；

（十）徇私枉法，故意违背事实和法律作枉法裁判的；

（十一）收受、索取当事人及其近亲属或者其委托的律师等人财物或者其他利益的；

（十二）违反法律规定采取强制措施或者采取强制措施法定期限届满，不予释放、解除或者变更的；

（十三）应当退还取保候审保证金不退还的；

（十四）对与案件无关的财物采取查封、扣押、冻结措施，或者应当解除查封、扣押、冻结而不解除的；

（十五）贪污、挪用、私分、调换、违反规定使用查封、扣押、冻结的财物及其孳息的；

（十六）其他违反法律规定的行为。”

第五百八十三条：“人民检察院依法对人民法院的判决、裁定是否正确实行法律监督，对人民法院确有错误的判决、裁定，应当依法提出抗诉。”

第五百八十四条：“人民检察院认为同级人民法院第一审判决、裁定具有下列情形之一的，应当提出抗诉：

（一）认定的事实确有错误或者据以定罪量刑的证据不确实、不充分的；

（二）有确实、充分证据证明有罪判无罪，或者无罪判有罪的；

（三）重罪轻判，轻罪重判，适用刑罚明显不当的；

（四）认定罪名不正确，一罪判数罪、数罪判一罪，影响量刑或者造成严重社会影响的；

（五）免除刑事处罚或者适用缓刑、禁止令、限制减刑等错误的；

（六）人民法院在审理过程中严重违反法律规定的诉讼程序的。”

第五百八十五条：“人民检察院在收到人民法院第一审判决书或者裁定书后，应当及时审查。对于需要提出抗诉的案件，应当报请检察长决定。”

（三）文书结构

1. 首部

首部需注明制作文书的检察院所在省（自治区、直辖市）的名称，不能只写地区级市、县、区院名。文书名称，即“对法院刑事判决、裁定审查表”，文书名称下方标明诉讼环节和案件类型，即再审案件。

2. 正文

（1）基本信息。写明提出抗诉机关及文书号；终审判决机关及文号；终审判决时间；本审开庭审理时间；本审判决、裁定时间；本审判决书、裁定书文号；收到本审判决书、裁定书时间。

（2）审查内容。写明申诉人、原审被告人姓名；终审判决情况；申诉理由；抗诉罪名；抗诉意见；再审裁判情况，包括是否维持原判、否发回重审，改判的罪名、量刑，是否错误等。

（3）审查意见。写明承办人对裁判情况进行分析，表达意见。写明对审判活动违法情况及有关申诉的处理意见。

3. 尾部

备注栏。主要是在审查表其他部分不宜填写，但与案件相关的内容可以在备注内填写。

（四）文书模板及制作说明

1. 文书模板

×××人民检察院

对法院刑事判决、裁定审查表

（再审案件）

提出抗诉机关及文书号________________________________

终审判决机关及文号__________________________________

终审判决时间______年____月____日

本审开庭审理时间______年____月____日至______年____月____日
本审判决、裁定时间______年____月____日
本审判决书、裁定书文号____
收到本审判决书、裁定书时间______年____月____日

<table>
<tr><td colspan="3">申诉人、原审被告人</td><td colspan="2"></td></tr>
<tr><td colspan="3">终审判决情况</td><td colspan="2"></td></tr>
<tr><td colspan="3">申诉理由</td><td colspan="2"></td></tr>
<tr><td colspan="3">抗诉罪名</td><td colspan="2"></td></tr>
<tr><td colspan="3">抗诉意见</td><td colspan="2"></td></tr>
<tr><td rowspan="5">再审裁判情况</td><td colspan="2">是否维持原判</td><td colspan="2"></td></tr>
<tr><td colspan="2">是否发回重审</td><td colspan="2"></td></tr>
<tr><td rowspan="2">改判</td><td>罪名</td><td colspan="2"></td></tr>
<tr><td>量刑</td><td colspan="2"></td></tr>
<tr><td colspan="2">是否错误</td><td colspan="2"></td></tr>
<tr><td colspan="5">（本页内容可以续制）</td></tr>
<tr><td>承办人意见</td><td colspan="4"></td></tr>
<tr><td>对审判活动违法情况及有关申诉的处理意见</td><td colspan="4"></td></tr>
<tr><td>备注</td><td colspan="4"></td></tr>
</table>

2. 制作说明

（1）本文书依据《中华人民共和国刑事诉讼法》第二百零九条、第二百二十八条、第二百五十四条第三款、第二百五十六条，《人民检察院刑事诉讼规则》第五百七十条的规定制作，为人民检察院在人民法院开庭审理案件过程监督审判活动是否违法，以及人民法院作出的判决、裁定认定事实是否正确、适用法律是否准确时使用。

（2）本文书以案为单位，由收到判决的人民检察院制作。

（3）本文书共计一联，制作后由分管检察长审批后附卷。

第十节　刑事审判活动监督适用文书

刑事审判活动监督适用文书，是人民检察院发现人民法院审理刑事案件违反法律规定的诉讼程序，并向人民法院提出纠正意见过程中所使用的相关文书。

4.10.1　法律文书：纠正审理违法意见书

（一）基本概念

纠正审理违法意见书，是人民检察院在刑事审判活动监督中，对于人民法院情节较重的违法情形，经公诉人向检察长报告，由人民检察院向人民法院提出的书面纠正审理违法意见的一种法律文书。

（二）相关依据

1. 法律依据

（1）《中华人民共和国人民检察院组织法》第二十一条第一款：“人民检察院行使本法第二十条规定的法律监督职权，可以进行调查核实，并依法提出抗诉、纠正意见、检察建议。有关单位应当予以配合，并及时将采纳纠正意见、检察建议的情况书面回复人民检察院。”

(2)《中华人民共和国刑事诉讼法》第八条：“人民检察院依法对刑事诉讼实行法律监督。”

第二百零九条：“人民检察院发现人民法院审理案件违反法律规定的诉讼程序，有权向人民法院提出纠正意见。”

2. 司法解释规定

《人民检察院刑事诉讼规则》第四百一十五条：“在法庭审理过程中，合议庭对证据有疑问并在休庭后进行勘验、检查、查封、扣押、鉴定和查询、冻结的，人民检察院应当依法进行监督，发现上述活动有违法情况的，应当提出纠正意见。”

第四百一十六条：“人民法院根据申请收集、调取的证据或者在合议庭休庭后自行调查取得的证据，应当经过庭审出示、质证才能决定是否作为判决的依据。未经庭审出示、质证直接采纳为判决依据的，人民检察院应当提出纠正意见。”

第四百三十一条：“具有下列情形之一的，人民检察院不得建议人民法院适用简易程序：

（一）被告人是盲、聋、哑人，或者是尚未完全丧失辨认或者控制自己行为能力的精神病人的；

（二）有重大社会影响的；

（三）共同犯罪案件中部分被告人不认罪或者对适用简易程序有异议的；

（四）比较复杂的共同犯罪案件；

（五）辩护人作无罪辩护或者对主要犯罪事实有异议的；

（六）其他不宜适用简易程序的。

人民法院决定适用简易程序审理的案件，人民检察院认为具有刑事诉讼法第二百一十五条规定情形之一的，应当向人民法院提出纠正意见；具有其他不宜适用简易程序情形的，人民检察院可以建议人民法院不适用简易程序。”

第五百七十条：“人民检察院应当对审判活动中是否存在以下违法行为进行监督：

（一）人民法院对刑事案件的受理违反管辖规定的；

（二）人民法院审理案件违反法定审理和送达期限的；

（三）法庭组成人员不符合法律规定，或者依照规定应当回避而不回避的；

（四）法庭审理案件违反法定程序的；

（五）侵犯当事人、其他诉讼参与人的诉讼权利和其他合法权利的；

（六）法庭审理时对有关程序问题所作的决定违反法律规定的；

（七）违反法律规定裁定发回重审的；

（八）故意毁弃、篡改、隐匿、伪造、偷换证据或者其他诉讼材料，或者依据未经法定程序调查、质证的证据定案的；

（九）依法应当调查收集相关证据而不收集的；

（十）徇私枉法，故意违背事实和法律作枉法裁判的；

（十一）收受、索取当事人及其近亲属或者其委托的律师等人财物或者其他利益的；

（十二）违反法律规定采取强制措施或者采取强制措施法定期限届满，不予释放、解除或者变更的；

（十三）应当退还取保候审保证金不退还的；

（十四）对与案件无关的财物采取查封、扣押、冻结措施，或者应当解除查封、扣押、冻结而不解除的；

（十五）贪污、挪用、私分、调换、违反规定使用查封、扣押、冻结的财物及其孳息的；

（十六）其他违反法律规定的行为。”

第六百一十八条：“人民检察院发现同级或者下级公安机关、人民法院超期羁押的，应当向该办案机关发出纠正违法通知书。

发现上级公安机关、人民法院超期羁押的，应当及时层报该办案机关的同级人民检察院，由同级人民检察院向该办案机关发出纠正违法通知书。

对异地羁押的案件，发现办案机关超期羁押的，应当通报该办案机关的同级人民检察院，由其依法向办案机关发出纠正违法通知书。”

（三）文书结构

1. 首部

首部需注明所在省（自治区、直辖市）的名称，不能只写地区级市、县、区院名。文书名称，即“纠正审理违法意见书”。文号生成格式为：“××检××纠审〔20××〕×号”。

2. 正文

抬头，发往单位，即发生违法情况的单位，行文上顶格书写。

发现的违法情况，本部分要求写明在审理中发现的违法情况。包括违法人员的姓名、单位、职务、违法事实等，如果是单位违法，要写明违法单位的名称。违法事实，要写明违法时间、地点、经过、手段、目的和后果等。

认定违法的理由和法律依据，本部分写明认定审理违法的理由和法律依据。包括违法行为触犯的法律、法规和规范性文件的具体条款，违法行为的性质等。

纠正意见，本部分写明具体的纠正意见、列明检察机关开展监督工作的法律依据、被纠正单位回复期限及提出异议期限。

3. 尾部

附证明违法事实存在的证据材料、联系方式、相关依据。

落款为发出日期，日期上加盖院印。

（四）文书模板及制作说明

1. 文书模板

×××人民检察院

纠正审理违法意见书

××检××纠审〔20××〕×号

________（发往单位）：

本院……，发现……（写明在审理中发现的违法情况。包括违法人员的姓名、单位、职务、违法事实等，如果是单位违法，要写明违法单位的名称。违法事实，要写明违法时间、地点、经过、手段、目的和后果等）

本院认为……（写明认定审理违法的理由和法律依据。包括违法行为触犯的法律、法规和规范性文件的具体条款，违法行为的性质等）

（写明具体的纠正意见）根据……（法律依据）的规定，特建议你院予以纠正，请将纠正结果书面告知本院。

附：1. 证明违法事实存在的证据材料

2. 联系方式

3. 相关依据

20××年××月××日

（院印）

2. 制作说明

（1）本文书依据《中华人民共和国刑事诉讼法》第二百零九条的规定制作。是人民检察院在纠正审判机关审理案件违法时使用。

（2）本文书一式二份，一份送达人民法院，一份附卷。

4.10.2 法律文书：纠正违法通知书

（一）基本概念

纠正违法通知书，是人民检察院对于审判机关审判活动中情节较重的违法行为，以特定的书面形式要求纠正的一种法律文书。

（二）相关依据

1. 法律依据

（1）《中华人民共和国人民检察院组织法》第二十一条：“人民检察院行使本法第二十条规定的法律监督职权，可以进行调查核实，并依法提出抗诉、纠正意见、检察建议。有关单位应当予以配合，并及时将采纳纠正意见、检察建议的情况书面回复人民检察院。”

(2)《中华人民共和国刑事诉讼法》第八条：“人民检察院依法对刑事诉讼实行法律监督。”

第五十七条：“人民检察院接到报案、控告、举报或者发现侦查人员以非法方法收集证据的，应当进行调查核实。对于确有以非法方法收集证据情形的，应当提出纠正意见；构成犯罪的，依法追究刑事责任。”

第一百一十七条：“当事人和辩护人、诉讼代理人、利害关系人对于司法机关及其工作人员有下列行为之一的，有权向该机关申诉或者控告：

（一）采取强制措施法定期限届满，不予以释放、解除或者变更的；

（二）应当退还取保候审保证金不退还的；

（三）对与案件无关的财物采取查封、扣押、冻结措施的；

（四）应当解除查封、扣押、冻结不解除的；

（五）贪污、挪用、私分、调换、违反规定使用查封、扣押、冻结的财物的。

受理申诉或者控告的机关应当及时处理。对处理不服的，可以向同级人民检察院申诉；人民检察院直接受理的案件，可以向上一级人民检察院申诉。人民检察院对申诉应当及时进行审查，情况属实的，通知有关机关予以纠正。”

第一百七十一条：“人民检察院审查案件的时候，必须查明：

（一）犯罪事实、情节是否清楚，证据是否确实、充分，犯罪性质和罪名的认定是否正确；

（二）有无遗漏罪行和其他应当追究刑事责任的人；

（三）是否属于不应追究刑事责任的；

（四）有无附带民事诉讼；

（五）侦查活动是否合法。”

2. 司法解释规定

《人民检察院刑事诉讼规则》第五百五十二条：“人民检察院发现刑事诉讼活动中的违法行为，对于情节较轻的，由检察人员以口头方式提出纠正意见；对于情节较重的，经检察长决定，发出纠正违法通知书。

对于带有普遍性的违法情形，经检察长决定，向相关机关提出检察建议。构成犯罪的，移送有关机关、部门依法追究刑事责任。

有申诉人、控告人的，调查核实和纠正违法情况应予告知。”

第五百五十三条：“人民检察院发出纠正违法通知书的，应当监督落实。被监督单位在纠正违法通知书规定的期限内没有回复纠正情况的，人民检察院应当督促回复。经督促被监督单位仍不回复或者没有正当理由不纠正的，人民检察院应当向上一级人民检察院报告。”

（三）文书结构

本文书采用叙述式，按以下层次叙写：

1. 首部

纠正违法通知书的首部由检察机关名称、文书名称和文号三部分组成。其中，检察机关名称应为全称，即要注明所在省（自治区、直辖市）名称，不能只写地区级市、县、区院名。文书名称，即“纠正违法通知书”。此外，文号由全国检察业务应用系统2.0统一生成，是以院名义统一进行编号，但会区分一般案件和涉未成年人案件，文号生成格式为：“××检××纠违〔20××〕×号”。

2. 正文

抬头，发往单位，即发生违法情况的单位，行文上顶格书写。本部分需要注意以下两点：一是发往单位只能是一个，不能同时向多个单位发出同一纠正违法通知书；二是发往单位不受地区、级别限制。

开头及首句，模板是“本院在办理________案件中（或在工作中）发现，你________在审理________案过程中存在下列违法行为：……”，这句填空式模句目的是，检察机关应在开头部位写明审判违法情形发现的过程。

写明发现的违法情况，该部分主要是通过描述发现违法情形的过程，明确指出违法情形的具体表现。书写为：经调查核实，发现……。“发现”后书写顺序为：

发现的违法情况。发生违法情况的具体单位和人员。违法人员要写明姓名、所在单位、职务等。违法事实。写明违法时间、地点、经过、手段、目的和后果等。需要注意以下几点：一是开头要写明在什么情况或者什么案件中发现，案件名称包括被告人姓名、涉嫌罪名，被告人较多可概括后加总数表述，但涉嫌罪名不能简略概括。二是明确违法单位及个人，在实践中很多纠正违法通知书中在此处的表述很含糊或者直接忽略。三是违法事实中应写明违法时间、地点、经过、手段、目的和后果等。要注意简繁适当，避免连篇累牍，纠正违法通知书区别于检察建议书的一个重要特点就是，它更具有严肃性，目的是让发往单位能够清晰明了地看到违法情形；多个违法情形应当依次按逻辑排序，对于存在多个违法情形，考虑到违法情形不同，可以按发生的时间、性质、规律、危害程度等不同依次列明；一个案件中可能存在“情节较重”和“情节较轻”违法情况，此时应坚持一案一文书原则，将所有违法内容写入同一份纠正违法通知书

检察机关认定违法的理由及其法律依据。书写为：本院认为……。“本院认为”后写明违法行为触犯的法律、法规和规范性文件的具体条款、违法行为的性质、释法说理等。需要注意以下几点：一是法律、法规引用的规范性。法律、法规应写明全称，如《中华人民共和国刑事诉讼法》不能表述为《刑事诉讼法》或《刑诉法》。二是引用法条的准确性，具体条款要详细到“款”“项”，这是为了让发往单位明确了解违反的具体情节，也是确保检察监督严肃性。三是根据不同情况选择全文还是附注形式摘录条款，如果涉及的条款少、简，可以在此部分全文摘录；反之则可以在文后以附注形式摘录，以便于行文的规范明了。

纠正意见。写明：根据……（法律依据）的规定，特通知你单位予以纠正。请将纠正情况告知本院及提出复查的期限。本部分明确被纠正单位要及时落实纠正意见并进行回复。实践中被纠正单位可能会消极对待纠正违法通知书，因此需要检察机关及时跟踪监督被纠正落实情况，根据对方实际情况确保在科学合理的时限内彻底纠正。同时在督促被纠正机关时认真考量对方的困难与问题，加强沟通交流，融洽双方关系，让被纠正机关感觉是在帮助对方依法办案，而不是在片面追求成绩和为难对方。一是列明检察机关开展监督工作的法律依据。二是明确审判机关在收到后需要在规定时间内进行回复。目前法律法规没有具体规定回

复的期限，但通常情况下检察机关一般要求在十五日内进行回复。三是强调回复的内容为“纠正情况”。检察机关在告知审判机关存在的违法情形后，审判机关不是仅“知晓”，而是将是否同意检察机关提出的问题及纠正情况告知检察机关。四是赋予救济权利。根据《人民检察院刑事诉讼规则》第五百五十四条规定，被监督单位对纠正意见申请复查的，人民检察院应当在收到被监督单位的书面意见后七日以内进行复查，并将复查结果及时通知申请复查的单位。因此在文中应明确被纠正机关可以提出异议并明确提出异议的期限。

3. 尾部

制发文书的日期，日期上加盖院印。

（四）文书模板及制作说明

1. 文书模板

×××人民检察院

纠正违法通知书

××检××纠违〔20××〕×号

________（审判机关）：

本院在办理________案件中（或在工作中）发现，你________在审理________案过程中存在下列违法行为：

1. 发现的违法情况。包括违法人员的姓名、单位、职务、违法事实等，如果是单位违法，要写明违法单位的名称。违法事实，要写明违法时间、地点、经过、手段、目的和后果等。可表述为：经调查核实，发现……

2. 认定违法的理由和法律依据。包括违法行为触犯的法律、法规和规范性文件的具体条款，违法行为的性质，释法说理等。可表述为：本院认为……

根据《中华人民共和国刑事诉讼法》第________条之规定，现通知你予以纠正，并在收到本通知书后十五日内将纠正情况告知本院。如对上述意见有异议，请于收到本通知书次日起________日内向我院提出复查。

20××年××月××日

（院印）

2. 制作说明

（1）本文书依据《中华人民共和国刑事诉讼法》第八条、第五十七条、第一百一十七条，《人民检察院刑事诉讼规则》第五百五十二条、第五百五十三条等规定制作。是人民检察院依法纠正审判机关的违法活动时使用。

（2）本文书的文号“××检××纠违〔20××〕×号”由提出纠正违法意见的具体业务部门分别按顺序编号。

（3）本文书一案一文书，同一案件发现多项违法问题的，制发一份文书即可，各违法项按照严重程度从重到轻排序。

（4）人民检察院除可以对本地、同级审判机关制发纠正违法通知书，对其收到其他地方、上下级审判机关法律文书的，也可对相应审判行为进行监督，制发纠正违法通知书不受地区、级别限制。

（5）本文书一式二份，一份送达发生违法行为的单位，一份附卷。

第十一节　刑事申诉案件适用文书

刑事申诉案件适用文书，是人民检察院受理审查的有关案件当事人及其近亲属，对人民检察院诉讼终结的刑事处理决定，或者人民法院已经发生法律效力的刑事判决、裁定不服，向人民检察院提出申诉的案件，在办理过程中所使用的相关文书。

4.11.1　法律文书：刑事申诉结果通知书

（一）基本概念

刑事申诉结果通知书，是人民检察院审查结案和复查终结的刑事申诉案件，应当将刑事申诉结果以书面形式通知申诉人的一种法律文书，具体而言就是检察机关通过对申诉人提出的案件事实认定、证据采信和法律适用中的疑点、争点进行说明、解释、论证，从而得出审查结论的一种法律文书，供人民检察院对刑事申诉案件审查结案或者复查终结后将结果告知申诉人时使用。

（二）相关依据

1. 法律依据

《中华人民共和国刑事诉讼法》第一百八十条：“对于有被害人的案件，决定不起诉的，人民检察院应当将不起诉决定书送达被害人。被害人如果不服，可以自收到决定书后七日以内向上一级人民检察院申诉，请求提起公诉。人民检察院应当将复查决定告知被害人。对人民检察院维持不起诉决定的，被害人可以向人民法院起诉。被害人也可以不经申诉，直接向人民法院起诉。人民法院受理案件后，人民检察院应当将有关案件材料移送人民法院。”

第一百八十一条：“对于人民检察院依照本法第一百七十七条第二款规定作出的不起诉决定，被不起诉人如果不服，可以自收到决定书后七日以内向人民检察院申诉。人民检察院应当作出复查决定，通知被不起诉的人，同时抄送公安机关。”

第二百五十二条：“当事人及其法定代理人、近亲属，对已经发生法律效力的判决、裁定，可以向人民法院或者人民检察院提出申诉，但是不能停止判决、裁定的执行。”

第二百八十二条第二款：“……对附条件不起诉的决定，公安机关要求复议、提请复核或者被害人申诉的，适用本法第一百七十九条、第一百八十条的规定。”

2. 司法解释规定

《人民检察院刑事诉讼规则》第一百六十三条："对于收到的群众来信，负责控告申诉检察的部门应当在七日以内进行程序性答复，办案部门应当在三个月以内将办理进展或者办理结果答复来信人。"

第一百六十四条："负责控告申诉检察的部门对受理的刑事申诉案件应当根据事实、法律进行审查，必要时可以进行调查核实。认为原案处理可能错误的，应当移送相关办案部门办理；认为原案处理没有错误的，应当书面答复申诉人。"

第一百六十五条："办案部门应当在规定期限内办结控告、申诉案件，制作相关法律文书，送达报案人、控告人、申诉人、举报人、自首人，并做好释法说理工作。"

第三百八十二条："被害人不服不起诉决定，在收到不起诉决定书七日以后提出申诉的，由作出不起诉决定的人民检察院负责控告申诉检察的部门进行审查。经审查，认为不起诉决定正确的，出具审查结论直接答复申诉人，并做好释法说理工作；认为不起诉决定可能存在错误的，移送负责捕诉的部门进行复查。"

第三百八十五条："对于人民检察院依照刑事诉讼法第一百七十七条第二款规定作出的不起诉决定，被不起诉人不服，在收到不起诉决定书后七日以内提出申诉的，应当由作出决定的人民检察院负责捕诉的部门进行复查；被不起诉人在收到不起诉决定书七日以后提出申诉的，由负责控告申诉检察的部门进行审查。经审查，认为不起诉决定正确的，出具审查结论直接答复申诉人，并做好释法说理工作；认为不起诉决定可能存在错误的，移送负责捕诉的部门复查。

人民检察院应当将复查决定书送达被不起诉人、被害人。复查后，撤销不起诉决定，变更不起诉的事实或者法律依据的，应当同时将复查决定书抄送移送起诉的监察机关或者公安机关。"

第五百九十六条："人民检察院对不服人民法院已经发生法律效力的判决、裁定的申诉案件复查终结后，应当制作刑事申诉复查通知书，在十日以内通知申诉人。

经复查向上一级人民检察院提请抗诉的，应当在上一级人民检察院作出是否抗诉的决定后制作刑事申诉复查通知书。”

3. 其他规定

《人民检察院办理刑事申诉案件规定》（2020 年）第五十四条：“人民检察院审查结案和复查终结的刑事申诉案件，应当制作刑事申诉结果通知书，于十日以内送达申诉人，并做好释法说理工作。

下级人民检察院应当协助上级人民检察院做好释法说理、息诉息访工作。

对移送的刑事申诉案件，刑事检察部门应当将刑事申诉结果通知书抄送控告申诉检察部门。”

第五十五条：“对提请抗诉的案件，提请抗诉的人民检察院应当在上一级人民检察院作出是否抗诉的决定后制作刑事申诉结果通知书。”

第五十六条：“对不服人民检察院诉讼终结的刑事处理决定的申诉案件进行复查后，依照本规定第四十三条第二项、第三项规定变更原处理决定认定事实、适用法律或者撤销原处理决定的，应当将刑事申诉结果通知书抄送相关人民检察院。”

（三）文书结构

1. 首部

包括制作文书的人民检察院名称、文书名称和文号。文号生成格式为：“××检刑申通〔20××〕×号”。

2. 正文

（1）申诉人的基本情况，写明姓名、性别、出生日期、民族、文化程度、工作单位、职务、住址及在原案中的身份。申诉人委托律师代理申诉的，应当写明委托代理人的基本情况。申诉人是被害人的，或者是法定代理人、近亲属的，应当写明原案被告人、被处理人的基本情况。

（2）案由、案件来源以及申诉理由。写明申诉人×××不服×××人民法院或者人民检察院……（写明文号）刑事判决、裁定或者决定，提出申诉。（写明申诉处理过程。对经过下级人民检察院处理的，应当写明每一次审查或者复查的经过及结论）申诉人×××仍不服，以……

(写明申诉理由。申诉理由可概括叙述，分项表述。如果申诉理由字数较多，可以在“向本院提出申诉”后单独列明）为由，向本院提出申诉。

(3) 审查或者复查查明的事实。写明本院审查或者复查查明，……(审查或者复查认定的事实)。

(4) 申诉理由论证说明。写明关于申诉人提出的……申诉理由（针对申诉理由分别予以说明，进行释法说理)。

(5) 审查或者复查论证分析及结论。写明本院认为，……（概括写明原案当事人的行为性质，是否构成犯罪，原案处理是否适当，申诉理由是否成立等内容)。写明本院决定：……（根据案件类型、处理程序、结案方式等不同，表述应有不同)。

本部分需要注意以下事项，一是对不服人民法院生效刑事判决、裁定的申诉案件复查后，如决定抗诉，表述为：本院决定向×××人民法院提出抗诉；如决定提出再审检察建议，表述为：本院决定向×××人民法院提出再审检察建议；如决定不予抗诉，表述为：本案不符合抗诉条件，本院决定不予抗诉。对于提请上级人民检察院抗诉的案件，如果上级人民检察院决定抗诉，表述为：×××（上级院）人民检察院决定向×××人民法院提出抗诉。如果上级人民检察院决定不予抗诉，表述为：本案不符合抗诉条件，本院决定不予抗诉。

二是对不服人民检察院诉讼终结的刑事处理决定的申诉案件复查后，应明确写明决定事项，如果决定有两项以上内容，应当分项写明。如决定维持原处理决定，表述为，本院决定：维持×××人民检察院……（写明文号）×××决定。如决定撤销原处理决定，表述为，本院决定：撤销×××人民检察院……（写明文号）×××决定。如撤销后需要重新进入诉讼程序，表述为，本院决定：一、撤销×××人民检察院……（写明文号）×××决定。二、将案件移送×××人民检察院或者本院×××部门依法办理。如纠正了原处理决定认定的部分事实或者适用法律，变更原决定的法律适用条款而维持原决定的，例如，原来作出的是相对不起诉，复查后认为应做存疑不起诉，表述为，本院决定：变更×××人民检察院……（写明文号）不起诉决定书对×××所做不起诉决定的法律依据，依照《中华人民共和国刑事诉讼法》第一百七十五条第四款之规定，维持对×××的不起诉决定。

三是对审查结案的，可与本院认为部分一并表述。本院认为，×××人民法院或者人民检察院……（写明文号）刑事判决、裁定或者不批捕、不起诉、撤销案件等决定，事实清楚，证据确实充分，处理适当。申诉人×××的申诉理由不能成立，本院不予支持，现予审查结案。或者本案不符合抗诉条件，现予审查结案。

3. 尾部。即制作本法律文书的年月日，加盖检察院院章。

（四）文书模板及制作说明

1. 文书模板

×××人民检察院

刑事申诉结果通知书

××检刑申通〔20××〕×号

申诉人……（写明姓名、性别、出生日期、民族、文化程度、工作单位、职务、住址及在原案中的身份）

（申诉人委托律师代理申诉的，应当写明委托代理人的基本情况）

（申诉人是被害人的，或者是法定代理人、近亲属的，应当写明原案被告人、被处理人的基本情况）

申诉人×××不服×××人民法院或者人民检察院……（写明文号）刑事判决、裁定或者决定，提出申诉。（写明申诉处理过程。对经过下级人民检察院处理的，应当写明每一次审查或者复查的经过及结论）申诉人×××仍不服，以……（写明申诉理由。申诉理由可概括叙述，分项表述。如果申诉理由字数较多，可以在“向本院提出申诉”后单独列明）为由，向本院提出申诉。

本院审查或者复查查明，……（写明审查或者复查认定的事实）。

关于申诉人提出的……申诉理由。（针对申诉理由分别予以说明，进

行释法说理）

本院认为，……（概括写明原案当事人的行为性质，是否构成犯罪，原案处理是否适当，申诉理由是否成立等内容）

本院决定：……（根据案件类型、处理程序、结案方式等不同，表述应有不同）

[对不服人民法院生效刑事判决、裁定的申诉案件复查后，如决定抗诉，表述为：本院决定向×××人民法院提出抗诉；如决定提出再审检察建议，表述为：本院决定向×××人民法院提出再审检察建议；如决定不予抗诉，表述为：本案不符合抗诉条件，本院决定不予抗诉。对于提请上级人民检察院抗诉的案件，如果上级人民检察院决定抗诉，表述为：×××（上级院）人民检察院决定向×××人民法院提出抗诉。如果上级人民检察院决定不予抗诉，表述为：本案不符合抗诉条件，本院决定不予抗诉]

[对不服人民检察院诉讼终结的刑事处理决定的申诉案件复查后，应明确写明决定事项，如果决定有两项以上内容，应当分项写明。如决定维持原处理决定，表述为：本院决定：维持×××人民检察院……（写明文号）×××决定。如决定撤销原处理决定，表述为：本院决定：撤销×××人民检察院……（写明文号）×××决定。如撤销后需要重新进入诉讼程序，表述为：本院决定：一、撤销×××人民检察院……（写明文号）×××决定。二、将案件移送×××人民检察院或者本院×××部门依法办理。如纠正了原处理决定认定的部分事实或者适用法律，变更原决定的法律适用条款而维持原决定的，例如，原来作出的是相对不起诉，复查后认为应做存疑不起诉，表述为：本院决定：变更×××人民检察院……（写明文号）不起诉决定书对×××所做不起诉决定的法律依据，依照《中华人民共和国刑事诉讼法》第175条第4款之规定，维持对×××的不起诉决定]

[对审查结案的，可与本院认为部分一并表述。本院认为，×××人民法院或者人民检察院……（写明文号）刑事判决、裁定或者不批捕、不起诉、撤销案件等决定，事实清楚，证据确实充分，处理适当。申诉人×××的申诉理由不能成立，本院不予支持，现予审查结案。或者本

案不符合抗诉条件，现予审查结案]

20××年××月××日

（院印）

2. 制作说明

（1）本文书根据《人民检察院办理刑事申诉案件规定》第五十四条规定制作，供人民检察院对刑事申诉案件审查结案或者复查终结后将结果告知申诉人时使用。

（2）本文书涵盖了原《人民检察院复查刑事申诉案件规定》中审查结案和复查终结所使用的三个法律文书——刑事申诉审查结果通知书、刑事申诉复查决定书、刑事申诉复查通知书的内容，制作时应当根据案件类型、处理程序、结案方式等不同情况分别表述。

（3）本文书应当根据申诉人提出的主要申诉理由，有针对性地进行释法说理。

（4）对提请抗诉的刑事申诉案件，本文书应当在上级人民检察院作出决定后制作，且认定事实和结论应当与上级人民检察院保持一致。

（5）对依照《人民检察院办理刑事申诉案件规定》第四十三条第二项、第三项规定变更原处理决定认定事实、适用法律或者撤销原处理决定的，应当将本文书抄送相关人民检察院。

（6）对移送的刑事申诉案件，刑事检察部门应当将本文书抄送控告申诉检察部门。

（7）本文书为法律文书，应当送达申诉人，并附卷。

4.11.2 法律文书：指令抗诉决定书

（一）基本概念

指令抗诉决定书，是上级人民检察院复查不服人民法院生效刑事裁判申诉案件，认为原审裁判确有错误，指令有抗诉权的下级人民检察院按照审判监督程序提出抗诉的一种法律文书。

（二）相关依据

1. 法律依据

《中华人民共和国刑事诉讼法》第二百五十四条："各级人民法院院长对本院已经发生法律效力的判决和裁定，如果发现在认定事实上或者在适用法律上确有错误，必须提交审判委员会处理。

最高人民法院对各级人民法院已经发生法律效力的判决和裁定，上级人民法院对下级人民法院已经发生法律效力的判决和裁定，如果发现确有错误，有权提审或者指令下级人民法院再审。

最高人民检察院对各级人民法院已经发生法律效力的判决和裁定，上级人民检察院对下级人民法院已经发生法律效力的判决和裁定，如果发现确有错误，有权按照审判监督程序向同级人民法院提出抗诉。

人民检察院抗诉的案件，接受抗诉的人民法院应当组成合议庭重新审理，对于原判决事实不清楚或者证据不足的，可以指令下级人民法院再审。"

2. 司法解释规定

《人民检察院刑事诉讼规则》第五百八十九条："上一级人民检察院对下级人民检察院按照第二审程序提出抗诉的案件，认为抗诉正确的，应当支持抗诉。

上一级人民检察院认为抗诉不当的，应当听取下级人民检察院的意见。听取意见后，仍然认为抗诉不当的，应当向同级人民法院撤回抗诉，并且通知下级人民检察院。

上一级人民检察院在上诉、抗诉期限内，发现下级人民检察院应当提出抗诉而没有提出抗诉的案件，可以指令下级人民检察院依法提出抗诉。

上一级人民检察院支持或者部分支持抗诉意见的，可以变更、补充抗诉理由，及时制作支持抗诉意见书，并通知提出抗诉的人民检察院。"

第五百九十七条："最高人民检察院发现各级人民法院已经发生法律效力的判决或者裁定，上级人民检察院发现下级人民法院已经发生法律效力的判决或者裁定确有错误时，可以直接向同级人民法院提出抗诉，或者指令作出生效判决、裁定人民法院的上一级人民检察院向同级人民法院提出抗诉。”

3. 其他规定

《人民检察院办理刑事申诉案件规定》（2020 年）第四十四条：“最高人民检察院对不服各级人民法院已经发生法律效力的刑事判决、裁定的申诉，上级人民检察院对不服下级人民法院已经发生法律效力的刑事判决、裁定的申诉，经复查决定提出抗诉的，应当按照审判监督程序向同级人民法院提出抗诉，或者指令作出生效判决、裁定的人民法院的上一级人民检察院向同级人民法院提出抗诉。”

（三）文书结构

1. 首部

包括人民检察院的名称、文书名称和文书编号。人民检察院的名称即作出决定的人民检察院；文书名称，即“指令抗诉决定书”；文号生成格式为：“××检××刑申指抗〔20××〕×号”，空白处分别填写作出决定的人民检察院的简称、年度、文书编号。

2. 正文

（1）发送单位，即“×××人民检察院:”，具体写明下一级人民检察院的名称。

（2）案件来源和决定的理由、依据。具体表述为：“申诉人×××（申诉人姓名）不服……（写明案由）一案，本院复查认为，……（写明对原审裁判确有错误的理由和法律依据）”。

（3）决定事项。具体表述为：“本院决定，由你院对×××（原审被告人姓名）……（写明案由）按照审判监督程序向×××人民法院提出抗诉”。

3. 尾部

包括制作文书的日期及作出决定的人民检察院的院印。

（四）文书模板及制作说明

1. 文书模板

×××人民检察院
指令抗诉决定书

××检××刑申指抗〔20××〕×号

×××人民检察院：

申诉人×××（姓名）不服×××人民法院……（写明文号）刑事判决（裁定）向本院提出申诉。本院复查认为，……（写明原审裁判确有错误的理由和法律依据）

本院决定：根据《人民检察院办理刑事申诉案件规定》第四十四条规定，指令你院对原审被告人×××（姓名）……（写明案由）一案按照审判监督程序向×××人民法院提出抗诉

20××年××月××日
（院印）

2. 制作说明

（1）本文书根据《人民检察院办理刑事申诉案件规定》第四十四条规定制作，供上级人民检察院复查不服人民法院生效刑事裁判申诉案件，认为原审裁判确有错误，指令有抗诉权的下级人民检察院按照审判监督程序提出抗诉时使用。

（2）本文书为法律文书，应当送达下级人民检察院，并附卷。

（3）本文书一式二份，一份送达下级人民检察院，一份附卷。

4.11.3　法律文书：审查提请抗诉通知书

（一）基本概念

审查提请抗诉通知书，是上一级人民检察院对下一级人民检察院提请抗诉的案件审查决定后，将审查决定结果通知提请抗诉的人民检察院的一种法律文书。

（二）相关依据

1. 法律依据

《中华人民共和国刑事诉讼法》第二百五十二条："当事人及其法定代理人、近亲属，对已经发生法律效力的判决、裁定，可以向人民法院或者人民检察院提出申诉，但是不能停止判决、裁定的执行。"

第二百五十三条："当事人及其法定代理人、近亲属的申诉符合下列情形之一的，人民法院应当重新审判：

（一）有新的证据证明原判决、裁定认定的事实确有错误，可能影响定罪量刑的；

（二）据以定罪量刑的证据不确实、不充分、依法应当予以排除，或者证明案件事实的主要证据之间存在矛盾的；

（三）原判决、裁定适用法律确有错误的；

（四）违反法律规定的诉讼程序，可能影响公正审判的；

（五）审判人员在审理该案件的时候，有贪污受贿，徇私舞弊，枉法裁判行为的。"

2. 司法解释规定

《人民检察院刑事诉讼规则》第五百九十五条："人民检察院对已经发生法律效力的判决、裁定的申诉复查后，认为需要提请或者提出抗诉的，报请检察长决定。

地方各级人民检察院对不服同级人民法院已经发生法律效力的判决、裁定的申诉复查后，认为需要提出抗诉的，应当提请上一级人民检察院抗诉。

上级人民检察院对下一级人民检察院提请抗诉的申诉案件进行审查

后，认为需要提出抗诉的，应当向同级人民法院提出抗诉。

人民法院开庭审理时，同级人民检察院应当派员出席法庭。”

3. 其他规定

《人民检察院办理刑事申诉案件规定》（2020 年）第四十七条：“地方各级人民检察院对不服同级人民法院已经发生法律效力的刑事判决、裁定的申诉案件复查后，认为需要提出抗诉的，承办检察官应当提出意见，报检察长决定后，提请上一级人民检察院抗诉。提请抗诉的案件，应当制作提请抗诉报告书，连同案卷报送上一级人民检察院。

上一级人民检察院对提请抗诉的案件审查后，承办检察官应当制作审查提请抗诉案件报告，提出处理意见，报检察长决定。对提请抗诉的案件作出决定后，承办检察官应当制作审查提请抗诉通知书，将审查结果通知提请抗诉的人民检察院。”

（三）文书结构

1. 首部

包括人民检察院的名称、文书名称和文书编号。人民检察院的名称即制作通知的人民检察院；文书名称，即“审查提请抗诉通知书”；文号生成格式为：“××检申提通〔20××〕×号”，空白处分别填写制作通知的人民检察院的简称、年度、文书编号。

2. 正文

（1）报告单位，即“人民检察院”，具体写明下一级人民检察院的名称。

（2）案件来源和通知的理由、依据。具体表述为：“你院以……（文号）提请抗诉报告书提请抗诉的申诉人×××（姓名）不服……（写明案由），本院审查认为，……（写明对下级检察院提请抗诉案是否抗诉的理由和法律依据）”。

（3）通知决定事项。具体表述为：“本院决定，对×××（原审被告人姓名）……（写明案由）按照审判监督程序向×××人民法院提出抗诉。或者决定不抗诉的，表述为“对×××（原审被告人姓名）……（写明案由）不予抗诉”。

3. 尾部

包括制作文书的日期及制作通知书的人民检察院的院印。

（四）文书模板及制作说明

1. 文书模板

×××人民检察院

审查提请抗诉通知书

××检申提通〔20××〕×号

×××检察院：

你院以×××（写明文号）提请抗诉报告书提请抗诉的申诉人×××（姓名）不服×××人民法院对×××（写明文号）刑事判决（裁定）一案，本院审查认为，……（写明对下级检察院提请抗诉案是否抗诉的理由和法律依据）

本院决定对原审被告人×××（姓名）……（写明案由）一案按照审判监督程序向×××人民法院提出抗诉。[决定不抗诉的，表述为：对原审被告人×××（姓名）……（写明案由）一案不提出抗诉]

20××年××月××日

（院印）

2. 制作说明

（1）本文书根据《人民检察院办理刑事申诉案件规定》第四十七条规定制作，供上级人民检察院对提请抗诉的案件审查决定后，将审查结果通知提请抗诉的人民检察院时使用。

（2）本文书为上下级检察院之间使用的文书，不对外使用，下级人民检察院应当根据本文书的内容制作相应的法律文书送达申诉人。

（3）本文书为法律文书，应当送达提请抗诉的下级人民检察院，并附卷。

(4) 本文书一式二份，一份送提请抗诉的下级人民检察院，一份附卷。

4.11.4 法律文书：刑事申诉中止办理通知书

(一) 基本概念

刑事申诉中止办理通知书，是人民检察院在办理刑事申诉案件中发现存在中止的情形，向申诉人说明情况时使用的法律文书。

(二) 相关依据

1. 法律依据

《中华人民共和国刑事诉讼法》第二百五十二条："当事人及其法定代理人、近亲属，对已经发生法律效力的判决、裁定，可以向人民法院或者人民检察院提出申诉，但是不能停止判决、裁定的执行。"

2. 司法解释规定

《人民检察院办理刑事申诉案件规定》（2020 年）第五十九条："人民检察院对具有下列情形之一的刑事申诉案件，可以中止办理：

（一）人民法院对原判决、裁定正在审查的；

（二）无法与申诉人及其代理人取得联系的；

（三）申诉的自然人死亡，需要等待其他申诉权利人表明是否继续申诉的；

（四）申诉的法人或者其他组织终止，尚未确定权利义务承继人的；

（五）由于其他原因，致使案件在较长时间内无法继续办理的。

决定中止办理的案件，应当制作刑事申诉中止办理通知书，通知申诉人；确实无法通知的，应当记录在案。

中止办理的事由消除后，应当立即恢复办理。中止办理的期间不计入办案期限。"

(三) 文书结构

1. 首部

首部需注明拟制检察院所在省（自治区、直辖市）的规范全称，文书名称，即“刑事申诉中止办理通知书”，文号生成格式为：“××检刑申中止通〔20××〕×号”。

2. 正文

发往申诉人，即该案件的申诉人，行文上顶格书写。

写明作出诉讼处理决定的人民法院或者人民检察院的名称、文书编号和文书名称，以及现在办理该刑事申诉案的人民检察院决定复查的日期，准确写明中止办理的原因。主要注意根据案件情况，具体问题具体分析，结合案件事实，详细阐述中止办理的理由。

3. 尾部

制发文书的日期，日期上加盖院印。

（四）文书模板及制作说明

1. 文书模板

×××人民检察院

刑事申诉中止办理通知书

××检刑申中止通〔20××〕×号

申诉人×××：

你不服×××人民法院或者人民检察院……（写明文号）刑事判决、裁定或者决定，向本院提出申诉。本院于……（写明日期）决定进行复查。现因……（写明中止办理的情形。如果在审查程序，表述为：本院在审查过程中发现……），根据《人民检察院办理刑事申诉案件规定》第五十九条（具体到款、项）规定，本院决定中止办理。上述中止办理的事由消除后，本院立即恢复办理。

特此通知。

20××年××月××日

（院印）

2. 制作说明

（1）本文书根据《人民检察院办理刑事申诉案件规定》第五十九条规定制作，供人民检察院告知申诉人刑事申诉案件中止办理时使用。刑事申诉中止办理通知书，是在刑事申诉案件审查、复查过程中，中止办理程序的法律文书。

（2）本文书需写明申诉人的姓名，中止办理的理由并加盖文书制作单位公章。

（3）本文书以案为制作单位，由办理案件的人民检察院制作。

（4）本文书一式二份，一份送达申诉人，一份附卷。

4.11.5 法律文书：刑事申诉案件交办通知书

（一）基本概念

刑事申诉案件交办通知书，是上级人民检察院办理刑事申诉案件期间，在必要时或者发现下级人民检察院已经办理过该申诉案件但办案质量不高的，交由下级人民检察院办理时使用的一种法律文书。

（二）相关依据

1. 法律依据

《中华人民共和国人民检察院组织法》第二十四条：“上级人民检察院对下级人民检察院行使下列职权：

（一）认为下级人民检察院的决定错误的，指令下级人民检察院纠正，或者依法撤销、变更；

（二）可以对下级人民检察院管辖的案件指定管辖；

（三）可以办理下级人民检察院管辖的案件；

（四）可以统一调用辖区的检察人员办理案件。

上级人民检察院的决定，应当以书面形式作出。”

第二十五条：“下级人民检察院应当执行上级人民检察院的决定；有不同意见的，可以在执行的同时向上级人民检察院报告。”

2. 司法解释规定

《人民检察院刑事诉讼规则》第一百六十一条第二款：“负责控告申诉检察的部门可以向下级人民检察院交办控告、申诉、举报案件，并依照有关规定进行督办。”

3. 其他规定

《人民检察院办理刑事申诉案件规定》（2020 年）第十一条：“上级人民检察院在必要时，可以将本院管辖的刑事申诉案件交下级人民检察院办理，也可以直接办理由下级人民检察院管辖的刑事申诉案件。”

第二十四条：“经审查，具有下列情形之一的，上级人民检察院可以交由下级人民检察院重新办理：

（一）首次办理刑事申诉的人民检察院应当调卷审查而未调卷的，或者应当进行复查而未复查的；

（二）对申诉人提出的申诉理由未进行审查，或者未作出合法合理答复的；

（三）其他办案质量不高，认为应当重新办理的。

接受交办的人民检察院应当将重新办理结果向交办的上级人民检察院报告。”

第三十七条：“接受交办的人民检察院对上级人民检察院交办的刑事申诉案件应当依法办理并报告结果。对属于本院管辖的刑事申诉案件应当进行复查。

对交办的刑事申诉案件，应当自收到交办文书之日起三个月以内办结。确需延长办案期限的，应当报检察长决定，延长期限不得超过三个月。延期办理的，应当向交办的上级人民检察院书面说明情况。”

（三）文书结构

1. 首部

首部需注明所在省（自治区、直辖市）的规范全称，文书名称，即“刑事申诉案件交办通知书”，文号生成格式为：“××检××部刑申交〔20××〕×号”。

2. 正文

抬头，发往单位，即接受交办案件的下级人民检察院，行文上顶格书写。

写明某申诉案件案由，向下级人民检察院交办的理由。若因原申诉案件办案质量不高而交办的，应当完整阐述办案质量不高的具体情形。最后强调限期报告办理结果，即于收到交办文书之日起三个月内向本院报告结果。

3. 尾部

落款为发出日期，日期上加盖公章。

在附件部分写明附案件相关材料。

（四）文书模板及制作说明

1. 文书模板

×××人民检察院

刑事申诉案件交办通知书

××检××部刑申交〔20××〕×号

×××人民检察院：

申诉人×××不服×××人民法院或者人民检察院……（写明文号）刑事判决、裁定或者决定，向我院提出申诉。经审查，……（写明交办理由）现将案件相关材料转去，请依法办理，并于收到交办文书之日起三个月以内向我院报告结果。

20××年××月××日

（院印）

附（案件相关材料）

2. 制作说明

（1）本文书根据《人民检察院办理刑事申诉案件规定》第二十四条、第三十七条规定制作，供上级人民检察院向下级人民检察院交办刑事申诉案件时使用。

(2) 本文书为工作文书，附卷。

(3) 本文书一式二份，一份送达下级人民检察院，一份保存备查。

4.11.6 法律文书：再审检察建议书

(一) 基本概念

再审检察建议书，是人民检察院对人民法院已经发生法律效力的刑事判决、裁定认为确有错误，不采取抗诉方式启动再审程序，而是向人民法院提出由人民法院自行启动再审程序进行重新审理的建议时所使用的检察建议文书。

(二) 相关依据

1. 法律依据

《中华人民共和国刑事诉讼法》第八条：“人民检察院依法对刑事诉讼实行法律监督。”

2. 司法解释规定

《人民检察院刑事诉讼规则》第五百五十一条：“人民检察院对刑事诉讼活动实行法律监督，发现违法情形的，依法提出抗诉、纠正意见或者检察建议。

人民检察院对于涉嫌违法的事实，可以采取以下方式进行调查核实：

(一) 讯问、询问犯罪嫌疑人；

(二) 询问证人、被害人或者其他诉讼参与人；

(三) 询问办案人员；

(四) 询问在场人员或者其他可能知情的人员；

(五) 听取申诉人或者控告人的意见；

(六) 听取辩护人、值班律师意见；

(七) 调取、查询、复制相关登记表册、法律文书、体检记录及案卷材料等；

(八) 调取讯问笔录、询问笔录及相关录音、录像或其他视听资料；

（九）进行伤情、病情检查或者鉴定；

（十）其他调查核实方式。

人民检察院在调查核实过程中不得限制被调查对象的人身、财产权利。”

3. 其他规定

（1）《人民检察院检察建议工作规定》第八条：“人民检察院发现同级人民法院已经发生法律效力的判决、裁定具有法律规定的应当再审情形的，或者发现调解书损害国家利益、社会公共利益的，可以向同级人民法院提出再审检察建议。”

（2）《人民检察院办理刑事申诉案件规定》（2020 年）第四十五条：“经复查认为人民法院已经发生法律效力的刑事判决、裁定确有错误，具有下列情形之一的，应当按照审判监督程序向人民法院提出抗诉：

（一）原判决、裁定认定事实、适用法律确有错误致裁判不公或者原判决、裁定的主要事实依据被依法变更或者撤销的；

（二）认定罪名错误且明显影响量刑的；

（三）量刑明显不当的；

（四）据以定罪量刑的证据不确实、不充分，或者主要证据之间存在矛盾，或者依法应当予以排除的；

（五）有新的证据证明原判决、裁定认定的事实确有错误，可能影响定罪量刑的；

（六）违反法律关于追诉时效期限的规定的；

（七）违反法律规定的诉讼程序，可能影响公正审判的；

（八）审判人员在审理案件的时候有贪污受贿、徇私舞弊、枉法裁判行为的。

经复查认为人民法院已经发生法律效力的刑事判决、裁定，符合前款规定情形之一，经检察长决定，可以向人民法院提出再审检察建议。再审检察建议未被人民法院采纳的，可以提请上一级人民检察院抗诉。”

第四十六条：“经复查认为需要向同级人民法院提出抗诉或者提出再审检察建议的，承办检察官应当提出意见，报检察长决定。”

（三）文书结构

1. 首部

首部需注明拟制检察院所在省（自治区、直辖市）的规范全称，文书名称，即“再审检察建议书”，文号生成格式为：“××检刑监〔20××〕×号”。

2. 正文

（1）原审被告人的基本情况。原审被告人、原审被告单位的基本情况应当按照格式中所列要素的顺序叙写。

原审被告人如有与案情有关的曾用名、别名、化名或者绰号的，应当在其姓名后面用括号注明；原审被告人是外国人的，应当在其中文译名后面用括号注明外文姓名。

原审被告人的出生日期一般应以公历为准。除未成年人外，如果确实查不清出生日期的，也可以注明年龄。

对尚未办理身份证的，应当注明。

原审被告人的住址应写原审被告人的经常居住地。

原审被告人是外国人时，应注明国籍、护照号码、国外居所。

同案原审被告人有二人以上的，按照主从关系的顺序叙写。

（2）案由和案件来源。要写明原审法院，判决书文号，案由以及原审判决情况。

（3）案件事实。案件事实部分，是再审检察建议书的重点。叙写案件事实，应当注意以下几点：

对再审检察建议书所诉的所有犯罪事实，无论是一人一罪、多人一罪，还是一人多罪、多人多罪，都必须逐一列举。

叙述案件事实，要按照合理的顺序进行。一般可按照时间先后顺序，一人多罪的，应当按照各种犯罪的轻重顺序叙述，把重罪放在前面，把次罪、轻罪放在后面；多人多罪的，应当按照主犯、从犯或者重罪、轻罪的顺序叙述，突出主犯、重罪。

对共同犯罪案件中有同案犯在逃的，应在其后写明“另案处理”字样。

（4）再审检察建议的要求和根据。对行为性质、危害程度、情节轻重，要结合犯罪的各构成要件进行概括性地表述，突出本罪的特征，语言要精练、准确。对法律条文的引用，要准确、完整、具体，写明条、款、项。

3. 尾部

再审检察建议书的年月日，为签发再审检察建议书的日期。

附注，需要在附注中说明被告人现在处所，具体为服刑地或居住地。根据需要注明新的证人名单或证据目录。

（四）文书模板及制作说明

1. 文书模板

×××人民检察院

再审检察建议书

××检刑监〔20××〕×号

原审（申诉人）被告人×××（依次写明姓名、性别、出生年月日、公民身份号码、民族、文化程度、职业、单位及职务、户籍地、住址、服刑情况。有数名被告人的，依犯罪事实情节由重至轻的顺序分别列出）

×××人民法院以×××号刑事判决书（裁定书）对被告人×××（姓名）×××（案由）一案判决（裁定）×××（写明生效的判决、裁定情况）。原审被告人（原案被害人及其法定代理人）×××（姓名）不服×××人民法院的生效判决（裁定）向本院提出申诉。经依法立案复查，本案的事实如下：

……（概括叙述检察机关复查认定的事实、情节。应当根据具体案件事实、证据情况，围绕刑法规定该罪构成要件特别是争议问题，简明扼要地叙述案件事实、情节。一般应当具备时间、地点、动机、目的、关键行为情节、数额、危害结果、作案后表现等有关定罪量刑的事实、情节要素。一案有数罪、各罪有数次作案的，应当依由重至轻或者时间

顺序叙述）

本院认为，×××人民法院×××号刑事判决（裁定）确有错误（包括认定事实有误、证据不足、适用法律不当、量刑畸轻畸重、审判程序严重违法影响公正审理），理由如下：

……（根据情况，理由可以从认定事实错误、适用法律不当和审判程序严重违法等几方面分别论述。说理要有针对性，引用法律、法规和司法解释时应当准确、全面、具体）

综上所述，×××人民法院××号刑事判决（裁定）……（概括列明生效刑事判决、裁定书存在哪些错误），经本院检察长决定，根据《中华人民共和国刑事诉讼法》第×××条、《人民检察院办理刑事申诉案件规定》第四十五条、第四十六条的规定，特提出再审检察建议，请在收到后三个月内将审查结果书面回复本院。

此致

×××人民法院

20××年××月××日

（院印）

附：1. 原审被告人×××现服刑于×××（或者现住×××）

2. 新的证人名单或证据目录

2. 制作说明

（1）本文书依据《人民检察院刑事诉讼规则》第五百五十一条，《人民检察院检察建议工作规定》第八条，《人民检察院办理刑事申诉案件规定》第四十五条、第四十六条的规定制作。是人民检察院复查人民法院已经发生法律效力的刑事判决、裁定后，向人民法院提出再审检察建议时使用。

（2）本文书以案为单位，由案件承办人制作后报部门负责人审批，经检察长决定后发出。

(3）本文书一式三份，一份附卷，一份发送同级人民法院，一份报送上一级人民检察院备案，并可根据抄送对象人数增加印制份数。

4.11.7 法律文书：刑事申诉终止办理通知书

（一）基本概念

刑事申诉终止办理通知书，是人民检察院在办理刑事申诉案件中发现存在终止的情形，向申诉人说明情况时所使用的法律文书。

（二）相关依据

1. 法律依据

《中华人民共和国刑事诉讼法》第二百五十二条："当事人及其法定代理人、近亲属，对已经发生法律效力的判决、裁定，可以向人民法院或者人民检察院提出申诉，但是不能停止判决、裁定的执行。"

2. 其他规定

《人民检察院办理刑事申诉案件规定》（2020 年）第六十条："人民检察院对具有下列情形之一的刑事申诉案件，经检察长决定，应当终止办理：

（一）人民检察院因同一案件事实对撤销案件的犯罪嫌疑人重新立案侦查的，对不批准逮捕的犯罪嫌疑人重新作出批准逮捕决定的，或者对不起诉案件的被不起诉人重新起诉的；

（二）人民检察院收到人民法院受理被害人对被不起诉人起诉的通知的；

（三）人民法院决定再审的；

（四）申诉人自愿撤回申诉，且不损害国家利益、社会公共利益或者他人合法权益的；

（五）申诉的自然人死亡，没有其他申诉权利人或者申诉权利人明确表示放弃申诉的，但是有证据证明原案被告人是无罪的除外；

（六）申诉的法人或者其他组织终止，没有权利义务承继人或者权利义务承继人明确表示放弃申诉的，但是有证据证明原案被告人是无罪的除外；

（七）其他应当终止办理的情形。

决定终止办理的案件，应当制作刑事申诉终止办理通知书，通知申诉人；确实无法通知的，应当记录在案。

终止办理的事由消除后，申诉人再次提出申诉，符合刑事申诉受理条件的，应当予以受理。”

（三）文书结构

1. 首部

首部需注明拟制检察院所在省（自治区、直辖市）的规范全称、文书名称，即“刑事申诉终止办理通知书”，文号生成格式为：“××检刑申终止通〔20××〕×号”。

2. 正文

发往申诉人，即该案件的申诉人，行文上顶格书写。

写明作出诉讼处理决定的人民法院或者人民检察院的名称、文书编号和文书名称，以及现在办理该刑事申诉案的人民检察院决定复查的日期，准确写明终止办理的原因。

3. 尾部

落款为发出日期，日期上加盖院印。

（四）文书模板及制作说明

1. 文书模板

×××人民检察院

刑事申诉终止办理通知书

××检刑申终止通〔20××〕×号

申诉人×××：

你不服×××人民法院或者人民检察院……（写明文号）刑事判决、裁定或者决定，向本院提出申诉。本院于……（写明日期）决定进行复查。现因……（写明终止办理的情形。如果在审查程序，表述为：本院在审查过程中发现……），根据《人民检察院办理刑事申诉案件规定》第六十条（具体到款、项）规定，本院决定终止办理。

20××年××月××日
（院印）

2. 制作说明

（1）本文书依据《中华人民共和国刑事诉讼法》第二百五十二条和《人民检察院办理刑事申诉案件规定》第六十条制作，适用于人民检察院对于符合《人民检察院办理刑事申诉案件规定》第六十条规定的情形，经检察长决定应当终止办理的申诉案件，通知申诉人时使用。

（2）本文书需写明申诉人的姓名、终止办理的理由，并加盖文书制作单位公章。

（3）本文书以案为制作单位，由办理案件的人民检察院制作。

（4）本文书一式二份，一份送达申诉人，一份附卷。

4.11.8　法律文书：刑事抗诉书（适用审判监督程序）

具体内容参见本书第四章“刑事诉讼监督检察文书”第八节“审判监督程序抗诉案件适用文书”之“4.8.1 法律文书：刑事抗诉书（适用审判监督程序）”。

4.11.9　工作文书：刑事申诉案件审查表

（一）基本概念

刑事申诉案件审查表，是刑事检察部门承办人对刑事申诉案件进行审查后，制作形成的反映原案基本情况、申诉审查情况及审查意见的表格式工作文书。

（二）相关依据

1. 法律依据

《中华人民共和国刑事诉讼法》第八条：“人民检察院依法对刑事诉

讼实行法律监督。”

2. 司法解释规定

《人民检察院刑事诉讼规则》第五百五十一条：“人民检察院对刑事诉讼活动实行法律监督，发现违法情形的，依法提出抗诉、纠正意见或者检察建议。

人民检察院对于涉嫌违法的事实，可以采取以下方式进行调查核实：

（一）讯问、询问犯罪嫌疑人；

（二）询问证人、被害人或者其他诉讼参与人；

（三）询问办案人员；

（四）询问在场人员或者其他可能知情的人员；

（五）听取申诉人或者控告人的意见；

（六）听取辩护人、值班律师意见；

（七）调取、查询、复制相关登记表册、法律文书、体检记录及案卷材料等；

（八）调取讯问笔录、询问笔录及相关录音、录像或其他视听资料；

（九）进行伤情、病情检查或者鉴定；

（十）其他调查核实方式。

人民检察院在调查核实过程中不得限制被调查对象的人身、财产权利。”

3. 其他规定

《人民检察院办理刑事申诉案件规定》（2020 年）第二十五条：“审查刑事申诉案件应当制作刑事申诉审查报告。听取意见、释法说理、公开听证等活动应当制作笔录。”

（三）文书结构

1. 首部

首部由检察机关名称和文书名称两部分构成，表明文书制作单位和文书种类。

2. 正文

文书正文即审查表内容，主要包括六部分，即案件基本情况、申诉人基本情况、申诉理由、审查情况、审查意见、备注。

案件基本情况需填写：（1）办案单位所属省（自治区、直辖市）；（2）原办案单位，包括原案审查逮捕、审查起诉、一审、二审各诉讼环节，以及申诉过程中办案检察机关；（3）申诉来源，包括原案的当事人、法定代理人、近亲属或者申诉人委托律师代理申诉等；（4）受理时间，即收到控告申诉部门刑事申诉案件移送函及相关申诉材料的时间；（5）审查时间，即审查结束制作审查表的时间；（6）案由，即原案所涉罪名。

申诉人基本情况需填写：（1）申诉人姓名，如申诉人系单位的填写单位名称；（2）出生日期，申诉人系单位的不需填写；（3）申诉人住址或单位地址；（4）联系方式，包括电话、电子邮箱等。

申诉理由主要是对申诉人的意见进行概括归纳后简要填写，对案件事实证据、法律适用、诉讼程序、定罪处理等有多项申诉理由的分别予以列明。

审查意见主要填写对案件审查的简要过程，对申诉人提出的申诉理由是否成立进行论证说明，并根据案件具体情况提出处理意见。

3. 尾部

备注主要是在审查表其他部分不宜填写，但与案件相关的内容可以在备注内填写。

（四）文书模板及制作说明

1. 文书模板

×××人民检察院

刑事申诉案件审查表

省份	××省	原办单位	×××院	申诉来源	（申诉人身份）
受理时间	××××年××月××日	审查时间	××××年××月××日	案　由	×××罪

<table>
<tr><td rowspan="3">申诉人</td><td>姓名（名称）</td><td>×××</td><td>出生日期</td><td>××××年
××月××日</td></tr>
<tr><td>住址（地址）</td><td colspan="3">×××省×××市×××区及街道、楼栋、门牌号</td></tr>
<tr><td>联系方式</td><td colspan="3">（电话号码、电子邮箱等）</td></tr>
<tr><td>申诉理由</td><td colspan="4">（分项概括写明申请人对原案事实证据、法律适用、诉讼程序、定罪处理等申诉理由）</td></tr>
<tr><td>审查情况</td><td colspan="4">承办人经审查申诉人申诉材料，查阅原案卷宗……（写明阅卷、调查、听取意见等办案简要过程），认为……（根据审查认定的事实、在案证据和法律规定，逐项回应申诉理由，对申诉人提出的申诉理由是否成立作出说明）</td></tr>
<tr><td>审查意见</td><td colspan="4">（根据审查情况，提出明确处理意见）</td></tr>
<tr><td>备注</td><td colspan="4">（其他与案件相关的情况）</td></tr>
</table>

2. 制作说明

（1）本文书依据《人民检察院办理刑事申诉案件规定》第二十五条制作，供人民检察院审查刑事申诉案件时使用，是刑事申诉案件审查报告简化为表格式的工作文书，主要适用于简单刑事申诉案件，因此，在填写过程中整体要求应当简明扼要。

（2）本文书首部填写检察机关名称时应注明所在省（直辖市、自治区）。

（3）填写原办案单位时，如有多个单位可以使用简称，以“地名＋院”形式表述。

（4）本文书为工作文书，由案件承办人制作附卷。

4.11.10　工作文书：刑事申诉案件审查报告

（一）基本概念

刑事申诉案件审查报告，是刑事申诉案件承办人对刑事申诉案件进行审查后，制作形成的全面反映原案基本情况、审查情况及审查意见的工作文书。

（二）相关依据

1. 法律依据

《中华人民共和国刑事诉讼法》第八条：“人民检察院依法对刑事诉讼实行法律监督。”

2. 司法解释规定

《人民检察院刑事诉讼规则》第五百五十一条：“人民检察院对刑事诉讼活动实行法律监督，发现违法情形的，依法提出抗诉、纠正意见或者检察建议。

人民检察院对于涉嫌违法的事实，可以采取以下方式进行调查核实：

（一）讯问、询问犯罪嫌疑人；

（二）询问证人、被害人或者其他诉讼参与人；

（三）询问办案人员；

（四）询问在场人员或者其他可能知情的人员；

（五）听取申诉人或者控告人的意见；

（六）听取辩护人、值班律师意见；

（七）调取、查询、复制相关登记表册、法律文书、体检记录及案卷材料等；

（八）调取讯问笔录、询问笔录及相关录音、录像或其他视听资料；

（九）进行伤情、病情检查或者鉴定；

（十）其他调查核实方式。

人民检察院在调查核实过程中不得限制被调查对象的人身、财产权利。”

3. 其他规定

《人民检察院办理刑事申诉案件规定》（2020 年）第二十五条：“审查刑事申诉案件应当制作刑事申诉审查报告。听取意见、释法说理、公开听证等活动应当制作笔录。”

（三）文书结构

1. 首部

首部由案件名和文书种类两部分构成，案件名表述为申诉人姓名或单位名称+案件类型，即“×××申诉案”，文书种类使用“关于×××审查报告”的规范表述。

2. 正文

（1）申诉人基本情况及与原案的关系。写明申诉人的身份信息、家庭住址、联系方式等基本信息（申诉人系单位的应写明单位的基本信息），同时写明申诉人在原案中的诉讼地位或者与原案当事人之间的关系。

（2）案件来源、申诉处理过程及申诉理由。案件来源写明申诉人因不服原办案单位的处理决定或裁判结果而提出申诉。申诉处理过程写明受理申诉后的处理过程，多次申诉的，要写明整个申诉过程及相关单位的处理情况。申诉理由主要是概括叙述申诉人不服原案处理决定或裁判结果的理由，理由较多的，分项列明。

（3）原案诉讼过程、认定事实及适用法律。写明原案简要诉讼过程，原判决、裁定或者处理决定认定的事实及适用法律。原案经过多次处理的，应当分别写明。

（4）审查认定的事实及证据。写明审查后认定的事实，并列举相关证据。在申诉阶段补充调查的相关证据材料一并列明。

（5）审查处理意见。根据案件事实、证据和法律规定，提出对原判决、裁定或者处理决定是否存在错误，以及申诉理由是否成立的审查意见，并根据案件具体情况提出处理意见。

3. 尾部

落款承办人署名，案件审结日期。

（四）文书模板及制作说明

1. 文书模板

关于×××申诉案审查报告

一、申诉人基本情况及与原案的关系

申诉人……（写明申诉人的姓名、性别、出生日期、民族、文化程度、工作单位及职务、住址等，申诉人在原案中的诉讼地位或者与原案

当事人之间的关系；申诉人系单位的要写明单位的名称，所在地址，法定代表人或代表的姓名、职务，诉讼代表人的姓名、职务等）

（申诉人委托律师代理申诉的，应当写明委托代理人的基本情况）

（申诉人是被害人的，或者是法定代理人、近亲属的，或者还有其他原案被告人的，应当写明原案被告人、被处理人或者其他原案被告人的基本情况）

二、案件来源、申诉处理过程及申诉理由

申诉人×××不服×××人民法院或者人民检察院×××（写明文号）刑事判决、裁定或者决定，于×××向我院提出申诉。（对经过多次处理的，写明每一次办理的经过及结论，然后再写“申诉人×××仍不服，向我院提出申诉”）

我院受理后……（写明控告申诉部门及刑事检察部门的审查处理过程）

申诉人×××的申诉理由是……（分项概括列明申诉理由）

三、原案诉讼过程、认定事实及适用法律

申诉人×××（申诉人名称及所犯罪名）一案，由×××侦查终结，于×××（时间）移送×××审查起诉……（写明侦查、审查起诉、一审、二审等诉讼全过程）

×××（原办案单位）经审理查明，……（叙写认定的事实），根据……（适用法律），判决（裁定或决定）……（写明处理结果）。（原案经过多次处理的，应当分别写明，如果认定事实和适用法律一致的，可简要概括叙述）

四、审查认定的事实及证据

承办人经审查申诉人提供的……申诉材料，……（写明阅卷、调查、听取意见等办案简要过程）

经审查查明……（写明审查后认定的事实，并列举相关证据）

五、审查处理意见

承办人认为本案……（根据案件事实、证据和法律规定，提出承办人对原判决、裁定或者处理决定是否存在错误的审查意见）

针对申诉人提出……申诉理由，承办人认为……（围绕事实、证据和法律适用，对申诉人的申诉理由是否成立进行分析论证）

综上所述，……（根据审查情况提出审查结案、提请立案复查或交由下级院办理等明确处理意见）

承办人：×××
20××年××月××日

2. 制作说明

（1）本文书根据《人民检察院办理刑事申诉案件规定》第二十五条规定制作，供人民检察院审查刑事申诉案件时使用。

（2）本文书由案件承办人制作，个人署名。

（3）本文书为工作文书，附卷。

4.11.11 工作文书：刑事申诉提请立案复查报告

（一）基本概念

刑事申诉提请立案复查报告，是刑事申诉案件承办人对案件进行审查后，认为需要立案复查，制作形成的反映案件基本情况及审查情况的工作文书。

（二）相关依据

1. 法律依据

《中华人民共和国刑事诉讼法》第八条："人民检察院依法对刑事诉讼实行法律监督。"

2. 司法解释规定

《人民检察院刑事诉讼规则》第五百五十一条："人民检察院对刑事诉讼活动实行法律监督，发现违法情形的，依法提出抗诉、纠正意见或者检察建议。

人民检察院对于涉嫌违法的事实，可以采取以下方式进行调查核实：

（一）讯问、询问犯罪嫌疑人；

（二）询问证人、被害人或者其他诉讼参与人；

（三）询问办案人员；

（四）询问在场人员或者其他可能知情的人员；

（五）听取申诉人或者控告人的意见；

（六）听取辩护人、值班律师意见；

（七）调取、查询、复制相关登记表册、法律文书、体检记录及案卷材料等；

（八）调取讯问笔录、询问笔录及相关录音、录像或其他视听资料；

（九）进行伤情、病情检查或者鉴定；

（十）其他调查核实方式。

人民检察院在调查核实过程中不得限制被调查对象的人身、财产权利。”

3. 其他规定

《人民检察院办理刑事申诉案件规定》（2020 年）第二十二条：“对移送的刑事申诉案件，刑事检察部门应当对原案卷宗进行审查。经审查，认为原判决、裁定或者处理决定正确的，经检察官联席会议讨论后决定审查结案；认为原判决、裁定或者处理决定存在错误可能的，决定进行复查。

对不服人民检察院诉讼终结的刑事处理决定首次提出申诉的，或者被害人及其法定代理人、近亲属、被不起诉人及其法定代理人、近亲属不服不起诉决定，在收到不起诉决定书后七日以内提出申诉的，应当决定进行复查。”

（三）文书结构

1. 首部

文书名称，即“刑事申诉提请立案复查报告”。

2. 正文

（1）申诉人基本情况及案件来源。写明申诉人的身份信息、家庭住址、联系方式等基本信息（申诉人系单位的应写明单位的基本信息），同时写明申诉人在原案中的诉讼地位或者与原案当事人之间的关系。

案件来源写明申诉人因不服原办案单位的处理决定或裁判结果而提出申诉。

（2）原案诉讼过程、认定事实及适用的法律。写明原案简要诉讼过程、原审判决认定的事实及适用法律，原案经过多次审判的，应当分别写明，如果认定事实和法律适用一致的，可简要概括叙写。

（3）主要申诉理由。申诉理由主要是概括叙述申诉人不服原案处理决定或裁判结果的理由，理由较多的，分项列明。

（4）立案复查的依据。对审查认定的事实和证据进行分析，根据案件事实、证据和法律规定，写明提请立案复查的依据和具体理由。

3. 尾部

落款承办人署名，文书制作日期。

（四）文书模板及制作说明

1. 文书模板

刑事申诉提请立案复查报告

一、申诉人基本情况及案件来源

申诉人……（包括申诉人的姓名、性别、年龄、民族、文化程度、工作单位及职务、住址等；申诉人系单位的要写明单位的名称，所在地址，法定代表人或代表的姓名、职务，诉讼代表人的姓名、职务等）

申诉人×××不服×××人民法院或者人民检察院×××（写明文号）刑事判决、裁定或者决定，于×××向我院提出申诉。（对经过多次处理的，写明每一次办理的经过及结论，然后再写“申诉人×××仍不服，向我院提出申诉”）

二、原案诉讼过程、认定事实及适用的法律

申诉人×××（申诉人名称及所犯罪名）一案，由×××侦查终结，于×××（时间）移送×××审查起诉……（写明侦查、审查起诉、一审、二审等诉讼全过程）

×××（原办案单位）经审理查明，……（叙写认定的事实），根据……（适用法律），判决（裁定或决定）……（写明处理结果）。（原案经过多次处理的，应当分别写明，如果认定事实和适用法律一致的，

可简要概括叙述)

三、主要申诉理由

申诉人×××的申诉理由是……(分项概括列明申诉理由)

四、立案复查的依据

承办人经审查认为……(对审查认定的事实和证据进行分析),原判决、裁定或者处理决定存在错误可能,根据……(写明提请立案复查的依据)提请立案复查。(如系根据《人民检察院办理刑事申诉案件规定》第二十二条决定立案复查的,可直接写明立案复查理由,然后“根据……提请立案复查”)

承办人:×××

20××年××月××日

2. 制作说明

(1)本文书根据《人民检察院办理刑事申诉案件规定》第二十二条规定制作,供案件承办人对刑事申诉案件审查完毕后,提请立案复查时使用,经检察长审批同意后,作为立案复查的程序依据。

(2)本文书由案件承办人制作,个人署名。

(3)本文书为工作文书,附卷。

4.11.12 工作文书:委托送达通知书

(一)基本概念

委托送达通知书,是办理刑事申诉案件的人民检察院,在案件审查结案或复查终结后,委托下级人民检察院送达相关法律文书时所使用的工作文书。

(二)相关依据

1. 法律依据

《中华人民共和国刑事诉讼法》第八条:“人民检察院依法对刑事诉

讼实行法律监督。”

2. 司法解释规定

《人民检察院刑事诉讼规则》第五百五十一条：“人民检察院对刑事诉讼活动实行法律监督，发现违法情形的，依法提出抗诉、纠正意见或者检察建议。

人民检察院对于涉嫌违法的事实，可以采取以下方式进行调查核实：

（一）讯问、询问犯罪嫌疑人；

（二）询问证人、被害人或者其他诉讼参与人；

（三）询问办案人员；

（四）询问在场人员或者其他可能知情的人员；

（五）听取申诉人或者控告人的意见；

（六）听取辩护人、值班律师意见；

（七）调取、查询、复制相关登记表册、法律文书、体检记录及案卷材料等；

（八）调取讯问笔录、询问笔录及相关录音、录像或其他视听资料；

（九）进行伤情、病情检查或者鉴定；

（十）其他调查核实方式。

人民检察院在调查核实过程中不得限制被调查对象的人身、财产权利。”

3. 其他规定

《人民检察院办理刑事申诉案件规定》（2020 年）第五十四条：“人民检察院审查结案和复查终结的刑事申诉案件，应当制作刑事申诉结果通知书，于十日以内送达申诉人，并做好释法说理工作。

下级人民检察院应当协助上级人民检察院做好释法说理、息诉息访工作。

对移送的刑事申诉案件，刑事检察部门应当将刑事申诉结果通知书抄送控告申诉检察部门。”

（三）文书结构

1. 首部

首部由检察机关名称和文书名称两部分构成，表明文书制作单位和文书种类。文号生成格式为："××检××部刑申委通〔20××〕×号"。

2. 正文

发往单位，即受委托送达法律文书的单位，行文上顶格书写。

简要写明刑事申诉案件来源，案件审查处理情况，委托事项和相关工作要求。

3. 尾部

尾部为制发日期，并在日期上加盖单位公章。

附件，相关委托送达的法律文书。

（四）文书模板及制作说明

1. 文书模板

×××人民检察院

委托送达通知书

××检××部刑申委通〔20××〕×号

×××人民检察院：

申诉人×××不服×××人民法院或者人民检察院……（写明文号）刑事判决（裁定或者决定）提出申诉一案，我院已审查结案或者复查终结。现将法律文书送达你院，同时委托你院向申诉人宣布，将法律文书送达申诉人，并做好释法说理工作。宣布笔录和送达回证请及时回送我院。

20××年××月××日
（院印）

附：法律文书××份

2. 制作说明

（1）本文书根据《人民检察院办理刑事申诉案件规定》第五十四条规定制作，供办理刑事申诉案件的检察院，在审查结案或复查终结后，委托下级检察院向申诉人送达刑事申诉结果通知书等法律文书时使用。

（2）本文书制作时需注意，根据《人民检察院办理刑事申诉案件规定》第五十五条的规定，复查终结提请上一级检察院抗诉的案件，应当在上一级检察院作出是否抗诉的决定后再制作刑事申诉结果通知书和本文书。

（3）本文书在使用过程中应做好事前沟通，向下级检察院释明向申诉人告知的申诉结果形成的具体理由，以便下级检察院协助做好释法说理工作。

（4）本文书首部填写检察机关名称时应注明所在省（直辖市、自治区）。

（5）本文书尾部不需要再落款制发单位，在制发日期上加盖单位印章即可。

（6）本文书为工作文书，一式二份，一份送达被委托单位，一份附卷。

4.11.13　工作文书：提请抗诉报告书

（一）基本概念

提请抗诉报告书，是下级人民检察院复查发现同级人民法院生效刑事判决、裁定确有错误，提请上一级人民检察院依法抗诉时使用的工作文书。

（二）相关依据

1. 法律依据

《中华人民共和国刑事诉讼法》第八条："人民检察院依法对刑事诉讼实行法律监督。"

2. 司法解释规定

《人民检察院刑事诉讼规则》第五百五十一条："人民检察院对刑事诉讼活动实行法律监督，发现违法情形的，依法提出抗诉、纠正意见或者检察建议。

人民检察院对于涉嫌违法的事实，可以采取以下方式进行调查核实：

（一）讯问、询问犯罪嫌疑人；

（二）询问证人、被害人或者其他诉讼参与人；

（三）询问办案人员；

（四）询问在场人员或者其他可能知情的人员；

（五）听取申诉人或者控告人的意见；

（六）听取辩护人、值班律师意见；

（七）调取、查询、复制相关登记表册、法律文书、体检记录及案卷材料等；

（八）调取讯问笔录、询问笔录及相关录音、录像或其他视听资料；

（九）进行伤情、病情检查或者鉴定；

（十）其他调查核实方式。

人民检察院在调查核实过程中不得限制被调查对象的人身、财产权利。"

3. 其他规定

《人民检察院办理刑事申诉案件规定》（2020 年）第四十七条："地方各级人民检察院对不服同级人民法院已经发生法律效力的刑事判决、裁定的申诉案件复查后，认为需要提出抗诉的，承办检察官应当提出意见，报检察长决定后，提请上一级人民检察院抗诉。提请抗诉的案件，应当制作提请抗诉报告书，连同案卷报送上一级人民检察院。

上一级人民检察院对提请抗诉的案件审查后，承办检察官应当制作审查提请抗诉案件报告，提出处理意见，报检察长决定。对提请抗诉的案件作出决定后，承办检察官应当制作审查提请抗诉通知书，将审查结果通知提请抗诉的人民检察院。"

(三)文书结构

1. 首部

首部由检察机关名称和文书名称两部分构成，表明文书制作单位和文书种类。文号生成格式为:“××检刑申提抗〔20××〕×号”。

2. 正文

发往单位，即提请抗诉的上一级检察院名称，行文上顶格书写。

文书引言，写明申诉案件来源及立案复查结论。

文书正文主文由六部分组成，包括申诉人和原审被告人基本情况，原案诉讼过程、申诉处理情况和申诉理由，原审裁判情况，复查认定的事实和证据，提请抗诉的理由和法律依据，本院意见。

(1) 申诉人和原审被告人基本情况。写明申诉人的身份信息、家庭住址、联系方式等基本信息（申诉人系单位的应写明单位的基本信息，申诉人非原审被告人的写明原审被告人基本信息）。

(2) 原案诉讼过程、申诉处理情况和申诉理由。原案诉讼过程需简要写明原案侦查、起诉、一审、二审等诉讼过程；申诉处理情况写明受理申诉后的处理过程，多次申诉的，要写明整个申诉过程及相关单位的处理情况；申诉理由主要是概括叙述申诉人不服原案处理决定或裁判结果的理由，理由较多的，分项列明。

(3) 原审裁判情况。写明原审判决认定事实、适用法律及定罪量刑情况，如原案经过一审、二审应分别写明，如一审、二审相关情况一致的，可概括叙写。

(4) 复查认定的事实和证据。写明立案复查后认定的事实，并列举相关证据。在申诉阶段补充调查的相关证据材料一并列明。

(5) 提请抗诉的理由和法律依据。详细阐述原案裁判存在错误的地方及相关法律依据。

(6) 本院意见。写明经复查认为原案在认定事实、适用法律及定罪量刑等方面存在的错误，提出明确的抗诉意见及法律依据。

3. 尾部

尾部为制发日期，并在日期上加盖单位公章。

附件，写明原审被告人羁押（服刑）场所或住所，以及随案移送卷宗数量等情况。

（四）文书模板及制作说明

1. 文书模板

×××人民检察院

提请抗诉报告书

××检刑申提抗〔20××〕×号

×××人民检察院：

申诉人×××（姓名）不服×××人民法院……（写明文号）刑事判决（裁定）向本院提出申诉。经本院复查认为，该判决（裁定）确有错误。现将复查情况报告如下：

一、申诉人和原审被告人基本情况

申诉人……（写明申诉人的姓名、性别、出生日期、民族、文化程度、工作单位及职务、住址等，申诉人在原案中的诉讼地位或者与原案当事人之间的关系；申诉人系单位的要写明单位的名称，所在地址，法定代表人或代表的姓名、职务，诉讼代表人的姓名、职务等；申诉人非原审被告人的，同时写明原审被告人基本情况）

二、原案诉讼过程、申诉处理情况和申诉理由

申诉人×××（申诉人名称及所犯罪名）一案，由×××侦查终结，于×××（时间）移送×××审查起诉……（写明侦查、审查起诉、一审、二审等诉讼全过程）。

申诉人×××不服×××人民法院×××（裁判文书号）判决（裁定）一案，向我院提出申诉……（写明控告申诉部门及刑事检察部门的审查处理过程；对经过多次申诉处理的，写明每一次办理的经过及结论，然后再写“申诉人×××仍不服，向我院提出申诉”）。

申诉人×××的申诉理由是……（分项概括列明申诉理由）。

三、原审裁判情况

申诉人×××犯×××（罪名）案，由×××人民法院，于××××年××月××日作出一审判决，认为申诉人×××……（简要写明原审判决的理由及判决结果，经过多次处理的，分别写明）

四、复查认定的事实和证据

经审查查明……（写明审查后认定的事实，并列举相关证据）

五、提请抗诉的理由和法律依据

……（根据根据案件事实、证据和法律规定，分项写明原案裁判确有错误的地方）

六、本院意见

本院认为……（写明经检察长决定或者检察委员会讨论决定内容），为保证法律的统一正确实施，特提请你院按照审判监督程序对原审被告人×××（姓名）……（写明案由）一案提出抗诉。现将本案案卷随文上报，请予审查。

20××年××月××日
（院印）

附：1. 原审被告人×××现服刑于……（或者现住……）
2. 卷宗××册

2. 制作说明

（1）本文书根据《人民检察院办理刑事申诉案件规定》第四十七条规定制作，供下级人民检察院复查发现同级人民法院生效刑事判决、裁定确有错误，提请上一级人民检察院依法抗诉时使用。

（2）本文书首部填写检察机关名称时应注明所在省（直辖市、自治区）。

（3）本文书为工作文书，经检察长决定或检委会研究决定后连同案卷报送上一级人民检察院，报送份数根据上一级人民检察院要求确定，并留存附卷。

4.11.14 工作文书：刑事申诉结果宣布笔录

（一）基本概念

刑事申诉结果宣布笔录，是人民检察院向申诉人宣布刑事申诉结果通知书的内容并进行释法说理的客观记录文书。

（二）相关依据

1. 法律依据

《中华人民共和国刑事诉讼法》第八条："人民检察院依法对刑事诉讼实行法律监督。"

2. 司法解释规定

《人民检察院刑事诉讼规则》第五百五十一条："人民检察院对刑事诉讼活动实行法律监督，发现违法情形的，依法提出抗诉、纠正意见或者检察建议。

人民检察院对于涉嫌违法的事实，可以采取以下方式进行调查核实：

（一）讯问、询问犯罪嫌疑人；

（二）询问证人、被害人或者其他诉讼参与人；

（三）询问办案人员；

（四）询问在场人员或者其他可能知情的人员；

（五）听取申诉人或者控告人的意见；

（六）听取辩护人、值班律师意见；

（七）调取、查询、复制相关登记表册、法律文书、体检记录及案卷材料等；

（八）调取讯问笔录、询问笔录及相关录音、录像或其他视听资料；

（九）进行伤情、病情检查或者鉴定；

（十）其他调查核实方式。

人民检察院在调查核实过程中不得限制被调查对象的人身、财产权利。"

3. 其他规定

《人民检察院办理刑事申诉案件规定》（2020年）第五十四条："人

民检察院审查结案和复查终结的刑事申诉案件，应当制作刑事申诉结果通知书，于十日以内送达申诉人，并做好释法说理工作。

下级人民检察院应当协助上级人民检察院做好释法说理、息诉息访工作。

对移送的刑事申诉案件，刑事检察部门应当将刑事申诉结果通知书抄送控告申诉检察部门。”

（三）文书结构

1. 首部

标题部分，制作文书的人民检察院需注明所在省（直辖市、自治区）的名称，不能只写地区级市、县、区院名。文书名称，即“刑事申诉结果宣布笔录”。

2. 正文

笔录基本信息，写明宣布人、记录人、宣布时间、宣布地点、申诉人、案由、其他参加人员等。

宣布过程，该部分应客观记录刑事申诉结果宣布情况、释法说理过程。检察人员应当向申诉人等告知的主要内容，包括以下内容：

检察机关对其申诉案件开展审查（复查）工作的情况，包括调取原案卷宗、核实原案证据、收集新证据、公开听证等，让申诉人了解检察机关已穷尽了各种调查手段。

申诉案件的事实与证据情况。与原案认定一致的，应就原案证据证明案件事实的情况进行释明，对申诉人存有疑问的证据进行重点展示和说明；与原案认定不一致的，应重点阐述变更的理由，是有新证据，还是对原案证据的错误采信进行纠正。

原案是否存在程序问题。若无程序问题，也需明确告知申诉人原案办理程序合法。若存在程序问题，需明确指出违反的具体规定，以及对原案处理结论的影响。

原案法律适用是否正确，处理结论是否适当。结合审查（复查）认定的案件事实和原案办理时的相关法律规定，围绕申诉理由，阐述原案法律适用是否正确，处理结论是否适当。

告知刑事申诉审查（复查）结论。针对原案有瑕疵，但不影响原案处理结论的情况，应重点陈述“瑕疵”对原案主要事实认定、法律适用、处理结论无影响的理由，以及是否有必要纠正瑕疵后维持原决定；针对原案处理结论错误的，应告知纠正的方式，比如撤销原决定后重新依法办理，提出（提请）抗诉，或者发出再审检察建议。

检察人员宣布刑事申诉审查（复查）情况和结论后，应主动询问申诉人是否还有新的疑问，若有，可逐一答复。

3. 尾部

落款文书制作日期，申诉人核对无误后签名、捺指印。笔录制作人同时签名。

（四）文书模板及制作说明

1. 文书模板

×××人民检察院

刑事申诉结果宣布笔录

宣布人　　　　　　　　　　　　　　记录人

宣布时间

宣布地点

申诉人　　　　　　　　　　　　　　案由

参加人员

宣布内容及申诉人陈述记录如下：

问：

答：

问：

答：

申诉人签名、捺指印

20××年××月××日

2. 制作说明

(1) 本文书根据《人民检察院办理刑事申诉案件规定》第五十四条规定制作，供检察人员向申诉人等宣布刑事申诉审查（复查）结果时使用。

(2) 本文书内容应当经申诉人确认无误后，由其逐页签名或者捺指印。宣布人员也应当在笔录上签名。

(3) 本文书为工作文书，附内卷。

4.11.15 工作文书：刑事申诉案件复查终结审查报告

(一) 基本概念

刑事申诉案件复查终结审查报告，是刑事检察部门承办人对刑事申诉案件进行立案复查并复查终结后，制作形成的反映案件基本情况及立案复查终结情况的工作文书。

(二) 相关依据

1. 法律依据

《中华人民共和国刑事诉讼法》第八条："人民检察院依法对刑事诉讼实行法律监督。"

2. 司法解释规定

《人民检察院刑事诉讼规则》第五百五十一条："人民检察院对刑事诉讼活动实行法律监督，发现违法情形的，依法提出抗诉、纠正意见或者检察建议。

人民检察院对于涉嫌违法的事实，可以采取以下方式进行调查核实：

(一) 讯问、询问犯罪嫌疑人；

(二) 询问证人、被害人或者其他诉讼参与人；

(三) 询问办案人员；

(四) 询问在场人员或者其他可能知情的人员；

(五) 听取申诉人或者控告人的意见；

(六) 听取辩护人、值班律师意见；

(七) 调取、查询、复制相关登记表册、法律文书、体检记录及案卷材料等；

（八）调取讯问笔录、询问笔录及相关录音、录像或其他视听资料；

（九）进行伤情、病情检查或者鉴定；

（十）其他调查核实方式。

人民检察院在调查核实过程中不得限制被调查对象的人身、财产权利。”

3. 其他规定

《人民检察院办理刑事申诉案件规定》（2020年）第三十五条：“复查终结刑事申诉案件，承办检察官应当制作刑事申诉复查终结报告，在规定的职权范围作出决定；重大、疑难、复杂案件，报检察长或者检察委员会决定。

经检察委员会决定的案件，应当将检察委员会决定事项通知书及讨论记录附卷。”

（三）文书结构

1. 首部

本文书标题描述为“关于”+“申诉人姓名”+“申诉案复查终结报告”。

2. 正文

（1）申诉人基本情况及原案的关系部分按照格式中所列要素的顺序叙写。

（2）案件来源、申诉处理过程及申诉理由部分结合案件情况进行撰写，写明案件来源；多次申诉的，写明申诉处理过程；申诉理由应进行梳理，概括叙述，理由较多的，分项列明，申诉理由比较简单的可与处理过程、案件来源部分合并。

（3）原案诉讼过程、认定事实及适用法律部分按照文书列明的要求，根据原审案件判决书、裁定或者作出的处理决定等文书撰写完整的诉讼过程、认定事实及适用的法律。

（4）复查认定的事实及证据部分是复查终结报告的制作重点，按照文书要求，需要写明复查简要过程、复查认定的事实、对认定事实的证据进行综合分析以及关于申诉人提出的申诉理由。复查认定的事实根据文书内列明的具体要求进行撰写，所依据的证据按照复查认定的事实进行一事一证一分析的体例撰写。复查过程中旨在对原案未采纳的证据、通过复查调查的新证据，按照文书内列明的要求对证据进行列举、分析。最后，综合全案的证据，撰写经复查认定的案件事实；并对申诉理由是否成立作出说明，有针对性地进行释法说理。

（5）需要说明的问题部分根据文书列明的事项及要求，结合复查情况有针对性的叙写。如果没有需要说明的，本部分可以省略。

（6）复查处理意见部分结合案件复查的具体情况，根据文书列明事项，应写明对原案事实认定、证据采信、法律适用、处理结果的明确审查意见；对申诉理由是否成立的明确审查意见；写明复查结论。

3. 尾部

落款承办人姓名及结案日期写在文书下方。

（四）文书模板及制作说明

1. 文书模板

关于×××申诉案复查终结报告

一、申诉人基本情况及与原案的关系

申诉人……（写明申诉人的姓名、性别、出生日期、民族、文化程度、工作单位及职务、住址等，申诉人在原案中的诉讼地位或者与原案当事人之间的关系）

（申诉人委托律师代理申诉的，应当写明委托代理人的基本情况）

（申诉人是被害人的，或者是法定代理人、近亲属的，或者还有其他原案被告人的，应当写明原案被告人、被处理人或者其他原案被告人的基本情况）

二、案件来源、申诉处理过程及申诉理由

申诉人×××不服×××人民法院或者人民检察院……（写明文号）刑事判决、裁定或者决定，提出申诉。（写明申诉处理过程。对经过多次处理的，写明每一次办理的经过及结论）申诉人×××仍不服，向我院提出申诉。

申诉理由是……（申诉理由应进行梳理，概括叙述。理由较多的，分项列明）

三、原案诉讼过程、认定事实及适用法律

写明原案简要诉讼过程，原判决、裁定或者处理决定认定的事实及适用法律。原案经过多次处理的，应当分别写明，如果认定事实一致的，可简要概括叙述。

四、复查认定的事实及证据

本部分是复查终结报告的制作重点，应包括以下内容：

（一）复查简要过程

简要叙述审查申诉材料、阅卷、听取申诉人及其委托代理律师意见、调查及询问有关人员、讯问原审被告人等事项。

（二）复查认定的事实

写明经过上述复查工作后认定的案件事实。

（三）认定上述事实的证据及对证据的分析论证

1. 证据的列举说明

复查认定的事实均应当有证据支持。承办人要对全案证据进行梳理，重点围绕复查认定事实列举证据。根据不同案件的具体情况，列举证据的方式可以有所不同，但应当客观、全面。对于复查认定事实与原案认定事实不一致的，在充分列举复查认定事实的相关证据的基础上，对原案认定事实采信的证据及一些案件未予采纳的证据也应当列明。每份证据后应当概括说明该证据证明了什么，与其他证据的吻合和矛盾之处及存在的其他问题。列举证据的顺序以案件破获，案情发展；先客观性证据，后主观性证据；先被害人陈述、证人证言，后犯罪嫌疑人供述和辩解的原则排列。特殊情况，承办人可以灵活掌握。

2. 对证据的分析论证

对证据的分析论证可根据案件具体情况进行叙述，结合存在的问题，对所列证据的证明力、客观性、合法性以及证据间的关联性等进行综合分析论证，从而得出原案的证据体系是否完善、证据是否充分的结论。对于事实清楚，客观证据扎实的，可简写或不写。对于主要靠言词证据、间接证据定案的，应详写，在确定、分析矛盾点、关联点、空白点的基础上，详细阐述定案证据能否形成完整锁链、得出能够排除合理怀疑的结论。对于犯罪嫌疑人翻供的，对翻供的内容、翻供的原因以及翻供是否合理等进行分析，作出结论；对于提取、固定证据、司法鉴定等方面存在缺陷、瑕疵的证据，在分析论证的基础上得出是否影响证据使用、事实认定的结论。

（四）关于申诉人提出的申诉理由

根据复查认定的事实、在案证据和法律规定，对申诉人提出的申诉理由有无事实和法律依据、有无证据支持进行分析评判，对申诉理由是否成立作出说明，有针对性地进行释法说理。

五、需要说明的问题

对与案件的事实认定、处理有关联、影响，在前几项中又不宜表述的问题可在本部分予以说明。说明的问题应是已客观存在的具体情况。例如：(1) 原案未查清的问题或者存在的问题、缺陷、瑕疵；(2) 案发及确定犯罪嫌疑人的情况；(3) 关于是否存在刑讯逼供等办案违法问题；(4) 原审被告人服刑表现及赔偿、悔罪等情况；(5) 申诉人申诉期间表现及社会影响；(6) 承办检察官认为需要说明的其他问题等。如果没有需要说明的，本部分可以省略。

六、复查处理意见

基于复查认定的事实和证据，依据法律规定，对原判决、裁定或者决定认定事实是否清楚，证据是否确实充分，适用法律是否正确，处理是否适当提出明确审查意见；对申诉理由是否成立提出明确审查意见。最后根据案件总体情况对该申诉案件的处理提出明确的复查结论。

承办人：×××

20××年××月××日

2. 制作说明

（1）本文书根据《人民检察院办理刑事申诉案件规定》第三十五条规定制作，供人民检察院办理刑事申诉案件复查终结时使用。

（2）本文书为附检察内卷文书，无需向其他机关或部门送达。

第十二节　死刑复核案件适用文书

死刑复核案件适用文书，是最高人民检察院依法对最高人民法院的死刑复核活动实行法律监督所使用的相关文书。

4.12.1　法律文书：死刑复核案件检察意见书

（一）基本概念

死刑复核案件检察意见书，是最高人民检察院在复核死刑案件过程中向最高人民法院提出意见的法律文书。本文书是死刑复核程序的重要文书。

（二）相关依据

1. 法律依据

《中华人民共和国刑事诉讼法》第二百五十一条第二款："在复核死刑案件过程中，最高人民检察院可以向最高人民法院提出意见。最高人民法院应当将死刑复核结果通报最高人民检察院。"

2. 司法解释规定

《人民检察院刑事诉讼规则》第六百零二条第一款："最高人民检察院依法对最高人民法院的死刑复核活动实行法律监督。"

第六百一十一条："最高人民检察院经审查发现死刑复核案件具有下列情形之一的，应当经检察长决定，依法向最高人民法院提出检察意见：

（一）认为适用死刑不当，或者案件事实不清、证据不足，依法不应当核准死刑的；

（二）认为不予核准死刑的理由不成立，依法应当核准死刑的；

（三）发现新的事实和证据，可能影响被告人定罪量刑的；

（四）严重违反法律规定的诉讼程序，可能影响公正审判的；

（五）司法工作人员在办理案件时，有贪污受贿，徇私舞弊，枉法裁判等行为的；

（六）其他需要提出检察意见的情形。

同意最高人民法院核准或者不核准意见的，应当经检察长批准，书面回复最高人民法院。

对于省级人民检察院提请监督、报告重大情况的案件，最高人民检察院认为具有影响死刑适用情形的，应当及时将有关材料转送最高人民法院。”

（三）文书结构

1. 首部

文书标题：最高人民检察院关于×××死刑复核案件检察意见书，文号生成格式为：“××高检复核意〔20××〕×号”。

2. 正文

抬头，发往单位，最高人民法院。行文上顶格书写。

写明案件来源及审查情况、提出检察意见所依据的事实和法律依据，以及根据法律规定，提出检察意见的具体内容和要求等。

3. 尾部

落款年月日，署最高人民检察院，加盖院印。

（四）文书模板及制作说明

1. 文书模板

最高人民检察院

关于×××死刑复核案件检察意见书

××高检复核意〔20××〕×号

一、发往单位。

二、案件来源及审查情况。

三、提出检察意见所依据的事实和法律依据。

四、根据法律规定，提出检察意见的具体内容和要求。

最高人民检察院

20××年××月××日

2. 制作说明

（1）本文书系依据《中华人民共和国刑事诉讼法》第二百五十一条的规定制作。本文书为最高人民检察院就死刑复核案件向最高人民法院提出意见时使用。

（2）检察意见应写明是否应当核准死刑的意见及简要理由，并要求最高人民法院在作出决定后下发裁判文书前，将处理意见回复最高人民检察院。

（3）本文书一式二份，一份送达最高人民法院，一份附卷。

4.12.2 工作文书：死刑复核案件审查报告

（一）基本概念

死刑复核案件审查报告，是死刑复核案件承办人对死刑复核案件审查结束后，制作形成的反映死刑复核案件基本情况及死刑复核审查意见的报告式工作文书。

（二）相关依据

《人民检察院刑事诉讼规则》第六百零二条："最高人民检察院依法对最高人民法院的死刑复核活动实行法律监督。

省级人民检察院依法对高级人民法院复核未上诉且未抗诉死刑立即执行案件和死刑缓期二年执行案件的活动实行法律监督。"

第六百零三条："最高人民检察院、省级人民检察院通过办理下列案件对死刑复核活动实行法律监督：

（一）人民法院向人民检察院通报的死刑复核案件；

（二）下级人民检察院提请监督或者报告重大情况的死刑复核案件；

（三）当事人及其近亲属或者受委托的律师向人民检察院申请监督的死刑复核案件；

（四）认为应当监督的其他死刑复核案件。”

第六百零六条：“当事人及其近亲属或者受委托的律师向最高人民检察院提出不服死刑裁判的申诉，由负责死刑复核监督的部门审查。”

第六百零九条：“对死刑复核监督案件的审查可以采取下列方式：

（一）审查人民法院移送的材料、下级人民检察院报送的相关案卷材料、当事人及其近亲属或者受委托的律师提交的材料；

（二）向下级人民检察院调取案件审查报告、公诉意见书、出庭意见书等，了解案件相关情况；

（三）向人民法院调阅或者查阅案卷材料；

（四）核实或者委托核实主要证据；

（五）讯问被告人、听取受委托的律师的意见；

（六）就有关技术性问题向专门机构或者有专门知识的人咨询，或者委托进行证据审查；

（七）需要采取的其他方式。”

第六百一十条：“审查死刑复核监督案件，具有下列情形之一的，应当听取下级人民检察院的意见：

（一）对案件主要事实、证据有疑问的；

（二）对适用死刑存在较大争议的；

（三）可能引起司法办案重大风险的；

（四）其他应当听取意见的情形。”

第六百一十一条：“最高人民检察院经审查发现死刑复核案件具有下列情形之一的，应当经检察长决定，依法向最高人民法院提出检察意见：

（一）认为适用死刑不当，或者案件事实不清、证据不足，依法不应当核准死刑的；

（二）认为不予核准死刑的理由不成立，依法应当核准死刑的；

（三）发现新的事实和证据，可能影响被告人定罪量刑的；

（四）严重违反法律规定的诉讼程序，可能影响公正审判的；

（五）司法工作人员在办理案件时，有贪污受贿，徇私舞弊，枉法裁判等行为的；

（六）其他需要提出检察意见的情形。

同意最高人民法院核准或者不核准意见的，应当经检察长批准，书面回复最高人民法院。

对于省级人民检察院提请监督、报告重大情况的案件，最高人民检察院认为具有影响死刑适用情形的，应当及时将有关材料转送最高人民法院。”

（三）文书结构

1. 首部

标题。本文书标题描述为“关于”＋“被告人姓名”＋“案由”＋“死刑复核一案的审查报告”。

2. 正文

案件来源和审查过程。案件来源应区分最高人民法院通报、省级人民检察院提请监督或重大情况报告等情况，写明收案时间，承办人审查案件的内容、方式和步骤，包括审阅哪些材料、有无核实证据、听取意见、征求意见等情况。

（1）被告人、被害人的基本情况。被告人的基本情况包括：姓名，性别，民族，出生年月日，出生地，文化程度，职业或者工作单位和职务，住所地，被刑事拘留、逮捕的日期。被害人的基本情况包括：姓名，性别，伤亡情况，被害时年龄等，被害人其他情况与犯罪事实有关联的，应写明。该部分内容可根据案件的具体情况选择详写或略写，如有核准死刑的案件应详写。

（2）案件侦破及诉讼过程。应阐明如何案发、如何开展侦查工作、采取了哪些侦查措施、如何确定犯罪嫌疑人、如何抓获犯罪嫌疑人等具体环节。被告人有自首、立功情节或被告人及其辩护人提出自首或立功情节的应详细叙述抓捕过程。

诉讼过程一般写明案件侦查、起诉、一审、二审判决的时间、认定罪名和判处的刑罚。如存在被告人上诉、被害人提请抗诉或检察机关提出抗诉的，也要写明。如存在补充侦查、延期审理、撤回起诉、请示报告、发回重审等情况的，也要一并写清时间、原因和处理意见。

（3）案件事实。该部分内容要根据案件的具体情况，可以是承办人审查认定的事实，也可以转述一审、二审法院或复核认定的案件事实，还可以是承办人对事实的概括简写。对于起诉书、一审判决、二审裁判或复核认定的犯罪事实有不一致的地方应予说明。

（4）一、二审法院裁判意见或最高人民法院复核意见。重点写明一、二审法院和最高人民法院定罪量刑的事实依据和法律依据，最高人民法院复核意见与第一、二审意见一致的，可简述；意见不一致的，要详细叙述理由。该部分内容可根据案件的具体情况选择详写、略写或不写。

（5）省级检察院审查意见。主要写明是否同意二审裁判及其理由，系检察长决定还是检察委员会的意见。

（6）需要说明的情况。写明不宜在前几项中表述，但可能影响案件处理的已客观存在的具体情况。

（7）承办人意见。该部分是审查报告的核心内容，应写明案件在认定事实证据、适用法律和死刑政策、诉讼程序等方面存在争议的焦点问题，并针对焦点问题进行详细的分析，提出承办人对事实、证据、定罪、量刑、诉讼程序和风险评估等方面的审查意见，并根据案件具体情况提出处理意见。承办人之间意见不一致，有两种以上意见时，应说明不同之处，并详细阐述理由。

3. 尾部

写明承办人姓名，制作文书日期。

（四）文书模板及制作说明

1. 文书模板

关于×××死刑复核一案的审查报告

（案件来源和审查过程）

一、被告人、被害人的基本情况

1. 被告人的基本情况包括：姓名，性别，民族，出生年月日，出生地，文化程度，职业或者工作单位和职务，住所地，被刑事拘留、逮捕的日期。

2. 被害人的基本情况包括：姓名，性别，伤亡情况，被害时年龄等，被害人其他情况与犯罪事实有关联的，应写明。

二、案件侦破及诉讼过程

案件侦破过程一般要写明发案、侦破、抓获被告人的过程。被告人有自首、立功情节或被告人及其辩护人提出自首或立功情节的应详细叙述抓捕过程。

诉讼过程一般写明案件侦查、起诉、一审、二审判决的时间、认定罪名和判处的刑罚。如存在被告人上诉、被害人提请抗诉或检察机关提出抗诉的，也要写明。如存在补充侦查、延期审理、撤回起诉、请示报告、发回重审等情况的，也要一并写清时间、原因和处理意见。

三、案件事实

写明被告人实施犯罪行为的动机、目的、时间、地点、经过、手段、情节、数额、危害结果及法定酌定从重从轻处罚情节。

四、一、二审法院裁判意见或最高人民法院复核意见

重点写明一、二审法院和最高人民法院定罪量刑的事实依据和法律依据，最高人民法院复核意见与第一、二审意见一致的，可简述；意见不一致的，要详细叙述理由。

五、省级检察院审查意见

主要写明是否同意二审裁判及其理由，系检察长决定还是检察委员会的意见。

六、需要说明的情况

写明不宜在前几项中表述，但可能影响案件处理的已客观存在的具体情况。主要有：

1. 被告人或辩护律师的辩护意见和理由，一、二审法院和最高人民法院对辩护意见的采纳情况。

2. 附带民事赔偿情况，被害人及其亲属的态度，复核环节受委托律师的意见。

3. 省级检察院或最高人民法院内部存在分歧意见的，应予说明。

4. 承办人就案件事实、定罪量刑和诉讼程序等问题与省级人民检察院或最高人民法院沟通的情况，听取辩护律师意见情况。

5. 社会关注、媒体报道、上访、闹访等情况，当地党政等部门的意见，领导批示或提请政法委等有关机关或部门沟通协调情况。对可能存在的引发不稳定因素、激化社会矛盾等办案风险的情况。

6. 核实证据情况。

7. 同案被告人判刑情况。

8. 其他需要说明的情况。

七、承办人意见

写明案件在认定事实证据、适用法律和死刑政策、诉讼程序等方面存在争议的焦点问题，并针对焦点问题进行详细的分析，提出承办人对事实、证据、定罪、量刑、诉讼程序和风险评估等方面的审查意见，并根据案件具体情况提出处理意见。

承办人之间意见不一致，有两种以上意见时，应说明不同之处，并详细阐述理由。

承办人（签名）：×××、×××

20××年××月××日

2. 制作说明

（1）本文书为工作文书，系依据《人民检察院刑事诉讼规则》第六百零二条、第六百零三条、第六百零六条、第六百零九条、第六百一十条、第六百一十一条的规定制作，为最高人民检察院复核死刑案件时使用。

（2）本文书系最高人民检察院制作。

（3）文书制作一份，附卷备案审查。

4.12.3　工作文书：死刑复核案件提请监督意见书

（一）基本概念

死刑复核案件提请监督意见书，是各省级人民检察院对进入最高人民法院死刑复核程序的案件提请最高人民检察院监督或向最高人民检察院报告重大情况的工作文书。

（二）相关依据

《人民检察院刑事诉讼规则》第六百零四条："省级人民检察院对于进入最高人民法院死刑复核程序的案件，发现具有下列情形之一的，应当及时向最高人民检察院提请监督：

（一）案件事实不清、证据不足，依法应当发回重新审判或者改判的；

（二）被告人具有从宽处罚情节，依法不应当判处死刑的；

（三）适用法律错误的；

（四）违反法律规定的诉讼程序，可能影响公正审判的；

（五）其他应当提请监督的情形。"

（三）文书结构

1. 首部

标题部分，文书名称，即"死刑复核案件提请监督意见书（重大情况报告）"；文号生成格式为："××检××〔20××〕×号"，空白处分别填写作出决定的人民检察院的简称、年度、文书编号。

2. 正文

案件来源和简要审查情况，写明判决法院、裁判文书文号、姓名、案由，概括说明提请监督或报告重大情况的主要理由。

（1）被告人及被害人基本情况。被告人基本情况：包括姓名，性别，出生年月日，民族，文化程度，职业，曾受到刑事处罚的情况和所采取的强制措施等。被害人基本情况：包括姓名，性别，年龄，伤亡情况等。

（2）案件事实。主要写明省级人民检察院审查认定的犯罪事实。重大情况报告案件还应写明新发现的事实、证据情况。

（3）法院裁判意见。应主要说明一、二审裁判情况。

（4）需要说明的问题。本案在证据认定、法律适用和死刑政策、诉讼程序等方面存在的争议问题。本案被告人、被害人及其近亲属上访情况；领导批示或有关机关或部门沟通协调情况；媒体报道情况。其他可能影响案件处理的问题。

（5）提请监督的意见及理由（或发现的重大情况）。提请监督的意见及理由主要写明省级人民检察院对法院判决或裁定的审查意见。针对法院裁判认定事实确有错误、适用法律和死刑政策不当、程序违法或其他需要提请监督的情形等不同情况，详细阐述提请监督的理由。发现的重大情况主要写明省级人民检察院在第二审裁判之后，发现被告人有新的可能影响死刑适用的重大情况，并提出对该重大情况的处理建议。

3. 尾部

附承办人姓名、单位及联系方式，落款文书制作的日期，加盖院印。

（四）文书模板及制作说明

1. 文书模板

死刑复核案件
提请监督意见书（重大情况报告）

××检××〔20××〕×号

最高人民检察院：

×××人民法院以×××号刑事判决书（裁定书）对被告人×××（姓名）×××（案由）一案判决（裁定）……（写明生效的二审裁定对被告人的量刑情况）。我院认为，……（概括说明提请监督或报告重大情况的主要理由），特提请你院监督（或特向你院报告重大情况）：

正文部分包括以下主要内容：

一、被告人及被害人基本情况

1. 被告人基本情况：包括姓名，性别，出生年月日，民族，文化程度，职业，曾受到刑事处罚的情况和所采取的强制措施等。

2. 被害人基本情况：包括姓名，性别，年龄，伤亡情况等。

二、案件事实

主要写明省级人民检察院审查认定的犯罪事实。重大情况报告案件还应写明新发现的事实、证据情况。

三、法院裁判意见

应主要说明一、二审裁判情况。

四、需要说明的问题

1. 本案在证据认定、法律适用和死刑政策、诉讼程序等方面存在的争议问题。

2. 本案被告人、被害人及其近亲属上访情况；领导批示或有关机关或部门沟通协调情况；媒体报道情况。

3. 其他可能影响案件处理的问题。

五、提请监督的意见及理由（或发现的重大情况）

提请监督的意见及理由主要写明省级人民检察院对法院判决或裁定的审查意见。针对法院裁判认定事实确有错误、适用法律和死刑政策不当、程序违法或其他需要提请监督的情形等不同情况，详细阐述提请监督的理由。

发现的重大情况主要写明省级人民检察院在第二审裁判之后，发现被告人有新的可能影响死刑适用的重大情况，并提出对该重大情况的处理建议。

20××年××月××日

（院印）

附：省级人民检察院承办人的姓名和联系方式

2. 制作说明

（1）本文书依据《人民检察院刑事诉讼规则》第六百零四条的规定制作，为各省级人民检察院提请监督或报告重大情况时使用。

（2）该文书主要内容为提请最高人民检察院监督或向其报告重大情况。

（3）该文书制作一份，按需要复制数量，报送最高人民检察院。

第五章

特别程序刑事检察文书

第一节 报请核准提起公诉(缺席审判)案件适用文书

报请核准提起公诉（缺席审判）案件适用文书，是省级以下（含省级）人民检察院对公安机关移送起诉的需要报请最高人民检察院核准的拟适用缺席审判程序提起公诉的案件，层报最高人民检察院核准过程中所使用的相关文书。

5.1.1 工作文书：报请核准提起公诉（缺席审判）案件提起公诉意见书

（一）基本概念

报请核准提起公诉（缺席审判）案件提起公诉意见书，是省级以下（含省级）人民检察院对公安机关移送起诉的需要报请最高人民检察院核准的拟适用缺席审判程序提起公诉的案件，经检察委员会讨论提出提起公诉意见后，层报最高人民检察院核准的工作文书。

（二）相关依据

1. 法律依据

《中华人民共和国刑事诉讼法》第二百九十一条第一款："对于贪污贿赂犯罪案件，以及需要及时进行审判，经最高人民检察院核准的严重危害国家安全犯罪、恐怖活动犯罪案件，犯罪嫌疑人、被告人在境外，监察机关、公安机关移送起诉，人民检察院认为犯罪事实已经查清，证据确实、充分，依法应当追究刑事责任的，可以向人民法院提起公诉。人民法院进行审查后，对于起诉书中有明确的指控犯罪事实，符合缺席审判程序适用条件的，应当决定开庭审判。"

2. 司法解释规定

《人民检察院刑事诉讼规则》第五百零五条："对于监察机关移送起诉的贪污贿赂犯罪案件，犯罪嫌疑人、被告人在境外，人民检察院认为犯罪事实已经查清，证据确实、充分，依法应当追究刑事责任的，可以向人民法院提起公诉。

对于公安机关移送起诉的需要及时进行审判的严重危害国家安全犯罪、恐怖活动犯罪案件，犯罪嫌疑人、被告人在境外，人民检察院认为犯罪事实已经查清，证据确实、充分，依法应当追究刑事责任的，经最高人民检察院核准，可以向人民法院提起公诉。

前两款规定的案件，由有管辖权的中级人民法院的同级人民检察院提起公诉。

人民检察院提起公诉的，应当向人民法院提交被告人已出境的证据。"

第五百零六条："人民检察院对公安机关移送起诉的需要报请最高人民检察院核准的案件，经检察委员会讨论提出提起公诉意见的，应当层报最高人民检察院核准。报送材料包括起诉意见书、案件审查报告、报请核准的报告及案件证据材料。"

（三）文书结构

本文书采用叙述式，按以下层次叙写：

1. 首部

标题部分，制作文书的人民检察院需注明所在省（自治区、直辖市）的名称，不能只写地区级市、县、区院名。文书名称，即"报请核准提起公诉（缺席审判）案件提起公诉意见书"。文号生成格式为："××字××号"，由具体办案部门根据需要生成。

2. 正文

发往单位，即报请核准的上级检察机关，行文上顶格书写。

开头及首句，此部分应写明需要报请核准提起公诉（缺席审判）的案件情况。包括收案时间、侦查机关、移送单位、移送案由、犯罪嫌疑人姓名等。

犯罪嫌疑人基本情况，依次写明犯罪嫌疑人姓名、性别、出生年月日、公民身份号码、民族、文化程度、户籍所在地、职业、单位及职务、住址、涉案情况等。

案件诉讼经过，写明指定管辖、侦查机关立案侦查、侦查终结、移送起诉、退回补充侦查等诉讼过程，此外，还应该写明报请核准提起公诉（缺席审判）的原因。

案件事实，包括侦查机关认定的案件事实和审查认定的案件事实。侦查机关认定的案件事实需写明侦查机关对案件事实的认定及对犯罪嫌疑人处理意见。审查认定的案件事实应写明犯罪嫌疑人涉嫌的犯罪事实及罪名，及作为报请核准提起公诉（缺席审判）决定根据的事实。

报请核准提起公诉（缺席审判）意见及理由，本部分写明报请核准提起公诉（缺席审判）的理由，阐明本院的意见。可表述为：本院认为……同时原则上应进行释法说理。

需要说明的问题，根据文书列明的事项及要求，结合案情有针对性的叙写。

审查意见，写明对犯罪嫌疑人涉嫌的犯罪事实、证据、罪名，是否符合适用缺席审判程序的认定情况，提出是否报请核准提起公诉（缺席审判）的意见及法律依据。此部分要围绕本案是否符合缺席审判程序的适用条件、管辖权、必要性等方面，述写报请核准提起公诉（缺席审判）的理由，阐明本院的意见。

3. 尾部

落款为发出日期，日期上加盖院印。

（四）文书模板及制作说明

1. 文书模板

×××人民检察院

报请核准提起公诉（缺席审判）案件提起公诉意见书

××字××号

×××人民检察院：

我院于××××年××月××日收到×××（单位）移送起诉/报请

核准提起公诉（缺席审判）涉嫌×××罪的犯罪嫌疑人×××（姓名）的相关材料，现已审查完毕，报告如下：

一、犯罪嫌疑人基本情况

犯罪嫌疑人……（依次写明姓名、性别、出生年月日、公民身份号码、民族、文化程度、户籍所在地、职业、单位及职务、住址、涉案情况）。

二、案件诉讼经过

写明发案、侦查、查获犯罪嫌疑人以及报请核准提起公诉（缺席审判）的有关情况。

三、案件事实

（一）侦查机关认定的案件事实

……

（二）审查认定的案件事实

……（围绕犯罪事实和犯罪嫌疑人是否符合缺席审判程序适用条件，写明犯罪的时间、地点、经过、手段、动机、危害后果以及犯罪嫌疑人实施犯罪后的逃匿情况、是否有明确的境外居住地、联系方式等。如各级检察院认定事实不一致，应当分别写明。各级检察院认定事实一致的，可写明：×××院和本院经审查认定的案件事实一致：……）

四、报请核准提起公诉（缺席审判）意见及理由

写明报请核准提起公诉（缺席审判）的意见、理由。（围绕本案是否符合缺席审判程序的适用条件、管辖权、必要性等方面进行分析）

五、需要说明的问题

（一）被告人有无近亲属以及近亲属的姓名、身份、住址、联系方式等情况。

（二）本院检察委员会审议的情况。

（三）违法所得及其他涉案财产的种类、数量、价值、所在地等，以及查封、扣押、冻结清单和相关法律手续等。

（四）其他需要说明的情况（如有关部门对案件组织协调情况，案件的背景情况等）。

六、审查意见

本院认为，……［简要写明对犯罪嫌疑人涉嫌的犯罪事实、证据、罪名，是否符合适用缺席审判程序的认定情况，提出是否报请核准提起公诉（缺席审判）的意见及法律依据］。

根据《中华人民共和国刑事诉讼法》第二百九十一条的规定，特将此案报请你院审查。

20××年××月××日

（院印）

2. 制作说明

（1）本文书依据《中华人民共和国刑事诉讼法》第二百九十一条和《人民检察院刑事诉讼规则》第五百零五条、第五百零六条的规定制作。对公安机关移送起诉的需要及时进行审判的严重危害国家安全犯罪、恐怖活动犯罪案件，犯罪嫌疑人、被告人在境外，人民检察院认为犯罪事实已经查清，证据确实、充分，依法应当追究刑事责任的，省级以下（含省级）人民检察院报请最高人民检察院核准提起公诉时使用。

（2）本文书的文号由发出文书的人民检察院按顺序编号。

（3）本文书一式二份，一份存档，一份送上级人民检察院。

5.1.2 工作文书：报请核准提起公诉（缺席审判）案件同意撤回报请决定书

（一）基本概念

报请核准提起公诉（缺席审判）案件同意撤回报请决定书，是省级以下（含省级）人民检察院向上级人民检察院提出报请提起公诉意见后，如因案件具体情况发生变化，不再符合适用缺席审判程序，向上级人民检察院申请撤回报请，上级人民检察院同意下级院的撤回意见时所制作的工作文书。

（二）相关依据

1. 法律依据

《中华人民共和国刑事诉讼法》第二百九十一条第一款："对于贪污贿赂犯罪案件，以及需要及时进行审判，经最高人民检察院核准的严重危害国家安全犯罪、恐怖活动犯罪案件，犯罪嫌疑人、被告人在境外，监察机关、公安机关移送起诉，人民检察院认为犯罪事实已经查清，证据确实、充分，依法应当追究刑事责任的，可以向人民法院提起公诉。人民法院进行审查后，对于起诉书中有明确的指控犯罪事实，符合缺席审判程序适用条件的，应当决定开庭审判。"

2. 司法解释规定

《人民检察院刑事诉讼规则》第五百零九条第二款："对严重危害国家安全犯罪、恐怖活动犯罪案件报请核准期间，犯罪嫌疑人自动投案或者被抓获的，报请核准的人民检察院应当及时撤回报请，重新审查案件。"

（三）文书结构

1. 首部

标题部分，制作文书的人民检察院需注明所在省（自治区、直辖市）的名称，不能只写地区级市、县、区院名。文书名称，即"同意撤回报请决定书"。文号生成格式为："××字××号"，由具体办案部门根据需要生成。

2. 正文

发往单位，即同意撤回报请的下级检察机关，行文上顶格书写。

写明具体案件名称，表明同意撤回意见。

3. 尾部

落款为发出日期，日期上加盖院印。

(四)文书模板及制作说明

1. 文书模板

×××人民检察院

同意撤回报请决定书

××字××号

×××人民检察院:

你院于××××年××月××日提出撤回对犯罪嫌疑人×××的报请核准提起公诉(缺席审判),本院经审查认为,同意你院的撤回意见。

20××年××月××日

(院印)

2. 制作说明

(1)本文书参考《中华人民共和国刑事诉讼法》有关提请撤回案件的规定制作。为同意下级人民检察院提出撤回对犯罪嫌疑人报请核准提起公诉(缺席审判)时使用。

(2)本文书发送提出撤回对犯罪嫌疑人报请核准提起公诉(缺席审判)的下级人民检察院。

(3)本文书需加盖院印。

第二节 没收违法所得申请案件适用文书

没收违法所得申请案件适用文书,是人民检察院对贪污贿赂犯罪、恐怖活动犯罪等重大犯罪案件的犯罪嫌疑人、被告人逃匿的,在通缉一年后不能到案，或者犯罪嫌疑人、被告人死亡，依照刑法规定应当追缴其违法所得及其他涉案财产的，向人民法院提出没收违法所得申请时所使用的相关文书。

5.2.1 法律文书：没收违法所得申请书

（一）基本概念

没收违法所得申请书，是人民检察院依法向人民法院提出没收违法所得申请时所使用的法律文书。

（二）相关依据

《中华人民共和国刑事诉讼法》第二百九十八条第一款："对于贪污贿赂犯罪、恐怖活动犯罪等重大犯罪案件，犯罪嫌疑人、被告人逃匿，在通缉一年后不能到案，或者犯罪嫌疑人、被告人死亡，依照刑法规定应当追缴其违法所得及其他涉案财产的，人民检察院可以向人民法院提出没收违法所得的申请。"

（三）文书结构

1. 首部

标题部分，制作文书的人民检察院需注明所在省（自治区、直辖市）的名称，不能只写地区级市、县、区院名。文书名称，即"没收违法所得申请书"。文号生成格式为："××检××没申〔20××〕×号"。

2. 正文

（1）犯罪嫌疑人基本情况。包括姓名、性别、公民身份号码、民族、文化程度、户籍所在地、住址、工作单位及被采取强制措施情况等。

（2）诉讼经过。

（3）依法审查查明的事实及证据。写明经检察机关审查认定的犯罪事实，依照刑法规定应当追缴的违法所得及其他涉案财产的来源、种类、数量、所在地以及查封、扣押、冻结等情况。针对相关犯罪事实和违法所得，分别列举证据加以证明。

(4) 处理意见。结束段，模板为“本院认为，犯罪嫌疑人（被告人）×××涉嫌×××罪，逃匿一年后不能到案（或者于××××年××月××日死亡），……（概述其违法所得及其他涉案财产的来源、种类和数量等），事实清楚，证据确实、充分，应当对其违法所得及其他涉案财产予以追缴。根据《中华人民共和国刑事诉讼法》第二百九十八条的规定，提出没收违法所得申请，请依法裁定”。

3. 尾部

此致，文书发往单位，同级人民法院，行文上顶格书写。

落款检察官署名，文书制作日期，并于日期上加盖院印。

附件，包括通缉令或者死亡证明书；违法所得及其他涉案财产清单以及查封、扣押、冻结的情况；证据材料、不宜移送的实物证据的清单、照片或者其他证明文件、拟出庭证人名单；其他需要附注的事项。

（四）文书模板及制作说明

1. 文书模板

×××人民检察院

没收违法所得申请书

××检××没申〔20××〕×号

犯罪嫌疑人（被告人）……（写明姓名、性别、出生年月日、出生地、户籍地、公民身份号码、民族、文化程度、职业或者工作单位及职务、住址、曾受到行政处罚、刑事处罚的情况）

犯罪嫌疑人（被告人）×××因涉嫌×××罪，被×××（侦查机关）立案侦查，并于××××年××月××日逃匿。×××（侦查机关）于××××年××月××日发布通缉令，至今不能到案。（如果死亡的，写明于××××年××月××日死亡）×××（移送没收违法所得意见书的机关）于××××年××月××日向本院移送没收违法所得意见书。本院受理后，审查了全部案件材料……（写明要求侦查机关补充证据、延长审查期限等情况)。

[如果是自侦案件,此处写:“犯罪嫌疑人(被告人)×××因涉嫌×××罪,由本院立案侦查,并于××××年××月××日逃匿。我院于××××年××月××日发布通缉令,至今不能到案。(如果死亡的,写明于××××年××月××日死亡)我院于××××年××月××日移送没收违法所得意见书。”

如果案件是其他人民检察院移送的,此处应当将移送单位以及移送时间等写清楚]

[如果犯罪嫌疑人是在审查起诉时逃匿、死亡的,此处写:“本案由×××(侦查机关)侦查终结,以×××涉嫌×××罪,于××××年××月××日向本院移送审查起诉。犯罪嫌疑人×××于××××年××月××日逃匿。于××××年××月××日发布通缉令,至今不能到案。(如果死亡的,写明于××××年××月××日死亡)本院对全部案件材料进行了审查……(写明要求侦查机关补充证据的情况)”]

[如果被告人是在审理时逃匿、死亡的,此处写:“本案由×××(侦查机关)侦查终结,以×××涉嫌×××罪,于××××年××月××日向本院移送审查起诉。本院受理后,于××××年××月××日向×××人民法院提起公诉。被告人×××于××××年××月××日逃匿。于××××年××月××日发布通缉令,至今不能到案。(如果死亡的,写明于××××年××月××日死亡)本院对全部案件材料进行了审查……(写明要求侦查机关补充证据的情况)”]

经依法审查查明:……(写明经检察机关审查认定的犯罪事实,依照刑法规定应当追缴的违法所得及其他涉案财产的来源、种类、数量、所在地以及查封、扣押、冻结等情况)

写明犯罪嫌疑人(被告人)的近亲属或者其他利害关系人的姓名、住址、联系方式及其要求。

认定上述事实的证据如下:

……(针对上述犯罪事实和违法所得,分别列举证据)

本院认为,犯罪嫌疑人(被告人)×××涉嫌×××罪,逃匿一年后不能到案(或者于××××年××月××日死亡),……(概述其违法所得及其他涉案财产的来源、种类和数量等)，事实清楚，证据确实、充分，应当对其违法所得及其他涉案财产予以追缴。根据《中华人民共和国刑事诉讼法》第二百九十八条的规定，提出没收违法所得申请，请依法裁定。

此致

×××人民法院

检察官×××

20××年××月××日

(院印)

附：1. 通缉令或者死亡证明书

2. 违法所得及其他涉案财产清单以及查封、扣押、冻结的情况

3. 证据材料、不宜移送的实物证据的清单、照片或者其他证明文件、拟出庭证人名单

4. 其他需要附注的事项

违法所得及其他涉案财产清单

编号：　　　　　　　　　　　　　　　　　　　　　　　　第　页，共　页

编号	名称	数量	基本特征	来源或权属人	备注

本清单一式二份，一份附卷，一份由办案单位留存。

批准人：　　　　　　承办人：　　　　　　年　月　日　　公章

2. 制作说明

（1）本文书依据《中华人民共和国刑事诉讼法》第二百九十八条的规定制作。为人民检察院依法向人民法院提出没收违法所得申请时使用。

（2）本文书由首部、犯罪嫌疑人（被告人）的基本情况、案由和案件的审查过程、犯罪事实和违法所得、证据、申请要求和根据、尾部七部分组成。

5.2.2 法律文书：不提出没收违法所得申请决定书

（一）基本概念

不提出没收违法所得申请决定书，是人民检察院对侦查机关移送的没收违法所得意见书审查后，依法决定不提出没收违法所得申请时所使用的法律文书。

（二）相关依据

《中华人民共和国刑事诉讼法》第二百九十八条第一款："对于贪污贿赂犯罪、恐怖活动犯罪等重大犯罪案件，犯罪嫌疑人、被告人逃匿，在通缉一年后不能到案，或者犯罪嫌疑人、被告人死亡，依照刑法规定应当追缴其违法所得及其他涉案财产的，人民检察院可以向人民法院提出没收违法所得的申请。"

（三）文书结构

1. 首部

标题部分，制作文书的人民检察院需注明所在省（自治区、直辖市）的名称，不能只写地区级市、县、区院名。文书名称，即"不提出没收违法所得申请决定书"。文号生成格式为："××检××没不申〔20××〕×号"。

2. 正文

（1）犯罪嫌疑人基本情况。包括姓名、性别、公民身份号码、民族、文化程度、户籍所在地、住址地、工作单位及被采取强制措施情况等。

（2）诉讼经过。

（3）依法审查查明的事实及证据。先概括叙写侦查机关审查认定的犯罪事实、违法所得，以及犯罪嫌疑人逃匿、死亡的情况，然后叙写检察机关认定的事实及相应的证据，重点反映不符合法律规定的没收违法所得条件的情况。

（4）处理意见。结束段，模板为"本院认为，×××（侦查机关）

向本院移送的没收违法所得案件，不符合刑事诉讼法第二百九十八条第一款规定的条件，依法决定不提出没收违法所得申请”。

3. 尾部

落款署制作文书的人民检察院名称，文书制作日期，并于日期上加盖院印。

（四）文书模板及制作说明

1. 文书模板

×××人民检察院

不提出没收违法所得申请决定书

××检××没不申〔20××〕×号

犯罪嫌疑人……（写明姓名、性别、出生年月日、出生地、户籍地、公民身份号码、民族、文化程度、职业或者工作单位及职务、住址、曾受到行政处罚、刑事处罚的情况）

犯罪嫌疑人（被告人）×××因涉嫌×××罪，被×××（侦查机关）立案侦查，并于××××年××月××日逃匿。×××（侦查机关）于××××年××月××日发布通缉令，至今不能到案。（如果死亡的，写明于××××年××月××日死亡）×××（移送没收违法所得意见书的机关）于××××年××月××日向本院移送没收违法所得意见书。

[如果是自侦案件，此处写：“犯罪嫌疑人（被告人）×××因涉嫌×××罪，由本院立案侦查，并于××××年××月××日逃匿。我院于××××年××月××日发布通缉令，至今不能到案。（如果死亡的，写明于××××年××月××日死亡）我院于××××年××月××日移送没收违法所得意见书。”

如果案件是其他人民检察院移送的，此处应当将移送单位以及移送时间等写清楚]

经本院依法审查查明：……（先概括叙写侦查机关审查认定的犯罪

事实、违法所得，以及犯罪嫌疑人逃匿、死亡的情况，然后叙写检察机关认定的事实及相应的证据，重点反映不符合法律规定的没收违法所得条件的情况）

本院认为，×××（侦查机关）向本院移送的没收违法所得案件，不符合刑事诉讼法第二百九十八条第一款规定的条件，依法决定不提出没收违法所得申请。

×××人民检察院
20××年××月××日
（院印）

2. 制作说明

（1）本文书依据《中华人民共和国刑事诉讼法》第二百九十八条第一款的规定制作。是人民检察院对监察/侦查机关移送的没收违法所得意见书审查后，依法决定不提出没收违法所得申请时使用。

（2）本文书应当有正本、副本之分，其中正本一份归入正卷，副本发送监察侦查机关。

5.2.3　法律文书：抗诉书（适用违法所得没收案件二审程序）

（一）基本概念

抗诉书（适用违法所得没收案件二审程序），是人民检察院认为人民法院在违法所得没收程序中作出的一审裁定确有错误，按照二审程序依法提出抗诉时所使用的法律文书。

（二）相关依据

《中华人民共和国刑事诉讼法》第三百条："人民法院经审理，对经查证属于违法所得及其他涉案财产，除依法返还被害人的以外，应当裁定予以没收；对不属于应当追缴的财产的，应当裁定驳回申请，解除查封、扣押、冻结措施。

对于人民法院依照前款规定作出的裁定，犯罪嫌疑人、被告人的近亲属和其他利害关系人或者人民检察院可以提出上诉、抗诉。”

（三）文书结构

1. 首部

标题部分，制作文书的人民检察院需注明所在省（自治区、直辖市）的名称，不能只写地区级市、县、区院名。文书名称，即“抗诉书”，文书名称下方注“（违法所得没收案件二审程序适用）”字样。文号生成格式为：“××检××没抗〔20××〕×号”。

2. 正文

（1）审查认定原审人民法院在违法所得没收程序中作出的一审裁定确有错误的结论及理由。此部分模板为“×××人民法院以×××号裁定书对犯罪嫌疑人（被告人）×××（姓名）违法所得没收一案裁定……（裁定结果）。本院依法审查后认为，该裁定确有错误（包括认定事实有误、适用法律不当、审判程序严重违法），理由如下”，具体理由根据不同情况，理由从认定事实错误、适用法律不当和审判程序严重违法等几个方面阐述。

（2）处理意见。结束段，模板为“综上所述……（概括上述理由），为维护司法公正，准确惩治犯罪，依照《中华人民共和国刑事诉讼法》第三百条第二款的规定，提出抗诉，请依法判处”。

3. 尾部

此致，上级人民法院名称，行文上顶格书写。

落款署制作文书的人民检察院名称，文书制作日期，并于日期上加盖院印。

附件部分，新的证人名单或者证据目录。

（四）文书模板及制作说明

1. 文书模板

×××人民检察院

抗诉书

（适用违法所得没收案件二审程序）

××检××没抗〔20××〕×号

×××人民法院以×××号裁定书对犯罪嫌疑人（被告人）×××（姓名）违法所得没收一案裁定……（裁定结果）。本院依法审查后认为，该裁定确有错误（包括认定事实有误、适用法律不当、审判程序严重违法），理由如下：

……（根据不同情况，理由从认定事实错误、适用法律不当和审判程序严重违法等几个方面阐述）

综上所述……（概括上述理由），为维护司法公正，准确惩治犯罪，依照《中华人民共和国刑事诉讼法》第三百条第二款的规定，提出抗诉，请依法判处。

此致

×××人民法院

×××人民检察院

20××年××月××日

（院印）

附：新的证人名单或者证据目录

2. 制作说明

（1）本文书依据《中华人民共和国刑事诉讼法》第三百条第二款的

规定制作。为人民检察院认为人民法院在违法所得没收程序中作出的一审裁定确有错误，依法提出抗诉时使用。

（2）理由部分应当阐明原审裁定确有错误认定事实有误、适用法律不当、审判程序严重违法的具体情形及理由。

（3）本文书由首部、原审裁定情况、检察院审查意见和抗诉理由、结论意见和要求、尾部、附注等内容组成。

5.2.4 法律文书：抗诉书（适用违法所得没收案件审判监督程序）

（一）基本概念

抗诉书（适用违法所得没收案件审判监督程序），是人民检察院认为人民法院在违法所得没收程序中作出的生效裁定确有错误，按照审判监督程序依法提出抗诉时所使用的法律文书。

（二）相关依据

《中华人民共和国刑事诉讼法》第三百条："人民法院经审理，对经查证属于违法所得及其他涉案财产，除依法返还被害人的以外，应当裁定予以没收；对不属于应当追缴的财产的，应当裁定驳回申请，解除查封、扣押、冻结措施。

对于人民法院依照前款规定作出的裁定，犯罪嫌疑人、被告人的近亲属和其他利害关系人或者人民检察院可以提出上诉、抗诉。"

（三）文书结构

1. 首部

标题部分，制作文书的人民检察院需注明所在省（自治区、直辖市）的名称，不能只写地区级市、县、区院名。文书名称，即"抗诉书"，文书名称下方注"（适用违法所得没收案件审判监督程序）"字样。文号生成格式为："××检××没抗〔20××〕×号"。

2. 正文

（1）犯罪嫌疑人（被告人）基本情况。写明姓名、性别、出生年月日、出生地、户籍地、公民身份号码、民族、文化程度、职业或者工作单位及职务、住址、曾受到行政处罚、刑事处罚的情况等。

（2）生效裁定概况。概括叙述检察机关审查认定的犯罪事实，以及依照刑法规定应当追缴的违法所得及其他涉案财产的来源、种类、数量、所在地等情况。

（3）对生效判决或裁定的审查意见。即“本院认为，该裁定确有错误”，包括认定事实有误、适用法律不当、审判程序严重违法等。

（4）抗诉理由。根据案件情况，理由可以从认定事实错误、适用法律不当和审判程序严重违法等几方面分别论述。

（5）抗诉决定。结束段，模板为“综上所述……（概括上述理由），为维护司法公正，准确惩治犯罪，依照《中华人民共和国刑事诉讼法》第三百条第二款的规定，对×××法院××号刑事裁定书，提出抗诉，请依法判处”。

3. 尾部

此致，上级人民法院名称，行文上顶格书写。

落款署制作文书的人民检察院名称，文书制作日期，并于日期上加盖院印。

附件部分，新的证人名单或者证据目录。

（四）文书模板及制作说明

1. 文书模板

×××人民检察院

抗诉书

（适用违法所得没收案件审判监督程序）

××检××没抗〔20××〕×号

犯罪嫌疑人（被告人）……（写明姓名、性别、出生年月日、出生

地、户籍地、公民身份号码、民族、文化程度、职业或者工作单位及职务、住址、曾受到行政处罚、刑事处罚的情况)

×××人民法院以×××号刑事裁定书对犯罪嫌疑人(被告人)×××(姓名)没收违法所得一案判决(裁定)……(写明生效的一审裁定或者一审及二审裁定情况)。经依法审查(如果是有关人民检察院提请抗诉的,应当写明这一程序,然后再写“经依法审查”),本案的事实如下:

……(概括叙述检察机关审查认定的犯罪事实,以及依照刑法规定应当追缴的违法所得及其他涉案财产的来源、种类、数量、所在地等情况)

本院认为,该裁定确有错误(包括认定事实有误、适用法律不当、审判程序严重违法),理由如下:

……(根据情况,理由可以从认定事实错误、适用法律不当和审判程序严重违法等几方面分别论述)

综上所述……(概括上述理由),为维护司法公正,准确惩治犯罪,依照《中华人民共和国刑事诉讼法》第三百条第二款的规定,对×××法院×××号刑事裁定书,提出抗诉,请依法判处。

此致

×××人民法院

×××人民检察院

20××年××月××日

(院印)

附:新的证人名单或者证据目录

2. 制作说明

(1)本文书依据《中华人民共和国刑事诉讼法》第三百条第二款的规定制作。为人民检察院认为人民法院在违法所得没收程序中作出的生效裁定确有错误，依法提出抗诉时使用。

（2）理由部分应当阐明原审裁定确有错误认定事实有误、适用法律不当、审判程序严重违法的具体情形及理由。

5.2.5　法律文书：补充证据通知书（适用没收违法所得）

（一）基本概念

补充证据通知书（适用没收违法所得），是人民检察院在审查没收违法所得意见书的过程中，捕诉部门立足于没收违法所得程序举证的具体需要，要求侦查机关提供必须的证据材料时使用的法律文书。

（二）相关依据

《人民检察院刑事诉讼规则》第五百二十三条："人民检察院应当在接到监察机关或者公安机关移送的没收违法所得意见书后三十日以内作出是否提出没收违法所得申请的决定。三十日以内不能作出决定的，可以延长十五日。

对于监察机关或者公安机关移送的没收违法所得案件，经审查认为不符合刑事诉讼法第二百九十八条第一款规定条件的，应当作出不提出没收违法所得申请的决定，并向监察机关或者公安机关书面说明理由；认为需要补充证据的，应当书面要求监察机关或者公安机关补充证据，必要时也可以自行调查。

监察机关或者公安机关补充证据的时间不计入人民检察院办案期限。"

（三）文书结构

1. 首部

标题部分，制作文书的人民检察院需注明所在省（自治区、直辖市）的名称，不能只写地区级市、县、区院名。文书名称，即"补充证据通知书"，文书名称下方注"（适用没收违法所得）"字样。文号生成格式为："××检××没补证〔20××〕×号"。

2. 正文

抬头，文书发往单位，即要求补充证据的侦查、监察机关，行文上顶格书写。

案件来源及补证理由，写明要求补充证据材料的案件名称，简要阐述本院审查认为需要补证的理由。本部分模板为“你×（侦查机关简称）移送的没收犯罪嫌疑人×××（姓名）违法所得一案，本院审查认为……请补充提供下列证据材料”。

补充证据材料及要求。详细列明需要补充的证据材料及补证要求。

3. 尾部

落款署制作文书的人民检察院名称，文书制作日期，并于日期上加盖院印。

（四）文书模板及制作说明

1. 文书模板

×××人民检察院

补充证据通知书

（适用没收违法所得）

××检××没补证〔20××〕×号

×××（侦查机关名称）：

你×（侦查机关简称）移送的没收犯罪嫌疑人×××（姓名）违法所得一案，本院审查认为……请补充提供下列证据材料：

……（列出需要的证据材料要求）。

×××人民检察院（院印）

20××年××月××日

2. 制作说明

（1）本文书依据《人民检察院刑事诉讼规则》第五百二十三条的规定制作。为人民检察院在审查没收违法所得意见书的过程中，负责捕诉的部门立足于举证的具体要求，要求监察/侦查机关提供必需的证据材料时使用。

（2）补充证据事项应当详细、具体，明确补充证据目的。

（3）本文书一式二份，一份附卷，一份送达侦查机关。

5.2.6　工作文书：出庭意见书（适用没收违法所得）

（一）基本概念

出庭意见书（适用没收违法所得），是人民检察院派员出席人民法院开庭审理没收违法所得案件，发表出庭意见时所使用的工作文书。

（二）相关依据

《人民检察院刑事诉讼规则》第五百二十九条："人民法院对没收违法所得的申请进行审查，人民检察院应当承担举证责任。

人民法院对没收违法所得的申请开庭审理的，人民检察院应当派员出席法庭。"

（三）文书结构

1. 首部

写明标题，制作文书的人民检察院需注明所在省（自治区、直辖市）的名称，不能只写地区级市、县、区院名。文书名称，即"出庭意见书"。

2. 正文

（1）抬头，亦称呼告语。根据合议庭组成人员情况书写，或写为"审判长、审判员"，或写为"审判长、人民陪审员"，或写为"审判长、审判员、人民陪审员"。

（2）出庭的任务和法律依据。根据新格式规定，此段文字表述为："根据《人民检察院刑事诉讼规则》第五百二十九条的规定，我（们）

受×××检察院指派，代表本院，出席本法庭，依法履行职务。现对本案发表如下意见，请法庭注意”。

（3）具体意见。根据新格式规定，可以从以下两个方面进行分析论证：根据法庭调查的情况，概述法庭持证情况、各证据的证明作用，并运用各证据之间的逻辑关系，以证实被告人是否需要没收违法所得。

根据被告人的犯罪事实，论证应适用的法律条款并提出是否没收违法所得等具体意见。

3. 尾部

写明检察官姓名，并注明当庭发表日期。

（四）文书模板及制作说明

1. 文书模板

×××人民检察院

出庭意见书

审判长、审判员：

根据《人民检察院刑事诉讼规则》第五百二十九条的规定，我（们）受×××检察院指派，代表本院，出席本法庭，依法履行职务。现对本案发表如下意见，请法庭注意。

（具体意见）……

检察官×××

20××年××月××日当庭发表

2. 制作说明

（1）本文书根据《人民检察院刑事诉讼规则》第五百二十九条的规定制作，为人民检察院派员出席人民法院开庭审理没收违法所得案件，发表出庭意见时使用。

（2）本文书一式二份，一份附卷，一份送法院。

5.2.7 工作文书：没收违法所得申请的审查报告

（一）基本概念

没收违法所得申请的审查报告，是设区的市人民检察院办案部门对犯罪嫌疑人、被告人逃匿、死亡案件提出没收违法所得意见，报请内部审批时所使用的工作文书。

（二）相关依据

1. 法律依据

《中华人民共和国刑事诉讼法》第二百九十八条第一款："对于贪污贿赂犯罪、恐怖活动犯罪等重大犯罪案件，犯罪嫌疑人、被告人逃匿，在通缉一年后不能到案，或者犯罪嫌疑人、被告人死亡，依照刑法规定应当追缴其违法所得及其他涉案财产的，人民检察院可以向人民法院提出没收违法所得的申请。"

2. 司法解释规定

《人民检察院刑事诉讼规则》第五百二十三条："人民检察院应当在接到监察机关或者公安机关移送的没收违法所得意见书后三十日以内作出是否提出没收违法所得申请的决定。三十日以内不能作出决定的，可以延长十五日。

对于监察机关或者公安机关移送的没收违法所得案件，经审查认为不符合刑事诉讼法第二百九十八条第一款规定条件的，应当作出不提出没收违法所得申请的决定，并向监察机关或者公安机关书面说明理由；认为需要补充证据的，应当书面要求监察机关或者公安机关补充证据，必要时也可以自行调查。

监察机关或者公安机关补充证据的时间不计入人民检察院办案期限。"

（三）文书结构

1. 首部

标题部分，制作文书的人民检察院需注明所在省（自治区、直辖市）的名称，不能只写地区级市、县、区院名。文书名称，即“没收违法所得申请的审查报告”。

写明犯罪嫌疑人、案件性质、收案时间、侦查机关、侦查机关承办人、案件编号。

2. 正文

写明案件来源、收案及案件审查情况，“本（侦查机关）以（没收违法所得意见书文号）没收违法所得意见书移送我院审查没收违法所得的犯罪嫌疑人×××涉嫌×××一案，我院于×××收到案件材料后，审阅了全部案件材料，核实了案件事实与证据，现本案已审查完毕，报告如下”。

（1）犯罪嫌疑人基本情况。包括：姓名，性别，民族，出生年月日，证件号码，出生地，文化程度，职业或者工作单位和职务，住所地，前科情况，侦查机关及被通缉日期（或死亡日期）。

（2）移送机关认定的犯罪事实与意见。阐明移送机关对没收犯罪嫌疑人违法所得的事实及是否符合应予以没收违法所得的处理意见。

（3）审查后认定的事实、违法所得情况及证据。阐明审查认定的证据、审查认定的事实（包括犯罪事实、违法所得及其他涉案财物的种类、数量、所在地及查封、扣押、冻结情况）。

（4）需要说明的情况。写明不宜在前几项中表述，但可能影响案件处理的已客观存在的具体情况。

（5）承办人意见。阐明承办人对事实、证据、诉讼程序和风险评估等方面的审查意见，并根据案件具体情况提出处理意见。承办人之间意见不一致，有两种以上意见时，应说明不同之处，并详细阐述理由。

3. 尾部

落款承办人署名，文书制作日期。

（四）文书模板及制作说明

1. 文书模板

×××人民检察院

没收违法所得申请的审查报告

犯罪嫌疑人：×××
案件性质：×××
收案时间：×××
侦查机关：×××
侦查机关承办人：×××
案件编号：×××号

本（侦查机关）以（没收违法所得意见书文号）没收违法所得意见书移送我院审查没收违法所得的犯罪嫌疑人×××涉嫌×××一案，我院于×××收到案件材料后，审阅了全部案件材料，核实了案件事实与证据，现本案已审查完毕，报告如下：

一、犯罪嫌疑人的基本情况

犯罪嫌疑人（犯罪嫌疑人姓名）（曾用名×××，与案情有关的别名×××，化名×××，绰号×××），（性别），（出生日期）出生，（证件种类）号码（证件号码），（民族），（文化程度），（职业）（工作单位+职务），（户籍所在地），住（住所地详细地址）。前科情况。

因该犯罪嫌疑人逃匿，（侦查机关）于（通缉日期）对其通缉，现仍不能到案。

该犯罪嫌疑人已于（死亡日期）死亡。

二、移送机关认定的犯罪事实与意见

三、审查后认定的事实、违法所得情况及证据

（一）审查认定的证据

（二）审查认定的事实

1. 犯罪事实

2. 违法所得及其他涉案财物的种类、数量、所在地及查封、扣押、冻结情况

四、需要说明的情况

五、承办人意见

对证据进行综合分析，并论述犯罪嫌疑人符合刑事诉讼法第二百九十八条规定的情形。

综上，犯罪嫌疑人×××的行为触犯《中华人民共和国刑法》第×××条之规定，涉嫌×××罪，……（阐明是否应当提出没收违法所得的理由）。依据刑法规定应当/不应当追缴其违法所得及其他涉案财产，根据刑事诉讼法第二百九十八条规定，应依法（不）提出没收违法所得的申请。

承办人：×××、×××

20××年××月××日

2. 制作说明

（1）本文书以案为制作单位，由办理案件的人民检察院制作。

（2）文书制作一份，附卷备案审查。

5.2.8 工作文书：没收违法所得申请发回重审案件审查报告

（一）基本概念

没收违法所得申请发回重审案件审查报告，是人民检察院办理发回重审的没收违法所得案件时所使用的工作文书，用以对发回重审的没收违法所得案件提出审查办理意见并提请审批时使用的工作文书。

（二）相关依据

1. 法律依据

《中华人民共和国刑事诉讼法》第二百九十八条第一款：“对于贪污贿赂犯罪、恐怖活动犯罪等重大犯罪案件，犯罪嫌疑人、被告人逃匿，

在通缉一年后不能到案，或者犯罪嫌疑人、被告人死亡，依照刑法规定应当追缴其违法所得及其他涉案财产的，人民检察院可以向人民法院提出没收违法所得的申请。”

第三百条：“人民法院经审理，对经查证属于违法所得及其他涉案财产，除依法返还被害人的以外，应当裁定予以没收；对不属于应当追缴的财产的，应当裁定驳回申请，解除查封、扣押、冻结措施。

对于人民法院依照前款规定作出的裁定，犯罪嫌疑人、被告人的近亲属和其他利害关系人或者人民检察院可以提出上诉、抗诉。”

2. 司法解释规定

《人民检察院刑事诉讼规则》第五百三十一条：“人民检察院发现人民法院或者审判人员审理没收违法所得案件违反法律规定的诉讼程序，应当向人民法院提出纠正意见。

人民检察院认为同级人民法院按照违法所得没收程序所作的第一审裁定确有错误的，应当在五日以内向上一级人民法院提出抗诉。

最高人民检察院、省级人民检察院认为下级人民法院按照违法所得没收程序所作的已经发生法律效力的裁定确有错误的，应当按照审判监督程序向同级人民法院提出抗诉。”

（三）文书结构

1. 首部

标题部分，制作文书的人民检察院需注明所在省（自治区、直辖市）的名称，不能只写地区级市、县、区院名。文书名称，即“没收违法所得申请发回重审案件审查报告”。

写明犯罪嫌疑人、案件性质、收案时间、侦查机关、侦查机关承办人、案件编号。

2. 正文

写明案件来源、收案及案件审查情况，“本案系（发回重审法院）以（发回重审裁定书文号）裁定书裁定发回重审的犯罪嫌疑人×××涉嫌×××没收违法所得一案，（同级人民法院）于××××年××月××日通知我院阅卷，承办人审查了卷宗材料，复核了相关证据，现已审查完毕，汇报如下”。

（1）犯罪嫌疑人基本情况。包括：姓名，性别，民族，出生年月日，证件号码，出生地，文化程度，职业或者工作单位和职务，住所地，前科情况，侦查机关及被通缉日期（或死亡日期）。

（2）移送机关认定的犯罪事实与意见。阐明移送机关对没收犯罪嫌疑人违法所得的事实及是否符合应予以没收违法所得的处理意见。

（3）审查后认定的事实、违法所得情况及证据。阐明审查认定的证据、审查认定的事实（包括犯罪事实、违法所得及其他涉案财物的种类、数量、所在地及查封、扣押、冻结情况）。

（4）需要说明的情况。写明不宜在前几项中表述，但可能影响案件处理的已客观存在的具体情况。

（5）承办人意见。对证据综合分析，论证犯罪嫌疑人具备刑事诉讼法第二百九十八条规定的可以没收违法所得的条件。阐明承办人对事实、证据、诉讼程序和风险评估等方面的审查意见，并根据案件具体情况提出处理意见。承办人之间意见不一致，有两种以上意见时，应说明不同之处，并详细阐述理由。

3. 尾部

落款承办人署名，文书制作日期。

（四）文书模板及制作说明

1. 文书模板

×××人民检察院

没收违法所得申请发回重审案件

审查报告

犯罪嫌疑人：×××

案件性质：×××

收案时间：×××

侦查机关：×××

侦查机关承办人：×××

案件编号：××号

本案系（发回重审法院）以（发回重审裁定书文号）裁定书裁定发

回重审的犯罪嫌疑人×××涉嫌×××没收违法所得一案，（同级人民法院）于××××年××月××日通知我院阅卷，承办人审查了卷宗材料，复核了相关证据，现已审查完毕，汇报如下：

一、犯罪嫌疑人的基本情况

犯罪嫌疑人（犯罪嫌疑人姓名）（曾用名×××，与案情有关的别名×××，化名×××，绰号×××），（性别），（出生日期）出生，（证件种类）号码（证件号码），（民族），（文化程度），（职业）（工作单位+职务），（户籍所在地），住（住所地详细地址）。前科情况。

因该犯罪嫌疑人逃匿，（侦查机关）于（通缉日期）对其通缉，现仍不能到案。

该犯罪嫌疑人已于（死亡日期）死亡。

二、移送机关认定的犯罪事实与意见

三、审查后认定的事实、违法所得情况及证据

（一）审查认定的证据

……

（二）审查认定的事实

1. 犯罪事实

2. 违法所得及其他涉案财物的种类、数量、所在地及查封、扣押、冻结情况

四、需要说明的情况

五、承办人意见

对证据综合分析，论证犯罪嫌疑人具备刑事诉讼法第二百九十八条规定的可以没收违法所得的条件。

综上，犯罪嫌疑人×××的行为触犯《中华人民共和国刑法》第×××条之规定，涉嫌×××罪，……（阐明是否应当提出没收违法所得的理由）。依据刑法规定应当/不应当追缴其违法所得及其他涉案财产，根据刑事诉讼法第二百九十八条规定，应依法（不）提出没收违法所得的申请。

承办人：×××、×××

20××年××月××日

2. 制作说明

（1）本文书以案为制作单位，由办理案件的人民检察院制作。

（2）文书制作一份，附卷备案审查。

5.2.9 工作文书：报送（移送）没收违法所得申请案件意见书

（一）基本概念

报送（移送）没收违法所得申请案件意见书，是人民检察院办理公安机关、监察机关移送案件或者直接受理侦查的案件中发现符合应当没收犯罪嫌疑人（被告人）违法所得，对于不属于本院管辖的没收违法所得申请案件（包括地域管辖和级别管辖）移送有管辖权的检察机关，提出改变管辖意见时所使用的工作文书。

（二）相关依据

1. 法律依据

《中华人民共和国刑事诉讼法》第二百九十八条第一款："对于贪污贿赂犯罪、恐怖活动犯罪等重大犯罪案件，犯罪嫌疑人、被告人逃匿，在通缉一年后不能到案，或者犯罪嫌疑人、被告人死亡，依照刑法规定应当追缴其违法所得及其他涉案财产的，人民检察院可以向人民法院提出没收违法所得的申请。"

第二百九十九条第一款："没收违法所得的申请，由犯罪地或者犯罪嫌疑人、被告人居住地的中级人民法院组成合议庭进行审理。"

2. 司法解释规定

《人民检察院刑事诉讼规则》第五百一十九条："没收违法所得的申请，应当由有管辖权的中级人民法院的同级人民检察院提出。"

（三）文书结构

1. 首部

首部由检察机关名称、文书名称和文号三部分组成。其中，检察机关的名称应为全称，即要注明所在省（自治区、直辖市）名称，不能只写地区级市、县、区院名。文书名称，即“报送（移送）没收违法所得申请案件意见书”。文号生成格式为：“××检××没违报（移）诉〔20××〕×号”。

2. 正文

（1）抬头、发往部门。写明报送或移送的人民检察院、案件名称及犯罪嫌疑人死亡或逃匿情况。

（2）犯罪嫌疑人基本情况。犯罪嫌疑人基本情况包括：犯罪嫌疑人姓名，性别，出生日期，公民身份号码，民族，文化程度，职业，户籍所在地，住所地，涉嫌罪名及被采取强制措施情况。

（3）审查认定的犯罪事实及证据。审查认定的犯罪事实及证据需写明涉嫌的犯罪事实、违法所得情况、犯罪嫌疑人（被告人）逃匿死亡情况。

（4）改变管辖的理由。需写明案件报送或移送有关检察院管辖的理由和依据。

3. 尾部

落款，文书制发日期并加盖院印。

（四）文书模板及制作说明

1. 文书模板

×××人民检察院

报送（移送）没收违法所得申请案件意见书

××检××没违报（移）诉〔20××〕×号

×××人民检察院：

本院在审查（侦查机关）移送审查起诉的犯罪嫌疑人（案件名称）一案时，因犯罪嫌疑人×××死亡/逃匿，经本院审查：

一、犯罪嫌疑人基本情况

犯罪嫌疑人（姓名）（曾用名×××，与案情有关的别名×××，化名×××，绰号×××），（性别），（出生日期）出生，（证件种类）号码（证件号码），（民族），（文化程度），（职业）（工作单位+职务），户籍所在地（户籍所在地），住所地（住所地详细地址）。因涉嫌（移送案由+移送其他案由）罪，经批准（决定机关）批准/决定，于（执行日期）被（执行机关）执行（强制措施名称）……（一人有多个强制措施的，按强制措施序号以上述格式添加）。

二、本院审查认定的犯罪事实及证据

（一）犯罪事实

……

（二）违法所得情况

……

（三）犯罪嫌疑人/被告人逃匿死亡情况

……

三、改变管辖的理由

根据《中华人民共和国刑事诉讼法》第二百九十八条、第二百九十九条之规定，现将案件报送（或者移送）你院，请予审查。

20××年××月××日

（院印）

2. 制作说明

（1）本文书为意见类文书，其内容分为首部、犯罪嫌疑人基本情况、审查认定的犯罪事实及证据、改变管辖的理由、尾部五部分。

（2）本文书以案为制作单位，由报送或移送案件的人民检察院制作。

（3）本文书一式二份，一份附卷，一份送达受移送人民检察院。

5.2.10　工作文书：交办没收违法所得案件通知书

（一）基本概念

交办没收违法所得案件通知书，是上级人民检察院向下级人民检察院交办追缴犯罪嫌疑人或被告人违法所得及其他涉案财产案件时所使用的工作文书。

（二）相关依据

1. 法律依据

《中华人民共和国刑事诉讼法》第二百九十八条第一款：“对于贪污贿赂犯罪、恐怖活动犯罪等重大犯罪案件，犯罪嫌疑人、被告人逃匿，在通缉一年后不能到案，或者犯罪嫌疑人、被告人死亡，依照刑法规定应当追缴其违法所得及其他涉案财产的，人民检察院可以向人民法院提出没收违法所得的申请。”

第二百九十九条第一款：“没收违法所得的申请，由犯罪地或者犯罪嫌疑人、被告人居住地的中级人民法院组成合议庭进行审理。”

2. 司法解释规定

《人民检察院刑事诉讼规则》第五百一十二条：“对于贪污贿赂犯罪、恐怖活动犯罪等重大犯罪案件，犯罪嫌疑人、被告人逃匿，在通缉一年后不能到案，依照刑法规定应当追缴其违法所得及其他涉案财产的，人民检察院可以向人民法院提出没收违法所得的申请。

对于犯罪嫌疑人、被告人死亡，依照刑法规定应当追缴其违法所得及其他涉案财产的，人民检察院也可以向人民法院提出没收违法所得的申请。”

第五百一十三条：“犯罪嫌疑人、被告人为逃避侦查和刑事追究潜逃、隐匿，或者在刑事诉讼过程中脱逃的，应当认定为‘逃匿’。

犯罪嫌疑人、被告人因意外事故下落不明满二年，或者因意外事故下落不明，经有关机关证明其不可能生存的，按照前款规定处理。”

（三）文书结构

1. 首部

首部由检察机关名称、文书名称和文号三部分组成。其中，检察机关的名称应为全称，即要注明所在省（自治区、直辖市）名称，不能只写地区级市、县、区院名。文书名称，即“交办没收违法所得案件通知书”。文号生成格式为：“××检××没违交诉〔20××〕×号”。

2. 正文

（1）抬头、发往部门。写明交办的人民检察院。

（2）主文模板为“本院在办理（侦查机关）移送审查起诉的×××一案中，因犯罪嫌疑人/被告人×××死亡（逃匿被通缉一年以上仍不能到案），依照刑法规定应当追缴其违法所得及其他涉案财产。根据《中华人民共和国刑事诉讼法》第二百九十八条、第二百九十九条之规定，现将案件交由你院审查办理”，按要求写明受交办的具体人民检察院、案件名称、犯罪嫌疑人（被告人）姓名。

3. 尾部

落款，文书制发日期并加盖院印。

（四）文书模板及制作说明

1. 文书模板

×××人民检察院

交办没收违法所得案件通知书

××检××没违交诉〔20××〕×号

×××人民检察院：

本院在办理（侦查机关）移送审查起诉的×××一案中，因犯罪嫌疑人/被告人×××死亡（逃匿被通缉一年以上仍不能到案），依照刑法规定应当追缴其违法所得及其他涉案财产。根据《中华人民共和国刑事诉讼法》第二百九十八条、第二百九十九条之规定，现将案件交由你院审查办理。

20××年××月××日

（院印）

2. 制作说明

（1）本文书需写明受交办的具体人民检察院、案件名称、犯罪嫌疑人（被告人）姓名、制发日期，并加盖交办人民检察院印章。

（2）本文书以案为制作单位，由交办案件的人民检察院制作。

（3）本文书一式二份，一份附卷，一份送达受交办人民检察院。

第三节　没收违法所得启动监督案件适用文书

没收违法所得启动监督案件适用文书，是对于贪污贿赂犯罪、恐怖活动犯罪等重大犯罪案件的犯罪嫌疑人、被告人逃匿的，在通缉一年后不能到案，或者犯罪嫌疑人、被告人死亡，依照刑法规定应当追缴其违法所得及其他涉案财产的，人民检察院发现公安机关应当启动没收违法所得程序而没有启动，监督公安机关依法启动没收违法所得程序时所使用的相关文书。

5.3.1　法律文书：要求说明不启动违法所得没收程序理由通知书

（一）基本概念

要求说明不启动违法所得没收程序理由通知书，是人民检察院发现公安机关应当启动违法所得没收程序而不启动，人民检察院认为需要公安机关说明不启动理由时使用的监督类法律文书。

（二）相关依据

1. 法律依据

《中华人民共和国刑事诉讼法》第二百九十八条：“对于贪污贿赂犯罪、恐怖活动犯罪等重大犯罪案件，犯罪嫌疑人、被告人逃匿，在通缉一年后不能到案，或者犯罪嫌疑人、被告人死亡，依照刑法规定应当追缴其违法所得及其他涉案财产的，人民检察院可以向人民法院提出没收违法所得的申请。

公安机关认为有前款规定情形的，应当写出没收违法所得意见书，移送人民检察院。

没收违法所得的申请应当提供与犯罪事实、违法所得相关的证据材料，并列明财产的种类、数量、所在地及查封、扣押、冻结的情况。

人民法院在必要的时候，可以查封、扣押、冻结申请没收的财产。”

2. 司法解释规定

《人民检察院刑事诉讼规则》第五百二十四条第一款：“人民检察院发现公安机关应当启动违法所得没收程序而不启动的，可以要求公安机关在七日以内书面说明不启动的理由。”

（三）文书结构

1. 首部

首部由检察机关名称、文书名称和文号三部分组成。其中，检察机关的名称应为全称，即要注明所在省（自治区、直辖市）名称，不能只写地区级市、县、区院名。文书名称，即“要求说明不启动违法所得没收程序理由通知书”。文号生成格式为：“××检××没不启通〔20××〕×号”。

2. 正文

（1）抬头、发往部门。写明要求说明不启动违法所得没收程序理由的公安机关名称。

（2）主文模板为“请你×××（公安机关简称）在收到本通知书后，于××××年××月××日前向本院书面说明对×××（犯罪嫌疑人姓名）不启动违法所得没收程序的理由”，按要求写明书面说明理由的截止时间和犯罪嫌疑人姓名。

3. 尾部

落款制发文书的人民检察院名称，文书制发日期并加盖院印。

（四）文书模板及制作说明

1. 文书模板

×××人民检察院

要求说明不启动违法所得没收程序
理由通知书

××检××没不启通〔20××〕×号

×××（公安机关名称）：

根据《中华人民共和国刑事诉讼法》第二百九十八条、《人民检察院刑事诉讼规则》第五百二十四条的规定，请你×××（公安机关简称）在收到本通知书后，于××××年××月××日前向本院书面说明对×××（犯罪嫌疑人姓名）不启动违法所得没收程序的理由。

×××人民检察院
20××年××月××日
（院印）

2. 制作说明

（1）本文书依据《中华人民共和国刑事诉讼法》第二百九十八条，《人民检察院刑事诉讼规则》第五百二十四条第一款的规定制作。为人民检察院发现公安机关应当启动违法所得没收程序而不启动，人民检察院认为需要公安机关说明不启动理由时使用。

（2）要求公安机关作出书面说明的期限为七日内。

（3）本文书一式二份，一份附卷，一份送达公安机关。

5.3.2　法律文书：要求启动违法所得没收程序通知书

（一）基本概念

要求启动违法所得没收程序通知书，是人民检察院认为公安机关不启动违法所得没收程序理由不能成立，通知公安机关启动程序时使用的监督类法律文书。该文书与要求说明不启动违法所得没收程序理由通知书衔接配合使用，是对于要求说明不启动违法所得没收程序理由的接续监督。

（二）相关依据

1. 法律依据

《中华人民共和国刑事诉讼法》第二百九十八条："对于贪污贿赂犯罪、恐怖活动犯罪等重大犯罪案件，犯罪嫌疑人、被告人逃匿，在通缉一年后不能到案，或者犯罪嫌疑人、被告人死亡，依照刑法规定应当追缴其违法所得及其他涉案财产的，人民检察院可以向人民法院提出没收违法所得的申请。

公安机关认为有前款规定情形的，应当写出没收违法所得意见书，移送人民检察院。

没收违法所得的申请应当提供与犯罪事实、违法所得相关的证据材料，并列明财产的种类、数量、所在地及查封、扣押、冻结的情况。

人民法院在必要的时候，可以查封、扣押、冻结申请没收的财产。"

2. 司法解释规定

《人民检察院刑事诉讼规则》第五百二十四条："人民检察院发现公安机关应当启动违法所得没收程序而不启动的，可以要求公安机关在七日以内书面说明不启动的理由。

经审查，认为公安机关不启动理由不能成立的，应当通知公安机关启动程序。"

（三）文书结构

1. 首部

首部由检察机关名称、文书名称和文号三部分组成。其中，检察机关的名称应为全称，即要注明所在省（自治区、直辖市）名称，不能只写地区级市、县、区院名。文书名称，即"要求启动违法所得没收程序通知书"。文号生成格式为："××检××没启通〔20××〕×号"。

2. 正文

(1) 抬头、发往部门。写明要求启动违法所得没收程序的公安机关名称。

(2) 案件来源，本部分模板为“本院于××××年××月××日向你×(公安机关简称) 发出《要求说明不启动违法所得没收程序理由通知书》，你×(公安机关简称) 于××××年××月××日回复了……(回复意见的名称和文号)”，按要求写明制发要求说明不启动违法所得没收程序理由通知书及公安机关的回复情况。

(3) 在“经审查，本院认为……”部分，写明公安机关不启动违法所得没收程序理由不能成立的原因和应当启动程序的理由，要求论理充分、依据翔实。

3. 尾部

落款制发文书的人民检察院名称，文书制发日期并加盖院印。

(四) 文书模板及制作说明

1. 文书模板

×××人民检察院

要求启动违法所得没收程序通知书

××检××没启通〔20××〕×号

×××(公安机关名称):

本院于××××年××月××日向你×(公安机关简称) 发出《要求说明不启动违法所得没收程序理由通知书》，你×(公安机关简称) 于××××年××月××日回复了……(回复意见的名称和文号)。

经审查，本院认为……(写明公安机关不启动违法所得没收程序理由不能成立的原因和应当启动程序的事实根据和法律依据)

请于××××年××月××日前启动对×××(犯罪嫌疑人姓名)

的违法所得没收程序，并将启动程序决定书副本送达本院。

×××人民检察院（院印）

20××年××月××日

2. 制作说明

（1）本文书依据《中华人民共和国刑事诉讼法》第二百九十八条，《人民检察院刑事诉讼规则》第五百二十四条的规定制作。是人民检察院认为公安机关不启动违法所得没收程序理由不能成立，通知公安机关启动程序时使用。

（2）本文书一式二份，一份附卷，一份送达公安机关。

5.3.3 法律文书：终止审查决定书

（一）基本概念

终止审查决定书，是人民检察院审查公安机关移送的没收违法所得意见书的过程中，在逃的犯罪嫌疑人、被告人自动投案或者被抓获，决定终止审查时所使用的法律文书。

（二）相关依据

《人民检察院刑事诉讼规则》第五百二十六条："在审查监察机关或者公安机关移送的没收违法所得意见书的过程中，在逃的犯罪嫌疑人、被告人自动投案或者被抓获的，人民检察院应当终止审查，并将案卷退回监察机关或者公安机关处理。"

（三）文书结构

本文书为三联填充式文书。

1. 第一联

本联主要用于审批程序，不附卷，由办案部门统一留存。

（1）首部。本部分包括制作文书的人民检察院名称，需注明所在省

（自治区、直辖市）的名称，不能只写地区级市、县、区院名；文书名称，即“终止审查决定书”；文书名称下方标注“（存根）”字样；文号生成格式为：“××检××终审〔20××〕×号”。

（2）正文。依次填写：移送没收违法所得意见书的机关；没收违法所得意见书文号；犯罪嫌疑人、被告人基本情况；终止审查原因；批准人、承办人、填发人姓名；填发时间。

2. 第二、三联

第二联由承办人附卷，第三联送达移送没收违法所得意见书的公安机关。

（1）首部。本部分与存根内容基本相同，不同之处在于第二联文书名称下方注“（副本）”字样，第三联文书名称下方无标注。

（2）正文。抬头，控告人姓名或控告单位的单位名称，行文上顶格书写。

主文为填充加叙写式，模板为“因犯罪嫌疑人（被告人）……，根据《人民检察院刑事诉讼规则》第五百二十六条的规定，本院决定对你局（委）移送的××号没收违法所得意见书终止审查”，按照模板要求填充写明在逃的犯罪嫌疑人、被告人自动投案或者被抓获等决定终止审查的具体法定事由，写明侦查（监察）机关移送没收违法所得意见书文号。

（3）尾部

填发文书的日期，日期上加盖院印。

（四）文书模板及制作说明

1. 文书模板

×××人民检察院

终止审查决定书

（存　根）

××检××终审〔20××〕×号

移送没收违法所得意见书的机关________

没收违法所得意见书文号________

犯罪嫌疑人、被告人基本情况________

____

终止审查原因________

批准人________

承办人________

填发人________

填发时间________

第一联　统一保存

×××人民检察院

终止审查决定书

（副　本）

××检××终审〔20××〕×号

________：

因犯罪嫌疑人（被告人）________，根据《人民检察院刑事诉讼规则》第五百二十六条的规定，本院决定对你局（委）移送的________号没收违法所得意见书终止审查。

（院印）

20××年××月××日

第二联　附卷

×××人民检察院

终止审查决定书

××检××终审〔20××〕×号

________：

因犯罪嫌疑人（被告人）________，根据《人民检察院刑事诉讼规则》第五百二十六条的规定，本院决定对你局（委）移送的________号没收违法所得意见书终止审查。

（院印）

20××年××月××日

第三联　送达移送没收违法所得意见书的侦查机关

2. 制作说明

（1）本文书依据《人民检察院刑事诉讼规则》第五百二十六条的规定制作。是人民检察院审查监察/侦查机关移送的没收违法所得意见书的过程中，在逃的犯罪嫌疑人、被告人自动投案或者被抓获，决定终止审查时使用。

（2）本文书共三联，第一联统一保存备查，第二联附卷，第三联送达移送没收违法所得意见书的监察机关或者公安机关。

5.3.4　工作文书：没收违法所得监督案件的审查报告

（一）基本概念

没收违法所得监督案件的审查报告，是人民检察院发现公安机关不启动违法所得没收程序理由不成立，提出监督处理意见并报请内部审批时所使用的工作文书。

（二）相关依据

1. 法律依据

《中华人民共和国刑事诉讼法》第二百九十八条第一款："对于贪污贿赂犯罪、恐怖活动犯罪等重大犯罪案件，犯罪嫌疑人、被告人逃匿，在通缉一年后不能到案，或者犯罪嫌疑人、被告人死亡，依照刑法规定应当追缴其违法所得及其他涉案财产的，人民检察院可以向人民法院提出没收违法所得的申请。"

2. 司法解释规定

《人民检察院刑事诉讼规则》第五百二十四条："人民检察院发现公安机关应当启动违法所得没收程序而不启动的，可以要求公安机关在七日以内书面说明不启动的理由。

经审查，认为公安机关不启动理由不能成立的，应当通知公安机关启动程序。"

（三）文书结构

1. 首部

标题部分，制作文书的人民检察院需注明所在省（自治区、直辖市）的名称，不能只写地区级市、县、区院名。文书名称，即“没收违法所得监督案件的审查报告”。

写明案件来源、收案及案件审查情况，“本院在工作中发现×××侦查机关没有对×××案启动没收违法所得程序，并于××××年××月××日向该局发出《要求说明不启动违法所得没收程序理由通知书》，该局于××××年××月××日向本院回复了《不启动理由说明书》，说明了该案不予启动的理由。承办人现已审查完毕，报告如下”。

2. 正文

（1）犯罪嫌疑人基本情况。包括：姓名，性别，民族，出生年月日，证件号码，出生地，文化程度，职业或者工作单位和职务，住所地，前科情况，侦查机关及被通缉日期（或死亡日期）。

（2）经审查认定的违法所得情况及证据。阐明经审查认定的违法所得情况、认定违法所得的证据情况。

（3）侦查机关不启动的情况。阐明侦查机关认定违法所得的证据及不启动违法所得没收程序的原因。

（4）需要说明的情况。写明不宜在前几项中表述，但可能影响案件处理的已客观存在的具体情况。

（5）处理意见。阐明对证据综合分析、论述犯罪嫌疑人涉嫌刑事诉讼法第二百八十条规定的罪名、系在逃（经通缉一年未到案）或已死亡、违法所得应当依法追缴等情况。

3. 尾部

落款承办人署名，文书制作日期。

(四) 文书模板及制作说明

1. 文书模板

×××人民检察院

没收违法所得监督案件的审查报告

本院在工作中发现×××侦查机关没有对×××案启动没收违法所得程序，并于××××年××月××日向该局发出《要求说明不启动违法所得没收程序理由通知书》，该局于××××年××月××日向本院回复了《不启动理由说明书》，说明了该案不予启动的理由。承办人现已审查完毕，报告如下：

一、犯罪嫌疑人的基本情况

犯罪嫌疑人（犯罪嫌疑人姓名）（曾用名×××，与案情有关的别名×××，化名×××，绰号×××），（性别），（出生日期）出生，（证件种类）号码（证件号码），（民族），（文化程度），（职业）（工作单位+职务），户籍所在地（户籍所在地），住（住所地详细地址）。前科情况。

因该犯罪嫌疑人逃匿，×××侦查机关于××××年××月××日对其通缉，现仍不能到案。

（该犯罪嫌疑人已于××××年××月××日死亡）

二、经审查认定的违法所得情况及证据

（一）经审查认定的违法所得情况

……

（二）本案证据情况

……

三、侦查机关不启动的情况

四、需要说明的问题

五、处理意见

对证据综合分析，并论述犯罪嫌疑人涉嫌刑事诉讼法二百八十条规定的罪名；并系在逃（经通缉一年未到案）或已死亡；违法所得应当依法追缴。

综上，承办人认为，犯罪嫌疑人×××的行为触犯《中华人民共和国刑法》第×××条之规定，涉嫌×××罪，依照刑法规定应当追缴其违法所得及其他涉案财产，根据《人民检察院刑事诉讼规则》第五百二十四条的规定，×××侦查机关说明的不启动违法所得没收程序理由不成立，应当通知该局启动违法所得没收程序。（或该局说明的不启动违法所得没收程序理由成立）

承办人：×××

20××年××月××日

2. 制作说明

（1）本文书为报告式文书，分为首部、犯罪嫌疑人基本情况、经审查认定的违法所得情况及证据、侦查机关不启动的情况、需要说明的问题、处理意见、尾部七部分内容。

（2）本文书以案为制作单位，由办理案件的人民检察院制作。

（3）文书制作一份，附卷备案审查。

5.3.5 工作文书：对法院没收违法所得裁定审查表（一审、二审）

（一）基本概念

对法院没收违法所得裁定审查表（一审、二审），是人民检察院没收违法所得程序中对审判活动开展监督，审查人民法院没收违法所得程序案件一、二审裁定结果时所使用的工作文书。

（二）相关依据

1. 法律依据

《中华人民共和国刑事诉讼法》第三百条："人民法院经审理，对经查证属于违法所得及其他涉案财产，除依法返还被害人的以外，应当裁定予以没收；对不属于应当追缴的财产的，应当裁定驳回申请，解除查封、扣押、冻结措施。

对于人民法院依照前款规定作出的裁定，犯罪嫌疑人、被告人的近亲属和其他利害关系人或者人民检察院可以提出上诉、抗诉。”

2. 司法解释规定

《人民检察院刑事诉讼规则》第五百一十八条：“人民检察院审查监察机关或者公安机关移送的没收违法所得意见书，向人民法院提出没收违法所得的申请以及对违法所得没收程序中调查活动、审判活动的监督，由负责捕诉的部门办理。”

第五百三十一条：“人民检察院发现人民法院或者审判人员审理没收违法所得案件违反法律规定的诉讼程序，应当向人民法院提出纠正意见。

人民检察院认为同级人民法院按照违法所得没收程序所作的第一审裁定确有错误的，应当在五日以内向上一级人民法院提出抗诉。

最高人民检察院、省级人民检察院认为下级人民法院按照违法所得没收程序所作的已经发生法律效力的裁定确有错误的，应当按照审判监督程序向同级人民法院提出抗诉。”

（三）文书结构

1. 对法院没收违法所得裁定审查表（一审）

（1）首部。需注明所在省（自治区、直辖市）的名称，不能只写地区级市、县、区院名。文书名称，即“对法院没收违法所得裁定审查表”，文书名称下方标明“（一审）”字样。

（2）正文。包括以下内容：

基本审查信息。依次填充写明没收违法所得申请文号；没收违法所得申请日期；法院开庭审理日期；法院裁定日期；法院裁定文号；收到裁定日期。

审查内容。本部分内容以表格形式呈现，包括犯罪嫌疑人/被告人姓名、申请事项、裁定结果、有无错误。

承办人意见。对法院没收违法所得裁定情况进行分析，就其正确与否发表意见。

2. 对法院没收违法所得裁定审查表（二审）

（1）首部。需注明所在省（自治区、直辖市）的名称，不能只写地区级市、县、区院名。文书名称，即“对法院没收违法所得裁定审查表”，文书名称下方标明“（二审）”字样。

（2）正文。包括以下内容：

基本审查信息。依次填充写明原提出没收违法所得申请机关；原没收违法所得裁定文号；本审开庭审理日期；法院裁定日期；法院裁定文号；收到裁定日期。

审查内容。本部分内容以表格形式呈现，包括犯罪嫌疑人/被告人姓名、申请事项、一审裁定结果、二审裁定结果、有无错误。

承办人意见。对法院没收违法所得裁定情况进行分析，就其正确与否发表意见。

（四）文书模板及制作说明

1. 文书模板

×××人民检察院

对法院没收违法所得裁定审查表

（一审）

没收违法所得申请文号：

没收违法所得申请日期：

法院开庭审理日期：

法院裁定日期：

法院裁定文号：

收到裁定日期：

犯罪嫌疑人/被告人姓名	申请事项	裁定结果	有无错误
承办人意见：			

×××人民检察院

对法院没收违法所得裁定审查表

（二审）

原提出没收违法所得申请机关：
原没收违法所得裁定文号：
本审开庭审理日期：
法院裁定日期：
法院裁定文号：
收到裁定日期：

犯罪嫌疑人/被告人姓名	申请事项	一审裁定结果	二审裁定结果	有无错误
承办人意见：				

2. 制作说明

（1）上述文书以案为制作单位，由办理案件的人民检察院制作。

（2）上述文书一式一份，附卷备案审查。

第四节 强制医疗申请案件适用文书

强制医疗申请案件适用文书，是人民检察院发现实施暴力行为，危害公共安全或者严重危害公民人身安全，已经达到犯罪程度，经法定程序鉴定依法不负刑事责任的精神病人，有继续危害社会可能的，向人民法院申请强制医疗时所使用的相关文书。

5.4.1 法律文书：强制医疗申请书

（一）基本概念

强制医疗申请书，是人民检察院对于实施暴力行为，危害公共安全或者严重危害公民人身安全，已经达到犯罪程度，经法定程序鉴定依法不负刑事责任的精神病人，为防止其再度危害社会，向人民法院提出的对精神病人的人身自由进行限制的医疗申请时所使用的法律文书。

（二）相关依据

1. 法律依据

《中华人民共和国刑事诉讼法》第三百零二条：“实施暴力行为，危害公共安全或者严重危害公民人身安全，经法定程序鉴定依法不负刑事责任的精神病人，有继续危害社会可能的，可以予以强制医疗。”

第三百零三条：“根据本章规定对精神病人强制医疗的，由人民法院决定。

公安机关发现精神病人符合强制医疗条件的，应当写出强制医疗意见书，移送人民检察院。对于公安机关移送的或者在审查起诉过程中发现的精神病人符合强制医疗条件的，人民检察院应当向人民法院提出强制医疗的申请。人民法院在审理案件过程中发现被告人符合强制医疗条件的，可以作出强制医疗的决定。

对实施暴力行为的精神病人，在人民法院决定强制医疗前，公安机关可以采取临时的保护性约束措施。”

2. 司法解释规定

《人民检察院刑事诉讼规则》第五百三十四条：“对于实施暴力行为，危害公共安全或者严重危害公民人身安全，已经达到犯罪程度，经法定程序鉴定依法不负刑事责任的精神病人，有继续危害社会可能的，人民检察院应当向人民法院提出强制医疗的申请。

提出强制医疗的申请以及对强制医疗决定的监督，由负责捕诉的部门办理。”

第五百三十六条：“人民检察院向人民法院提出强制医疗的申请，应当制作强制医疗申请书。强制医疗申请书的主要内容包括：

（一）涉案精神病人的基本情况，包括姓名、性别、出生年月日、出生地、户籍地、公民身份号码、民族、文化程度、职业、工作单位及职务、住址，采取临时保护性约束措施的情况及处所等；

（二）涉案精神病人的法定代理人的基本情况，包括姓名、住址、联系方式等；

（三）案由及案件来源；

（四）涉案精神病人实施危害公共安全或者严重危害公民人身安全的暴力行为的事实，包括实施暴力行为的时间、地点、手段、后果等及相关证据情况；

（五）涉案精神病人不负刑事责任的依据，包括有关鉴定意见和其他证据材料；

（六）涉案精神病人继续危害社会的可能；

（七）提出强制医疗申请的理由和法律依据。”

（三）文书结构

1. 首部

首部需注明所在省（自治区、直辖市）的人民检察院名称，文书名称为“强制医疗申请书”，文号生成格式为：“××检××医申〔20××〕×号”。

2. 正文

本文书为格式文书，主要内容包括：

（1）涉案精神病人以及涉案精神病人法定代理人的基本情况。

（2）案由和案件的审查过程、案件事实。写明经检察机关审查认定的涉案精神病人实施危害公共安全或者严重危害公民人身安全的暴力行为的事实。

（3）鉴定情况、证据、申请要求和根据。写明涉案精神病人经法定程序鉴定依法不负刑事责任，有继续危害社会的可能。

3. 尾部

附案件相关材料。

落款为发出日期，日期上加盖公章。

（四）文书模板及制作说明

1. 文书模板

×××人民检察院

强制医疗申请书

××检××医申〔20××〕×号

涉案精神病人……（写明姓名、性别、出生年月日、公民身份号码、民族、文化程度、职业或者工作单位及职务、户籍地、住址、曾受到行政处罚、刑事处罚的情况、采取临时保护性约束措施的情况等）

法定代理人……（写姓名、性别、出生日期、单位）

×××（涉案精神病人）因涉嫌实施×××行为，危害公共安全（或者严重危害公民人身安全），经×××（公安机关）鉴定依法不负刑事责任。×××（公安机关）于××××年××月××日作出撤销案件的决定。×××（公安机关）于××××年××月××日向本院移送强制医疗意见书。本院受理后，审查了全部案件材料……（写明要求公安机关补充证据等情况）

[如果是在审查起诉时对犯罪嫌疑人做的精神病鉴定，此处写：“本案由×××（公安机关）侦查终结，以×××涉嫌×××罪，于××××年××月××日向本院移送起诉，本院对×××进行了精神病鉴定，经鉴定依法不负刑事责任。本院于××××年××月××日依法作出不起诉决定”]

经依法审查查明：……（写明经检察机关审查认定的涉案精神病人实施危害公共安全或者严重危害公民人身安全的暴力行为的事实，涉案精神病人经法定程序鉴定依法不负刑事责任，有继续危害社会的可能）

认定上述事实的证据如下：

……（针对上述事实，分别列举证据）

本院认为，涉案精神病人×××实施×××行为，危害公共安全（或严重危害公民人身安全），经法定程序鉴定为依法不负刑事责任的精神病人，有继续危害社会的可能，事实清楚，证据确实、充分，应当对其强制医疗。根据《中华人民共和国刑事诉讼法》三百零三条第二款的规定，提出强制医疗申请，请依法决定。

此致

×××人民法院

检　察　官×××

检察官助理×××

20××年××月××日

（院印）

附件：1. 涉案精神病人现在处所，具体包括被采取临时保护性约束措施的处所

2. 鉴定意见、撤销案件决定书、不起诉决定书

3. 证据材料、不宜移送的实物证据的清单、照片或者其他证明文件、拟出庭证人名单

4. 其他需要附注的事项

2. 制作说明

(1) 本文书依据《中华人民共和国刑事诉讼法》第三百零二条、第三百零三条第二款的规定制作。为人民检察院依法向人民法院提出强制医疗申请时使用。

(2) 本文书由首部、涉案精神病人的基本情况、涉案精神病人的法定代理人的基本情况、案由和案件的审查过程、案件事实和鉴定情况、证据、申请要求和根据、尾部八部分组成。

(3) 本文书有正本、副本之分，正本送人民法院，副本存检察内卷。

5.4.2 法律文书：不提出强制医疗申请决定书

(一) 基本概念

不提出强制医疗申请决定书，是人民检察院对侦查机关移送的强制医疗意见书审查后，依法决定不提出强制医疗申请时使用的法律文书。

(二) 相关依据

1. 法律依据

《中华人民共和国刑事诉讼法》第三百零二条："实施暴力行为，危害公共安全或者严重危害公民人身安全，经法定程序鉴定依法不负刑事责任的精神病人，有继续危害社会可能的，可以予以强制医疗。"

第三百零三条："根据本章规定对精神病人强制医疗的，由人民法院决定。

公安机关发现精神病人符合强制医疗条件的，应当写出强制医疗意见书，移送人民检察院。对于公安机关移送的或者在审查起诉过程中发现的精神病人符合强制医疗条件的，人民检察院应当向人民法院提出强制医疗的申请。人民法院在审理案件过程中发现被告人符合强制医疗条件的，可以作出强制医疗的决定。

对实施暴力行为的精神病人，在人民法院决定强制医疗前，公安机关可以采取临时的保护性约束措施。"

2. 司法解释规定

《人民检察院刑事诉讼规则》第五百三十九条："人民检察院应当在接到公安机关移送的强制医疗意见书后三十日以内作出是否提出强制医疗申请的决定。

对于公安机关移送的强制医疗案件，经审查认为不符合刑事诉讼法第三百零二条规定条件的，应当作出不提出强制医疗申请的决定，并向公安机关书面说明理由。认为需要补充证据的，应当书面要求公安机关补充证据，必要时也可以自行调查。

公安机关补充证据的时间不计入人民检察院办案期限。"

（三）文书结构

1. 首部

首部需注明所在省（自治区、直辖市）的人民检察院名称，文书名称，即"不提出强制医疗申请决定书"，文号生成格式为："××检××医不申〔20××〕×号"。

2. 正文

本文书为格式文书，主要内容包括：

（1）涉案精神病人以及涉案精神病人法定代理人的基本情况。

（2）案由和案件事实。写明经检察机关审查认定的事实及相应的证据，重点应写明不符合法律规定的强制医疗条件的情况。

（3）结论部分。

3. 尾部

落款为文书发出日期，日期上加盖公章。

（四）文书模板及制作说明

1. 文书模板

×××人民检察院

不提出强制医疗申请决定书

××检××医不申〔20××〕×号

（涉案精神病人）……（写明姓名、性别、出生年月日、户籍地、公民身份号码、民族、文化程度、职业或者工作单位及职务、住址、曾受到行政处罚、刑事处罚的情况、采取临时保护性约束措施的情况等）

法定代理人……（写明姓名、性别、出生日期、单位）

因×××（涉案精神病人）涉嫌实施×××行为，×××（公安机关）于××××年××月××日向本院移送强制医疗意见书。

公安机关认定的事实：……

经本院依法审查查明：……（叙写检察机关认定的事实及相应的证据，重点反映不符合法律规定的强制医疗条件的情况）

本院认为，×××（公安机关）向本院移送的强制医疗案件，不符合《中华人民共和国刑事诉讼法》第三百零二条规定的条件，依法决定不提出强制医疗申请。

×××检察院

20××年××月××日

（院印）

2. 制作说明

（1）本文书依据《中华人民共和国刑事诉讼法》第三百零二条、第三百零三条第二款的规定制作。是人民检察院对侦查机关移送的强制医疗意见书审查后，依法决定不提出强制医疗申请时使用。

（2）本文书应当有正本、副本之分，其中正本一份归入正卷，副本送被申请人或者其法定代理人及其诉讼代理人、被害人或者其近亲属及其诉讼代理人、公安机关。

（3）检察机关作出不提出强制医疗申请的决定的，应向公安机关书面说明理由。

5.4.3　工作文书：出庭意见书（适用强制医疗申请）

（一）基本概念

出庭意见书（适用强制医疗申请），是人民检察院派员出席人民法院开庭审理强制医疗案件，发表出庭意见时所使用的工作文书。

（二）相关依据

《人民检察院刑事诉讼规则》第五百四十四条：“人民法院对强制医疗案件开庭审查的，人民检察院应当派员出席法庭。”

（三）文书结构

1. 首部

写明标题，即居中写文书的名称“出庭意见书”。制作文书的人民检察院需注明所在省（自治区、直辖市）的名称，不能只写地区级市、县、区院名。

2. 正文

（1）抬头，亦称呼告语。根据合议庭组成人员情况书写，或写为“审判长、审判员”，或写为“审判长、人民陪审员”，或写为“审判长、审判员、人民陪审员”。

（2）出庭的任务和法律依据。根据新格式规定，此段文字表述为：“根据《人民检察院刑事诉讼规则》第五百四十四条的规定，我（们）受×××检察院指派，代表本院，出席本法庭，依法履行职务。现对本案发表如下意见，请法庭注意”。

（3）具体意见。根据新格式规定，可以从以下两个方面进行分析论证：

根据法庭调查的情况，概述法庭示证情况、各证据的证明作用，并运用各证据之间的逻辑关系，以证实被告人是否需要决定强制医疗。

根据被告人的犯罪事实，论证应适用的法律条款并提出是否决定强制医疗等具体意见。

3. 尾部

注明检察官姓名，并注明当庭发表日期。

（四）文书模板及制作说明

1. 文书模板

××× 人民检察院

出庭意见书

审判长、审判员：

根据《人民检察院刑事诉讼规则》第五百四十四条的规定，我（们）受×××检察院指派，代表本院，出席本法庭，依法履行职务。现对本案发表如下意见，请法庭注意。

（具体意见）……

检察官×××

20××年××月××日当庭发表

2. 制作说明

（1）本文书根据《人民检察院刑事诉讼规则》第五百四十四条的规定制作，为人民检察院派员出席人民法院开庭审理强制医疗案件，发表出庭意见时使用。

（2）本文书一式二份，一份附卷，一份送法院。

5.4.4 工作文书：强制医疗案件审查报告

（一）基本概念

强制医疗案件审查报告，是人民检察院在办理强制医疗案件过程中所撰写的审查案件报告式工作文书。

（二）相关依据

1. 法律依据

（1）《中华人民共和国刑法》第十八条第一款：“精神病人在不能辨认或者不能控制自己行为的时候造成危害结果，经法定程序鉴定确认的，不负刑事责任，但是应当责令他的家属或者监护人严加看管和医疗；在必要的时候，由政府强制医疗。”

（2）《中华人民共和国刑事诉讼法》第三百零二条：“实施暴力行为，危害公共安全或者严重危害公民人身安全，经法定程序鉴定依法不负刑事责任的精神病人，有继续危害社会可能的，可以予以强制医疗。”

2. 司法解释规定

《人民检察院刑事诉讼规则》第五百三十四条：“对于实施暴力行为，危害公共安全或者严重危害公民人身安全，已经达到犯罪程度，经法定程序鉴定依法不负刑事责任的精神病人，有继续危害社会可能的，人民检察院应当向人民法院提出强制医疗的申请。

提出强制医疗的申请以及对强制医疗决定的监督，由负责捕诉的部门办理。”

第五百三十五条：“强制医疗的申请由被申请人实施暴力行为所在地的基层人民检察院提出；由被申请人居住地的人民检察院提出更为适宜的，可以由被申请人居住地的基层人民检察院提出。”

3. 其他规定

《人民检察院强制医疗决定程序监督工作规定》第四条：“人民检察院办理公安机关移送的强制医疗案件，可以会见涉案精神病人，询问办案人员、鉴定人，听取涉案精神病人法定代理人、诉讼代理人意见，向涉案精神病人的主治医生、近亲属、邻居、其他知情人员或者基层组织等了解情况，向被害人及其法定代理人、近亲属等了解情况，就有关专门性技术问题委托具有法定资质的鉴定机构、鉴定人进行鉴定，开展相关调查。

相关调查情况应当记录并附卷。”

（三）文书结构

1. 首部

办案单位名称：办案单位的名称应为检察机关全称，还应注明所在省（自治区、直辖市）的名称。文书名称，即“强制医疗案件审查报告”。

2. 正文

（1）开头。写明涉案精神病人及法定代理人姓名、案件性质、案件来源、收案时间及案件编号等。写明承办人受理案件后根据法律法规的要求所进行的程序方面的工作如告知权利，讯问涉案精神病人，询问证人，听取涉案精神病人的法定代理人、辩护人、被害人及其近亲属的意见等。写明承办人审查后的结论，是否向人民法院提出强制医疗的申请。

（2）涉案精神病人的基本情况。本部分按照文书中列明的具体要求，结合案情进行撰写。

（3）实施危害公共安全或严重危害公民人身安全的暴力行为事实。本部分分为基本事实、证据情况两方面内容，根据文书内列明的具体要求进行撰写，所依据的证据按照一事一证一分析的体例撰写。

（4）涉案精神病人是否应负刑事责任的依据。本部分根据文书列明的具体要求进行撰写，列明涉案精神病人是否应负刑事责任的事实依据和法律依据。

（5）承办人意见。本部分根据文书列明的事项及要求，结合涉案精神病人有无继续危害社会的可能，决定是否提出强制医疗的申请。

3. 尾部

落款承办人署名，文书制作日期。

（四）文书模板及制作说明

1. 文书模板

×××人民检察院

强制医疗案件审查报告

涉案精神病人：×××
法定代理人：×××
案件性质：×××
案件来源：×××
收案时间：××××年××月××日
案件编号：×××

本案由×××以涉案精神病人×××符合强制医疗条件，于××××年××月××日向本院提出强制医疗意见。本院受理后，依法审查了全部案件材料。承办人认为……（审查结论）。现报告如下：

一、涉案精神病人的基本情况

×××（姓名），×（性别），××××年××月××日出生，公民身份号码×××，××（民族），××文化程度，×××（职业），住×××。采取临时保护性措施的情况及处所。

涉案精神病人的法定代理人的基本情况×××（姓名）、住址、联系方式。

二、实施危害公共安全或严重危害公民人身安全的暴力行为事实

（一）基本事实

（二）证据情况

三、涉案精神病人是否应负刑事责任的依据

有关鉴定意见及其他证据材料。

四、承办人意见

（一）有无继续危害社会的可能；

（二）是否提出强制医疗申请的理由和法律依据。

妥否，请批示。

承办人：×××

20××年××月××日

2. 制作说明

（1）本文书为人民检察院在办理强制医疗案件过程中撰写审查报告时使用。

（2）本文书为附检察内卷文书，无须向其他机关或部门送达。

5.4.5 工作文书：补充证据通知书（适用强制医疗程序）

（一）基本概念

补充证据通知书（适用强制医疗程序），是人民检察院在审查强制医疗意见书的过程中，负责捕诉的部门立足于举证的具体要求，要求公安机关提供必需的证据材料时所使用的检察工作文书。

（二）相关依据

《人民检察院刑事诉讼规则》第五百三十九条第二款："对于公安机关移送的强制医疗案件，经审查认为不符合刑事诉讼法第三百零二条规定条件的，应当作出不提出强制医疗申请的决定，并向公安机关书面说明理由。认为需要补充证据的，应当书面要求公安机关补充证据，必要时也可以自行调查。"

（三）文书结构

1. 首部及文号

首部需注明所在省（自治区、直辖市）的人民检察院名称，不能只写地区级市、县、区院名。文书名称，即"补充证据通知书"。文号生成格式为："××检××医补证〔20××〕×号"。

2. 正文

（1）发往单位。即开展补充侦查工作的单位，行文上顶格书写。

（2）开头及首句。开头及首句的模板为“你×（公安机关简称）移送的对涉案精神病人×××（姓名）强制医疗一案，本院审查认为……请补充提供下列证据材料”，目的在于点明需补充侦查的具体案件。

（3）补充侦查的主要事项和工作。本部分是该文书的重点内容，应注重说理性及可操作性。内容制作上主要围绕强制医疗的适用条件，详细、具体、明确地列明补充侦查的目的、理由、侦查方向、具体事项等，方便侦查机关了解补充侦查重点，及时开展补充侦查工作。

（4）相关工作要求。该部分内容主要是结合具体办案情况，列明补充侦查中需要达到的要求以及需要注意的问题。

3. 尾部

联系人及联系电话。一般注明案件承办检察官姓名及联系电话，方便侦查人员及时与检察机关承办人沟通补充侦查工作情况。

落款为文书制发日期，加盖制发单位公章。

（四）文书模板及制作说明

1. 文书模板

×××人民检察院

补充证据通知书

（适用强制医疗程序）

××检××医补证〔20××〕×号

________（公安机关简称）：

你________（公安机关简称）移送的对涉案精神病人×××（姓名）强制医疗一案，本院审查认为……请补充提供下列证据材料：

一、补充侦查的方向

本院审查认为……

二、补充侦查的主要事项和工作

根据上述情况，请你________（公安机关简称）查明以下事项并重点做好相关工作：

1. 为查明……，调取（核查、询问、讯问、梳理）……

2. 为查明……，调取（核查、询问、讯问、梳理）……

3. 为核实……，调取（核查、询问、讯问、梳理）……

4. 为核实……，调取（核查、询问、讯问、梳理）……

……

三、相关工作要求

补充侦查过程中，注意以下问题：

1. ……

2. ……

联系人：

联系电话：

20××年××月××日

（院印）

2. 制作说明

（1）本文书依据《人民检察院刑事诉讼规则》第五百三十九条的规定制作。是人民检察院在审查强制医疗意见书的过程中，负责捕诉的部门立足于举证的具体要求，要求公安机关提供必需的证据材料时使用。

（2）补充侦查的主要事项和工作部分，主要围绕强制医疗的适用条件，详细、具体、明确地列明需要继续侦查的事项。

（3）相关工作要求部分，结合具体办案情况，列明继续侦查中需要达到的要求。

（4）本文书一式二份，一份附卷，一份送达公安机关。

第五节　强制医疗启动监督案件适用文书

强制医疗启动监督案件适用文书，是人民检察院发现公安机关应当启动强制医疗程序而没有启动的，监督公安机关依法启动强制医疗程序时所使用的相关文书。

5.5.1　法律文书：要求说明不启动强制医疗程序理由通知书

（一）基本概念

要求说明不启动强制医疗程序理由通知书，是人民检察院发现公安机关应当启动强制医疗程序而不启动，人民检察院认为需要公安机关说明不启动理由时适用的法律文书。

（二）相关依据

1. 法律依据

《中华人民共和国刑事诉讼法》第八条："人民检察院依法对刑事诉讼实行法律监督。"

第三百零七条："人民检察院对强制医疗的决定和执行实行监督。"

2. 司法解释规定

《人民检察院刑事诉讼规则》第五百四十条第一款："人民检察院发现公安机关应当启动强制医疗程序而不启动的，可以要求公安机关在七日以内书面说明不启动的理由。"

（三）文书结构

1. 首部

首部由检察机关名称、文书名称和文号三部分组成。其中，检察机关的名称应为全称，即要注明所在省（自治区、直辖市）名称，不能只写地区级市、县、区院名。文书名称，即"要求说明不启动强制医疗程序理由通知书”。文号生成格式为：“××检××医不启通〔20××〕×号”。

2. 正文

抬头，发往部门，写明要求说明不启动强制医疗程序的公安机关名称。

主文部分的模板为，“根据《中华人民共和国刑事诉讼法》第三百零七条的规定，请你局在收到本文书后，于七日以内向本院书面说明对______（涉案精神病人姓名）不启动强制医疗程序的理由”，写明监督的法律依据和要求。

3. 尾部

落款为文书制作日期，并加盖院印。

（四）文书模板及制作说明

1. 文书模板

×××人民检察院

要求说明不启动强制医疗程序理由通知书

××检××医不启通〔20××〕×号

________（公安机关名称）：

根据《中华人民共和国刑事诉讼法》第三百零七条的规定，请你局在收到本文书后，于七日以内向本院书面说明对________（涉案精神病人姓名）不启动强制医疗程序的理由。

20××年××月××日

（院印）

2. 制作说明

（1）本文书依据《中华人民共和国刑事诉讼法》第三百零七条的规定制作。是人民检察院发现公安机关应当启动强制医疗程序而不启动，人民检察院认为需要公安机关说明不启动理由时使用。

(2) 本文书一式二份，一份附卷，一份送达公安机关。

5.5.2 法律文书：要求启动强制医疗程序通知书

(一) 基本概念

要求启动强制医疗程序通知书，是人民检察院认为公安机关不启动强制医疗程序理由不能成立，要求公安机关启动时使用的法律文书。

(二) 相关依据

1. 法律依据

《中华人民共和国刑事诉讼法》第八条："人民检察院依法对刑事诉讼实行法律监督。"

第三百零七条："人民检察院对强制医疗的决定和执行实行监督。"

2. 司法解释规定

《人民检察院刑事诉讼规则》第五百四十条第一款："人民检察院发现公安机关应当启动强制医疗程序而不启动的，可以要求公安机关在七日以内书面说明不启动的理由。"

(三) 文书结构

1. 首部

首部由检察机关名称、文书名称和文号三部分组成。其中，检察机关的名称应为全称，即要注明所在省（自治区、直辖市）名称，不能只写地区级市、县、区院名。文书名称，即"要求启动强制医疗程序通知书"。文号生成格式为："××检××医启通〔20××〕×号"。

2. 正文

抬头，发往部门，写明通知要求启动强制医疗程序的公安机关名称。

主文第一段的模板为，"本院于××××年××月××日向你×（公安机关简称）发出《要求说明不启动强制医疗程序理由通知书》，你×

（公安机关简称）于××××年××月××日回复了……（回复意见的名称和文号）”，写明本院监督公安机关启动强制医疗程序及公安机关回复情况，包括制发要求说明不启动强制医疗程序理由通知书日期，公安机关回复日期及回复情况。

第二段本院审查认定的情况，写明公安机关不启动强制医疗程序理由不能成立的原因和应当启动程序的事实根据和法律依据。

第三段（结语段）明确公安机关启动强制医疗程序的最后期限，模板为，“根据《中华人民共和国刑事诉讼法》第三百零七条的规定，请于××××年××月××日前启动对×××（涉案精神病人姓名）的强制医疗程序，并将启动程序决定书副本送达本院”。

3. 尾部

落款为文书制作日期，并加盖院印。

（四）文书模板及制作说明

1. 文书模板

×××人民检察院

要求启动强制医疗程序通知书

××检××医启通〔20××〕×号

________（公安机关名称）：

本院于________年________月________日向你________（公安机关简称）发出《要求说明不启动强制医疗程序理由通知书》，你________（公安机关简称）于________年________月________日回复了……（回复意见的名称和文号）。

经审查，本院认为……（写明公安机关不启动强制医疗程序理由不能成立的原因和应当启动程序的事实根据和法律依据）

根据《中华人民共和国刑事诉讼法》第三百零七条的规定，请于________年________月________日前启动对________（涉案精神病人姓名）的强制医疗程序，并将启动程序决定书副本送达本院。

20××年××月××日
（院印）

2. 制作说明

（1）本文书依据《中华人民共和国刑事诉讼法》第三百零七条的规定制作。是人民检察院认为公安机关不启动强制医疗程序理由不能成立，通知公安机关启动时使用。

（2）本文书一式二份，一份附卷，一份送达公安机关。

5.5.3　法律文书：采取临时保护性约束措施建议书

（一）基本概念

采取临时保护性约束措施建议书，是人民检察院认为公安机关应当采取临时保护性约束措施而未采取，建议采取临时保护性约束措施时使用的法律文书。

（二）相关依据

1. 法律依据

《中华人民共和国刑事诉讼法》第八条："人民检察院依法对刑事诉讼实行法律监督。"

第三百零七条："人民检察院对强制医疗的决定和执行实行监督。"

2. 司法解释规定

《人民检察院刑事诉讼规则》第五百四十条："人民检察院发现公安机关应当启动强制医疗程序而不启动的，可以要求公安机关在七日以内书面说明不启动的理由。

经审查，认为公安机关不启动理由不能成立的，应当通知公安机关启动强制医疗程序。

公安机关收到启动强制医疗程序通知书后，未按要求启动强制医疗程序的，人民检察院应当提出纠正意见。”

第五百四十二条：“人民检察院发现公安机关对涉案精神病人不应当采取临时保护性约束措施而采取的，应当提出纠正意见。

认为公安机关应当采取临时保护性约束措施而未采取的，应当建议公安机关采取临时保护性约束措施。”

3. 其他规定

《人民检察院强制医疗决定程序监督工作规定》第七条：“人民检察院发现公安机关对涉案精神病人采取临时保护性约束措施，有下列情形之一的，应当依法提出纠正意见：

（一）不应当采取而采取临时保护性约束措施的；

（二）采取临时保护性约束措施的方式、方法和力度不当，超过避免和防止危害他人和精神病人自身安全的必要限度的；

（三）对已无继续危害社会可能，解除约束措施后不致发生社会危害性的涉案精神病人，未及时解除保护性约束措施的；

（四）其他违反法律规定的情形。

人民检察院认为公安机关有必要采取临时保护性约束措施而公安机关尚未采取的，可以建议公安机关采取临时保护性约束措施。”

（三）文书结构

1. 首部

首部由检察机关名称、文书名称和文号三部分组成。其中，检察机关的名称应为全称，即要注明所在省（自治区、直辖市）名称，不能只写地区级市、县、区院名。文书名称，即“采取临时保护性约束措施建议书”。文号生成格式为：“××检××医束建〔20××〕×号”。

2. 正文

抬头，发往部门，写明被建议采取临时保护性约束措施的公安机关名称，行文上顶格书写。

主文模板为，“你×（公安机关简称）正在办理的×××（涉案精神病人姓名）涉嫌实施×××行为一案，根据《中华人民共和国刑事诉讼法》第三百零七条的规定，本院建议对其采取临时保护性约束措施”，写明建议采取临时保护性约束措施的涉案精神病人姓名及案由。

3. 尾部

落款，文书制发时间，并加盖院印。

（四）文书模板及制作说明

1. 文书模板

×××人民检察院

采取临时保护性约束措施建议书

××检××医束建〔20××〕×号

________（公安机关名称）：

你________（公安机关简称）正在办理的________（涉案精神病人姓名）涉嫌实施________行为一案，根据《中华人民共和国刑事诉讼法》第三百零七条的规定，本院建议对其采取临时保护性约束措施。

20××年××月××日

（院印）

2. 制作说明

（1）本文书依据《中华人民共和国刑事诉讼法》第三百零七条的规定制作。为人民检察院认为公安机关应当采取临时保护性约束措施而尚未采取的，建议采取时使用。

（2）本文书一式二份，一份送达公安机关，一份附卷。

5.5.4　法律文书：启动强制医疗程序决定书

（一）基本概念

启动强制医疗程序决定书，是人民检察院对依法不负刑事责任的精神病人作出不起诉决定后，认为符合强制医疗条件，决定启动强制医疗程序时使用的法律文书。

（二）相关依据

1. 法律依据

《中华人民共和国刑事诉讼法》第八条："人民检察院依法对刑事诉讼实行法律监督。"

第三百零二条："实施暴力行为，危害公共安全或者严重危害公民人身安全，经法定程序鉴定依法不负刑事责任的精神病人，有继续危害社会可能的，可以予以强制医疗。"

第三百零三条第二款："公安机关发现精神病人符合强制医疗条件的，应当写出强制医疗意见书，移送人民检察院。对于公安机关移送的或者在审查起诉过程中发现的精神病人符合强制医疗条件的，人民检察院应当向人民法院提出强制医疗的申请。人民法院在审理案件过程中发现被告人符合强制医疗条件的，可以作出强制医疗的决定。"

第三百零七条："人民检察院对强制医疗的决定和执行实行监督。"

2. 司法解释规定

《人民检察院刑事诉讼规则》第五百四十条："人民检察院发现公安机关应当启动强制医疗程序而不启动的，可以要求公安机关在七日以内书面说明不启动的理由。

经审查，认为公安机关不启动理由不能成立的，应当通知公安机关启动强制医疗程序。

公安机关收到启动强制医疗程序通知书后，未按要求启动强制医疗程序的，人民检察院应当提出纠正意见。"

第五百四十三条："在审查起诉中，犯罪嫌疑人经鉴定系依法不负刑事责任的精神病人的，人民检察院应当作出不起诉决定。认为符合刑事诉讼法第三百零二条规定条件的，应当向人民法院提出强制医疗的申请。"

（三）文书结构

本文书为二联填充式文书。

1. 第一联

本联主要用于审批程序，不附卷，由办案部门统一留存。

（1）首部。本部分包括制作文书的人民检察院名称，需注明所在省（自治区、直辖市）的名称，不能只写地区级市、县、区院名；文书名称，即“启动强制医疗程序决定书”；文书名称下方标注“（存根）”字样；文号生成格式为：“××检××医启〔20××〕×号”。

（2）正文。依次填写：涉案精神病人基本情况；批准人、承办人、填发人姓名；填发时间。

2. 第二联

第二联由承办人附卷。

（1）首部。本部分与存根内容基本相同，不同之处在于第二联文书名称下方无标注。

（2）正文。主文模板为“根据《中华人民共和国刑事诉讼法》第三百零二条、第三百零三条的规定，本院决定对×××启动强制医疗程序”，按照模板填充要求写明涉案精神病人的姓名。

（3）尾部。填发文书的日期，日期上加盖院印，并由检察长签名（用名章）。

（四）文书模板及制作说明

1. 文书模板

×××人民检察院

启动强制医疗程序决定书

（存　根）

××检××医启〔20××〕×号

涉案精神病人基本情况________________

____

____

批准人________________

承办人________________

填发人________________

填发时间________________

第一联　统一保存

×××人民检察院

启动强制医疗程序决定书

××检××医启〔20××〕×号

根据《中华人民共和国刑事诉讼法》第三百零二条、第三百零三条的规定，本院决定对__________启动强制医疗程序。

检察长（印）

20××年××月××日

（院印）

第二联　附卷

2. 制作说明

(1) 本文书依据《中华人民共和国刑事诉讼法》第三百零二条、第三百零三条第二款的规定制作。是人民检察院对依法不负刑事责任的精神病人作出不起诉决定后，认为符合强制医疗条件，决定启动强制医疗程序时使用。

(2) 本文书共二联，第一联统一保存备查，第二联附卷。

5.5.5 法律文书：纠正强制医疗案件不当决定意见书

(一) 基本概念

纠正强制医疗案件不当决定意见书，是人民检察院认为人民法院作出的强制医疗决定或者驳回强制医疗申请的决定不当，监督人民法院纠正时使用的法律文书。

(二) 相关依据

1. 法律依据

《中华人民共和国刑事诉讼法》第八条："人民检察院依法对刑事诉讼实行法律监督。"

第三百零七条："人民检察院对强制医疗的决定和执行实行监督。"

2. 司法解释规定

(1) 最高人民法院《关于适用〈中华人民共和国刑事诉讼法〉的解释》第六百四十八条："人民检察院认为强制医疗决定或者解除强制医疗决定不当，在收到决定书后二十日以内提出书面纠正意见的，人民法院应当另行组成合议庭审理，并在一个月以内作出决定。"

(2)《人民检察院刑事诉讼规则》第五百四十五条："人民检察院发现人民法院强制医疗案件审理活动具有下列情形之一的，应当提出纠正意见：

(一) 未通知被申请人或者被告人的法定代理人到场的；

(二) 被申请人或者被告人没有委托诉讼代理人，未通知法律援助机构指派律师为其提供法律帮助的；

（三）未组成合议庭或者合议庭组成人员不合法的；

（四）未经被申请人、被告人的法定代理人请求直接作出不开庭审理决定的；

（五）未会见被申请人的；

（六）被申请人、被告人要求出庭且具备出庭条件，未准许其出庭的；

（七）违反法定审理期限的；

（八）收到人民检察院对强制医疗决定不当的书面纠正意见后，未另行组成合议庭审理或者未在一个月以内作出复议决定的；

（九）人民法院作出的强制医疗决定或者驳回强制医疗申请决定不当的；

（十）其他违反法律规定的情形。”

第五百四十六条：“出席法庭的检察官发现人民法院或者审判人员审理强制医疗案件违反法律规定的诉讼程序，应当记录在案，并在休庭后及时向检察长报告，由人民检察院在庭审后向人民法院提出纠正意见。”

第五百四十七条：“人民检察院认为人民法院作出的强制医疗决定或者驳回强制医疗申请的决定，具有下列情形之一的，应当在收到决定书副本后二十日以内向人民法院提出纠正意见：

（一）据以作出决定的事实不清或者确有错误的；

（二）据以作出决定的证据不确实、不充分的；

（三）据以作出决定的证据依法应当予以排除的；

（四）据以作出决定的主要证据之间存在矛盾的；

（五）有确实、充分的证据证明应当决定强制医疗而予以驳回的，或者不应当决定强制医疗而决定强制医疗的；

（六）审理过程中严重违反法定诉讼程序，可能影响公正审理和决定的。”

第五百四十八条：“人民法院在审理案件过程中发现被告人符合强制医疗条件，适用强制医疗程序对案件进行审理的，人民检察院应当在庭审中发表意见。

人民法院作出宣告被告人无罪或者不负刑事责任的判决和强制医疗

决定的，人民检察院应当进行审查。对判决确有错误的，应当依法提出抗诉；对强制医疗决定不当或者未作出强制医疗的决定不当的，应当提出纠正意见。”

第五百五十条：“人民检察院对于人民法院批准解除强制医疗的决定实行监督，发现人民法院解除强制医疗的决定不当的，应当提出纠正意见。”

（三）文书结构

1. 首部

包括人民检察院的名称、文书名称和文书编号。人民检察院的名称即作出决定的人民检察院，需注明所在省（自治区、直辖市）的名称，不能只写地区级市、县、区院名。文书名称，即“纠正强制医疗案件不当决定意见书”。文书生成格式为：“××检××医纠决〔20××〕×号”。

2. 正文

（1）抬头，发往单位，本部分需要准确写明检察机关经审查后认为强制医疗决定不当的人民法院，注意应当写明全称，特别是对于基层法院，如需要写明“××市××区人民法院”。

（2）被申请人或者被告人基本情况，包括姓名、性别、出生日期、所在地等。本部分是关于当事人的基本信息部分，需要简要、准确，既包括其他法律文书常有的姓名、性别、出生年月日、户籍地、公民身份号码、民族、文化程度、职业、户籍地、住址、前科（包括行政处罚和刑事处罚情况等，也包括在强制医疗案件中被采取临时保护性约束措施的情况）。

（3）人民法院作出的强制医疗决定或者驳回强制医疗申请的决定的情况，包括决定的理由。本部分根据人民法院相应法律文书进行摘录，一般可以概括摘录，但务必客观、准确。

（4）认定决定不当的理由和法律依据。本部分属于文书的重点部分，需要写明人民检察院经审查后认为人民法院决定不当的具体理由，既需要阐明检察机关依法审查的履职情况，也需要依据法律规定说明认为人民法院决定不当的充分理由。在制作过程中注意结合案件证据材料，按照一事一证一分析等适当体例撰写。

（5）提出纠正意见。本部分需要简要写明人民检察院经审查认为人民法院何种决定存在何种错误，准确引用法律条款，要求人民法院重新核查，予以纠正，回复处理情况。

3. 尾部

写明承办人姓名，制作文书日期，注意文书模板中的“（院印）”字样应当删除。

（四）文书模板及制作说明

1. 文书模板

×××人民检察院

纠正强制医疗案件不当决定意见书

××检××医纠决〔20××〕×号

×××人民法院：

被申请人（写明姓名、性别、出生年月日、户籍地、公民身份号码、民族、文化程度、职业或者工作单位及职务、住址、曾受到行政处罚、刑事处罚的情况、采取临时保护性约束措施的情况等）

本院于（审查处理日期）申请对×××强制医疗一案，你院于（法院作出决定日期）以（法院决定书文号）决定书作出决定：……。理由是：……

经审查，本院认为：……

综上，本院认为……。依照《中华人民共和国刑事诉讼法》第三百零七条的规定，特向你院提出纠正意见，请依法对该决定进行重新核查，予以纠正，并将处理情况告知本院。

20××年××月××日

（院印）

2. 制作说明

（1）本文书依据《中华人民共和国刑事诉讼法》第三百零七条的规定制作。是人民检察院认为人民法院作出的强制医疗决定或者驳回强制医疗申请的决定不当，要求纠正时使用。

（2）本文书一式二份，一份送达人民法院，一份附卷。

5.5.6　工作文书：强制医疗监督案件审查报告

（一）基本概念

强制医疗监督案件审查报告，是人民检察院审查公安机关不启动强制医疗程序的理由是否成立时使用的报告类工作文书。

（二）相关依据

1. 法律依据

《中华人民共和国刑事诉讼法》第八条："人民检察院依法对刑事诉讼实行法律监督。"

第三百零三条："根据本章规定对精神病人强制医疗的，由人民法院决定。

公安机关发现精神病人符合强制医疗条件的，应当写出强制医疗意见书，移送人民检察院。对于公安机关移送的或者在审查起诉过程中发现的精神病人符合强制医疗条件的，人民检察院应当向人民法院提出强制医疗的申请。人民法院在审理案件过程中发现被告人符合强制医疗条件的，可以作出强制医疗的决定。

对实施暴力行为的精神病人，在人民法院决定强制医疗前，公安机关可以采取临时的保护性约束措施。"

第三百零七条："人民检察院对强制医疗的决定和执行实行监督。"

2. 司法解释规定

《人民检察院刑事诉讼规则》第五百四十条："人民检察院发现公安机关应当启动强制医疗程序而不启动的，可以要求公安机关在七日以内书面说明不启动的理由。

经审查，认为公安机关不启动理由不能成立的，应当通知公安机关启动强制医疗程序。

公安机关收到启动强制医疗程序通知书后，未按要求启动强制医疗程序的，人民检察院应当提出纠正意见。”

（三）文书结构

1. 首部

人民检察院的名称即作出决定的人民检察院；文书名称，即“强制医疗监督案件审查报告”。

2. 正文

写明要求说明不启动理由日期、承担案件侦查的机关、侦查机关回复不启动理由的日期等。

（1）涉案精神病人的基本情况。本部分包括：涉案精神病人姓名，性别，出生年月日，出生地，证件种类、证件号码，民族，文化程度，职业或者工作单位与职务，户籍地，住址，采取临时保护性措施的情况及处所。涉案精神病人的法定代理人姓名，基本情况及联系方式。

（2）经审查认定的危害公共安全或严重危害公民人身安全的暴力行为事实及证据。本部分要求全面、完整、有逻辑地描述涉案精神病人所实施的暴力行为事实，并需要详细阐明该暴力行为经审查认定已经达到危害公共安全或严重危害公民人身安全的程度。同时需要列明证实该暴力行为的证据情况，并对由证据认定事实的判断过程进行分析。认定事实应当达到排除合理怀疑的证明标准。

（3）涉案精神病人是否应负刑事责任的依据。应当根据鉴定意见等证据材料提出涉案精神病人是否应负刑事责任的明确意见。

（4）侦查机关不启动的情况及理由。本部分应阐明侦查机关不启动对涉案精神病人强制医疗程序的原因及理由。如果公安机关未按期回复或者未在合理期限内回复不启动理由说明书，此处则如实进行说明。

（5）需要说明的情况。本部分需要写明不宜在前几项中表述，但可能影响案件处理的有关情况。

（6）处理意见。本部分应根据行为人暴力行为事实认定、行为人是否应负刑事责任等情况判断行为人是否符合强制医疗条件，并根据该判断提出通知公安机关启动强制医疗程序的意见或者提出公安机关说明不启动强制医疗程序理由成立的意见。

3. 尾部

写明承办人姓名，制作文书日期，时间应使用阿拉伯数字。

（四）文书模板及制作说明

1. 文书模板

×××人民检察院

强制医疗监督案件审查报告

本院于（要求说明不启动理由日期）向（侦查机关）发出《要求说明不启动强制医疗程序理由通知书》，（侦查机关）于（侦查机关回复日期）向本院回复了《不启动理由说明书》，说明了该案不予启动的理由。承办人经审查完毕，现报告如下：

一、涉案精神病人的基本情况

涉案精神病人（涉案精神病人姓名），（性别），（出生日期），（证件种类）（证件号码），（民族），（受教育程度），（职业）或者（工作单位+职务），（户籍地），（住所地详细地址）。采取临时保护性措施的情况及处所。

涉案精神病人的法定代理人姓名，基本情况及联系方式。

二、经审查认定的危害公共安全或严重危害公民人身安全的暴力行为事实及证据

（一）基本事实

（二）证据情况

三、涉案精神病人是否应负刑事责任的依据

四、侦查机关不启动的情况及理由

五、需要说明的问题

六、处理意见

综上，承办人认为，根据《人民检察院刑事诉讼规则》第五百四十条的规定，公安机关说明不启动强制医疗程序理由不成立，应当通知公安机关启动强制医疗程序（或公安机关说明不启动强制医疗程序理由成立）。

承办人：×××

20××年××月××日

2. 制作说明

（1）本文书依据《中华人民共和国刑事诉讼法》第三百零七条，《人民检察院刑事诉讼规则》第五百四十条的规定制作，就针对人民检察院审查公安机关不启动强制医疗程序的理由是否成立时使用的内部审查报告类文书。如果公安机关未按期回复或者未在合理期限内回复不启动理由说明书，也可以推进监督程序，使用该审查报告开展相关监督工作。

（2）本文书以案为制作单位，由办理案件的人民检察院制作。

（3）本文书制作一份，附卷备案审查。

第六节　未成年人刑事案件适用文书

未成年人刑事案件适用文书，是人民检察院在办理未成年人刑事案件，即被告人或被害人等为未成年人的刑事案件时所使用的相关文书。

5.6.1　法律文书：未成年犯罪嫌疑人诉讼权利义务告知书（审查逮捕阶段）

（一）基本概念

未成年犯罪嫌疑人诉讼权利义务告知书（审查逮捕阶段），是人民检察院在审查逮捕阶段讯问未成年犯罪嫌疑人，依法告知其诉讼权利和义务时所使用的法律文书。

（二）相关依据

1. 司法解释规定

《人民检察院刑事诉讼规则》第二百五十八条："人民检察院讯问犯罪嫌疑人时，应当首先查明犯罪嫌疑人的基本情况，依法告知犯罪嫌疑人诉讼权利和义务，以及认罪认罚的法律规定，听取其供述和辩解。犯罪嫌疑人翻供的，应当讯问其原因。犯罪嫌疑人申请排除非法证据的，应当告知其提供相关线索或者材料。犯罪嫌疑人检举揭发他人犯罪的，应当予以记录，并依照有关规定移送有关机关、部门处理。

讯问犯罪嫌疑人应当制作讯问笔录，并交犯罪嫌疑人核对或者向其宣读。经核对无误后逐页签名或者盖章，并捺指印后附卷。犯罪嫌疑人请求自行书写供述的，应当准许，但不得以自行书写的供述代替讯问笔录。

犯罪嫌疑人被羁押的，讯问应当在看守所讯问室进行。"

2. 其他规定

《未成年人刑事检察工作指引（试行）》第十九条："人民检察院应当依法保护涉案未成年人的名誉、隐私和个人信息，尊重其人格尊严，不得公开或者传播能够单独或者与其他信息结合识别未成年人个人身份的各种信息，包括姓名、出生日期、身份证号码、个人生物识别信息、住址、电话号码、照片、图像等。"

第二十五条："人民检察院办理未成年人刑事案件，应当首先了解未成年犯罪嫌疑人委托辩护人及得到法律援助的情况。没有委托辩护人的，应当及时告知未成年犯罪嫌疑人及其法定代理人有权委托辩护人。未成年犯罪嫌疑人及其法定代理人没有委托辩护人且没有得到法律援助的，应当及时通知所在地法律援助机构指派律师为其提供辩护。"

第四十六条："人民检察院办理涉及未成年人的刑事案件，应当依法通知未成年犯罪嫌疑人、被害人、证人的法定代理人在场，见证、监督整个讯问或者询问过程，维护未成年人合法权益。

对于法定代理人具有下列情形之一，不能或者不宜到场的，要保证未成年人的其他成年亲属，所在学校、单位或者居住地的村民委员会、居民委员会、未成年人保护组织的代表等合适成年人到场，并将有关情况记录在案：

（一）与未成年犯罪嫌疑人构成共同犯罪的；

（二）已经死亡、宣告失踪或者无监护能力的；

（三）因身份、住址或联系方式不明无法通知的；

（四）因路途遥远或者其他原因无法及时到场的；

（五）经通知明确拒绝到场的；

（六）阻扰讯问或者询问活动正常进行，经劝阻不改的；

（七）未成年人有正当理由拒绝法定代理人到场的；

（八）到场可能影响未成年人真实陈述的；

（九）其他不能或者不宜到场的情形。

讯问、询问女性未成年人的，一般应当选择女性合适成年人到场。

通知到场的法定代理人或者合适成年人一般为一名。

法定代理人不能或者不宜到场的情形消失后，人民检察院应当及时通知法定代理人到场。”

第四十九条：“未成年人要求更换合适成年人且有正当理由的，应当予以准许。

未成年人虽然没有提出更换合适成年人，但表露出对合适成年人抗拒、不满等情形，导致诉讼活动不能正常进行的，检察人员可以在征询未成年人的意见后，及时更换合适成年人。

更换合适成年人原则上以两次为限，但合适成年人不能正确行使权利、履行义务，不能依法保障未成年人合法权益的除外。”

第五十四条：“人民检察院对于具备下列条件之一，且未成年犯罪嫌疑人的法定代理人、近亲属等与本案无牵连的，经公安机关同意，可以安排在押的未成年犯罪嫌疑人与其法定代理人、近亲属等进行会见：

（一）案件事实已基本查清，主要证据确实、充分，安排会见、通话不会影响诉讼活动正常进行的；

（二）未成年犯罪嫌疑人有认罪、悔罪表现，或者虽尚未认罪、悔罪，但通过会见有可能促使其转化，或者通过会见有利于社会、家庭稳定的；

（三）未成年犯罪嫌疑人的法定代理人、近亲属对其犯罪原因、社会危害性以及后果有一定的认识，并能配合司法机关进行教育的；

（四）其他可以安排会见的情形。”

第六十八条：“对于符合条件的未成年人刑事案件，人民检察院可以应双方当事人的申请促成和解或者通过人民调解委员会等中立的第三方进行和解。申请可以口头提出，也可以书面提出，均应记录在案。

开展和解应当不公开进行。人民检察院应当告知参与人不得泄露未成年人的案件信息。”

第一百零七条：“讯问未成年犯罪嫌疑人应当准备以下告知法律文书：

（一）未成年犯罪嫌疑人权利义务告知书；

（二）法定代理人或者合适成年人到场通知书；

（三）法定代理人或者合适成年人权利义务告知书；

（四）传唤证或者提讯提解证；

（五）根据案件具体情况应当准备的其他告知文书，如心理测评告知书等。”

第一百一十条：“办案人员应当告知未成年犯罪嫌疑人及其法定代理人或者合适成年人依法享有的诉讼权利、相关法律规定以及案件的进展情况。告知时，应当以未成年人可以理解的语言进行解释说明，并通过由未成年犯罪嫌疑人亲笔书写告知内容或者让其复述等方式，以确保未成年人真正理解其诉讼权利、义务以及供述可能产生的法律后果。告知的情形应当记录在案。”

（三）文书结构

1. 首部

标题部分，检察机关的名称应为全称，即要注明所在省（自治区、直辖市）名称，不能只写地区级市、县、区院名。文书名称，即“未成年犯罪嫌疑人诉讼权利义务告知书”。文书名称下方标注“（审查逮捕阶段 回执）”。

2. 正文

抬头，权利义务告知对象，未成年犯罪嫌疑人姓名。

告知权利义务主文模板为，“你涉嫌×××（罪名）一案，已由×××（侦查机关名称）提请我院审查逮捕，根据《中华人民共和国刑事诉讼法》和《未成年人刑事检察工作指引（试行）》的有关规定，现向你告知在审查逮捕阶段依法享有的诉讼权利和承担的诉讼义务”，按要求写明涉嫌罪名、侦查机关名称。

3. 尾部

落款，文书制发日期。

未成年犯罪嫌疑人、法定代理人/合适成年人确认签名，并注明日期。

（四）文书模板及制作说明

1. 文书模板

×××人民检察院

未成年犯罪嫌疑人诉讼权利义务告知书

（审查逮捕阶段　回执）

×××（犯罪嫌疑人姓名）：

你涉嫌×××（罪名）一案，已由×××（侦查机关名称）提请我院审查逮捕，根据《中华人民共和国刑事诉讼法》和《未成年人刑事检察工作指引（试行）》的有关规定，现向你告知在审查逮捕阶段依法享有的诉讼权利和承担的诉讼义务。

20××年××月××日

《未成年犯罪嫌疑人诉讼权利义务告知书》已向我告知，我已知悉。

未成年犯罪嫌疑人（签名）：

年　月　日

法定代理人/合适成年人（签名）：

年　月　日

×××人民检察院
未成年犯罪嫌疑人诉讼权利义务告知书

（审查逮捕阶段）

根据《中华人民共和国刑事诉讼法》和《未成年人刑事检察工作指引（试行）》的有关规定，你在审查逮捕阶段依法享有的诉讼权利和承担的诉讼义务如下：

一、诉讼权利

1. 认罪认罚如实供述获得从宽处理的权利

在接受讯问时，你自愿如实供述自己的罪行，承认指控的犯罪事实，愿意接受处罚的，可以依法从宽处理。

2. 辩护及获得法律援助的权利

你有权为自己辩护，自被侦查机关第一次讯问或者被采取强制措施之日起，有权委托辩护人，但在侦查期间只能委托律师作为辩护人。

如果你在押或者被监视居住，也可以由你的监护人、近亲属代为委托辩护人；在此期间你要求委托辩护人的，办案机关应当及时向你的监护人、近亲属或者指定的人员转达你的要求。

如果你没有委托辩护人，办案机关应当通知法律援助机构指派律师免费为你提供辩护。

3. 使用本民族语言文字进行诉讼及获得翻译的权利

你有权使用本民族语言文字进行诉讼。

如果你是聋、哑人或不通晓当地通用语言文字，检察机关应当为你聘请通晓聋、哑手势或者当地通用语言文字且与本案无利害关系的人员提供翻译。

4. 申请回避的权利

你及你的法定代理人认为办案人员具有下列情形之一的，有权要求其回避：

（1）是本案的当事人或者是当事人的近亲属的；

（2）本人或者他的近亲属和本案有利害关系的；

（3）担任过本案的证人、鉴定人、辩护人、诉讼代理人的；

（4）与本案当事人有其他关系，可能影响公正处理案件的；

（5）接受当事人及其委托人的请客送礼，违反规定会见当事人及其委托人的。

对检察机关驳回申请回避的决定，有权申请复议一次。

5. 接受讯问时的权利

（1）检察机关对你进行讯问时，应当通知你的法定代理人到场，法定代理人可以代为行使你的诉讼权利并维护你的合法权益。如果法定代理人具有下列情形之一，不能或不宜到场的，检察机关可以通知你的其他成年亲属，所在学校、单位或者居住地的村民委员会、居民委员会、未成年人保护组织的代表到场，维护你的合法权益。

①与你涉嫌共同犯罪的；

②已经死亡、宣告失踪或者无监护能力的；

③因身份、住址或联系方式不明无法通知的；

④因路途遥远或者其他原因无法及时到场的；

⑤经通知明确拒绝到场的；

⑥阻扰讯问或者询问活动正常进行，经劝阻不改的；

⑦你有正当理由拒绝法定代理人到场的；

⑧到场可能影响你真实陈述的；

⑨其他不能或者不宜到场的情形。

有正当理由时，你有权要求更换合适成年人，原则上以两次为限。

（2）如果你是女性，检察机关对你进行讯问时，应当有女性办案人员在场。

（3）如果检察机关对讯问进行同步录音录像，办案人员应当向你告知。

（4）对与本案无关的问题，你可以不回答。

（5）讯问笔录应当交给你核对。如果你没有阅读能力，办案人员应当向你宣读。如果记载有遗漏或差错，你有权要求补充或改正。

（6）如果你请求自行书写供述的，办案人员应当准许。

（7）你有权向检察机关申请与你的法定代理人、近亲属进行会见。

6. 知悉用作证据的鉴定意见及申请补充或重新鉴定的权利

侦查机关应当向你告知用作证据的鉴定意见。

对于用作证据的鉴定意见，你有权申请补充鉴定或者重新鉴定，但除原鉴定违反法定程序外，你应当承担补充鉴定或者重新鉴定的费用。

7. 申请审查逮捕不公开听证的权利

你认为自己不被羁押不致发生社会危险性且符合取保候审条件的，你及你的法定代理人或者辩护人有权申请检察机关进行审查逮捕不公开听证。

8. 申请变更及解除强制措施等权利

你及你的法定代理人、近亲属或者辩护人，有权向办案机关申请变更强制措施；对于办案机关采取强制措施法定期限届满的，有权要求解除强制措施。

如果你被逮捕，有权申请检察机关对羁押必要性进行审查。

9. 证明文件知悉权

如果你被传唤到指定地点或住处接受讯问，你有权要求办案人员出示证明文件。

10. 控告、申诉及获得国家赔偿的权利

对于办案人员侵犯你诉讼权利和人身侮辱的行为，或者办案机关及其工作人员的违法行为，你有权提出控告或者申诉。

对办案人员采用刑讯逼供等非法方法收集证据的行为，你有权提出控告。如果你能够提供涉嫌非法取证的人员、时间、地点、方式和内容等材料或者线索的，检察机关应当受理并审查。

对于司法机关及其工作人员对与案件无关的财物采取查封、扣押、冻结措施的，或者应当解除查封、扣押、冻结不解除的，或者贪污、挪用、私分、调换、违反规定使用查封、扣押、冻结的财物的，你及你的辩护人有权提出控告或申诉。

如果你的人身权利、财产权利因检察机关及其工作人员违法行使职权而受到侵犯，你有权要求国家赔偿。

11. 隐私获得保护的权利

检察机关在办案过程中应当依法保护你的名誉、隐私和个人信息，尊重你的人格尊严，不得公开或者传播能够单独或者与其他信息结合识别你个人身份的各种信息，包括姓名、出生日期、公民身份号码、个人生物识别信息、住址、电话号码、照片、图像等。

12. 犯罪记录封存及免除前科报告义务的权利

如果你犯罪的时候不满十八周岁，且被判处五年有期徒刑以下刑罚或被不起诉，司法机关应当对相关犯罪记录予以封存。同时，你在入伍、入学、就业的时候，可以免除如实向有关单位报告自己曾受过刑事处罚的义务。

13. 申请和解的权利

你有权向检察机关申请促成双方当事人和解。申请可以口头提出，也可以书面提出。

14. 申请排除非法证据的权利

你及你的法定代理人、辩护律师有权对在侦查阶段因受到刑讯逼供等非法取证行为而作出的供述申请排除，但是应当提供涉嫌非法取证的人员、时间、地点、方式、内容等相关线索或证据。

15. 对社会调查知情的权利

你及你的法定代理人有权知悉对你开展社会调查人员的组成、调查程序、调查内容以及隐私保护等情况。

二、诉讼义务

1. 接受相关诉讼行为的义务

你应当遵守刑事诉讼法及有关规定，接受检察机关依法采取的强制措施及其他诉讼行为。

2. 不得干扰作证的义务

你在诉讼中不得隐匿、伪造、毁灭证据或者串供，不得威胁引诱证人作伪证以及进行其他干扰司法机关诉讼活动的行为；违反前述规定的，将被追究法律责任。

3. 接受讯问并在笔录上签名、按要求书写亲笔供词的义务

你对办案人员的讯问，应当如实回答。如果你认为讯问笔录没有错误，应当逐页签名、盖章或者捺指印。

必要的时候，经办案人员要求，你应当亲笔书写供述。

2. 制作说明

(1) 本文书依据《人民检察院刑事诉讼规则》第二百五十八条,《未成年人刑事检察工作指引(试行)》第十九条、第二十五条、第四十六条、第四十九条、第五十四条、第六十八条、第一百零七条、第一百一十条的规定制作。为人民检察院在审查逮捕阶段讯问未成年犯罪嫌疑人,依法告知其诉讼权利和义务时使用。

(2) 未成年犯罪嫌疑人,是指在讯问时未满十八周岁的人。犯罪嫌疑人实施涉嫌犯罪行为时未满十八周岁,讯问时已满十八周岁但未满二十周岁的,可以使用本告知书。

(3) 对于未成年犯罪嫌疑人根据权利义务告知书所提出的权利主张,应当在讯问笔录中载明,不在本权利义务告知书中记载。未成年犯罪嫌疑人对告知书内容提出疑问的,应当以通俗易懂的语言进行口头解释。

(4) 本文书以人为单位制作,在审查逮捕阶段第一次讯问时交未成年犯罪嫌疑人及其法定代理人或合适成年人阅看,并要求未成年犯罪嫌疑人及其法定代理人或合适成年人在回执上签名后附卷,权利义务内容部分交未成年犯罪嫌疑人留存。

5.6.2 法律文书:未成年犯罪嫌疑人法定代理人诉讼权利义务告知书(审查逮捕阶段)

(一) 基本概念

未成年犯罪嫌疑人法定代理人诉讼权利义务告知书(审查逮捕阶段),是人民检察院审查逮捕未成年人刑事案件,讯问时告知到场的未成年犯罪嫌疑人的法定代理人诉讼权利和义务时所使用的法律文书。

(二) 相关依据

1. 司法解释规定

《人民检察院刑事诉讼规则》第四百六十五条:“在审查逮捕、审查起诉中,人民检察院应当讯问未成年犯罪嫌疑人,听取辩护人的意见,并制作笔录附卷。辩护人提出书面意见的，应当附卷。对于辩护人提出犯罪嫌疑人无罪、罪轻或者减轻、免除刑事责任、不适宜羁押或者侦查活动有违法情形等意见的，检察人员应当进行审查，并在相关工作文书中叙明辩护人提出的意见，说明是否采纳的情况和理由。

讯问未成年犯罪嫌疑人，应当通知其法定代理人到场，告知法定代理人依法享有的诉讼权利和应当履行的义务。到场的法定代理人可以代为行使未成年犯罪嫌疑人的诉讼权利，代为行使权利时不得损害未成年犯罪嫌疑人的合法权益。

无法通知、法定代理人不能到场或者法定代理人是共犯的，也可以通知未成年犯罪嫌疑人的其他成年亲属，所在学校、单位或者居住地的村民委员会、居民委员会、未成年人保护组织的代表到场，并将有关情况记录在案。未成年犯罪嫌疑人明确拒绝法定代理人以外的合适成年人到场，且有正当理由的，人民检察院可以准许，但应当在征求其意见后通知其他合适成年人到场。

到场的法定代理人或者其他人员认为检察人员在讯问中侵犯未成年犯罪嫌疑人合法权益提出意见的，人民检察院应当记录在案。对合理意见，应当接受并纠正。讯问笔录应当交由到场的法定代理人或者其他人员阅读或者向其宣读，并由其在笔录上签名或者盖章，并捺指印。

讯问女性未成年犯罪嫌疑人，应当有女性检察人员参加。

询问未成年被害人、证人，适用本条第二款至第五款的规定。询问应当以一次为原则，避免反复询问。"

2. 其他规定

《未成年人刑事检察工作指引（试行）》第二十五条："人民检察院办理未成年人刑事案件，应当首先了解未成年犯罪嫌疑人委托辩护人及得到法律援助的情况。没有委托辩护人的，应当及时告知未成年犯罪嫌疑人及其法定代理人有权委托辩护人。未成年犯罪嫌疑人及其法定代理人没有委托辩护人且没有得到法律援助的，应当及时通知所在地法律援助机构指派律师为其提供辩护。"

第四十七条："到场的合适成年人享有下列权利：

（一）向办案机关了解未成年人的成长经历、家庭环境、个性特点、社会活动以及其他与案件有关的情况；

（二）讯问或者询问前，可以在办案人员陪同下会见未成年人，了解其健康状况、是否告知权利义务、合法权益是否被侵害等情况；

（三）向未成年人解释有关法律规定，并告知其行为可能导致的法律后果；

（四）对未成年人进行法制宣传，有针对性地进行提醒教育；

（五）发现办案机关存在诱供、逼供或其他侵害未成年人合法权益的情形，可以当场提出意见，也可以在笔录上载明自己的意见，并向办案机关主管部门反映情况；

（六）阅读讯问、询问笔录或者要求向其宣读讯问、询问笔录；

（七）法律法规规定的其他权利。

到场的合适成年人应当履行下列义务：

（一）接到参与刑事诉讼通知后持有效证件及时到场；

（二）向未成年人表明自己的身份和承担的职责；

（三）在场发挥监督作用和见证整个讯问、询问过程，维护未成年人基本权利；

（四）抚慰未成年人，帮助其消除恐惧心理和抵触情绪；

（五）帮助未成年人正确理解讯问或者询问程序，但不得以诱导、暗示等方式妨碍其独立思考回答问题，不得非法干涉办案机关正当的诉讼活动；

（六）保守案件秘密，不得泄露案情或者未成年人的个人信息；

（七）发现本人与案件存在利害关系或者其他不宜担任合适成年人的情况后，应当及时告知办案机关或者所在地未成年人保护组织；

（八）法律法规规定的其他义务。

到场的法定代理人除了具有上述规定的权利义务外，还可以代为行使未成年犯罪嫌疑人、被告人的诉讼权利。”

第五十四条：“人民检察院对于具备下列条件之一，且未成年犯罪嫌疑人的法定代理人、近亲属等与本案无牵连的，经公安机关同意，可以安排在押的未成年犯罪嫌疑人与其法定代理人、近亲属等进行会见：

（一）案件事实已基本查清，主要证据确实、充分，安排会见、通话不会影响诉讼活动正常进行的；

（二）未成年犯罪嫌疑人有认罪、悔罪表现，或者虽尚未认罪、悔罪，但通过会见有可能促使其转化，或者通过会见有利于社会、家庭稳定的；

（三）未成年犯罪嫌疑人的法定代理人、近亲属对其犯罪原因、社会危害性以及后果有一定的认识，并能配合司法机关进行教育的；

（四）其他可以安排会见的情形。”

第六十八条：“对于符合条件的未成年人刑事案件，人民检察院可以应双方当事人的申请促成和解或者通过人民调解委员会等中立的第三方进行和解。申请可以口头提出，也可以书面提出，均应记录在案。

开展和解应当不公开进行。人民检察院应当告知参与人不得泄露未成年人的案件信息。”

第一百零七条：“讯问未成年犯罪嫌疑人应当准备以下告知法律文书：

（一）未成年犯罪嫌疑人权利义务告知书；

（二）法定代理人或者合适成年人到场通知书；

（三）法定代理人或者合适成年人权利义务告知书；

（四）传唤证或者提讯提解证；

（五）根据案件具体情况应当准备的其他告知文书，如心理测评告知书等。”

第一百一十条：“办案人员应当告知未成年犯罪嫌疑人及其法定代理人或者合适成年人依法享有的诉讼权利、相关法律规定以及案件的进展情况。告知时，应当以未成年人可以理解的语言进行解释说明，并通过由未成年犯罪嫌疑人亲笔书写告知内容或者让其复述等方式，以确保未成年人真正理解其诉讼权利、义务以及供述可能产生的法律后果。告知的情形应当记录在案。”

（三）文书结构

1. 首部

标题部分，检察机关的名称应为全称，即要注明所在省（自治区、直辖市）名称，不能只写地区级市、县、区院名。文书名称，即“未成年犯罪嫌疑人法定代理人诉讼权利义务告知书”。文书名称下方标注“（审查逮捕阶段　回执）”。

2. 正文

抬头，权利义务告知对象，未成年犯罪嫌疑人法定代理人姓名。

告知权利义务主文模板为，“犯罪嫌疑人×××涉嫌×××罪一案，已由×××（侦查机关名称）提请我院审查逮捕。你作为×××（犯罪嫌疑人姓名）的法定代理人，根据《中华人民共和国刑事诉讼法》和《未成年人刑事检察工作指引（试行）》的有关规定，现向你告知在审查逮捕阶段依法享有的诉讼权利和承担的诉讼义务”，按要求写明未成年犯罪嫌疑人姓名、涉嫌罪名、侦查机关名称。

3. 尾部

落款，文书制发日期。

法定代理人确认签名，并注明日期。

（四）文书模板及制作说明

1. 文书模板

×××人民检察院

未成年犯罪嫌疑人法定代理人

诉讼权利义务告知书

（审查逮捕阶段　回执）

×××（未成年犯罪嫌疑人法定代理人姓名）：

犯罪嫌疑人×××涉嫌×××罪一案，已由×××（侦查机关名称）

提请我院审查逮捕。你作为×××（犯罪嫌疑人姓名）的法定代理人，根据《中华人民共和国刑事诉讼法》和《未成年人刑事检察工作指引（试行）》的有关规定，现向你告知在审查逮捕阶段依法享有的诉讼权利和承担的诉讼义务。

20××年××月××日

《未成年犯罪嫌疑人法定代理人诉讼权利义务告知书》已向我告知，我已知悉。

法定代理人（签名）：

20××年××月××日

×××人民检察院

未成年犯罪嫌疑人法定代理人诉讼权利义务告知书

（审查逮捕阶段）

根据《中华人民共和国刑事诉讼法》和《未成年人刑事检察工作指引（试行）》的有关规定，你作为未成年犯罪嫌疑人的法定代理人在审查逮捕阶段依法享有的诉讼权利和承担的诉讼义务如下：

一、诉讼权利

1. 未成年犯罪嫌疑人在接受讯问时，自愿如实供述自己的罪行，承认指控的犯罪事实，愿意接受处罚的，可以依法从宽处理。

2. 未成年犯罪嫌疑人在被侦查机关第一次讯问或者采取强制措施之日起，有权委托辩护人；在侦查期间，只能委托律师作为辩护人。

3. 你有权为未成年犯罪嫌疑人委托辩护人；如果没有委托的，办案机关应当通知法律援助机构指派律师免费为未成年犯罪嫌疑人提供辩护。

4. 你认为承办本案的办案人员具有下列情形之一的，有权要求他们回避：

（1）是本案的当事人或者是当事人的近亲属的；

（2）本人或者他的近亲属和本案有利害关系的；

（3）担任过本案的证人、鉴定人、辩护人、诉讼代理人的；

（4）与本案当事人有其他关系，可能影响公正处理案件的；

（5）接受当事人及其委托人的请客送礼，违反规定会见当事人及其委托人的。

对检察机关驳回申请回避的决定，可以申请复议一次。

5. 未成年犯罪嫌疑人如果被羁押，你有权申请变更强制措施。

6. 未成年犯罪嫌疑人被采取强制措施超过法定期限的，你有权要求解除强制措施。

7. 对办案人员侵犯未成年犯罪嫌疑人的诉讼权利和进行人身侮辱的行为，你有权提出控告。

8. 讯问未成年犯罪嫌疑人时你有权到场，并代为行使未成年犯罪嫌疑人的诉讼权利，同时享有以下权利：

（1）向办案机关提供未成年人的成长经历、家庭环境、个性特点、社会活动以及其他与案件有关的情况；

（2）讯问前，可以在办案人员陪同下会见未成年人，了解其健康状况、是否告知权利义务、合法权益是否被侵害等情况；

（3）向未成年人解释有关法律规定，并告知其行为可能导致的后果；

（4）对未成年人进行法治教育，有针对性地进行提醒教育；

（5）发现办案机关存在诱供、逼供或其他侵害未成年人合法权益的情形，可以当场提意见，也可以在笔录上载明自己的意见，并向办案机关主管部门反映情况；

（6）阅读讯问笔录或者要求向你宣读讯问笔录；

（7）法律法规规定的其他权利。

9. 你有权向承办案件的办案人员提供涉及案件或者未成年犯罪嫌疑人有关情况的证据。

10. 你有权向检察机关申请与未成年犯罪嫌疑人进行会见。

11. 你有权向检察机关提出促成双方当事人和解的申请。申请可以口头提出，也可以书面提出。

二、诉讼义务

1. 代为行使未成年犯罪嫌疑人的诉讼权利时，不得侵犯其合法权益。

2. 检察机关通知你在讯问时到场的，你应当携带能够证实自己身份的证件，准时到场。到场后，你应当随同办案人员进入讯问场所，并遵守讯问场所的相关规定，不得以任何方式妨碍办案人员正常的讯问活动或者诱导未成年犯罪嫌疑人作不实供述。违反前述规定的，你将被立即带离讯问场所，并可能被追究法律责任。

3. 你不得利用参与诉讼的机会，隐匿、伪造、毁灭证据或者串供，或者威胁、引诱证人作伪证以及进行其他干扰刑事诉讼活动的行为。违反前述规定的，你将可能被追究法律责任。

4. 你应当配合检察机关做好未成年犯罪嫌疑人的挽救帮教工作。

5. 你应当保守案件秘密，不得泄露案情或者涉案未成年人的个人信息。

2. 制作说明

（1）本文书依据《人民检察院刑事诉讼规则》第四百六十五条，《未成年人刑事检察工作指引（试行）》第二十五条、第四十七条、第五十四条、第六十八条、第一百零七条、第一百一十条的规定制作。是人民检察院审查逮捕未成年人刑事案件，讯问时告知到场的未成年犯罪嫌疑人的法定代理人诉讼权利和义务时使用。

（2）本文书以人为单位制作，在审查逮捕阶段第一次讯问未成年犯罪嫌疑人时交到场的法定代理人阅看，回执经其签名后附卷。

5.6.3 法律文书：未成年被害人诉讼权利义务告知书（审查逮捕阶段）

（一）基本概念

未成年被害人诉讼权利义务告知书（审查逮捕阶段），是人民检察院在审查逮捕阶段依法询问被害人，告知其诉讼权利义务时所使用的法律文书。

（二）相关依据

1. 司法解释规定

《人民检察院刑事诉讼规则》第二百五十九条：“办理审查逮捕、审查起诉案件，可以询问证人、被害人、鉴定人等诉讼参与人，并制作笔录附卷。询问时，应当告知其诉讼权利和义务。

询问证人、被害人的地点按照刑事诉讼法第一百二十四条的规定执行。”

2. 其他规定

《未成年人刑事检察工作指引（试行）》第四十六条：“人民检察院办理涉及未成年人的刑事案件，应当依法通知未成年犯罪嫌疑人、被害人、证人的法定代理人在场，见证、监督整个讯问或者询问过程，维护未成年人合法权益。

对于法定代理人具有下列情形之一，不能或者不宜到场的，要保证未成年人的其他成年亲属，所在学校、单位或者居住地的村民委员会、居民委员会、未成年人保护组织的代表等合适成年人到场，并将有关情况记录在案：

（一）与未成年犯罪嫌疑人构成共同犯罪的；

（二）已经死亡、宣告失踪或者无监护能力的；

（三）因身份、住址或联系方式不明无法通知的；

（四）因路途遥远或者其他原因无法及时到场的；

（五）经通知明确拒绝到场的；

（六）阻扰讯问或者询问活动正常进行，经劝阻不改的；

（七）未成年人有正当理由拒绝法定代理人到场的；

（八）到场可能影响未成年人真实陈述的；

（九）其他不能或者不宜到场的情形。

讯问、询问女性未成年人的，一般应当选择女性合适成年人到场。

通知到场的法定代理人或者合适成年人一般为一名。

法定代理人不能或者不宜到场的情形消失后，人民检察院应当及时通知法定代理人到场。”

第六十八条："对于符合条件的未成年人刑事案件，人民检察院可以应双方当事人的申请促成和解或者通过人民调解委员会等中立的第三方进行和解。申请可以口头提出，也可以书面提出，均应记录在案。

开展和解应当不公开进行。人民检察院应当告知参与人不得泄露未成年人的案件信息。"

第七十六条："未成年被害人具有下列情形之一的，人民检察院应当告知未成年被害人及其法定代理人或者其他近亲属有权申请司法救助：

（一）受到犯罪侵害急需救治，无力承担医疗救治费用的；

（二）因遭受犯罪侵害导致受伤或者财产遭受重大损失，造成生活困难或者学业难以为继的；

（三）赔偿责任人死亡或者没有赔偿能力、不能履行赔偿责任，或者虽履行部分赔偿责任，但不足以解决未成年被害人生活困难的；

（四）人民检察院认为应当救助的其他情形。

未成年被害人及其法定代理人或者其他近亲属提出司法救助申请的，未成年人检察部门应当及时将当事人情况、案件基本事实及救助申请等材料转交刑事申诉检察部门办理。

对于符合救助条件但未成年被害人及其法定代理人或者其他近亲属未提出申请的，未成年人检察部门可以主动启动救助程序，收集相关材料，提出救助意见，移送刑事申诉检察部门办理。"

第一百三十五条："询问未成年被害人应当告知的法律文书主要包括：

（一）未成年被害人诉讼权利义务告知书；

（二）法定代理人或者合适成年人到场通知书；

（三）法定代理人或者合适成年人权利义务告知书；

（四）询问通知书；

（五）根据案件具体情况需要准备的其他告知文书，如心理测评告知书等。"

第一百三十七条："办案人员应当告知未成年人及其法定代理人或者合适成年人依法享有的诉讼权利、相关法律规定以及案件的进展情况，并要求未成年人及其法定代理人或者合适成年人在权利义务告知书上签字确认（年幼的未成年人可以由法定代理人或合适成年人代签）。告知诉讼权利时，应当进行解释说明，重点告知未成年被害人及其法定代理人提起附带民事诉讼及获得赔偿的权利。告知的情形应当记录在案。”

（三）文书结构

1. 首部

标题部分，检察机关的名称应为全称，即要注明所在省（自治区、直辖市）名称，不能只写地区级市、县、区院名。文书名称，即“未成年被害人诉讼权利义务告知书”。文书名称下方标注“（审查逮捕阶段　回执）”。

2. 正文

抬头，权利义务告知对象，未成年被害人姓名。

告知权利义务主文模板为，“犯罪嫌疑人×××（犯罪嫌疑人姓名）涉嫌×××（罪名）一案，已由×××（侦查机关名称）提请我院审查逮捕，根据《中华人民共和国刑事诉讼法》和《未成年人刑事检察工作指引（试行)》的有关规定，现向你告知在审查逮捕阶段依法享有的诉讼权利和承担的诉讼义务”，按要求写明犯罪嫌疑人姓名、涉嫌罪名、侦查机关名称。

3. 尾部

落款，文书制发日期。

未成年被害人、法定代理人/合适成年人确认签名，并注明日期。

（四）文书模板及制作说明

1. 文书模板

×××人民检察院

未成年被害人诉讼权利义务告知书

（审查逮捕阶段　回执）

×××（被害人姓名）：

犯罪嫌疑人×××（犯罪嫌疑人姓名）涉嫌×××（罪名）一案，

已由×××（侦查机关名称）提请我院审查逮捕，根据《中华人民共和国刑事诉讼法》和《未成年人刑事检察工作指引（试行）》的有关规定，现向你告知在审查逮捕阶段依法享有的诉讼权利和承担的诉讼义务。

20××年××月××日

《未成年被害人诉讼权利义务告知书》已向我告知，我已知悉。

未成年被害人（签名）：
20××年××月××日
法定代理人/合适成年人（签名）：
20××年××月××日

×××人民检察院

未成年被害人诉讼权利义务告知书

（审查逮捕阶段）

根据《中华人民共和国刑事诉讼法》和《未成年人刑事检察工作指引（试行）》的有关规定，你作为本案的被害人，在审查逮捕阶段依法享有的诉讼权利和承担的诉讼义务如下：

一、诉讼权利

1. 要求提供作证条件和保密的权利

检察机关应当保证你有客观充分地提供证据的条件，并为你保守秘密。如果你的作证内容涉及国家秘密、商业秘密、个人隐私，你有权要求保密。

2. 使用本民族语言文字进行诉讼及获得翻译的权利

你有权使用本民族语言文字进行诉讼。

如果你是聋、哑人或者不通晓当地通用语言文字，检察机关应当为你聘请通晓聋、哑手势或者当地通用语言文字且与本案无利害关系的人员为你提供翻译。

3. 申请回避的权利

你及你的法定代理人或者诉讼代理人认为办案人员具有下列情形之一的，有权要求他们回避：

(1) 是本案的当事人或者是当事人的近亲属的；

(2) 本人或者他的近亲属和本案有利害关系的；

(3) 担任过本案的证人、鉴定人、辩护人、诉讼代理人的；

(4) 与本案当事人有其他关系，可能影响公正处理案件的；

(5) 接受当事人及其委托人的请客送礼，违反规定会见当事人及其委托人的。

你及你的法定代理人对检察机关驳回申请回避的决定，有权申请复议一次。

4. 知悉用作证据的鉴定意见及申请补充鉴定或者重新鉴定的权利

检察机关应当向你或者你的法定代理人、近亲属或诉讼代理人告知用作证据的鉴定意见。

对于用作证据的鉴定意见，你或者你的法定代理人、近亲属、诉讼代理人有权申请补充鉴定或者重新鉴定，但除原鉴定违反法定程序外，你应当承担补充鉴定或者重新鉴定的费用。

5. 控告权

如果办案人员有侵犯你诉讼权利和人身侮辱的行为，或者采用羁押、暴力、威胁、引诱、欺骗等非法方法收集证据的行为，你有权提出控告。

6. 获得保护的权利

如果你因在诉讼中作证，你或者近亲属的人身安全面临危险，你有权请求检察机关予以保护。

如果你因在危害国家安全犯罪、恐怖活动犯罪、黑社会性质组织犯罪、毒品犯罪等案件中作证，你或者近亲属的人身安全面临危险，检察机关应当依法为你或近亲属采取保护措施。

7. 知悉证明文件、核对笔录和亲笔书写陈述的权利

你有权要求对你进行询问的办案人员向你出示证明文件。

询问笔录应当交你核对。如果你没有阅读能力，办案人员应当向你

宣读。如果记载有遗漏或者差错，你有权要求补充或改正。

你有权请求自行书写陈述，办案人员应当准许。

8. 请求赔偿的权利

你有权依法就因犯罪行为遭受的损失向人民法院提起刑事附带民事诉讼。提起附带民事诉讼的，请按照人民法院的要求提供诉状。

9. 申请和解的权利

你有权向检察机关提出促成双方当事人和解的申请。申请可以口头提出，也可以书面提出。

10. 申请司法救助的权利

如果你具有以下情形之一，你和你的法定代理人或者其他近亲属有权向检察机关申请司法救助：

（1）受到犯罪侵害急需救治，无力承担医疗救治费用的；

（2）因遭受犯罪侵害导致受伤或财产遭受重大损失，造成生活困难或者学业难以为继的；

（3）赔偿责任人死亡或者没有赔偿能力、不能履行赔偿责任，或者虽履行部分赔偿责任，但不足以解决未成年被害人生活困难的；

（4）人民检察院认为应当救助的其他情形。

11. 未成年被害人的特殊权利

询问时将通知你的法定代理人到场，法定代理人可以代为行使你的诉讼权利。如果法定代理人具有下列情形之一，不能或不宜到场的，可以要求通知你的其他成年亲属，所在学校、单位或者居住地的村民委员会、居民委员会、未成年人保护组织的代表到场。

（1）是本案的犯罪嫌疑人的；

（2）已经死亡、宣告失踪或者无监护能力的；

（3）因身份、住址或联系方式不明无法通知的；

（4）因路途遥远或者其他原因无法及时到场的；

（5）经通知明确拒绝到场的；

（6）阻扰讯问或者询问活动正常进行，经劝阻不改的；

（7）有正当理由拒绝法定代理人到场的；

（8）到场可能影响你真实陈述的；

(9) 其他不能或者不宜到场的情形。

有正当理由时，你有权要求更换合适成年人，原则上以两次为限。

你若是未满十八周岁的女性，询问时应当有女性办案人员在场。

二、诉讼义务

1. 作证的义务

凡是知道案件情况的人，都有作证的义务。

2. 如实提供证据、陈述的义务

你应当如实地提供证据、陈述，诬告陷害、有意作虚假陈述或者隐匿罪证，将承担相应的法律责任。

3. 在询问笔录上签字和按要求书写陈述的义务

经核对无误后，你应当在询问笔录上逐页签名、盖章或者捺指印。

4. 接受检查的义务

你可以接受为确定你的某些特征或者生理状态而进行的人身检查、提取指纹信息，采集血迹、尿液等生物样本。

如果你是女性，检查你的身体应当由女工作人员或者医师进行。

5. 保守秘密的义务

你应当保守案件秘密，不得泄露案情或者涉案未成年人的个人信息。

2. 制作说明

(1) 本文书依据《人民检察院刑事诉讼规则》第二百五十九条，《未成年人刑事检察工作指引（试行）》第四十六条、第六十八条、第七十六条、第一百三十五条、第一百三十七条的规定制作。是人民检察院在审查逮捕阶段依法询问被害人，告知其诉讼权利义务时使用。

(2) 对于被害人依据权利义务告知书所提出的权利主张，应当在询问笔录中载明，不在本权利义务告知书中记载。对于根据案件具体情况需要告知的其他诉讼权利和义务，可以口头告知，并在笔录中载明。

(3) 本文书以人为单位制作，在审查逮捕阶段第一次询问时交被害人阅看，回执由其签名后附卷，权利义务内容联由被害人留存。回执还应当交询问时到场的法定代理人或合适成年人签名。

5.6.4 法律文书：未成年被害人法定代理人诉讼权利义务告知书（审查逮捕阶段）

（一）基本概念

未成年被害人法定代理人诉讼权利义务告知书（审查逮捕阶段），是人民检察院在审查逮捕阶段询问未成年被害人，告知到场的未成年被害人法定代理人诉讼权利义务时所使用的法律文书。

（二）相关依据

1. 司法解释规定

《人民检察院刑事诉讼规则》第四百六十五条："在审查逮捕、审查起诉中，人民检察院应当讯问未成年犯罪嫌疑人，听取辩护人的意见，并制作笔录附卷。辩护人提出书面意见的，应当附卷。对于辩护人提出犯罪嫌疑人无罪、罪轻或者减轻、免除刑事责任、不适宜羁押或者侦查活动有违法情形等意见的，检察人员应当进行审查，并在相关工作文书中叙明辩护人提出的意见，说明是否采纳的情况和理由。

讯问未成年犯罪嫌疑人，应当通知其法定代理人到场，告知法定代理人依法享有的诉讼权利和应当履行的义务。到场的法定代理人可以代为行使未成年犯罪嫌疑人的诉讼权利，代为行使权利时不得损害未成年犯罪嫌疑人的合法权益。

无法通知、法定代理人不能到场或者法定代理人是共犯的，也可以通知未成年犯罪嫌疑人的其他成年亲属，所在学校、单位或者居住地的村民委员会、居民委员会、未成年人保护组织的代表到场，并将有关情况记录在案。未成年犯罪嫌疑人明确拒绝法定代理人以外的合适成年人到场，且有正当理由的，人民检察院可以准许，但应当在征求其意见后通知其他合适成年人到场。

到场的法定代理人或者其他人员认为检察人员在讯问中侵犯未成年犯罪嫌疑人合法权益提出意见的，人民检察院应当记录在案。对合理意见，应当接受并纠正。讯问笔录应当交由到场的法定代理人或者其他人员阅读或者向其宣读，并由其在笔录上签名或者盖章，并捺指印。

讯问女性未成年犯罪嫌疑人，应当有女性检察人员参加。

询问未成年被害人、证人，适用本条第二款至第五款的规定。询问应当以一次为原则，避免反复询问。”

2. 其他规定

《未成年人刑事检察工作指引（试行）》第四十六条：“人民检察院办理涉及未成年人的刑事案件，应当依法通知未成年犯罪嫌疑人、被害人、证人的法定代理人在场，见证、监督整个讯问或者询问过程，维护未成年人合法权益。

对于法定代理人具有下列情形之一，不能或者不宜到场的，要保证未成年人的其他成年亲属，所在学校、单位或者居住地的村民委员会、居民委员会、未成年人保护组织的代表等合适成年人到场，并将有关情况记录在案：

（一）与未成年犯罪嫌疑人构成共同犯罪的；

（二）已经死亡、宣告失踪或者无监护能力的；

（三）因身份、住址或联系方式不明无法通知的；

（四）因路途遥远或者其他原因无法及时到场的；

（五）经通知明确拒绝到场的；

（六）阻扰讯问或者询问活动正常进行，经劝阻不改的；

（七）未成年人有正当理由拒绝法定代理人到场的；

（八）到场可能影响未成年人真实陈述的；

（九）其他不能或者不宜到场的情形。

讯问、询问女性未成年人的，一般应当选择女性合适成年人到场。

通知到场的法定代理人或者合适成年人一般为一名。

法定代理人不能或者不宜到场的情形消失后，人民检察院应当及时通知法定代理人到场。”

第四十七条：“到场的合适成年人享有下列权利：

（一）向办案机关了解未成年人的成长经历、家庭环境、个性特点、社会活动以及其他与案件有关的情况；

（二）讯问或者询问前，可以在办案人员陪同下会见未成年人，了解其健康状况、是否告知权利义务、合法权益是否被侵害等情况；

（三）向未成年人解释有关法律规定，并告知其行为可能导致的法律后果；

（四）对未成年人进行法制宣传，有针对性地进行提醒教育；

（五）发现办案机关存在诱供、逼供或其他侵害未成年人合法权益的情形，可以当场提出意见，也可以在笔录上载明自己的意见，并向办案机关主管部门反映情况；

（六）阅读讯问、询问笔录或者要求向其宣读讯问、询问笔录；

（七）法律法规规定的其他权利。

到场的合适成年人应当履行下列义务：

（一）接到参与刑事诉讼通知后持有效证件及时到场；

（二）向未成年人表明自己的身份和承担的职责；

（三）在场发挥监督作用和见证整个讯问、询问过程，维护未成年人基本权利；

（四）抚慰未成年人，帮助其消除恐惧心理和抵触情绪；

（五）帮助未成年人正确理解讯问或者询问程序，但不得以诱导、暗示等方式妨碍其独立思考回答问题，不得非法干涉办案机关正当的诉讼活动；

（六）保守案件秘密，不得泄露案情或者未成年人的个人信息；

（七）发现本人与案件存在利害关系或者其他不宜担任合适成年人的情况后，应当及时告知办案机关或者所在地未成年人保护组织；

（八）法律法规规定的其他义务。

到场的法定代理人除了具有上述规定的权利义务外，还可以代为行使未成年犯罪嫌疑人、被告人的诉讼权利。”

第六十八条：“对于符合条件的未成年人刑事案件，人民检察院可以应双方当事人的申请促成和解或者通过人民调解委员会等中立的第三方进行和解。申请可以口头提出，也可以书面提出，均应记录在案。

开展和解应当不公开进行。人民检察院应当告知参与人不得泄露未成年人的案件信息。”

第七十六条：“未成年被害人具有下列情形之一的，人民检察院应当告知未成年被害人及其法定代理人或者其他近亲属有权申请司法救助：

（一）受到犯罪侵害急需救治，无力承担医疗救治费用的；

（二）因遭受犯罪侵害导致受伤或者财产遭受重大损失，造成生活困难或者学业难以为继的；

（三）赔偿责任人死亡或者没有赔偿能力、不能履行赔偿责任，或者虽履行部分赔偿责任，但不足以解决未成年被害人生活困难的；

（四）人民检察院认为应当救助的其他情形。

未成年被害人及其法定代理人或者其他近亲属提出司法救助申请的，未成年人检察部门应当及时将当事人情况、案件基本事实及救助申请等材料转交刑事申诉检察部门办理。

对于符合救助条件但未成年被害人及其法定代理人或者其他近亲属未提出申请的，未成年人检察部门可以主动启动救助程序，收集相关材料，提出救助意见，移送刑事申诉检察部门办理。”

第一百三十五条：“询问未成年被害人应当告知的法律文书主要包括：

（一）未成年被害人诉讼权利义务告知书；

（二）法定代理人或者合适成年人到场通知书；

（三）法定代理人或者合适成年人权利义务告知书；

（四）询问通知书；

（五）根据案件具体情况需要准备的其他告知文书，如心理测评告知书等。”

第一百三十七条：“办案人员应当告知未成年人及其法定代理人或者合适成年人依法享有的诉讼权利、相关法律规定以及案件的进展情况，并要求未成年人及其法定代理人或者合适成年人在权利义务告知书上签字确认（年幼的未成年人可以由法定代理人或合适成年人代签）。告知诉讼权利时，应当进行解释说明，重点告知未成年被害人及其法定代理人提起附带民事诉讼及获得赔偿的权利。告知的情形应当记录在案。”

（三）文书结构

1. 首部

标题部分，检察机关的名称应为全称，即要注明所在省（自治区、直辖市）名称，不能只写地区级市、县、区院名。文书名称，即“未成年被害人法定代理人诉讼权利义务告知书”。文书名称下方标注“（审查逮捕阶段　回执）”。

2. 正文

抬头，权利义务告知对象，未成年被害人法定代理人姓名。

告知权利义务主文模板为，“×××（被害人姓名）是犯罪嫌疑人×××涉嫌×××案的被害人，现该案已由×××（侦查机关）提请我院审查逮捕。你作为被害人的法定代理人，根据《中华人民共和国刑事诉讼法》和《未成年人刑事检察工作指引（试行）》的有关规定，现向你告知在审查逮捕阶段依法享有的诉讼权利和承担的诉讼义务”，按要求写明未成年被害人姓名、犯罪嫌疑人姓名、涉嫌罪名、侦查机关名称。

3. 尾部

落款，文书制发日期。

未成年被害人法定代理人确认签名，并注明日期。

（四）文书模板及制作说明

1. 文书模板

×××人民检察院

未成年被害人法定代理人诉讼权利义务

告知书

（审查逮捕阶段　回执）

×××（未成年被害人法定代理人姓名）：

×××（被害人姓名）是犯罪嫌疑人×××涉嫌×××案的被害人，现该案已由×××（侦查机关）提请我院审查逮捕。你作为被害人的法定代理人，根据《中华人民共和国刑事诉讼法》和《未成年人刑事检察工作指引（试行）》的有关规定，现向你告知在审查逮捕阶段依法享有的诉讼权利和承担的诉讼义务。

20××年××月××日
（院印）

《未成年被害人法定代理人诉讼权利义务告知书》已向我告知，我已知悉。

法定代理人（签名）：
20××年××月××日

××× 人民检察院
未成年被害人法定代理人诉讼权利义务告知书

（审查逮捕阶段）

根据《中华人民共和国刑事诉讼法》和《未成年人刑事检察工作指引（试行）》的有关规定，你作为本案未成年被害人的法定代理人，在审查逮捕阶段依法享有的诉讼权利和承担的诉讼义务如下：

一、诉讼权利

1. 你及未成年被害人或诉讼代理人认为办案人员具有以下情形之一，有权要求他们回避：

（1）是本案的当事人或者是当事人的近亲属的；

（2）本人或者他的近亲属和本案有利害关系的；

（3）担任过本案的证人、鉴定人、辩护人、诉讼代理人的；

（4）与本案当事人有其他关系，可能影响公正处理案件的；

（5）接受当事人及其委托人的请客送礼，违反规定会见当事人及其委托人的。

对检察机关驳回申请回避的决定，可以申请复议一次。

2. 你有权要求办案机关向你及未成年被害人或诉讼代理人告知用作证据的鉴定意见。

对于用作证据的鉴定意见，你及未成年被害人或诉讼代理人有权申请补充鉴定或者重新鉴定，但除原鉴定违反法定程序外，你应当承担补充鉴定或者重新鉴定的费用。

3. 你有权向本院承办此案的办案人员就本案陈述你的意见。

4. 因被害人未满十八周岁，询问时应通知你作为法定代理人到场。到场的法定代理人可以代为行使被害人的诉讼权利。同时你也享有以下权利：

（1）向办案机关提供未成年人的成长经历、家庭环境、个性特点、社会活动以及其他与案件有关的情况；

（2）向未成年人解释有关法律规定，并告知其行为可能导致的后果；

（3）对未成年人进行法制教育，有针对性地进行提醒教育；

（4）发现办案机关存在威胁、引诱、欺骗等非法手段收集证据的情形，可以当场提出意见，也可以在笔录上载明自己的意见，并向办案机关主管部门反映情况；

（5）阅读询问笔录或者要求向其宣读询问笔录；

（6）法律法规规定的其他权利。

若你不能或者不宜到场，检察机关可以通知被害人的其他成年亲属，所在学校、单位或者居住地的村民委员会、居民委员会、未成年人保护组织的代表到场。

5. 你有权向检察机关申请促成双方当事人和解。申请可以口头提出，也可以书面提出。

6. 未成年被害人如果具有以下情形之一，你或者其他近亲属有权向检察机关申请司法救助：

（1）受到犯罪侵害急需救治，无力承担医疗救治费用的；

（2）因遭受犯罪侵害导致受伤或财产遭受重大损失，造成生活困难或者学业难以为继的；

（3）赔偿责任人死亡或者没有赔偿能力、不能履行赔偿责任，或者虽履行部分赔偿责任，但不足以解决未成年被害人生活困难的；

（4）人民检察院认为应当救助的其他情形。

二、诉讼义务

1. 你应当保证不得干扰被害人、证人作证，不得隐匿证据，否则将承担相应的法律责任。

2. 询问未成年被害人后，你应当在核对无误后，签名或盖章。

3. 你应当保守案件秘密，不得泄露案情或者未成年人的个人信息。

2. 制作说明

（1）本文书参照《人民检察院刑事诉讼规则》第四百六十五条，《未成年人刑事检察工作指引（试行）》第四十六条、第六十八条、第七十六条、第一百三十五条、第一百三十七条的规定制作。为人民检察院在审查逮捕阶段询问未成年被害人，告知到场的未成年被害人法定代理人诉讼权利义务时使用。

（2）本文书以人为单位制作，在审查逮捕阶段第一次询问未成年被害人时交到场的未成年被害人的法定代理人，回执由未成年被害人的法定代理人签名后附卷。

5.6.5　法律文书：未成年证人诉讼权利义务告知书

（一）基本概念

未成年证人诉讼权利义务告知书，是人民检察院在审查逮捕、审查起诉阶段依法询问证人，告知其诉讼权利义务时所使用的法律文书。

（二）相关依据

1. 法律依据

《中华人民共和国刑事诉讼法》第一百二十四条："侦查人员询问证人，可以在现场进行，也可以到证人所在单位、住处或者证人提出的地点进行，在必要的时候，可以通知证人到人民检察院或者公安机关提供证言。在现场询问证人，应当出示工作证件，到证人所在单位、住处或者证人提出的地点询问证人，应当出示人民检察院或者公安机关的证明文件。

询问证人应当个别进行。”

2. 司法解释规定

《人民检察院刑事诉讼规则》第二百五十九条：“办理审查逮捕、审查起诉案件，可以询问证人、被害人、鉴定人等诉讼参与人，并制作笔录附卷。询问时，应当告知其诉讼权利和义务。

询问证人、被害人的地点按照刑事诉讼法第一百二十四条的规定执行。”

3. 其他规定

《未成年人刑事检察工作指引（试行）》第一百四十三条：“询问未成年被害人、证人时，有关介绍参与人员、缓解情绪、在场监督、中止询问、制作笔录及签名确认的要求依照本指引第三章第三节的有关规定办理。

询问未成年证人，适用本章规定。”

（三）文书结构

1. 首部

标题部分，检察机关的名称应为全称，即要注明所在省（自治区、直辖市）名称，不能只写地区级市、县、区院名。文书名称，即“未成年证人诉讼权利义务告知书”。文书名称下方标注“（回执）”。

2. 正文

抬头，权利义务告知对象，未成年证人姓名。

告知权利义务主文模板为，“犯罪嫌疑人×××涉嫌×××一案，现由×××（侦查机关）提请本院审查逮捕/移送本院审查起诉。根据《中华人民共和国刑事诉讼法》和《未成年人刑事检察工作指引（试行）》的有关规定，你作为本案的证人，现告知你依法享有的诉讼权利和承担的诉讼义务”，按要求写明犯罪嫌疑人姓名、涉嫌罪名、侦查机关名称。

3. 尾部

落款，文书制发日期。

未成年证人、法定代理人/合适成年人确认签名，并注明日期。

（四）文书模板及制作说明

1. 文书模板

×××人民检察院

未成年证人诉讼权利义务告知书

（回　执）

×××（未成年证人姓名）：

犯罪嫌疑人×××涉嫌×××一案，现由×××（侦查机关）提请本院审查逮捕/移送本院审查起诉。根据《中华人民共和国刑事诉讼法》和《未成年人刑事检察工作指引（试行）》的有关规定，你作为本案的证人，现告知你依法享有的诉讼权利和承担的诉讼义务。

20××年××月××日

（院印）

《未成年证人诉讼权利义务告知书》已向我告知，我已知悉。

未成年证人（签名）：

20××年××月××日

法定代理人/合适成年人（签名）：

20××年××月××日

×××人民检察院
未成年证人诉讼权利义务告知书

根据《中华人民共和国刑事诉讼法》和《未成年人刑事检察工作指引（试行）》的有关规定，你作为本案的证人，在诉讼期间依法享有的诉讼权利和承担的诉讼义务如下：

一、诉讼权利

1. 要求提供作证条件和保密的权利

检察机关应当保证你有客观充分地提供证据的条件，并为你保守秘密。如果你的作证内容涉及国家秘密、商业秘密、个人隐私，你有权要求保密。

2. 使用本民族语言文字进行诉讼及获得翻译的权利

你有权使用本民族语言文字进行诉讼。

如果你是聋、哑人或者不通晓当地通用语言文字，检察机关应当为你聘请通晓聋、哑手势或者当地通用语言文字且与本案无利害关系的人员为你提供翻译。

3. 控告权

如果办案人员有侵犯你诉讼权利和人身侮辱的行为，或者采用羁押、暴力、威胁、引诱、欺骗等非法方法收集证据的行为，你有权提出控告。

4. 获得保护和经济补助的权利

如果因在诉讼中作证，你或者近亲属的人身安全面临危险，你有权请求检察机关予以保护。

如果因在危害国家安全犯罪、恐怖活动犯罪、黑社会性质组织犯罪、毒品犯罪等案件中作证，你或者近亲属的人身安全面临危险，检察机关应当依法为你或近亲属采取保护措施。

如果因履行作证义务而支出交通、住宿、就餐等费用，你有权获得补助。如果你有工作单位，所在单位不得因你作证而克扣或者变相克扣你的工资、奖金及其他福利待遇。

5. 知悉证明文件、核对笔录和亲笔书写证词的权利

你有权要求对你进行询问的办案人员向你出示证明文件。

询问笔录应当交你核对。如果你没有阅读能力，办案人员应当向你宣读。如果记载有遗漏或者差错，你有权要求补充或改正。

你有权请求自行书写证词，办案人员应当准许。

6. 出庭作证时受特殊保护的权利

诉讼参与人对证人证言有异议，且该证人证言对案件定罪量刑有重大影响，人民法院认为证人有必要出庭的，证人应当出庭作证。

经人民法院通知，证人没有正当理由不出庭作证的，人民法院可以强制其到庭，但是被告人的子女除外。

检察机关一般不提请未成年证人出庭作证。确有必要出庭作证的，应当建议人民法院采取相应的保护措施。

7. 未成年证人的特殊权利

询问时将通知你的法定代理人到场，法定代理人可以代为行使你的诉讼权利。如果法定代理人具有下列情形之一，不能或不宜到场的，可以要求通知你的其他成年亲属，所在学校、单位或者居住地的村民委员会、居民委员会、未成年人保护组织的代表到场。

（1）是本案的犯罪嫌疑人的；

（2）已经死亡、宣告失踪或者无监护能力的；

（3）因身份、住址或联系方式不明无法通知的；

（4）因路途遥远或者其他原因无法及时到场的；

（5）经通知明确拒绝到场的；

（6）阻扰讯问或者询问活动正常进行，经劝阻不改的；

（7）未成年人有正当理由拒绝法定代理人到场的；

（8）到场可能影响未成年人真实陈述的；

（9）其他不能或者不宜到场的情形。

有正当理由时，你有权要求更换合适成年人，原则上以两次为限。

你若是未满十八周岁的女性，询问时应当有女性办案人员在场。

二、诉讼义务

1. 作证的义务

凡是知道案件情况的人，都有作证的义务。

2. 如实提供证据、证言并出庭作证的义务你应当如实地提供证据、证言，有意作伪证或者隐匿罪证，将承担相应的法律责任。

法院依法通知你出庭作证的，你应当出庭作证；没有正当理由不出庭作证，法院可以强制你出庭作证，但你是被告人的子女的除外。

如果你无正当理由不出庭作证或者出庭后拒绝作证，你将承担相应的法律责任。

3. 在询问笔录上签字和按要求书写证词的义务

经核对无误后，你应当在询问笔录上逐页签名、盖章或者捺指印。

必要的时候，经办案人员要求，你应当亲笔书写证词。

4. 保守秘密的义务

你应当保守案件秘密，不得泄露案情或者涉案未成年人的个人信息。

2. 制作说明

（1）本文书参照《人民检察院刑事诉讼规则》第二百五十九条，《未成年人刑事检察工作指引（试行）》第一百四十三条的规定制作，是人民检察院在审查逮捕、审查起诉阶段依法询问证人，告知其诉讼权利义务时使用。

（2）对于根据案件具体情况需要告知的其他诉讼权利和义务，可以口头告知，并在笔录中载明。

（3）本文书以人为单位制作，在第一次询问时交未成年证人阅看，回执由其和到场的法定代理人或合适成年人签名后附卷。

5.6.6 法律文书：合适成年人诉讼权利义务告知书

（一）基本概念

合适成年人诉讼权利义务告知书，是人民检察院在办案过程中讯问/询问未成年当事人，在无法通知法定代理人、法定代理人不能到场或者是共犯的情况下，通知未成年人的其他成年亲属或有关组织代表到场，告知其诉讼权利和义务时所使用的法律文书。

（二）相关依据

1. 司法解释规定

《中华人民共和国刑事诉讼法》第二百八十一条："对于未成年人刑事案件，在讯问和审判的时候，应当通知未成年犯罪嫌疑人、被告人的法定代理人到场。无法通知、法定代理人不能到场或者法定代理人是共犯的，也可以通知未成年犯罪嫌疑人、被告人的其他成年亲属，所在学校、单位、居住地基层组织或者未成年人保护组织的代表到场，并将有关情况记录在案。到场的法定代理人可以代为行使未成年犯罪嫌疑人、被告人的诉讼权利。

到场的法定代理人或者其他人员认为办案人员在讯问、审判中侵犯未成年人合法权益的，可以提出意见。讯问笔录、法庭笔录应当交给到场的法定代理人或者其他人员阅读或者向他宣读。

讯问女性未成年犯罪嫌疑人，应当有女工作人员在场。

审判未成年人刑事案件，未成年被告人最后陈述后，其法定代理人可以进行补充陈述。

询问未成年被害人、证人，适用第一款、第二款、第三款的规定。"

2. 其他规定

《未成年人刑事检察工作指引（试行）》第四十七条："到场的合适成年人享有下列权利：

（一）向办案机关了解未成年人的成长经历、家庭环境、个性特点、社会活动以及其他与案件有关的情况；

（二）讯问或者询问前，可以在办案人员陪同下会见未成年人，了解其健康状况、是否告知权利义务、合法权益是否被侵害等情况；

（三）向未成年人解释有关法律规定，并告知其行为可能导致的法律后果；

（四）对未成年人进行法制宣传，有针对性地进行提醒教育；

（五）发现办案机关存在诱供、逼供或其他侵害未成年人合法权益的情形，可以当场提出意见，也可以在笔录上载明自己的意见，并向办案机关主管部门反映情况；

（六）阅读讯问、询问笔录或者要求向其宣读讯问、询问笔录；

（七）法律法规规定的其他权利。

到场的合适成年人应当履行下列义务：

（一）接到参与刑事诉讼通知后持有效证件及时到场；

（二）向未成年人表明自己的身份和承担的职责；

（三）在场发挥监督作用和见证整个讯问、询问过程，维护未成年人基本权利；

（四）抚慰未成年人，帮助其消除恐惧心理和抵触情绪；

（五）帮助未成年人正确理解讯问或者询问程序，但不得以诱导、暗示等方式妨碍其独立思考回答问题，不得非法干涉办案机关正当的诉讼活动；

（六）保守案件秘密，不得泄露案情或者未成年人的个人信息；

（七）发现本人与案件存在利害关系或者其他不宜担任合适成年人的情况后，应当及时告知办案机关或者所在地未成年人保护组织；

（八）法律法规规定的其他义务。

到场的法定代理人除了具有上述规定的权利义务外，还可以代为行使未成年犯罪嫌疑人、被告人的诉讼权利。”

（三）文书结构

1. 首部

标题部分，检察机关的名称应为全称，即要注明所在省（自治区、直辖市）名称，不能只写地区级市、县、区院名。文书名称，即“合适成年人诉讼权利义务告知书”。文书名称下方标注“（回执）”。

2. 正文

抬头，权利义务告知对象，合适成年人姓名。

告知权利义务主文模板为，“本院出于办案需要对未成年犯罪嫌疑人/未成年被害人/未成年证人×××进行讯问/询问，根据《中华人民共和国刑事诉讼法》第二百八十一条、《未成年人刑事检察工作指引（试行）》第四十七条的规定，通知你作为×××的合适成年人到场参与讯问/询问。根据《中华人民共和国刑事诉讼法》和《未成年人刑事检察工作指引（试行）》的有关规定，现向你告知依法享有的诉讼权利和承担的诉讼义务”，按要求写明未成年犯罪嫌疑人/未成年被害人/未成年证人姓名。

3. 尾部

落款，文书制发日期。

合适成年人确认签名，并注明日期。

（四）文书模板及制作说明

1. 文书模板

×××人民检察院

合适成年人诉讼权利义务告知书

（回　执）

×××（合适成年人姓名）：

本院出于办案需要对未成年犯罪嫌疑人/未成年被害人/未成年证人×××进行讯问/询问，根据《中华人民共和国刑事诉讼法》第二百八十一条、《未成年人刑事检察工作指引（试行）》第四十七条的规定，通知你作为×××的合适成年人到场参与讯问/询问。根据《中华人民共和国刑事诉讼法》和《未成年人刑事检察工作指引（试行）》的有关规定，现向你告知依法享有的诉讼权利和承担的诉讼义务。

20××年××月××日

（院印）

《合适成年人诉讼权利义务告知书》已向我告知，我已知悉。

合适成年人（签名）：

20××年××月××日

×××人民检察院
合适成年人诉讼权利义务告知书

本院在审查案件时，出于办案需要对未成年犯罪嫌疑人/未成年被害人/未成年证人进行讯问/询问，因其法定代理人无法到场参与讯问/询问，根据《中华人民共和国刑事诉讼法》第二百八十一条、《未成年人刑事检察工作指引（试行）》第四十七条的规定，通知你到场参与讯问/询问。根据《中华人民共和国刑事诉讼法》和《未成年人刑事检察工作指引（试行）》的有关规定，你依法享有的诉讼权利和承担的诉讼义务如下：

一、诉讼权利

1. 向办案机关了解未成年人的成长经历、家庭环境、个性特点、社会活动以及其他与案件有关的情况。

2. 讯问或者询问前，可以在办案人员陪同下会见未成年人，了解其健康状况、是否告知权利义务、合法权益是否被侵害等情况。

3. 向未成年人解释有关法律规定，并告知其行为可能导致的法律后果。

4. 对未成年人进行法治宣传，有针对性地进行提醒教育。

5. 发现办案机关存在诱供、逼供或其他侵害未成年人合法权益的情形，可以当场提出意见，也可以在笔录上载明自己的意见，并向办案机关主管部门反映情况。

6. 阅读讯问、询问笔录或者要求向你宣读讯问、询问笔录。

7. 法律法规规定的其他权利。

二、诉讼义务

1. 接到参与刑事诉讼通知后持有效证件及时到场。

2. 向未成年人表明自己的身份和承担的职责。

3. 在场发挥监督作用和见证整个讯问、询问过程，维护未成年人基本权利。

4. 抚慰未成年人，帮助其消除恐惧心理和抵触情绪。

5. 帮助未成年人正确理解讯问或者询问程序，但不得以诱导、暗示等方式妨碍其独立思考回答问题，不得非法干涉办案机关正当诉讼活动。

6. 保守案件秘密，不得泄露案情或者未成年人的个人信息；

7. 发现本人与案件存在利害关系或者其他不宜担任合适成年人的情况后，应当及时告知办案机关或所在地未成年人保护组织。

8. 遵守讯问场所的相关规定。

9. 法律法规规定的其他义务。

2. 制作说明

（1）本文书依据《中华人民共和国刑事诉讼法》第二百八十一条，《未成年人刑事检察工作指引（试行）》第四十七条的规定制作。为人民检察院在办案过程中讯问/询问未成年当事人，在无法通知法定代理人、法定代理人不能到场或者是共犯的情况下，通知未成年人的其他成年亲属或有关组织代表到场，告知其诉讼权利和义务时使用。

（2）本文书以人为单位制作，回执由合适成年人签名后附卷，告知书在讯问/询问时送达合适成年人。

5.6.7　法律文书：未成年犯罪嫌疑人诉讼权利义务告知书（审查起诉阶段）

（一）基本概念

未成年犯罪嫌疑人诉讼权利义务告知书（审查起诉阶段），是人民检察院在审查起诉阶段讯问未成年犯罪嫌疑人，依法告知其权利义务时所使用的法律文书。

（二）相关依据

1. 司法解释规定

《人民检察院刑事诉讼规则》第二百五十八条：“人民检察院讯问犯罪嫌疑人时，应当首先查明犯罪嫌疑人的基本情况，依法告知犯罪嫌疑人诉讼权利和义务，以及认罪认罚的法律规定，听取其供述和辩解。犯罪嫌疑人翻供的，应当讯问其原因。犯罪嫌疑人申请排除非法证据的，应当告知其提供相关线索或者材料。犯罪嫌疑人检举揭发他人犯罪的，应当予以记录，并依照有关规定移送有关机关、部门处理。

讯问犯罪嫌疑人应当制作讯问笔录，并交犯罪嫌疑人核对或者向其宣读。经核对无误后逐页签名或者盖章，并捺指印后附卷。犯罪嫌疑人请求自行书写供述的，应当准许，但不得以自行书写的供述代替讯问笔录。

犯罪嫌疑人被羁押的，讯问应当在看守所讯问室进行。"

2. 其他规定

《未成年人刑事检察工作指引（试行）》第二十五条："人民检察院办理未成年人刑事案件，应当首先了解未成年犯罪嫌疑人委托辩护人及得到法律援助的情况。没有委托辩护人的，应当及时告知未成年犯罪嫌疑人及其法定代理人有权委托辩护人。未成年犯罪嫌疑人及其法定代理人没有委托辩护人且没有得到法律援助的，应当及时通知所在地法律援助机构指派律师为其提供辩护。"

第一百零七条："讯问未成年犯罪嫌疑人应当准备以下告知法律文书：

（一）未成年犯罪嫌疑人权利义务告知书；

（二）法定代理人或者合适成年人到场通知书；

（三）法定代理人或者合适成年人权利义务告知书；

（四）传唤证或者提讯提解证；

（五）根据案件具体情况应当准备的其他告知文书，如心理测评告知书等。"

第一百一十条："办案人员应当告知未成年犯罪嫌疑人及其法定代理人或者合适成年人依法享有的诉讼权利、相关法律规定以及案件的进展情况。告知时，应当以未成年人可以理解的语言进行解释说明，并通过由未成年犯罪嫌疑人亲笔书写告知内容或者让其复述等方式，以确保未成年人真正理解其诉讼权利、义务以及供述可能产生的法律后果。告知的情形应当记录在案。"

（三）文书结构

1. 首部

标题部分，检察机关的名称应为全称，即要注明所在省（自治区、直辖市）名称，不能只写地区级市、县、区院名。文书名称，即“未成年犯罪嫌疑人诉讼权利义务告知书”。文书名称下方标注“（审查起诉阶段　回执）”。

2. 正文

抬头，权利义务告知对象，未成年犯罪嫌疑人姓名。

告知权利义务主文模板为，“你涉嫌×××一案，已由×××（侦查机关名称）移送我院审查起诉，根据《中华人民共和国刑事诉讼法》和《未成年人刑事检察工作指引（试行）》的有关规定，现向你告知在审查起诉阶段依法享有的诉讼权利和承担的诉讼义务”，按要求写明案由、移送审查起诉的侦查机关名称。

3. 尾部

落款，文书制发日期。

未成年犯罪嫌疑人、法定代理人/合适成年人确认签名，并注明日期。

（四）文书模板及制作说明

1. 文书模板

×××人民检察院

未成年犯罪嫌疑人诉讼权利义务告知书

（审查起诉阶段　回执）

×××（未成年犯罪嫌疑人姓名）：

你涉嫌×××一案，已由×××（侦查机关名称）移送我院审查起诉，根据《中华人民共和国刑事诉讼法》和《未成年人刑事检察工作指引（试行）》的有关规定，现向你告知在审查起诉阶段依法享有的诉讼权利和承担的诉讼义务。

20××年××月××日
（院印）

《未成年犯罪嫌疑人诉讼权利义务告知书》和《认罪认罚从宽制度告知书》已向我告知，我已知悉。

未成年犯罪嫌疑人（签字）：
20××年××月××日
法定代理人/合适成年人（签字）：
20××年××月××日

×××人民检察院

未成年犯罪嫌疑人诉讼权利义务告知书

（审查起诉阶段）

根据《中华人民共和国刑事诉讼法》和《未成年人刑事检察工作指引（试行）》的有关规定，你在审查起诉阶段依法享有的诉讼权利和承担的诉讼义务如下：

一、诉讼权利

1. 认罪认罚如实供述获得从宽处理的权利

在接受讯问时，你自愿如实供述自己的罪行，承认指控的犯罪事实，愿意接受处罚的，可以依法从宽处理。

2. 辩护及获得法律援助的权利

你有权为自己辩护，也可以委托辩护人为你辩护。

如果你在押或者被监视居住，也可以由你的监护人、近亲属代为委托辩护人；在此期间你要求委托辩护人的，检察机关应当及时向你的监护人、近亲属或者指定的人员转达你的要求。

如果你没有委托辩护人，检察机关应当通知法律援助机构指派律师免费为你提供辩护。如你或者你的法定代理人拒绝法律援助机构指派的律师为你提供辩护的，办案机关应当查明拒绝的原因，有正当理由的，应当准许，同时告知你另行委托辩护人。如你及你的法定代理人未另行委托辩护人的，办案机关将及时通知法律援助机构另行指派律师为你辩护。

3. 使用本民族语言文字进行诉讼及获得翻译的权利

你有权使用本民族语言文字进行诉讼。

如果你是聋、哑人或者不通晓当地通用语言文字，检察机关应当聘请通晓聋、哑手势或者当地通用语言文字且与本案无利害关系的人为你提供翻译。

4. 申请回避的权利

你及你的法定代理人或者辩护人认为办案人员具有以下情形之一，有权要求他们回避：

（1）是本案的当事人或者是当事人的近亲属的；

（2）本人或者他的近亲属和本案有利害关系的；

（3）担任过本案的证人、鉴定人、辩护人、诉讼代理人的；

（4）与本案当事人有其他关系，可能影响公正处理案件的；

（5）接受当事人及其委托的人的请客送礼，违反规定会见当事人及其委托的人。

你及你的法定代理人或者辩护人对检察机关驳回申请回避的决定，有权申请复议一次。

5. 接受讯问时的权利

（1）检察机关对你进行讯问时，应当通知你的法定代理人到场，法定代理人可以代为行使你的诉讼权利并维护你的合法权益。如果法定代理人具有下列情形之一，不能或不宜到场的，检察机关可以通知你的其他成年亲属，所在学校、单位或者居住地的村民委员会、居民委员会、未成年人保护组织的代表到场，维护你的合法权益。

①与你构成共同犯罪的；

②已经死亡、宣告失踪或者无监护能力的；

③因身份、住址或联系方式不明无法通知的；

④因路途遥远或者其他原因无法及时到场的；

⑤经通知明确拒绝到场的；

⑥阻扰讯问或者询问活动正常进行，经劝阻不改的；

⑦你有正当理由拒绝法定代理人到场的；

⑧到场可能影响你真实陈述的；

⑨其他不能或者不宜到场的情形。

有正当理由时，你有权要求更换合适成年人，原则上以两次为限。

(2) 如果你是女性，检察机关对你进行讯问时，应当有女性办案人员在场。

(3) 如果检察机关对讯问进行同步录音录像，办案人员应当向你告知。

(4) 如果检察机关对你进行远程视频讯问，应当征得你的同意。

(5) 对与本案无关的问题，你可以不回答。

(6) 讯问笔录应当交给你核对。如果你没有阅读能力，办案人员应当向你宣读。如果记载有遗漏或差错，你有权要求补充或改正。

(7) 如果你请求自行书写供述的，办案人员应当准许。

(8) 你有权向检察机关申请与你的法定代理人、近亲属进行会见。

6. 知悉用作证据的鉴定意见及申请补充或重新鉴定的权利

办案机关应当向你告知用作证据的鉴定意见。

对于用作证据的鉴定意见，你有权申请补充鉴定或者重新鉴定，但除原鉴定违反法定程序外，你应当承担补充鉴定或者重新鉴定的费用。

7. 同意适用简易程序的权利

对于可以适用简易程序审理的案件，检察机关在征得你的同意后，可以建议人民法院适用简易程序进行审理。

8. 申请羁押必要性审查不公开听证的权利

你认为自己不被羁押不致发生社会危险性且符合取保候审条件的，你及你的法定代理人或者辩护人有权申请检察机关进行羁押必要性审查不公开听证。

9. 申请变更及解除强制措施等权利

你及你的法定代理人、近亲属或者辩护人，有权申请变更强制措施；对于检察机关采取强制措施法定期限届满的，有权要求解除强制措施。

如果你被羁押，有权申请检察机关对羁押必要性进行审查。

10. 证明文件知悉权

如果你被传唤到指定地点或住处接受讯问，你有权要求办案人员出示证明文件。

11. 控告、申诉及获得国家赔偿的权利

对于办案人员侵犯你诉讼权利和人身侮辱的行为，或者办案机关及其工作人员的违法行为，你有权提出控告或者申诉。

对办案人员采用刑讯逼供等非法方法收集证据的行为，你有权提出控告。如果你能够提供涉嫌非法取证的人员、时间、地点、方式和内容等材料或者线索的，检察机关应当受理并审查。

如果你的人身权利、财产权利因检察机关及其工作人员违法行使职权而受到侵犯，你有权要求国家赔偿。

12. 隐私获得保护的权利

检察机关在办案过程中应当依法保护你的名誉、隐私和个人信息，尊重你的人格尊严，不得公开或者传播能够单独或者与其他信息结合识别你个人身份的各种信息，包括姓名、出生日期、公民身份号码、个人生物识别信息、住址、电话号码、照片、图像等。

13. 申请和解的权利

你有权向检察机关申请促成双方当事人和解。申请可以口头提出，也可以书面提出。

14. 犯罪记录封存及免除前科报告义务的权利

如果你犯罪的时候不满十八周岁，且被判处五年有期徒刑以下刑罚，司法机关应当对相关犯罪记录予以封存，同时你在入伍、入学、就业的时候，免除相应的报告义务。相关单位或个人违法泄露被封存的犯罪记录的，可以向检察机关反映情况。

15. 申请排除非法证据的权利

你及你的法定代理人、辩护律师有权对在侦查阶段因受到刑讯逼供等非法取证行为而作出的供述申请排除，但是应当提供涉嫌非法取证的人员、时间、地点、方式、内容等相关线索或证据。

16. 社会调查知情权

你及你的法定代理人有权知悉对你开展社会调查人员的组成、调查程序、调查内容以及隐私保护等情况。

二、诉讼义务

1. 接受相关诉讼行为的义务

你应当遵守刑事诉讼法及有关规定，接受检察机关依法采取的强制措施及其他诉讼行为。

2. 不得干扰作证的义务

你在诉讼中不得隐匿、伪造、毁灭证据或者串供，不得威胁、引诱证人作伪证以及进行其他干扰司法机关诉讼活动的行为；违反前述规定的，将被追究法律责任。

3. 接受讯问并在笔录上签名、按要求书写亲笔供词的义务

你对办案人员的讯问，应当如实回答。如果你认为讯问笔录没有错误，应当逐页签名、盖章或者捺指印。

必要的时候，经办案人员要求，你应当亲笔书写供述。

4. 接受检查、搜查的义务

你应当接受为确定你的某些特征或者生理状态而进行的人身检查、提取指纹信息，采集血迹、尿液等生物样本。

如果你拒绝，办案人员认为必要的时候，可以强制检查。

如果你是女性，检查你的身体应当由女工作人员或者医师进行。

你应当接受办案人员为收集犯罪证据而进行的搜查。

2. 制作说明

（1）本文书依据《人民检察院刑事诉讼规则》第二百五十八条，《未成年人刑事检察工作指引（试行）》第二十五条、第一百零七条、第一百一十条的要求而制作。是人民检察院在审查起诉阶段讯问未成年犯罪嫌疑人，依法告知其权利义务时使用。

（2）本告知书中的未成年犯罪嫌疑人，是指在讯问时未满十八周岁

的人。实施涉嫌犯罪行为时未满十八周岁，讯问时已满十八周岁但未满二十周岁的犯罪嫌疑人，可以使用本告知书。

（3）对于未成年犯罪嫌疑人根据权利义务告知书所提出的权利主张，应当在讯问笔录中载明，不在本权利义务告知书中记载。未成年犯罪嫌疑人对告知书内容提出疑问的，应当以通俗易懂的语言进行口头解释。

（4）本告知书以人为单位制作，应在收到移送审查起诉的案件材料之日起三日以内交未成年犯罪嫌疑人及其法定代理人阅看后签字附卷，本文书也可根据情况通过邮寄方式告知。

5.6.8　法律文书：未成年犯罪嫌疑人法定代理人诉讼权利义务告知书（审查起诉阶段）

（一）基本概念

未成年犯罪嫌疑人法定代理人诉讼权利义务告知书（审查起诉阶段），是人民检察院审查起诉未成年人刑事案件，讯问时告知到场的未成年犯罪嫌疑人的法定代理人诉讼权利义务时所使用的法律文书。

（二）相关依据

1. 司法解释规定

《人民检察院刑事诉讼规则》第四百六十五条："在审查逮捕、审查起诉中，人民检察院应当讯问未成年犯罪嫌疑人，听取辩护人的意见，并制作笔录附卷。辩护人提出书面意见的，应当附卷。对于辩护人提出犯罪嫌疑人无罪、罪轻或者减轻、免除刑事责任、不适宜羁押或者侦查活动有违法情形等意见的，检察人员应当进行审查，并在相关工作文书中叙明辩护人提出的意见，说明是否采纳的情况和理由。

讯问未成年犯罪嫌疑人，应当通知其法定代理人到场，告知法定代理人依法享有的诉讼权利和应当履行的义务。到场的法定代理人可以代为行使未成年犯罪嫌疑人的诉讼权利，代为行使权利时不得损害未成年犯罪嫌疑人的合法权益。

无法通知、法定代理人不能到场或者法定代理人是共犯的，也可以通知未成年犯罪嫌疑人的其他成年亲属，所在学校、单位或者居住地的村民委员会、居民委员会、未成年人保护组织的代表到场，并将有关情况记录在案。未成年犯罪嫌疑人明确拒绝法定代理人以外的合适成年人到场，且有正当理由的，人民检察院可以准许，但应当在征求其意见后通知其他合适成年人到场。

到场的法定代理人或者其他人员认为检察人员在讯问中侵犯未成年犯罪嫌疑人合法权益提出意见的，人民检察院应当记录在案。对合理意见，应当接受并纠正。讯问笔录应当交由到场的法定代理人或者其他人员阅读或者向其宣读，并由其在笔录上签名或者盖章，并捺指印。

讯问女性未成年犯罪嫌疑人，应当有女性检察人员参加。

询问未成年被害人、证人，适用本条第二款至第五款的规定。询问应当以一次为原则，避免反复询问。”

2. 其他规定

《未成年人刑事检察工作指引（试行）》第二十五条：“人民检察院办理未成年人刑事案件，应当首先了解未成年犯罪嫌疑人委托辩护人及得到法律援助的情况。没有委托辩护人的，应当及时告知未成年犯罪嫌疑人及其法定代理人有权委托辩护人。未成年犯罪嫌疑人及其法定代理人没有委托辩护人且没有得到法律援助的，应当及时通知所在地法律援助机构指派律师为其提供辩护。”

第四十七条：“到场的合适成年人享有下列权利：

（一）向办案机关了解未成年人的成长经历、家庭环境、个性特点、社会活动以及其他与案件有关的情况；

（二）讯问或者询问前，可以在办案人员陪同下会见未成年人，了解其健康状况、是否告知权利义务、合法权益是否被侵害等情况；

（三）向未成年人解释有关法律规定，并告知其行为可能导致的法律后果；

（四）对未成年人进行法制宣传，有针对性地进行提醒教育；

（五）发现办案机关存在诱供、逼供或其他侵害未成年人合法权益的情形，可以当场提出意见，也可以在笔录上载明自己的意见，并向办案机关主管部门反映情况；

（六）阅读讯问、询问笔录或者要求向其宣读讯问、询问笔录；

（七）法律法规规定的其他权利。

到场的合适成年人应当履行下列义务：

（一）接到参与刑事诉讼通知后持有效证件及时到场；

（二）向未成年人表明自己的身份和承担的职责；

（三）在场发挥监督作用和见证整个讯问、询问过程，维护未成年人基本权利；

（四）抚慰未成年人，帮助其消除恐惧心理和抵触情绪；

（五）帮助未成年人正确理解讯问或者询问程序，但不得以诱导、暗示等方式妨碍其独立思考回答问题，不得非法干涉办案机关正当的诉讼活动；

（六）保守案件秘密，不得泄露案情或者未成年人的个人信息；

（七）发现本人与案件存在利害关系或者其他不宜担任合适成年人的情况后，应当及时告知办案机关或者所在地未成年人保护组织；

（八）法律法规规定的其他义务。

到场的法定代理人除了具有上述规定的权利义务外，还可以代为行使未成年犯罪嫌疑人、被告人的诉讼权利。”

第一百零七条：“讯问未成年犯罪嫌疑人应当准备以下告知法律文书：

（一）未成年犯罪嫌疑人权利义务告知书；

（二）法定代理人或者合适成年人到场通知书；

（三）法定代理人或者合适成年人权利义务告知书；

（四）传唤证或者提讯提解证；

（五）根据案件具体情况应当准备的其他告知文书，如心理测评告知书等。”

第一百一十条：“办案人员应当告知未成年犯罪嫌疑人及其法定代理人或者合适成年人依法享有的诉讼权利、相关法律规定以及案件的进展情况。告知时，应当以未成年人可以理解的语言进行解释说明，并通过由未成年犯罪嫌疑人亲笔书写告知内容或者让其复述等方式，以确保未成年人真正理解其诉讼权利、义务以及供述可能产生的法律后果。告知的情形应当记录在案。”

（三）文书结构

1. 首部

标题部分，检察机关的名称应为全称，即要注明所在省（自治区、直辖市）名称，不能只写地区级市、县、区院名。文书名称，即“未成年犯罪嫌疑人法定代理人诉讼权利义务告知书”。文书名称下方标注“（审查起诉阶段　回执）”。

2. 正文

抬头，权利义务告知对象，未成年犯罪嫌疑人法定代理人姓名。

告知权利义务主文模板为，“犯罪嫌疑人×××因涉嫌×××罪一案，已由×××（侦查机关名称）移送我院审查起诉。你作为×××（犯罪嫌疑人姓名）的法定代理人，根据《中华人民共和国刑事诉讼法》和《未成年人刑事检察工作指引（试行）》的有关规定，现向你告知在审查起诉阶段依法享有的诉讼权利和承担的诉讼义务”，按要求写明未成年犯罪嫌疑人姓名、涉嫌罪名、侦查机关名称。

3. 尾部

落款，文书制发日期。

法定代理人确认签名，并注明日期。

（四）文书模板及制作说明

1. 文书模板

×××人民检察院

未成年犯罪嫌疑人法定代理人诉讼权利义务

告知书

（审查起诉阶段　回执）

×××（未成年犯罪嫌疑人法定代理人姓名）：

犯罪嫌疑人×××因涉嫌×××罪一案，已由×××（侦查机关名称）移送我院审查起诉。你作为×××（犯罪嫌疑人姓名）的法定代理人，根据《中华人民共和国刑事诉讼法》和《未成年人刑事检察工作指引（试行）》的有关规定，现向你告知在审查起诉阶段依法享有的诉讼权利和承担的诉讼义务。

20××年××月××日
（院印）

《未成年犯罪嫌疑人法定代理人诉讼权利义务告知书》已向我告知，我已知悉。

法定代理人（签名）：
20××年××月××日

××× 人民检察院

未成年犯罪嫌疑人法定代理人诉讼权利义务告知书

（审查起诉阶段）

因你作为未成年犯罪嫌疑人的法定代理人，根据《中华人民共和国刑事诉讼法》和《未成年人刑事检察工作指引（试行）》的有关规定，现将办理未成年人刑事案件有关规定和你在审查起诉阶段依法享有的诉讼权利和承担的诉讼义务告知如下：

一、诉讼权利

1. 未成年犯罪嫌疑人在接受讯问时，自愿如实供述自己的罪行，承认指控的犯罪事实，愿意接受处罚的，可以依法从宽处理。

2. 未成年犯罪嫌疑人自被侦查机关第一次讯问或者采取强制措施之日起，有权委托辩护人。律师、人民团体或者犯罪嫌疑人所在单位推荐的人、犯罪嫌疑人的监护人、亲友都可以被委托为辩护人。

3. 你有权为未成年犯罪嫌疑人委托辩护人；如果没有委托的，办案机关应当通知法律援助机构指派律师免费为未成年犯罪嫌疑人提供辩护。

4. 你认为办案人员具有以下情形之一，有权要求他们回避：

（1）是本案的当事人或者是当事人的近亲属的；

（2）本人或者他的近亲属和本案有利害关系的；

（3）担任过本案的证人、鉴定人、辩护人、诉讼代理人的；

（4）与本案当事人有其他关系，可能影响公正处理案件的；

（5）接受当事人及其委托的人的请客送礼，违反规定会见当事人及其委托的人。

对检察机关驳回申请回避的决定，可以申请复议一次。

5. 未成年犯罪嫌疑人如果被羁押，你有权为其申请变更强制措施。

6. 未成年犯罪嫌疑人被采取强制措施超过法定期限的，你有权要求对其解除强制措施。

7. 对办案人员侵犯未成年犯罪嫌疑人诉讼权利和人身侮辱的行为，你有权提出控告。

8. 讯问未成年犯罪嫌疑人时你有权到场，并代为行使未成年犯罪嫌疑人的诉讼权利，同时你也享有以下权利：

（1）向办案机关提供未成年人的成长经历、家庭环境、个性特点、社会活动以及其他与案件有关的情况；

（2）讯问前，可以在办案人员陪同下会见未成年人，了解其健康状况、是否告知权利义务、合法权益是否被侵害等情况；

（3）向未成年人解释有关法律规定，并告知其行为可能导致的后果；

（4）对未成年人进行法治教育，有针对性地进行提醒教育；

（5）发现办案机关存在诱供、逼供或其他侵害未成年人合法权益的情形，可以当场提意见，也可以在笔录上载明自己的意见，并向办案机关主管部门反映情况；

（6）阅读讯问笔录或者要求向你宣读讯问笔录；

（7）法律法规规定的其他权利。

9. 如果有涉及案件或者未成年犯罪嫌疑人有关情况的证据，你有权及时向承办案件的办案人员提供。

10. 你有权向检察机关申请与未成年人犯罪嫌疑人进行会见。

11. 你有权向检察机关提出促成双方当事人和解的申请。申请可以口头提出，也可以书面提出。

二、诉讼义务

1. 代为行使未成年犯罪嫌疑人的诉讼权利时，不得侵犯其合法权益。

2. 检察机关通知你在讯问时到场的，你应当携带能够证实自己身份的证件，准时到场。到场后，你应当随同办案人员进入讯问场所，并遵守讯问场所的相关规定，不得以任何方式妨碍办案人员正常的讯问活动或者诱导未成年犯罪嫌疑人作不实供述。违反前述规定的，你将被立即带离讯问场所，并可能被追究法律责任。

3. 不得利用参与诉讼的机会，隐匿、伪造、毁灭证据或者串供，不得威胁、引诱证人作伪证以及进行其他干扰刑事诉讼活动的行为。违反前述规定的，你将可能被追究法律责任。

4. 你应当配合检察机关做好未成年犯罪嫌疑人的帮教工作。

5. 你应当保守案件秘密，不得泄露案情或者涉案未成年人的个人信息。

2. 制作说明

（1）本文书依据《人民检察院刑事诉讼规则》第四百六十五条，《未成年人刑事检察工作指引（试行）》第二十五条、第四十七条、第一百零七条、第一百一十条的规定制作。是人民检察院审查起诉未成年人刑事案件，讯问时告知到场的未成年犯罪嫌疑人的法定代理人诉讼权利义务时使用。

（2）本文书以人为单位制作，应在收到移送审查起诉的案件材料之日起三日以内交未成年犯罪嫌疑人的法定代理人，回执经法定代理人签名后附卷。本文书也可根据情况通过邮寄方式告知。

5.6.9 法律文书：未成年被害人诉讼权利义务告知书（审查起诉阶段）

（一）基本概念

未成年被害人诉讼权利义务告知书（审查起诉阶段），是人民检察院审查起诉未成年人刑事案件，询问未成年被害人时告知未成年被害人诉讼权利义务时所使用的法律文书。

（二）相关依据

1. 司法解释规定

《人民检察院刑事诉讼规则》第二百五十九条："办理审查逮捕、审查起诉案件，可以询问证人、被害人、鉴定人等诉讼参与人，并制作笔录附卷。询问时，应当告知其诉讼权利和义务。

询问证人、被害人的地点按照刑事诉讼法第一百二十四条的规定执行。"

2. 其他规定

《未成年人刑事检察工作指引（试行）》第四十六条："人民检察院办理涉及未成年人的刑事案件，应当依法通知未成年犯罪嫌疑人、被害人、证人的法定代理人在场，见证、监督整个讯问或者询问过程，维护未成年人合法权益。

对于法定代理人具有下列情形之一，不能或者不宜到场的，要保证未成年人的其他成年亲属，所在学校、单位或者居住地的村民委员会、居民委员会、未成年人保护组织的代表等合适成年人到场，并将有关情况记录在案：

（一）与未成年犯罪嫌疑人构成共同犯罪的；

（二）已经死亡、宣告失踪或者无监护能力的；

（三）因身份、住址或联系方式不明无法通知的；

（四）因路途遥远或者其他原因无法及时到场的；

（五）经通知明确拒绝到场的；

（六）阻扰讯问或者询问活动正常进行，经劝阻不改的；

（七）未成年人有正当理由拒绝法定代理人到场的；

（八）到场可能影响未成年人真实陈述的；

（九）其他不能或者不宜到场的情形。

讯问、询问女性未成年人的，一般应当选择女性合适成年人到场。

通知到场的法定代理人或者合适成年人一般为一名。

法定代理人不能或者不宜到场的情形消失后，人民检察院应当及时通知法定代理人到场。"

第六十八条："对于符合条件的未成年人刑事案件，人民检察院可以应双方当事人的申请促成和解或者通过人民调解委员会等中立的第三方进行和解。申请可以口头提出，也可以书面提出，均应记录在案。

开展和解应当不公开进行。人民检察院应当告知参与人不得泄露未成年人的案件信息。”

第七十六条：“未成年被害人具有下列情形之一的，人民检察院应当告知未成年被害人及其法定代理人或者其他近亲属有权申请司法救助：

（一）受到犯罪侵害急需救治，无力承担医疗救治费用的；

（二）因遭受犯罪侵害导致受伤或者财产遭受重大损失，造成生活困难或者学业难以为继的；

（三）赔偿责任人死亡或者没有赔偿能力、不能履行赔偿责任，或者虽履行部分赔偿责任，但不足以解决未成年被害人生活困难的；

（四）人民检察院认为应当救助的其他情形。

未成年被害人及其法定代理人或者其他近亲属提出司法救助申请的，未成年人检察部门应当及时将当事人情况、案件基本事实及救助申请等材料转交刑事申诉检察部门办理。

对于符合救助条件但未成年被害人及其法定代理人或者其他近亲属未提出申请的，未成年人检察部门可以主动启动救助程序，收集相关材料，提出救助意见，移送刑事申诉检察部门办理。”

第一百三十五条：“询问未成年被害人应当告知的法律文书主要包括：

（一）未成年被害人诉讼权利义务告知书；

（二）法定代理人或者合适成年人到场通知书；

（三）法定代理人或者合适成年人权利义务告知书；

（四）询问通知书；

（五）根据案件具体情况需要准备的其他告知文书，如心理测评告知书等。”

第一百三十七条：“办案人员应当告知未成年人及其法定代理人或者合适成年人依法享有的诉讼权利、相关法律规定以及案件的进展情况，并要求未成年人及其法定代理人或者合适成年人在权利义务告知书上签字确认（年幼的未成年人可以由法定代理人或合适成年人代签）。告知诉讼权利时，应当进行解释说明，重点告知未成年被害人及其法定代理人提起附带民事诉讼及获得赔偿的权利。告知的情形应当记录在案。”

（三）文书结构

1. 首部

标题部分，检察机关的名称应为全称，即要注明所在省（自治区、直辖市）名称，不能只写地区级市、县、区院名。文书名称，即“未成年被害人诉讼权利义务告知书”。文书名称下方标注“（审查起诉阶段　回执）”。

2. 正文

抬头，权利义务告知对象，未成年被害人姓名。

告知权利义务主文模板为，“犯罪嫌疑人×××（犯罪嫌疑人姓名）涉嫌×××（罪名）一案，已由×××（侦查机关名称）移送我院审查起诉。你作为本案的被害人，根据《中华人民共和国刑事诉讼法》和《未成年人刑事检察工作指引（试行）》的有关规定，现向你告知在审查起诉阶段依法享有的诉讼权利和承担的诉讼义务”，按要求写明犯罪嫌疑人姓名、涉嫌罪名、侦查机关名称。

3. 尾部

落款，文书制发日期。

未成年被害人、法定代理人/合适成年人确认签名，并注明日期。

（四）文书模板及制作说明

1. 文书模板

×××人民检察院

未成年被害人诉讼权利义务告知书

（审查起诉阶段　回执）

×××（被害人姓名）：

犯罪嫌疑人×××（犯罪嫌疑人姓名）涉嫌×××（罪名）一案，已由×××（侦查机关名称）移送我院审查起诉。你作为本案的被害人，根据《中华人民共和国刑事诉讼法》和《未成年人刑事检察工作指引

(试行)》的有关规定，现向你告知在审查起诉阶段依法享有的诉讼权利和承担的诉讼义务。

20××年××月××日
(院印)

《未成年被害人诉讼权利义务告知书》已向我告知，我已知悉。

未成年被害人（签名）:
20××年××月××日
法定代理人/合适成年人（签名）:
20××年××月××日

×××人民检察院

未成年被害人诉讼权利义务告知书

（审查起诉阶段）

根据《中华人民共和国刑事诉讼法》和《未成年人刑事检察工作指引（试行)》的有关规定，你作为本案的被害人，在审查起诉阶段依法享有的诉讼权利和承担的诉讼义务如下:

一、诉讼权利

1. 要求提供作证条件和保密的权利

检察机关应当保证你有客观充分地提供证据的条件，并为你保守秘密。如果你的作证内容涉及国家秘密、商业秘密、个人隐私，你有权要求保密。

2. 委托诉讼代理人和发表诉讼意见的权利

自案件移送审查起诉之日起，你及你的法定代理人或者近亲属有权委托一至二名律师、人民团体或你所在单位推荐的人作为诉讼代理人，你的监护人、亲友也可以作为你的诉讼代理人。

检察机关审查案件应当听取你及你的法定代理人和诉讼代理人的意

见。你及你的法定代理人和诉讼代理人有权向检察机关提出书面意见。

人民检察院在办理认罪认罚案件过程中，应当就以下事项听取你的意见：

（1）涉嫌的犯罪事实、罪名及适用的法律规定；

（2）从轻、减轻或者免除处罚等从宽处罚的建议；

（3）认罪认罚后案件审理适用的程序；

（4）其他需要听取意见的事项。

3. 使用本民族语言文字进行诉讼及获得翻译的权利

你有权使用本民族语言文字进行诉讼。

如果你是聋、哑人或者不通晓当地通用语言文字，检察机关应当为你聘请通晓聋、哑手势或者当地通用语言文字且与本案无利害关系的人员为你提供翻译。

4. 申请回避的权利

你及你的法定代理人或者诉讼代理人认为办案人员具有以下情形之一，有权要求他们回避：

（1）是本案的当事人或者是当事人的近亲属的；

（2）本人或者他的近亲属和本案有利害关系的；

（3）担任过本案的证人、鉴定人、辩护人、诉讼代理人的；

（4）与本案当事人有其他关系，可能影响公正处理案件的；

（5）接受当事人及其委托的人的请客送礼，违反规定会见当事人及其委托的人。

你及你的法定代理人或者诉讼代理人对检察机关驳回申请回避的决定，有权申请复议一次。

5. 知悉用作证据的鉴定意见及申请补充鉴定或者重新鉴定的权利

检察机关应当向你或者你的法定代理人、近亲属或诉讼代理人告知用作证据的鉴定意见。

对于用作证据的鉴定意见，你或者你的法定代理人、近亲属、诉讼代理人有权申请补充鉴定或者重新鉴定，但除原鉴定违反法定程序外，你应当承担补充鉴定或者重新鉴定的费用。

6. 控告权

如果办案人员有侵犯你诉讼权利和人身侮辱的行为，或者采用羁押、暴力、威胁、引诱、欺骗等非法方法收集证据的行为，你有权提出控告。

7. 申诉权

对检察机关作出的附条件不起诉的决定和附条件不起诉监督考察期满后的不起诉的决定，你有权向作出决定的检察机关的上一级人民检察院提出申诉；对检察机关作出的其他不起诉决定，你及你的近亲属或者诉讼代理人有权自收到决定书后七日内向上一级人民检察院申诉，请求提起公诉，也可以不经申诉，直接向人民法院起诉。

8. 获得保护的权利

如果你因在诉讼中作证，你或者近亲属的人身安全面临危险，你有权请求检察机关予以保护。

如果你因在危害国家安全犯罪、恐怖活动犯罪、黑社会性质组织犯罪、毒品犯罪等案件中作证，你或者近亲属的人身安全面临危险，检察机关应当依法为你采取保护措施。

9. 知悉证明文件、核对笔录和亲笔书写陈述的权利

你有权要求对你进行询问的办案人员向你出示证明文件。

询问笔录应当交你核对。如果你没有阅读能力，办案人员应当向你宣读。如果记载有遗漏或者差错，你有权要求补充或改正。

你有权请求自行书写陈述，办案人员应当准许。

10. 申请和解的权利

你有权向检察机关提出促成双方当事人和解的申请。申请可以口头提出，也可以书面提出。

11. 申请司法救助的权利

你如果具有以下情形之一，你及你的法定代理人或者其他近亲属有权向检察机关申请司法救助：

（1）受到犯罪侵害急需救治，无力承担医疗救治费用的；

（2）因遭受犯罪侵害导致受伤或财产遭受重大损失，造成生活困难或者学业难以为继的；

（3）赔偿责任人死亡或者没有赔偿能力、不能履行赔偿责任，或者虽履行部分赔偿责任，但不足以解决未成年被害人生活困难的；

（4）人民检察院认为应当救助的其他情形。

12. 提起附带民事诉讼的权利

你有权依法就因犯罪行为遭受的损失向人民法院提起刑事附带民事诉讼。提起附带民事诉讼的，请按照人民法院的要求提供诉状。

13. 未成年被害人的特殊权利

询问时将通知你的法定代理人到场，法定代理人可以代为行使你的诉讼权利。如果法定代理人具有下列情形之一，不能或不宜到场的，可以要求通知你的其他成年亲属，所在学校、单位或者居住地的村民委员会、居民委员会、未成年人保护组织的代表到场。

(1) 与未成年犯罪嫌疑人构成共同犯罪的；

(2) 已经死亡、宣告失踪或者无监护能力的；

(3) 因身份、住址或联系方式不明无法通知的；

(4) 因路途遥远或者其他原因无法及时到场的；

(5) 经通知明确拒绝到场的；

(6) 阻扰讯问或者询问活动正常进行，经劝阻不改的；

(7) 未成年人有正当理由拒绝法定代理人到场的；

(8) 到场可能影响未成年人真实陈述的；

(9) 其他不能或者不宜到场的情形。

有正当理由时，你有权要求更换合适成年人，原则上以两次为限。

你若是未满十八周岁的女性，询问时应当有女性办案人员在场。

你若因经济困难或者其他原因没有委托诉讼代理人的，可以申请法律援助。

二、诉讼义务

1. 作证的义务

凡是知道案件情况的人，都有作证的义务。

2. 如实提供证据、陈述的义务

你应当如实地提供证据、陈述，诬告陷害、有意作虚假陈述或者隐匿罪证，将承担相应的法律责任。

3. 在询问笔录上签字和按要求书写陈述的义务

经核对无误后，你应当在询问笔录上逐页签名、盖章或者捺指印。

必要的时候，经办案人员要求，你可以亲笔书写陈述。

4. 接受检查的义务

你可以接受为确定你的某些特征或者生理状态而进行的人身检查、提取指纹信息，采集血迹、尿液等生物样本。

如果你是女性，检查你的身体应当由女工作人员或者医师进行。

5. 保守秘密的义务

你应当保守案件秘密，不得泄露案情或者未成年人的个人信息。

2. 制作说明

（1）本文书依据《人民检察院刑事诉讼规则》第二百五十九条，《未成年人刑事检察工作指引（试行）》第四十六条、第六十八条、第七十六条、第一百三十五条、第一百三十七条的规定制作。

（2）本文书以被害人为单位制作，应在收到移送审查起诉的案件材料之日起三日内送达被害人，回执由被害人及其法定代理人或到场的合适成年人签名后附卷，权利义务部分由未成年被害人留存。

5.6.10　法律文书：未成年被害人法定代理人诉讼权利义务告知书（审查起诉阶段）

（一）基本概念

未成年被害人法定代理人诉讼权利义务告知书（审查起诉阶段），是人民检察院审查起诉未成年人刑事案件，询问未成年被害人时告知到场的未成年被害人的法定代理人诉讼权利义务时所使用的法律文书。

（二）相关依据

1. 司法解释规定

《人民检察院刑事诉讼规则》第四百六十五条："在审查逮捕、审查起诉中，人民检察院应当讯问未成年犯罪嫌疑人，听取辩护人的意见，并制作笔录附卷。辩护人提出书面意见的，应当附卷。对于辩护人提出犯罪嫌疑人无罪、罪轻或者减轻、免除刑事责任、不适宜羁押或者侦查活动有违法情形等意见的，检察人员应当进行审查，并在相关工作文书中叙明辩护人提出的意见，说明是否采纳的情况和理由。

讯问未成年犯罪嫌疑人，应当通知其法定代理人到场，告知法定代理人依法享有的诉讼权利和应当履行的义务。到场的法定代理人可以代为行使未成年犯罪嫌疑人的诉讼权利，代为行使权利时不得损害未成年犯罪嫌疑人的合法权益。

无法通知、法定代理人不能到场或者法定代理人是共犯的，也可以通知未成年犯罪嫌疑人的其他成年亲属，所在学校、单位或者居住地的村民委员会、居民委员会、未成年人保护组织的代表到场，并将有关情况记录在案。未成年犯罪嫌疑人明确拒绝法定代理人以外的合适成年人到场，且有正当理由的，人民检察院可以准许，但应当在征求其意见后通知其他合适成年人到场。

到场的法定代理人或者其他人员认为检察人员在讯问中侵犯未成年犯罪嫌疑人合法权益提出意见的，人民检察院应当记录在案。对合理意见，应当接受并纠正。讯问笔录应当交由到场的法定代理人或者其他人员阅读或者向其宣读，并由其在笔录上签名或者盖章，并捺指印。

讯问女性未成年犯罪嫌疑人，应当有女性检察人员参加。

询问未成年被害人、证人，适用本条第二款至第五款的规定。询问应当以一次为原则，避免反复询问。”

2. 其他规定

《未成年人刑事检察工作指引（试行）》第四十七条：“到场的合适成年人享有下列权利：

（一）向办案机关了解未成年人的成长经历、家庭环境、个性特点、社会活动以及其他与案件有关的情况；

（二）讯问或者询问前，可以在办案人员陪同下会见未成年人，了解其健康状况、是否告知权利义务、合法权益是否被侵害等情况；

（三）向未成年人解释有关法律规定，并告知其行为可能导致的法律后果；

（四）对未成年人进行法制宣传，有针对性地进行提醒教育；

（五）发现办案机关存在诱供、逼供或其他侵害未成年人合法权益的情形，可以当场提出意见，也可以在笔录上载明自己的意见，并向办案机关主管部门反映情况；

（六）阅读讯问、询问笔录或者要求向其宣读讯问、询问笔录；

（七）法律法规规定的其他权利。

到场的合适成年人应当履行下列义务：

（一）接到参与刑事诉讼通知后持有效证件及时到场；

（二）向未成年人表明自己的身份和承担的职责；

（三）在场发挥监督作用和见证整个讯问、询问过程，维护未成年人基本权利；

（四）抚慰未成年人，帮助其消除恐惧心理和抵触情绪；

（五）帮助未成年人正确理解讯问或者询问程序，但不得以诱导、暗示等方式妨碍其独立思考回答问题，不得非法干涉办案机关正当的诉讼活动；

（六）保守案件秘密，不得泄露案情或者未成年人的个人信息；

（七）发现本人与案件存在利害关系或者其他不宜担任合适成年人的情况后，应当及时告知办案机关或者所在地未成年人保护组织；

（八）法律法规规定的其他义务。

到场的法定代理人除了具有上述规定的权利义务外，还可以代为行使未成年犯罪嫌疑人、被告人的诉讼权利。”

第六十八条：“对于符合条件的未成年人刑事案件，人民检察院可以应双方当事人的申请促成和解或者通过人民调解委员会等中立的第三方进行和解。申请可以口头提出，也可以书面提出，均应记录在案。

开展和解应当不公开进行。人民检察院应当告知参与人不得泄露未成年人的案件信息。”

第七十六条：“未成年被害人具有下列情形之一的，人民检察院应当告知未成年被害人及其法定代理人或者其他近亲属有权申请司法救助：

（一）受到犯罪侵害急需救治，无力承担医疗救治费用的；

（二）因遭受犯罪侵害导致受伤或者财产遭受重大损失，造成生活困难或者学业难以为继的；

（三）赔偿责任人死亡或者没有赔偿能力、不能履行赔偿责任，或者虽履行部分赔偿责任，但不足以解决未成年被害人生活困难的；

（四）人民检察院认为应当救助的其他情形。

未成年被害人及其法定代理人或者其他近亲属提出司法救助申请的，

未成年人检察部门应当及时将当事人情况、案件基本事实及救助申请等材料转交刑事申诉检察部门办理。

对于符合救助条件但未成年被害人及其法定代理人或者其他近亲属未提出申请的，未成年人检察部门可以主动启动救助程序，收集相关材料，提出救助意见，移送刑事申诉检察部门办理。”

第一百三十五条：“询问未成年被害人应当告知的法律文书主要包括：

（一）未成年被害人诉讼权利义务告知书；

（二）法定代理人或者合适成年人到场通知书；

（三）法定代理人或者合适成年人权利义务告知书；

（四）询问通知书；

（五）根据案件具体情况需要准备的其他告知文书，如心理测评告知书等。”

第一百三十七条：“办案人员应当告知未成年人及其法定代理人或者合适成年人依法享有的诉讼权利、相关法律规定以及案件的进展情况，并要求未成年人及其法定代理人或者合适成年人在权利义务告知书上签字确认（年幼的未成年人可以由法定代理人或合适成年人代签）。告知诉讼权利时，应当进行解释说明，重点告知未成年被害人及其法定代理人提起附带民事诉讼及获得赔偿的权利。告知的情形应当记录在案。”

（三）文书结构

1. 首部

标题部分，检察机关的名称应为全称，即要注明所在省（自治区、直辖市）名称，不能只写地区级市、县、区院名。文书名称，即“未成年被害人法定代理人诉讼权利义务告知书”。文书名称下方标注“（审查起诉阶段　回执）”。

2. 正文

抬头，权利义务告知对象，未成年被害人法定代理人姓名。

告知权利义务主文模板为，“×××（被害人姓名）是犯罪嫌疑人×××涉嫌×××案的被害人，现该案已由×××（侦查机关）移送我院审查起诉。你作为被害人的法定代理人，根据《中华人民共和国刑事诉讼法》和《未成年人刑事检察工作指引（试行）》的有关规定，现向你告知在审查起诉阶段依法享有的诉讼权利和承担的诉讼义务”，按要求写明被害人姓名、犯罪嫌疑人姓名、涉嫌罪名、侦查机关名称。

3. 尾部

落款，文书制发日期。

未成年被害人法定代理人确认签名，并注明日期。

（四）文书模板及制作说明

1. 文书模板

×××人民检察院

未成年被害人法定代理人诉讼权利义务
告知书

（审查起诉阶段　回执）

×××（未成年被害人法定代理人姓名）：

×××（被害人姓名）是犯罪嫌疑人×××涉嫌×××案的被害人，现该案已由×××（侦查机关）移送我院审查起诉。你作为被害人的法定代理人，根据《中华人民共和国刑事诉讼法》和《未成年人刑事检察工作指引（试行）》的有关规定，现向你告知在审查起诉阶段依法享有的诉讼权利和承担的诉讼义务。

20××年××月××日
（院印）

《未成年被害人法定代理人诉讼权利义务告知书》已向我告知，我已知悉。

法定代理人（签名）：
20××年××月××日

××× 人民检察院

未成年被害人法定代理人诉讼权利义务告知书

（审查起诉阶段）

根据《中华人民共和国刑事诉讼法》和《未成年人刑事检察工作指引（试行）》的有关规定，你作为本案未成年被害人的法定代理人，在审查起诉阶段依法享有的诉讼权利和承担的诉讼义务如下：

一、诉讼权利

1. 自移送审查起诉之日起，你及未成年被害人的近亲属有权委托诉讼代理人。若你及未成年被害人、或未成年被害人的近亲属因经济困难或者其他原因没有委托诉讼代理人的，可以申请法律援助。

2. 你认为办案人员具有以下情形之一，有权要求他们回避：

（1）是本案的当事人或者是当事人的近亲属的；

（2）本人或者他的近亲属和本案有利害关系的；

（3）担任过本案的证人、鉴定人、辩护人、诉讼代理人的；

（4）与本案当事人有其他关系，可能影响公正处理案件的；

（5）接受当事人及其委托的人的请客送礼，违反规定会见当事人及其委托的人。

对检察机关驳回申请回避的决定，你可以申请复议一次。

3. 你有权依法就因犯罪行为遭受的损失向人民法院提起刑事附带民事诉讼。提起附带民事诉讼的，请按照人民法院的要求提供诉状。

4. 你有权向本院承办此案的办案人员就本案陈述你的意见。

5. 因被害人未满十八周岁，询问时应通知你作为法定代理人到场。你作为法定代理人可以代为行使被害人的诉讼权利，同时也享有以下权利：

（1）向办案机关提供未成年人的成长经历、家庭环境、个性特点、社会活动以及其他与案件有关的情况；

（2）向未成年人解释有关法律规定，并告知其行为可能导致的后果；

（3）对未成年人进行法治教育，有针对性地进行提醒教育；

（4）发现办案机关存在威胁、引诱、欺骗等非法手段收集证据的情形，可以当场提意见，也可以在笔录上载明自己的意见，并向办案机关主管部门反映情况；

（5）阅读询问笔录或者要求向你宣读询问笔录；

（6）法律法规规定的其他权利。

若你不能或不宜到场，检察机关可以通知被害人的其他成年亲属，所在学校、单位或者居住地的村民委员会、居民委员会、未成年人保护组织的代表到场。

6. 你有权向检察机关申请促成双方当事人和解。申请可以口头提出，也可以书面提出。

7. 未成年被害人如果具有以下情形之一，你有权向检察机关申请司法救助：

（1）受到犯罪侵害急需救治，无力承担医疗救治费用的；

（2）因遭受犯罪侵害导致受伤或财产遭受重大损失，造成生活困难或者学业难以为继的；

（3）赔偿责任人死亡或者没有赔偿能力、不能履行赔偿责任，或者虽履行部分赔偿责任，但不足以解决未成年被害人生活困难的；

（4）人民检察院认为应当救助的其他情形。

8. 对检察机关作出的附条件不起诉的决定和附条件不起诉监督考察期满后的不起诉的决定，你有权在七日内向作出决定的检察机关的上一级人民检察院提出申诉；在七日后提出申诉的，由作出附条件不起诉决定的人民检察院未成年人检察部门另行指定办案人员审查后决定是否立案复查。

9. 对检察机关的其他不起诉决定，你或者诉讼代理人有权自收到决定书后七日内向作出决定的检察机关的上一级人民检察院申诉，请求提起公诉，也可以不经申诉，直接向人民法院起诉。

二、诉讼义务

1. 你应当保证不得干扰被害人、证人作证，不得隐匿证据，否则将依法承担法律责任。

2. 询问未成年被害人后，你应当在确认笔录没有错误后，按照办案人员的提示签字或盖章。

3. 你应当保守案件秘密，不得泄露案情或者涉案未成年人的个人信息。

2. 制作说明

（1）本文书依据《人民检察院刑事诉讼规则》第四百六十五条，《未成年人刑事检察工作指引（试行）》第四十七条、第六十八条、第七十六条、第一百三十五条、第一百三十七条的规定制作。

（2）本文书以人为单位制作，应在收到移送审查起诉的案件材料之日起三日内送达未成年被害人的法定代理人，回执由未成年被害人的法定代理人签名后附卷，权利义务部分由未成年被害人的法定代理人留存。

5.6.11 法律文书：委托辩护人/申请法律援助告知书（未检）

（一）基本概念

委托辩护人/申请法律援助告知书（未检），是人民检察院收到审查逮捕/审查起诉案件，告知未成年犯罪嫌疑人及其法定代理人享有委托辩护人及申请法律援助的权利时所使用的法律文书。

（二）相关依据

1. 法律依据

《中华人民共和国刑事诉讼法》第三十四条："犯罪嫌疑人自被侦查机关第一次讯问或者采取强制措施之日起，有权委托辩护人；在侦查期间，只能委托律师作为辩护人。被告人有权随时委托辩护人。

侦查机关在第一次讯问犯罪嫌疑人或者对犯罪嫌疑人采取强制措施的时候，应当告知犯罪嫌疑人有权委托辩护人。人民检察院自收到移送审查起诉的案件材料之日起三日以内，应当告知犯罪嫌疑人有权委托辩护人。人民法院自受理案件之日起三日以内，应当告知被告人有权委托辩护人。犯罪嫌疑人、被告人在押期间要求委托辩护人的，人民法院、人民检察院和公安机关应当及时转达其要求。

犯罪嫌疑人、被告人在押的，也可以由其监护人、近亲属代为委托辩护人。

辩护人接受犯罪嫌疑人、被告人委托后，应当及时告知办理案件的机关。"

第二百七十八条："未成年犯罪嫌疑人、被告人没有委托辩护人的，人民法院、人民检察院、公安机关应当通知法律援助机构指派律师为其提供辩护。"

2. 司法解释规定

《人民检察院刑事诉讼规则》第四百六十条："人民检察院受理案件后，应当向未成年犯罪嫌疑人及其法定代理人了解其委托辩护人的情况，并告知其有权委托辩护人。

未成年犯罪嫌疑人没有委托辩护人的，人民检察院应当书面通知法律援助机构指派律师为其提供辩护。

对于公安机关未通知法律援助机构指派律师为未成年犯罪嫌疑人提供辩护的，人民检察院应当提出纠正意见。"

3. 其他规定

《未成年人刑事检察工作指引（试行）》第二十五条："人民检察院办理未成年人刑事案件，应当首先了解未成年犯罪嫌疑人委托辩护人及得到法律援助的情况。没有委托辩护人的，应当及时告知未成年犯罪嫌疑人及其法定代理人有权委托辩护人。未成年犯罪嫌疑人及其法定代理人没有委托辩护人且没有得到法律援助的，应当及时通知所在地法律援助机构指派律师为其提供辩护。"

第一百四十五条："人民检察院受理审查逮捕未成年人刑事案件后，应当首先了解未成年犯罪嫌疑人是否有辩护人，没有辩护人的，应当通知公安机关纠正，并可以在二十四小时内通知法律援助机构指派律师。"

第一百六十九条："人民检察院受理审查起诉未成年人刑事案件后，应当首先审查未成年犯罪嫌疑人是否有辩护人。没有辩护人的，应当告知未成年犯罪嫌疑人及其法定代理人可以委托一至二人作为辩护人。未成年犯罪嫌疑人及其法定代理人未明确表示委托辩护人的，人民检察院应当通知法律援助机构指派律师为其提供辩护。”

（三）文书结构

本文书为四联填充式文书。

1. 第一联

本联主要用于审批程序，不附卷，由办案部门统一留存。

（1）首部。本部分包括制作文书的人民检察院名称，需注明所在省（自治区、直辖市）的名称，不能只写地区级市、县、区院名；文书名称，即“委托辩护人/申请法律援助告知书”；文书名称下方标注“（存根）”字样；文号生成格式为：“××检未委辩/申援〔20××〕×号”。

（2）正文。依次填写：案由；涉案人基本情况，包括姓名、性别、出生日期、公民身份号码、工作单位、住址、是否人大代表、政协委员等；批准人、承办人、办案单位、填发人；填发时间。

2. 第二、三联

第二联由承办人附卷，第三联送达未成年犯罪嫌疑人。

（1）首部。本部分与存根内容基本相同，不同之处在于第二联文书名称下方注“（副本）”字样，第三联文书名称下方无标注。

（2）正文。抬头，犯罪嫌疑人姓名。

首句模板为“你涉嫌×××一案，已由×××（侦查机关）移送本院审查逮捕/起诉”，按照模板填充要求依次写明涉嫌罪名、侦查机关名称。

（3）尾部。填发文书的日期，日期上加盖院印。第二联还需由犯罪嫌疑人、法定代理人签收。

3. 第四联

第四联送达未成年犯罪嫌疑人的法定代理人。

（1）首部。本部分与前三联内容基本相同，本联文书名称下方无标注。

（2）正文。抬头，未成年犯罪嫌疑人法定代理人姓名。

首句模板为“本院已收到×××（移送案件的侦查机关）提请审查逮捕/移送起诉的犯罪嫌疑人×××涉嫌×××一案的案件材料”，按照模板填充要求依次写明移送案件的侦查机关名称、犯罪嫌疑人姓名、涉嫌罪名。

（3）尾部。填发文书的日期，日期上加盖院印。

（四）文书模板及制作说明

1. 文书模板

×××人民检察院

委托辩护人/申请法律援助告知书

（存　根）

××检未委辩/申援〔20××〕×号

案由＿＿＿＿＿＿＿＿＿＿

涉案人基本情况（姓名、性别、出生日期、公民身份号码、工作单位、住址、是否人大代表、政协委员）＿＿＿＿＿＿＿＿＿＿

批准人＿＿＿＿＿＿＿＿＿＿

承办人＿＿＿＿＿＿＿＿＿＿

办案单位＿＿＿＿＿＿＿＿＿＿

填发人＿＿＿＿＿＿＿＿＿＿

填发时间＿＿＿＿＿＿＿＿＿＿

第一联　统一保存

×××人民检察院

委托辩护人/申请法律援助告知书

（副　本）

××检未委辩/申援〔20××〕×号

（犯罪嫌疑人姓名）：

你涉嫌＿＿＿＿一案，已由＿＿＿＿（侦查机关）移送本院审查逮捕/起诉。根据《中华人民共和国刑事诉讼法》第三十四条、第二百七十八条和《未成年人刑事检察工作指引（试行）》第二十五条、第一百四十五条、第一百六十九条之规定，现告知你及你的法定代理人有权委托辩护人。在侦查阶段，只能委托律师担任辩护人。

没有委托辩护人的，人民检察院将依法通知法律援助机构指派律师提供辩护。

20××年××月××日

（院印）

本告知书已收到。

犯罪嫌疑人：

法定代理人：

20××年××月××日

第二联　附卷

×××人民检察院

委托辩护人/申请法律援助告知书

××检未委辩/申援〔20××〕×号

(犯罪嫌疑人姓名)：

你涉嫌________一案，已由________（侦查机关）移送本院审查逮捕/起诉。根据《中华人民共和国刑事诉讼法》第三十四条、第二百七十八条和《未成年人刑事检察工作指引（试行）》第二十五条、第一百四十五条、第一百六十九条之规定，现告知你及你的法定代理人有权委托辩护人。在侦查阶段，只能委托律师担任辩护人。

没有委托辩护人的，人民检察院将依法通知法律援助机构指派律师提供辩护。

20××年××月××日

（院印）

第三联　送达未成年犯罪嫌疑人

×××人民检察院

委托辩护人/申请法律援助告知书

××检未委辩/申援〔20××〕×号

(未成年犯罪嫌疑人法定代理人姓名)：

本院已收到(移送案件的侦查机关）提请审查逮捕/移送起诉的犯罪嫌疑人__________涉嫌________一案的案件材料。根据《中华人民共和国刑事诉讼法》第三十四条、第二百七十八条和《未成年人刑事检察工作指引（试行）》第二十五条、第一百四十五条、第一百六十九条之规定，现告知你及你的法定代理人有权委托辩护人。在侦查阶段，只能委托律师担任辩护人。

没有委托辩护人的，人民检察院将依法通知法律援助机构指派律师提供辩护。

20××年××月××日

（院印）

第四联　送达未成年犯罪嫌疑人的法定代理人

2. 制作说明

（1）本文书依据《中华人民共和国刑事诉讼法》第三十四条、第二百七十八条，《人民检察院刑事诉讼规则》第四百六十条和《未成年人刑事检察工作指引（试行）》第二十五条、第一百四十五条、第一百六十九条的规定制作。是人民检察院收到审查逮捕/审查起诉案件，告知未成年犯罪嫌疑人及其法定代理人享有委托辩护人及申请法律援助的权利时使用。

（2）本文书共四联，第一联统一保存，第二联附卷，第三联送达未成年犯罪嫌疑人，第四联送达未成年犯罪嫌疑人的法定代理人。

（3）没有委托辩护人的，在审查逮捕阶段和审查起诉阶段，人民检察院都应当及时通知法律援助机构指派律师为其提供辩护。

5.6.12 法律文书：委托诉讼代理人/申请法律援助告知书（未检）

（一）基本概念

委托诉讼代理人/申请法律援助告知书（未检），是人民检察院收到移送审查起诉的案件材料后，告知未成年被害人及其法定代理人或者近亲属享有委托诉讼代理人及申请法律援助的权利时所使用的法律文书。

（二）相关依据

1. 法律依据

《中华人民共和国刑事诉讼法》第四十六条："公诉案件的被害人及其法定代理人或者近亲属，附带民事诉讼的当事人及其法定代理人，自案件移送审查起诉之日起，有权委托诉讼代理人。自诉案件的自诉人及其法定代理人，附带民事诉讼的当事人及其法定代理人，有权随时委托诉讼代理人。

人民检察院自收到移送审查起诉的案件材料之日起三日以内，应当告知被害人及其法定代理人或者其近亲属、附带民事诉讼的当事人及其法定代理人有权委托诉讼代理人。人民法院自受理自诉案件之日起三日以内，应当告知自诉人及其法定代理人、附带民事诉讼的当事人及其法定代理人有权委托诉讼代理人。”

2. 其他规定

《未成年人刑事检察工作指引（试行）》第七十五条：“人民检察院应当自收到移送审查起诉的案件材料之日起三日内，书面告知被害人及其法定代理人或者其他近亲属有权委托诉讼代理人，电话告知的应当记录在案；未成年被害人及其法定代理人因经济困难或者其他原因没有委托诉讼代理人的，人民检察院应当帮助其申请法律援助。

遭受性侵害的女性未成年被害人，一般应由女性律师提供法律援助。”

（三）文书结构

本文书为四联填充式文书。

1. 第一联

本联主要用于审批程序，不附卷，由办案部门统一留存。

（1）首部。本部分包括制作文书的人民检察院名称，需注明所在省（自治区、直辖市）的名称，不能只写地区级市、县、区院名；文书名称，即“委托诉讼代理人/申请法律援助告知书”；文书名称下方标注“（存根）”字样；文号生成格式为：“××检未委代/申援〔20××〕×号”。

（2）正文。依次填写：案由；涉案人基本情况，包括姓名、性别、出生日期、公民身份号码、工作单位、住址、是否人大代表、政协委员等；批准人、承办人、办案单位、填发人；填发时间。

2. 第二、三联

第二联由承办人附卷，第三联送达未成年犯罪嫌疑人。

（1）首部。本部分与存根内容基本相同，不同之处在于第二联文书名称下方注“（副本）”字样，第三联文书名称下方无标注。

（2）正文。抬头，被害人姓名。

首句说明案件来源，模板为“本院已经收到×××（移送案件的侦查机关）移送审查起诉的犯罪嫌疑人×××涉嫌×××一案的案件材料”，按照模板填充要求依次写明移送案件的侦查机关名称、犯罪嫌疑人姓名、涉嫌罪名。

（3）尾部。填发文书的日期，日期上加盖院印。第二联还需由被害人、法定代理人签收。

3. 第四联

第四联送达被害人的法定代理人或者其他近亲属。

（1）首部。本部分与前三联内容基本相同，本联文书名称下方无标注。

（2）正文。抬头，被害人的法定代理人或者其他近亲属姓名。

首句说明案件来源，模板为“本院已经收到×××（移送案件的侦查机关）移送审查起诉的犯罪嫌疑人×××涉嫌×××一案的案件材料”，按照模板填充要求依次写明移送案件的侦查机关名称、犯罪嫌疑人姓名、涉嫌罪名。

（3）尾部。填发文书的日期，日期上加盖院印。

（四）文书模板及制作说明

1. 文书模板

×××人民检察院

委托诉讼代理人/申请法律援助告知书

（存　根）

××检未委代/申援〔20××〕×号

案由______

涉案人基本情况（姓名、性别、出生日期、公民身份号码、工作单位、住址、是否人大代表、政协委员）______

______

______

批准人______

承办人______

办案单位______

填发人______

填发时间______

第一联　统一保存

×××人民检察院

委托诉讼代理人/申请法律援助告知书

（副　本）

××检未委代/申援〔20××〕×号

（被害人姓名）：

本院已经收到（移送案件的侦查机关）移送审查起诉的犯罪嫌疑人______涉嫌______一案的案件材料。根据《中华人民共和国刑事诉讼法》第四十六条、《未成年人刑事检察工作指引（试行）》第七十五条之规定，现告知你有权委托诉讼代理人。如果因经济困难或其他原因（未成年人适用）没有委托诉讼代理人的，可以申请法律援助。

20××年××月××日

（院印）

本告知书已收到。

收件人：

20××年××月××日

未成年被害人法定代理人：

20××年××月××日

第二联　附卷

×××人民检察院

委托诉讼代理人/申请法律援助告知书

××检未委代/申援〔20××〕×号

(被害人姓名):

本院已经收到(移送案件的侦查机关)移送审查起诉的犯罪嫌疑人________涉嫌________一案的案件材料。根据《中华人民共和国刑事诉讼法》第四十六条、《未成年人刑事检察工作指引(试行)》第七十五条之规定,现告知你有权委托诉讼代理人。如果因经济困难或其他原因(未成年人适用)没有委托诉讼代理人的,可以申请法律援助。

20××年××月××日

(院印)

第三联　送达被害人

×××人民检察院

委托诉讼代理人/申请法律援助告知书

××检未委代/申援〔20××〕×号

(被害人的法定代理人或者其他近亲属):

本院已经收到(移送案件的侦查机关)移送审查起诉的犯罪嫌疑人________涉嫌________一案的案件材料。根据《中华人民共和国刑事诉讼法》第四十六条、《未成年人刑事检察工作指引(试行)》第七十五条之规定,现告知你有权委托诉讼代理人。如果因经济困难或其他原因(未成年人适用)没有委托诉讼代理人的,可以申请法律援助。

20××年××月××日

(院印)

第四联　送达被害人的法定代理人或者其他近亲属

2. 制作说明

（1）本文书依据《中华人民共和国刑事诉讼法》第四十六条，《未成年人刑事检察工作指引（试行）》第七十五条的规定制作。为人民检察院收到移送审查起诉的案件材料之日起三日以内，告知被害人及其法定代理人或者近亲属享有委托诉讼代理人及申请法律援助的权利时使用。

（2）本文书应当于收到移送审查起诉的案件材料之日起三日以内送达被害人。

（3）本文书以人为单位制作，共四联，第一联统一保存，第二联附卷，第三联送达被害人，第四联送达被害人的法定代理人或者其他近亲属。

5.6.13　法律文书：提供法律援助通知书（适用未成年犯罪嫌疑人）

（一）基本概念

提供法律援助通知书（适用未成年犯罪嫌疑人），是检察机关在办理未成年人刑事案件时，向未成年犯罪嫌疑人提供法律援助并通知未成年犯罪嫌疑人时所使用的法律文书。

（二）相关依据

1. 法律依据

（1）《中华人民共和国刑事诉讼法》第二百七十八条："未成年犯罪嫌疑人、被告人没有委托辩护人的，人民法院、人民检察院、公安机关应当通知法律援助机构指派律师为其提供辩护。"

（2）《中华人民共和国未成年人保护法》第一百零四条："对需要法律援助或者司法救助的未成年人，法律援助机构或者公安机关、人民检察院、人民法院和司法行政部门应当给予帮助，依法为其提供法律援助或者司法救助。

法律援助机构应当指派熟悉未成年人身心特点的律师为未成年人提供法律援助服务。

法律援助机构和律师协会应当对办理未成年人法律援助案件的律师进行指导和培训。”

2. 司法解释规定

《人民检察院刑事诉讼规则》第四百六十条：“人民检察院受理案件后，应当向未成年犯罪嫌疑人及其法定代理人了解其委托辩护人的情况，并告知其有权委托辩护人。

未成年犯罪嫌疑人没有委托辩护人的，人民检察院应当书面通知法律援助机构指派律师为其提供辩护。

对于公安机关未通知法律援助机构指派律师为未成年犯罪嫌疑人提供辩护的，人民检察院应当提出纠正意见。”

第四百八十九条：“本节所称未成年人刑事案件，是指犯罪嫌疑人实施涉嫌犯罪行为时已满十四周岁、未满十八周岁的刑事案件。

本节第四百六十条、第四百六十五条、第四百六十六条、第四百六十七条、第四百六十八条所称的未成年犯罪嫌疑人，是指在诉讼过程中未满十八周岁的人。犯罪嫌疑人实施涉嫌犯罪行为时未满十八周岁，在诉讼过程中已满十八周岁的，人民检察院可以根据案件的具体情况适用上述规定。”

3. 其他规定

《未成年人刑事检察工作指引（试行）》第二十五条：“人民检察院办理未成年人刑事案件，应当首先了解未成年犯罪嫌疑人委托辩护人及得到法律援助的情况。没有委托辩护人的，应当及时告知未成年犯罪嫌疑人及其法定代理人有权委托辩护人。未成年犯罪嫌疑人及其法定代理人没有委托辩护人且没有得到法律援助的，应当及时通知所在地法律援助机构指派律师为其提供辩护。”

第一百四十五条：“人民检察院受理审查逮捕未成年人刑事案件后，应当首先了解未成年犯罪嫌疑人是否有辩护人，没有辩护人的，应当通知公安机关纠正，并可以在二十四小时内通知法律援助机构指派律师。”

第一百六十九条：“人民检察院受理审查起诉未成年人刑事案件后，应当首先审查未成年犯罪嫌疑人是否有辩护人。没有辩护人的，应当告知未成年犯罪嫌疑人及其法定代理人可以委托一至二人作为辩护人。未成年犯罪嫌疑人及其法定代理人未明确表示委托辩护人的，人民检察院应当通知法律援助机构指派律师为其提供辩护。”

（三）文书结构

本文书为四联填充式文书。

1. 第一联

本联主要用于审批程序，不附卷，由办案部门统一留存。

（1）首部。本部分包括制作文书的人民检察院名称，需注明所在省（自治区、直辖市）的名称，不能只写地区级市、县、区院名；文书名称，即“提供法律援助通知书”；文书名称下方标注“（存根）”字样；文号生成格式为：“××检未援〔20××〕×号”。

（2）正文。依次填写：案由；涉案人基本情况，包括姓名、性别、出生日期、公民身份号码、工作单位、住址、是否人大代表、政协委员等；批准人、承办人、办案单位、填发人；填发时间。

2. 第二、三联

第二联由承办人附卷，第三联送达法律援助机构。

（1）首部。本部分与存根内容基本相同，不同之处在于第二联文书名称下方注“（副本）”字样，第三联文书名称下方无标注。

（2）正文。抬头，法律援助机构名称。

首句说明案件来源，模板为“犯罪嫌疑人×××涉嫌×××一案已由×××（侦查机关名称）提请本院审查逮捕/移送本院审查起诉”，按照模板填充要求依次写明犯罪嫌疑人姓名、涉嫌罪名、移送案件的侦查机关名称。第二句说明犯罪嫌疑人情况并请法律援助机构依法指派律师提供辩护，模板为“犯罪嫌疑人×××现羁押/居住于×××，因其属于未成年人，符合《中华人民共和国刑事诉讼法》第二百七十八条规定的情形，请依法指派律师为其提供辩护”，写明犯罪嫌疑人姓名、被羁押或居住地。

（3）尾部。填发文书的日期，日期上加盖院印。

第二联需由法律援助机构收件人签收。

第三联需注明未成年犯罪嫌疑人、法定代理人（其他成年亲属）、案件承办人姓名及联系方式。

3. 第四联

第四联为回执联，由受送达的法律援助机构填写退回后附卷。

（1）首部。本部分与前三联内容基本相同，本联文书名称下方无标注。

（2）正文。抬头，通知指派的检察机关。

主文模板为“你院××××年××月××日，以××号《提供法律援助通知书》通知本机构为×××（未成年犯罪嫌疑人姓名）指派法律援助律师。本中心已指派（律师事务所及法律援助律师姓名）为该未成年人提供法律援助”，写明指派的律师姓名。

（3）尾部。填发文书的日期，日期上加盖院印。

附为提供辩护的律师的联系方式。

（四）文书模板及制作说明

1. 文书模板

×××人民检察院

提供法律援助通知书

（存　根）

××检未援〔20××〕×号

案由______

涉案人基本情况（姓名、性别、出生日期、公民身份号码、工作单位、住址、是否人大代表、政协委员）______

______

______

批准人______

承办人______

办案单位______

填发人______

填发时间______

第一联　统一保存

×××人民检察院

提供法律援助通知书

（副　本）

××检未援〔20××〕×号

（法律援助机构名称）：

犯罪嫌疑人______涉嫌______一案已由（侦查机关名称）提请本院审查逮捕/移送本院审查起诉。犯罪嫌疑人______现羁押/居住于______，因其属于未成年人，符合《中华人民共和国刑事诉讼法》第二百七十八条规定的情形，请依法指派律师为其提供辩护。

20××年××月××日

（院印）

本通知书已收到。

法律援助机构收件人：

20××年××月××日

第二联　附卷

×××人民检察院

提供法律援助通知书

××检未援〔20××〕×号

(法律援助机构名称):

犯罪嫌疑人______涉嫌______一案已由(侦查机关名称)提请本院审查逮捕/移送本院审查起诉。犯罪嫌疑人________现羁押/居住于____________,因其属于未成年人,符合《中华人民共和国刑事诉讼法》第二百七十八条规定的情形,请依法指派律师为其提供辩护。

20××年××月××日

(院印)

未成年犯罪嫌疑人联系方式:

法定代理人(其他成年亲属):　　联系方式:

案件承办人:　　联系方式:

第三联　送达法律援助机构

×××人民检察院

提供法律援助通知书

(回　执)

(通知指派的检察机关):

你院______年____月____日,以____________号《提供法律援助通知书》通知本机构为________(未成年犯罪嫌疑人姓名)指派法律援助律师。本中心已指派(律师事务所及法律援助律师姓名)为该未成年人提供法律援助。

20××年××月××日

(法律援助机构印章)

律师联系方式:

第四联　法律援助机构退回后附卷

2. 制作说明

（1）本文书依据《中华人民共和国刑事诉讼法》第二百七十八条，《未成年人刑事检察工作指引（试行）》第二十五条、第一百四十五条、第一百六十九条的规定制作。为人民检察院办理审查逮捕、审查起诉案件，通知法律援助机构指派律师为未成年犯罪嫌疑人提供辩护时使用。

（2）填写“现羁押/居住于”时，犯罪嫌疑人在押的填写羁押场所，未被羁押的填写住所地；本文书为未成年嫌疑人专用文书，根据《人民检察院刑事诉讼规则》第四百八十九条的规定，诉讼过程中未满十八周岁的人。犯罪嫌疑人实施涉嫌犯罪行为时未满十八周岁，在诉讼过程中已满十八周岁的，人民检察院可以根据案件的具体情况适用上述文书。

（3）本文书共四联，第一联统一保存，第二联附卷，第三联送达法律援助机构，第四联为法律援助机构回执。

5.6.14　法律文书：提供法律援助通知书（适用未成年被害人）

（一）基本概念

提供法律援助通知书（适用未成年被害人），是检察机关在办理未成年人刑事案件时，向未成年被害人提供法律援助并通知未成年被害人时所使用的法律文书。

（二）相关依据

1. 法律依据

（1）《中华人民共和国刑事诉讼法》第四十六条：“公诉案件的被害人及其法定代理人或者近亲属，附带民事诉讼的当事人及其法定代理人，自案件移送审查起诉之日起，有权委托诉讼代理人。自诉案件的自诉人及其法定代理人，附带民事诉讼的当事人及其法定代理人，有权随时委托诉讼代理人。

人民检察院自收到移送审查起诉的案件材料之日起三日以内，应当告知被害人及其法定代理人或者其近亲属、附带民事诉讼的当事人及其法定代理人有权委托诉讼代理人。人民法院自受理自诉案件之日起三日以内，应当告知自诉人及其法定代理人、附带民事诉讼的当事人及其法定代理人有权委托诉讼代理人。”

（2）《中华人民共和国未成年人保护法》第一百零四条：“对需要法律援助或者司法救助的未成年人，法律援助机构或者公安机关、人民检察院、人民法院和司法行政部门应当给予帮助，依法为其提供法律援助或者司法救助。

法律援助机构应当指派熟悉未成年人身心特点的律师为未成年人提供法律援助服务。

法律援助机构和律师协会应当对办理未成年人法律援助案件的律师进行指导和培训。”

2. 其他规定

（1）最高人民法院、最高人民检察院、公安部、司法部关于印发《关于办理性侵害未成年人刑事案件的意见》第三条第二款：“法律援助机构应当指派熟悉未成年人身心特点的律师为未成年人提供法律援助。”

（2）《未成年人刑事检察工作指引（试行）》第七十五条：“人民检察院应当自收到移送审查起诉的案件材料之日起三日内，书面告知被害人及其法定代理人或者其他近亲属有权委托诉讼代理人，电话告知的应当记录在案；未成年被害人及其法定代理人因经济困难或者其他原因没有委托诉讼代理人的，人民检察院应当帮助其申请法律援助。

遭受性侵害的女性未成年被害人，一般应由女性律师提供法律援助。”

（三）文书结构

本文书为四联填充式文书。

1. 第一联

本联主要用于审批程序，不附卷，由办案部门统一留存。

（1）首部。本部分包括制作文书的人民检察院名称，需注明所在省（自治区、直辖市）的名称，不能只写地区级市、县、区院名；文书名称，即“提供法律援助通知书”；文书名称下方标注“（存根）”字样；文号生成格式为：“××检未援〔20××〕×号”。

（2）正文。依次填写：案由；涉案人基本情况，包括姓名、性别、出生日期、公民身份号码、工作单位、住址、是否人大代表、政协委员等；批准人、承办人、办案单位、填发人；填发时间。

2. 第二、三联

第二联由承办人附卷，第三联送达法律援助机构。

（1）首部。本部分与存根内容基本相同，不同之处在于第二联文书名称下方注“（副本）”字样，第三联文书名称下方无标注。

（2）正文。抬头，法律援助机构名称。

首句说明案件来源，模板为“本院已经收到×××（移送案件的侦查机关）移送审查起诉的犯罪嫌疑人×××涉嫌×××一案的案件材料。被害人×××属于未成年人，根据《中华人民共和国刑事诉讼法》第四十六条、《未成年人刑事检察工作指引（试行）》第七十五条之规定，可以申请法律援助，请依法指派律师为其提供辩护”，写明移送案件的侦查机关名称、犯罪嫌疑人姓名、案由、被害人姓名。

（3）尾部。填发文书的日期，日期上加盖院印。

第二联需由法律援助机构收件人签收。

第三联需注明未成年犯罪嫌疑人、法定代理人（其他成年亲属）及案件承办人的联系方式。

3. 第四联

第四联为回执联，由受送达的法律援助机构填写退回后附卷。

（1）首部。本部分与前三联内容基本相同，本联文书名称下方无标注。

（2）正文。抬头，通知指派的检察机关。

主文模板为“你院××××年××月××日，以××号《提供法律援助通知书》通知本机构为×××（未成年被害人姓名）指派法律援助律师。本中心已指派（律师事务所及法律援助律师姓名）为该未成年人提供法律援助”。本联由法律援助机构填写，写明指派的律师姓名。

（3）尾部。填发文书的日期，日期上加盖院印。

附指派提供辩护的律师的联系方式。

（四）文书模板及制作说明

1. 文书模板

×××人民检察院

提供法律援助通知书

（存　根）

××检未援〔20××〕×号

案由________________

涉案人基本情况（姓名、性别、出生日期、公民身份号码、工作单位、住址、是否人大代表、政协委员）________________

____

____

批准人________________

承办人________________

办案单位________________

填发人________________

填发时间________________

第一联　统一保存

×××人民检察院

提供法律援助通知书

（副　本）

××检未援〔20××〕×号

（法律援助机构名称）：

本院已经收到（移送案件的侦查机关）移送审查起诉的犯罪嫌疑人________涉嫌________一案的案件材料。被害人________属于未成年人，根据《中华人民共和国刑事诉讼法》第四十六条、《未成年人刑事检察工作指引（试行）》第七十五条之规定，可以申请法律援助，请依法指派律师为其提供辩护。

20××年××月××日

（院印）

本通知书已收到。

法律援助机构收件人：

20××年××月××日

第二联　附卷

×××人民检察院

提供法律援助通知书

××检未援〔20××〕×号

（法律援助机构名称）：

本院已经收到（移送案件的侦查机关）移送审查起诉的犯罪嫌疑人________涉嫌________一案的案件材料。被害人________属于未成年人，根据《中华人民共和国刑事诉讼法》第四十六条、《未成年人刑事检察工作指引（试行）》第七十五条之规定，可以申请法律援助，请依法指派律师为其提供辩护。

20××年××月××日

（院印）

未成年被害人联系方式：

法定代理人（其他成年亲属）：　　联系方式：

案件承办人：　　联系方式：

第三联　送达法律援助机构

×××人民检察院

提供法律援助通知书

（回　执）

（通知指派的检察机关）：

你院________年________月________日，以________号《提供法律援助通知书》通知本机构为________（未成年被害人姓名）指派法律援助律师。本中心已指派（律师事务所及法律援助律师姓名）为该未成年人提供法律援助。

20××年××月××日

（法律援助机构印章）

律师联系方式：

第四联　法律援助机构退回后附卷

2. 制作说明

（1）本文书依据《中华人民共和国刑事诉讼法》第四十六条，《未成年人刑事检察工作指引（试行）》第七十五条的规定制作。是人民检察院办理审查逮捕、审查起诉案件，通知法律援助机构指派律师为未成年被害人提供辩护时使用。

（2）本文书为未成年被害人专用文书，符合刑事诉讼法规定的法律援助条件的成年人使用通用法律文书中的提供法律援助通知书。

（3）本文书共四联，第一联统一保存，第二联附卷，第三联送达法律援助机构，第四联法律援助机构退回后附卷。

5.6.15 法律文书：社会调查委托函

（一）基本概念

社会调查委托函，是人民检察院在办理未成年人刑事案件时，委托有关组织和机构进行社会调查时所使用的法律文书。

（二）相关依据

1. 法律依据

《中华人民共和国刑事诉讼法》第二百七十九条："公安机关、人民检察院、人民法院办理未成年人刑事案件，根据情况可以对未成年犯罪嫌疑人、被告人的成长经历、犯罪原因、监护教育等情况进行调查。"

2. 司法解释规定

《人民检察院刑事诉讼规则》第四百六十一条第二款："人民检察院开展社会调查，可以委托有关组织和机构进行。开展社会调查应当尊重和保护未成年人隐私，不得向不知情人员泄露未成年犯罪嫌疑人的涉案信息。"

3. 其他规定

《未成年人刑事检察工作指引（试行）》第三十九条："人民检察院开展社会调查可以委托有关组织或者机构进行。当地有青少年事务社会工作等专业机构的，应当主动与其联系，以政府购买服务等方式，将社会调查交由其承担。

委托调查的，应当向受委托的组织或者机构发出社会调查委托函，载明被调查对象的基本信息、案由、基本案情、调查事项、调查时限等，并要求其在社会调查完成后，将社会调查报告、原始材料包括调查笔录、调查问卷、社会调查表、有关单位和个人出具的证明材料、书面材料、心理评估报告、录音录像资料等，一并移送委托的人民检察院。”

第四十条：“人民检察院委托进行社会调查的，应当明确告知受委托组织或机构为每一个未成年人指派两名社会调查员进行社会调查；不得指派被调查人的近亲属或者与本案有利害关系的人员进行调查。社会调查时，社会调查员应当出示社会调查委托函、介绍信和工作证，不得泄露未成年犯罪嫌疑人的犯罪信息、个人隐私等情况，并对社会调查的真实性负法律责任。”

第一百五十一条：“人民检察院应当督促公安机关全面收集未成年人犯罪原因、违法情况、不良行为史、成长经历、家庭背景等相关材料。对于公安机关没有提供社会调查报告的，人民检察院应当要求公安机关提供，也可以自行或者委托有关组织和机构进行调查。必要时可以介入侦查，引导取证。”

（三）文书结构

本文书为三联填充式文书。

1. 第一联

本联主要用于审批程序，不附卷，由办案部门统一留存。

（1）首部。本部分包括制作文书的人民检察院名称，需注明所在省（自治区、直辖市）的名称，不能只写地区级市、县、区院名；文书名称，即“社会调查委托函”；文书名称下方标注“（存根）”字样；文号生成格式为：“××检未委调〔20××〕×号”。

（2）正文。依次填写：案由；涉案人基本情况，包括姓名、性别、出生日期、公民身份号码、工作单位、住址、是否人大代表、政协委员等；批准人、承办人、办案单位、填发人；填发时间。

2. 第二、三联

第二联由承办人附卷，第三联送达受委托单位。

（1）首部。本部分与存根内容基本相同，不同之处在于第二联文书名称下方注“（副本）”字样，第三联文书名称下方无标注。

（2）正文。抬头，接受委托单位的单位名称，行文上顶格书写。

第一段模板为“本院审查逮捕/审查起诉的×××涉嫌×××一案，需对未成年犯罪嫌疑人×××进行社会调查，现委托贵单位指派两名以上调查员对该未成年犯罪嫌疑人的成长经历、犯罪原因、监护教育等情况进行社会调查，请在收到该函×日后将调查报告函复本院”，按照模板填充要求依次写明未成年犯罪嫌疑人姓名、涉嫌罪名，调查报告函复的时限。

第二段为社会调查工作要求，包括明示身份、保密等。

（3）尾部。制发文书的日期，日期上加盖院印。

第三联附被调查人基本情况。

（四）文书模板及制作说明

1. 文书模板

××××人民检察院

社会调查委托函

（存　根）

××检未委调〔20××〕×号

案由______

涉案人基本情况（姓名、性别、出生日期、公民身份号码、工作单位、住址、是否人大代表、政协委员）______

______

______

批准人______

承办人______

办案单位______

填发人______

填发时间______

第一联　统一保存

××××人民检察院

社会调查委托函

（副　本）

××检未委调〔20××〕×号

（接受委托单位名称）：

本院审查逮捕/审查起诉的______涉嫌______一案，需对未成年犯罪嫌疑人______进行社会调查，现委托贵单位指派两名以上调查员对该未成年犯罪嫌疑人的成长经历、犯罪原因、监护教育等情况进行社会调查，请在收到该函______日后将调查报告函复本院。

社会调查时，请社会调查员出示社会调查委托函、介绍信和工作证，不得泄露未成年犯罪嫌疑人的涉案信息、个人隐私等情况。

20××年××月××日

（院印）

第二联　附卷

××××人民检察院

社会调查委托函

××检未委调〔20××〕×号

（接受委托单位名称）：

本院审查逮捕/审查起诉的______涉嫌______一案，需对未成年犯罪嫌疑人______进行社会调查，现委托贵单位指派两名以上调查员对该未成年犯罪嫌疑人的成长经历、犯罪原因、监护教育等情况进行社会调查，请在收到该函______日后将调查报告函复本院。

社会调查时，请社会调查员出示社会调查委托函、介绍信和工作证，不得泄露未成年犯罪嫌疑人的涉案信息、个人隐私等情况。

20××年××月××日

（院印）

附：被调查人基本情况

第三联　送达受委托单位

被调查人基本情况及基本案情

一、基本情况

姓名：　　　　　　　　　　　　　　　性别：

出生年月：

公民身份号码：

联系电话：

户籍地址：

实际居住地地址：

（原）工作单位或就读学校：

法定代理人姓名：　　　　　　　　　　联系电话：

案件承办人：　　　　　　　　　　　　联系电话：

地址：　　　　　　　　　　　　　　　邮编：

二、基本案情

……

2. 制作说明

（1）本文书依据《中华人民共和国刑事诉讼法》第二百七十九条，《人民检察院刑事诉讼规则》第四百六十一条以及《未成年人刑事检察工作指引（试行）》第三十九条、第四十条、第一百五十一条的规定制作。是人民检察院办理未成年人刑事案件时，委托有关组织、机构或委托异地检察机关开展社会调查时使用。

（2）本文书共三联，第一联统一保存，第二联附卷，第三联送达受委托进行社会调查的单位。各地可以根据实际情况与社会调查报告模板一并配合使用。

5.6.16　法律文书：社会调查报告

（一）基本概念

社会调查报告，是人民检察院办理未成年人刑事案件，对未成年犯罪嫌疑人、被告人的成长经历、犯罪原因、监护教育等情况进行调查后所形成的书面报告，作为办案和教育的参考。为人民检察院办理未成年人刑事案件自行制作社会调查报告时所使用的法律文书。

（二）相关依据

1. 法律依据

《中华人民共和国刑事诉讼法》第二百七十九条："公安机关、人民检察院、人民法院办理未成年人刑事案件，根据情况可以对未成年犯罪嫌疑人、被告人的成长经历、犯罪原因、监护教育等情况进行调查。"

2. 司法解释

（1）《人民检察院刑事诉讼规则》第四百六十一条第一款："人民检察院根据情况可以对未成年犯罪嫌疑人的成长经历、犯罪原因、监护教育等情况进行调查，并制作社会调查报告，作为办案和教育的参考。"

（2）最高人民法院《关于适用〈中华人民共和国刑事诉讼法〉的解释》第五百七十五条第一款："对未成年被告人情况的调查报告，以及辩护人提交的有关未成年被告人情况的书面材料，法庭应当审查并听取控辩双方意见。上述报告和材料可以作为办理案件和教育未成年人的参考。"

3. 其他规定

《未成年人刑事检察工作指引（试行）》第二十八条："人民检察院办理未成年人刑事案件，应当对公安机关或者辩护人提供的社会调查报告及相关材料进行认真审查，并作为审查逮捕、审查起诉、提出量刑建议以及帮教等工作的重要参考。"

第四十五条："人民检察院提起公诉的案件，社会调查报告及相关资料应当随案移送人民法院。

社会调查报告的内容应当在庭审中宣读，必要时可以通知调查人员出庭说明情况。委托调查的，可以要求社会调查员出庭宣读社会调查报告。"

（三）文书结构

1. 首部

文书名称，即"社会调查报告"。

写明未成年犯罪嫌疑人的身份情况，包括：姓名、性别、出生年月日（以审查认定的年月日阳历为准）、出生地和户籍地、公民身份号码、民族、文化程度、所在学校或者单位、住址等；

写明未成年犯罪嫌疑人涉嫌的罪名，以及案件来源；

写明社会调查方式。

2. 正文

主要写明未成年犯罪嫌疑人的社会调查情况，包括其家庭环境、成长经历、所受教育、性格特点、社会交往、犯罪原因、是否受过刑事处罚、是否具备有效监护条件或者社会帮教措施，以及涉嫌犯罪前后表现等。

3. 尾部

落款调查员两人以上签名，报告作出日期，日期上加盖调查单位公章。

附件，走访座谈的相关调查笔录或谈话记录等。

（四）文书模板及制作说明

1. 文书模板

社会调查报告

未成年犯罪嫌疑人姓名（曾用名）：

性别：

出生年月日：

公民身份号码：

电话号码（家庭、手机、工作单位）：

户籍地：

户籍地所在街道和居（村）委会：

实际居住地：

实际居住地所在街道和居（村）委会：

涉嫌案由：

社会调查方式：

走访谈话（走访居委会、村委会、家庭、学校、工作单位、派出所等）、查询档案、电话联系等。

一、家庭背景

1. 父母的基本情况

2. 未成年犯罪嫌疑人的家庭情况

3. 父母对未成年犯罪嫌疑人的监护情况

4. 未成年犯罪嫌疑人对家人的态度

5. 未成年犯罪嫌疑人居住情况

6. 与未成年犯罪嫌疑人最有感情的人基本情况（姓名、关系、住址、联系电话等）

未成年犯罪嫌疑人家庭情况与其再犯可能性的联系程度评估：

二、个性特点

1. 未成年犯罪嫌疑人健康状况及有无不良行为、嗜好

2. 未成年犯罪嫌疑人心理情况

3. 未成年犯罪嫌疑人受教育情况

4. 未成年犯罪嫌疑人思维及行动情况

5. 未成年犯罪嫌疑人社会交往情况

6. 未成年犯罪嫌疑人个人爱好及是否受过表彰情况

未成年犯罪嫌疑人个性特点与其再犯可能性的联系程度评估：

三、与案件有关情况

1. 未成年犯罪嫌疑人受处罚情况

2. 未成年犯罪嫌疑人此次涉案主观因素

3. 未成年犯罪嫌疑人此次涉案客观行为

未成年犯罪嫌疑人涉案情况与其再犯可能性的联系程度评估：

四、对涉案行为的认识

1. 未成年犯罪嫌疑人对涉案的消极认识情况

2. 未成年犯罪嫌疑人对涉案的积极认识情况

未成年犯罪嫌疑人涉案行为的认识与其再犯可能性的联系程度评估：

五、帮教条件

1. 未成年犯罪嫌疑人自身生活、学习、工作情况

2. 未成年犯罪嫌疑人家庭帮教条件情况

3. 未成年犯罪嫌疑人所处环境情况

4. 受害者的态度

未成年犯罪嫌疑人帮教条件与其再犯可能性的联系程度评估：

六、其他需要说明的情况

七、综合评价意见

请用文字对上述五个方面内容进行阐述，并提供结论性综合评价意见

调查员：×××、××（两名调查人员签名）

20××年××月××日

（印章）

附：（走访座谈的相关调查笔录或谈话记录等）

2. 制作说明

（1）本文书为人民检察院办理未成年人犯罪案件，对未成年犯罪嫌疑人进行社会调查时使用。有关组织和机构接受人民检察院委托进行社会调查的，可以参照适用。

（2）调查的时候，调查人员不得少于二人，并在报告中署名。

（3）本文书一式二份，一份附卷，一份随案移送人民法院。

5.6.17 法律文书：未成年人法定代理人到场通知书

（一）基本概念

未成年人法定代理人到场通知书，是检察机关办理未成年人刑事案件中，通知未成年犯罪嫌疑人、被告人、被害人、证人的法定代理人在上述未成年当事人、诉讼参与人参加诉讼，接受讯问、询问时到场参与

诉讼时所使用的法律文书。

（二）相关依据

1. 法律依据

（1）《中华人民共和国刑事诉讼法》第二百八十一条第一款："对于未成年人刑事案件，在讯问和审判的时候，应当通知未成年犯罪嫌疑人、被告人的法定代理人到场。无法通知、法定代理人不能到场或者法定代理人是共犯的，也可以通知未成年犯罪嫌疑人、被告人的其他成年亲属，所在学校、单位、居住地基层组织或者未成年人保护组织的代表到场，并将有关情况记录在案。到场的法定代理人可以代为行使未成年犯罪嫌疑人、被告人的诉讼权利。"

（2）《中华人民共和国未成年人保护法》第一百一十条第一款："公安机关、人民检察院、人民法院讯问未成年犯罪嫌疑人、被告人，询问未成年被害人、证人，应当依法通知其法定代理人或者其成年亲属、所在学校的代表等合适成年人到场，并采取适当方式，在适当场所进行，保障未成年人的名誉权、隐私权和其他合法权益。"

2. 司法解释规定

《人民检察院刑事诉讼规则》第四百六十五条第二款："讯问未成年犯罪嫌疑人，应当通知其法定代理人到场，告知法定代理人依法享有的诉讼权利和应当履行的义务。到场的法定代理人可以代为行使未成年犯罪嫌疑人的诉讼权利，代为行使权利时不得损害未成年犯罪嫌疑人的合法权益。"

3. 其他规定

（1）最高人民法院、最高人民检察院、公安部、司法部《关于办理性侵害未成年人刑事案件的意见》第二十三条："询问未成年被害人，应当选择'一站式'取证场所、未成年人住所或者其他让未成年人心理上感到安全的场所进行，并通知法定代理人到场。法定代理人不能到场或者不宜到场的，应当通知其他合适成年人到场，并将相关情况记录在案。

询问未成年被害人，应当采取和缓的方式，以未成年人能够理解和接受的语言进行。坚持一次询问原则，尽可能避免多次反复询问，造成次生伤害。确有必要再次询问的，应当针对确有疑问需要核实的内容进行。

询问女性未成年被害人应当由女性工作人员进行。”

(2)《未成年人刑事检察工作指引（试行)》第四十六条：“人民检察院办理涉及未成年人的刑事案件，应当依法通知未成年犯罪嫌疑人、被害人、证人的法定代理人在场，见证、监督整个讯问或者询问过程，维护未成年人合法权益。

对于法定代理人具有下列情形之一，不能或者不宜到场的，要保证未成年人的其他成年亲属，所在学校、单位或者居住地的村民委员会、居民委员会、未成年人保护组织的代表等合适成年人到场，并将有关情况记录在案：

（一）与未成年犯罪嫌疑人构成共同犯罪的；

（二）已经死亡、宣告失踪或者无监护能力的；

（三）因身份、住址或联系方式不明无法通知的；

（四）因路途遥远或者其他原因无法及时到场的；

（五）经通知明确拒绝到场的；

（六）阻扰讯问或者询问活动正常进行，经劝阻不改的；

（七）未成年人有正当理由拒绝法定代理人到场的；

（八）到场可能影响未成年人真实陈述的；

（九）其他不能或者不宜到场的情形。

讯问、询问女性未成年人的，一般应当选择女性合适成年人到场。

通知到场的法定代理人或者合适成年人一般为一名。

法定代理人不能或者不宜到场的情形消失后，人民检察院应当及时通知法定代理人到场。”

第一百零七条：“讯问未成年犯罪嫌疑人应当准备以下告知法律文书：

（一）未成年犯罪嫌疑人权利义务告知书；

（二）法定代理人或者合适成年人到场通知书；

（三）法定代理人或者合适成年人权利义务告知书；

（四）传唤证或者提讯提解证；

（五）根据案件具体情况应当准备的其他告知文书，如心理测评告知书等。”

（三）文书结构

本文书为三联填充式文书。

1. 第一联

本联主要用于审批程序，不附卷，由办案部门统一留存。

（1）首部。本部分包括制作文书的人民检察院名称，需注明所在省（自治区、直辖市）的名称，不能只写地区级市、县、区院名；文书名称，即“未成年人法定代理人到场通知书”；文书名称下方标注“（存根）”字样；文号生成格式为：“××检未代到〔20××〕×号”。

（2）正文。依次填写：依次填写：案由；涉案人基本情况，包括姓名、性别、出生日期、公民身份号码、工作单位、住址、是否人大代表、政协委员等；批准人、承办人、办案单位、填发人；填发时间。

2. 第二、三联

第二联由承办人附卷，第三联送达未成年人的法定代理人。

（1）首部。本部分与存根内容基本相同，不同之处在于第二联文书名称下方注“（副本）”字样，第三联文书名称下方无标注。

（2）正文。抬头，未成年人法定代理人姓名，行文上顶格书写。

主文模板为“×××是本院办理的×××涉嫌×××案的犯罪嫌疑人/被害人/证人，现定于××××年××月××日××时在×××对其进行讯问/询问。因其系未成年人，根据《中华人民共和国刑事诉讼法》第二百八十一条、《未成年人刑事检察工作指引（试行）》第四十六条、第一百零七条的规定，通知你届时到场。你到场后可以代为行使未成年人的诉讼权利”，需按照模板填充要求依次写明未成年涉案人员的姓名，涉案的案件名称（犯罪嫌疑人姓名+涉嫌罪名），通知讯问/询问的详细时间等。

（3）尾部。填发文书的日期，日期上加盖院印。

第二联需注明未成年人法定代理人收到本通知的时间，即“本通知书我已于××××年××月××日××时收到”，并签字确认。

（四）文书模板及制作说明

1. 文书模板

×××人民检察院

未成年人法定代理人到场通知书

（存　根）

××检未代到〔20××〕×号

案由____________

涉案人基本情况（姓名、性别、出生日期、公民身份号码、工作单位、住址、是否人大代表、政协委员）____________

____

____

批准人____________

承办人____________

办案单位____________

填发人____________

填发时间____________

第一联　统一保存

×××人民检察院

未成年人法定代理人到场通知书

（副　本）

××检未代到〔20××〕×号

（法定代理人姓名）：

________是本院办理的________涉嫌________案的犯罪嫌疑人/被害人/证人，现定于________年____月____日____时在________对其进行讯问/询问。因其系未成年人，根据《中华人民共和国刑事诉讼法》第二百八十一条、《未成年人刑事检察工作指引（试行）》第四十六条、第一百零七条的规定，通知你届时到场。你到场后可以代为行使未成年人的诉讼权利。

20××年××月××日

（院印）

本通知书我已于______年____月____日____时收到。

未成年人法定代理人（签名）：

20××年××月××日

第二联　附卷

×××人民检察院

未成年人法定代理人到场通知书

××检未代到〔20××〕×号

（法定代理人姓名）：

________是本院办理的________涉嫌________案的犯罪嫌疑人/被害人/证人，现定于________年____月____日____时在________对其进行讯问/询问。因其系未成年人，根据《中华人民共和国刑事诉讼法》第二百八十一条、《未成年人刑事检察工作指引（试行）》第四十六条、第一百零七条的规定，通知你届时到场。你到场后可以代为行使未成年人的诉讼权利。

20××年××月××日

（院印）

第三联　送达未成年人的法定代理人

2. 制作说明

（1）本文书依据《中华人民共和国刑事诉讼法》第二百八十一条，《未成年人刑事检察工作指引（试行）》第四十六条、第一百零七条的规定制作。为检察机关在审查逮捕、审查起诉阶段讯问未成年犯罪嫌疑人、询问未成年被害人、证人，通知该未成年人的法定代理人到场时使用。

（2）本文书填制时根据讯（询）问的不同对象选择犯罪嫌疑人或被害人、证人。

（3）本文书以人为单位制作，共三联，第一联统一保存，第二联交未成年人的法定代理人签名后附卷，第三联送达未成年人的法定代理人。

5.6.18　法律文书：合适成年人到场通知书

（一）基本概念

合适成年人到场通知书，是检察机关办理未成年人刑事案件中，在无法通知、法定代理人不能到场或者法定代理人是共犯的情况下，通知未成年犯罪嫌疑人、被告人、被害人、证人的成年亲属、所在学校的代表等合适成年人到场参与诉讼时所使用的法律文书。

（二）相关依据

1. 法律依据

（1）《中华人民共和国刑事诉讼法》第二百八十一条：“对于未成年人刑事案件，在讯问和审判的时候，应当通知未成年犯罪嫌疑人、被告人的法定代理人到场。无法通知、法定代理人不能到场或者法定代理人是共犯的，也可以通知未成年犯罪嫌疑人、被告人的其他成年亲属，所在学校、单位、居住地基层组织或者未成年人保护组织的代表到场，并将有关情况记录在案。到场的法定代理人可以代为行使未成年犯罪嫌疑人、被告人的诉讼权利。

到场的法定代理人或者其他人员认为办案人员在讯问、审判中侵犯未成年人合法权益的，可以提出意见。讯问笔录、法庭笔录应当交给到场的法定代理人或者其他人员阅读或者向他宣读。

讯问女性未成年犯罪嫌疑人，应当有女工作人员在场。

审判未成年人刑事案件，未成年被告人最后陈述后，其法定代理人可以进行补充陈述。

询问未成年被害人、证人，适用第一款、第二款、第三款的规定。”

（2）《中华人民共和国未成年人保护法》第一百一十条第一款：“公安机关、人民检察院、人民法院讯问未成年犯罪嫌疑人、被告人，询问未成年被害人、证人，应当依法通知其法定代理人或者其成年亲属、所在学校的代表等合适成年人到场，并采取适当方式，在适当场所进行，保障未成年人的名誉权、隐私权和其他合法权益。”

2. 司法解释规定

《人民检察院刑事诉讼规则》第四百六十五条第三款：“无法通知、法定代理人不能到场或者法定代理人是共犯的，也可以通知未成年犯罪嫌疑人的其他成年亲属，所在学校、单位或者居住地的村民委员会、居民委员会、未成年人保护组织的代表到场，并将有关情况记录在案。未成年犯罪嫌疑人明确拒绝法定代理人以外的合适成年人到场，且有正当理由的，人民检察院可以准许，但应当在征求其意见后通知其他合适成年人到场。”

3. 其他规定

《未成年人刑事检察工作指引（试行）》第四十六条：“人民检察院办理涉及未成年人的刑事案件，应当依法通知未成年犯罪嫌疑人、被害人、证人的法定代理人在场，见证、监督整个讯问或者询问过程，维护未成年人合法权益。

对于法定代理人具有下列情形之一，不能或者不宜到场的，要保证未成年人的其他成年亲属，所在学校、单位或者居住地的村民委员会、居民委员会、未成年人保护组织的代表等合适成年人到场，并将有关情况记录在案：

（一）与未成年犯罪嫌疑人构成共同犯罪的；

（二）已经死亡、宣告失踪或者无监护能力的；

（三）因身份、住址或联系方式不明无法通知的；

（四）因路途遥远或者其他原因无法及时到场的；

（五）经通知明确拒绝到场的；

（六）阻扰讯问或者询问活动正常进行，经劝阻不改的；

（七）未成年人有正当理由拒绝法定代理人到场的；

（八）到场可能影响未成年人真实陈述的；

（九）其他不能或者不宜到场的情形。

讯问、询问女性未成年人的，一般应当选择女性合适成年人到场。

通知到场的法定代理人或者合适成年人一般为一名。

法定代理人不能或者不宜到场的情形消失后，人民检察院应当及时通知法定代理人到场。”

第一百三十三条：“询问被害人时的基本原则、人员选择、隐私保护、专家辅助、心里疏导和测评等方面的内容依照第三章第一节的有关规定办理。”

第一百三十六条：“询问未成年被害人，有关通知其法定代理人或者合适成年人到场的要求依照本指引第一百零八条的规定办理。”

（三）文书结构

本文书为三联填充式文书。

1. 第一联

本联主要用于审批程序，不附卷，由办案部门统一留存。

（1）首部。本部分包括制作文书的人民检察院名称，需注明所在省（自治区、直辖市）的名称，不能只写地区级市、县、区院名；文书名称，即“合适成年人到场通知书”；文书名称下方标注“（存根）”字样；文号生成格式为：“××检未成到〔20××〕×号”。

（2）正文。依次填写：案由；涉案人基本情况，包括姓名、性别、出生日期、公民身份号码、工作单位、住址、是否人大代表、政协委员等；批准人、承办人、办案单位、填发人；填发时间。

2. 第二、三联

第二联由承办人附卷，第三联送达合适成年人。

（1）首部。本部分与存根内容基本相同，不同之处在于第二联文书名称下方注“（副本）”字样，第三联文书名称下方无标注。

（2）正文。抬头，未成年人合适成年人姓名，行文上顶格书写。

主文模板为“×××是本院办理的×××涉嫌×××案的犯罪嫌疑人/被害人/证人，现定于××××年××月××日××时在×××对其进行讯问/询问。因其系未成年人，且其法定代理人（说明不到场的原因），根据《中华人民共和国刑事诉讼法》第二百八十一条、《未成年人刑事检察工作指引（试行）》第四十六条、第一百三十三条、第一百三十六条的规定，通知你届时到场。你到场后相关权利义务参阅《合适成年人权利义务告知书》”，需按照模板填充要求依次写明未成年涉案人员的姓名，涉案的案件名称（犯罪嫌疑人姓名＋涉嫌罪名），通知讯问/询问的详细时间、地点等。

（3）尾部。填发文书的日期，日期上加盖院印。

第二联需注明合适成年人收到本通知的时间，即“本通知书我已于××××年××月××日××时收到”，并签字确认。

（四）文书模板及制作说明

1. 文书模板

×××人民检察院

合适成年人到场通知书

（存　根）

××检未成到〔20××〕×号

案由＿＿＿＿＿＿＿＿

涉案人基本情况（姓名、性别、出生日期、公民身份号码、工作单位、住址、是否人大代表、政协委员）＿＿＿＿＿＿＿＿

＿＿＿＿＿＿＿＿

＿＿＿＿＿＿＿＿

批准人＿＿＿＿＿＿＿＿

承办人＿＿＿＿＿＿＿＿

办案单位＿＿＿＿＿＿＿＿

填发人＿＿＿＿＿＿＿＿

填发时间＿＿＿＿＿＿＿＿

第一联　统一保存

×××人民检察院

合适成年人到场通知书

（副　本）

××检未成到〔20××〕×号

（合适成年人姓名）：

＿＿＿是本院办理的＿＿＿涉嫌＿＿＿案的犯罪嫌疑人/被害人/证人，现定于＿＿年＿月＿日＿时在＿＿＿对其进行讯问/询问。因其系未成年人，且其法定代理人（说明不到场的原因），根据《中华人民共和国刑事诉讼法》第二百八十一条、《未成年人刑事检察工作指引（试行）》第四十六条、第一百三十三条、第一百三十六条的规定，通知你届时到场。你到场后相关权利义务参阅《合适成年人权利义务告知书》。

20××年××月××日

（院印）

本通知书我已于＿＿＿年＿＿月＿＿日＿＿时收到。

合适成年人（签名）：

20××年××月××日

第二联　附卷

×××人民检察院

合适成年人到场通知书

××检未成到〔20××〕×号

（合适成年人姓名）：

＿＿＿＿是本院办理的＿＿＿＿涉嫌＿＿＿＿案的犯罪嫌疑人/被害人/证人，现定于＿＿＿＿年＿＿月＿＿日＿＿时在＿＿＿对其进行讯问/询问。因其系未成年人，且其法定代理人（说明不到场的原因），根据《中华人民共和国刑事诉讼法》第二百八十一条、《未成年人刑事检察工作指引（试行）》第四十六条、第一百三十三条、第一百三十六条的规定，通知你届时到场。你到场后相关权利义务参阅《合适成年人权利义务告知书》。

20××年××月××日

（院印）

第三联　送达合适成年人

2. 制作说明

（1）本文书依据《中华人民共和国刑事诉讼法》第二百八十一条，《未成年人刑事检察工作指引（试行）》第四十六条、第一百三十三条、第一百三十六条的规定制作。为检察机关审查逮捕、审查起诉阶段讯问未成年犯罪嫌疑人，询问未成年被害人、证人时，在无法通知法定代理人、法定代理人不能到场或者是共犯的情况下，通知未成年人的其他成年亲属或有关组织代表到场时使用。

（2）本文书填制时根据讯（询）问的不同对象选择犯罪嫌疑人或被害人、证人。

（3）本文书以未成年犯罪嫌疑人、被害人、证人为单位制作；第一联统一保存，第二联交到场的合适成年人签名后附卷，第三联送达到场的合适成年人。

5. 6. 19　法律文书：附条件不起诉决定书

（一）基本概念

附条件不起诉决定书，是检察机关依据《中华人民共和国刑事诉讼法》第二百八十二条第一款的规定，即对于未成年人涉嫌刑法分则第四章、第五章、第六章规定的犯罪，可能判处一年有期徒刑以下刑罚，符合起诉条件，但有悔罪表现的未成年犯罪嫌疑人作出附条件不起诉决定时所使用的法律文书。

（二）相关依据

1. 法律依据

《中华人民共和国刑事诉讼法》第二百八十二条第一款："对于未成年人涉嫌刑法分则第四章、第五章、第六章规定的犯罪，可能判处一年有期徒刑以下刑罚，符合起诉条件，但有悔罪表现的，人民检察院可以作出附条件不起诉的决定。人民检察院在作出附条件不起诉的决定以前，应当听取公安机关、被害人的意见。"

2. 司法解释规定

《人民检察院刑事诉讼规则》第四百六十九条："对于符合刑事诉讼法第二百八十二条第一款规定条件的未成年人刑事案件，人民检察院可以作出附条件不起诉的决定。

人民检察院在作出附条件不起诉的决定以前，应当听取公安机关、被害人、未成年犯罪嫌疑人及其法定代理人、辩护人的意见，并制作笔录附卷。"

第四百七十一条："人民检察院作出附条件不起诉的决定后，应当制作附条件不起诉决定书，并在三日以内送达公安机关、被害人或者其近亲属及其诉讼代理人、未成年犯罪嫌疑人及其法定代理人、辩护人。

人民检察院应当当面向未成年犯罪嫌疑人及其法定代理人宣布附条件不起诉决定，告知考验期限、在考验期内应当遵守的规定以及违反规定应负的法律责任，并制作笔录附卷。"

3. 其他规定

《未成年人刑事检察工作指引（试行）》第一百六十七条："人民检察院审查起诉未成年人刑事案件，应当全面审查起诉意见书、案卷证据以及社会调查报告等材料，根据其涉嫌犯罪的性质、情节、主观恶性以及其年龄、身心发育状况、成长经历、犯罪原因、有无监护或者社会帮教条件等，综合衡量起诉的必要性，尽可能作出不起诉或者附条件不起诉的决定。对于确有起诉必要的，应当起诉并依法提出量刑建议；对于可以不判处监禁刑的，应当依法提出适用非监禁刑的建议。"

第一百八十一条："对于符合以下条件的案件，人民检察院可以作出附条件不起诉的决定：

（一）犯罪嫌疑人实施犯罪行为时系未成年人的；

（二）涉嫌刑法分则第四章、第五章、第六章规定的犯罪的；

（三）可能被判处一年有期徒刑以下刑罚的；

（四）犯罪事实清楚，证据确实、充分，符合起诉条件的；

（五）犯罪嫌疑人具有悔罪表现的。

人民检察院可以参照《最高人民法院关于常见犯罪的量刑指导意见》并综合考虑全案情况和量刑情节，衡量是否"可能判处一年有期徒刑以下刑罚”。

具有下列情形之一的，一般认为具有悔罪表现：

（一）犯罪嫌疑人认罪认罚的；

（二）向被害人赔礼道歉、积极退赃、尽力减少或者赔偿损失的；

（三）取得被害人谅解的；

（四）具有自首或者立功表现的；

（五）犯罪中止的；

（六）其他具有悔罪表现的情形。

对于符合附条件不起诉条件，实施犯罪行为时未满十八周岁，但诉讼时已成年的犯罪嫌疑人，人民检察院可以作出附条件不起诉决定。”

第一百八十二条：“人民检察院对于符合条件的未成年人刑事案件，应当依法积极适用附条件不起诉，促使未成年犯罪嫌疑人积极自我改造，从而达到教育挽救的目的。对于不具备有效监护条件或者社会帮教措施的未成年犯罪嫌疑人，人民检察院应当积极为其创造条件，实现对未成年人的平等保护。”

第一百九十条：“人民检察院决定附条件不起诉的案件，应当制作附条件不起诉决定书，并在三日内送达公安机关、被害人或者其近亲属及其诉讼代理人、未成年犯罪嫌疑人及其法定代理人、辩护人。

送达时，应当告知被害人或者其近亲属及其诉讼代理人如果对附条件不起诉决定不服的，可以自收到附条件不起诉决定书后七日内向上一级人民检察院申诉，并进行必要的释法说理。

人民检察院应当当面向未成年犯罪嫌疑人及其法定代理人宣布附条件不起诉决定，同时告知考验期限、在考验期内应当遵守的规定和违反规定可能产生的法律后果，以及可以对附条件不起诉决定提出异议等，并制作宣布笔录。”

（三）文书结构

附条件不起诉决定书是叙述式文书，从整体结构看可分为首部、正文、尾部三部分。

1. 首部

包括制作文书的检察院名称、文书名称和文书编号。制作文书的检察机关名称和文书名称均应当写全称，需注明所在省（自治区、直辖市）的名称，不能只写地区级市、县、区院名；文书名称，即“附条件不起诉决定书”；文号生成格式为：“××检未附不诉〔20××〕×号”。

2. 正文

包括未成年犯罪嫌疑人的基本情况，法定代理人和辩护人的简要情况，案件来源、案由和案件审查过程，检察机关审查认定的案件事实和证据情况，社会调查情况，附条件不起诉的理由、法律依据、决定事项及告知事项。

（1）未成年犯罪嫌疑人基本情况，包括以下内容：

一是未成年犯罪嫌疑人作为自然人的基本情况，即“姓名、曾用名、与案情有关的别名、化名、绰号、性别、出生年月日、公民身份号码、民族、文化程度、职业或者工作单位及职务、出生地、户籍所在地、住址”。该部分内容必须明确、具体并尽可能详尽，以保证文书适用对象准确无误。

二是前科情况，即曾受刑事处罚、行政处罚的情况。一般按照从轻到重的顺序，先写受行政处罚的情况，再写受刑事处罚的情况；无论是行政处罚还是刑事处罚，一般应按照时间顺序叙写，注明受处罚的时间、缘由、处罚种类、决定机关、释放时间等有关情况。

三是被采取强制措施的情况，要求写明采取强制措施的原因、种类、批准或决定的机关和时间、执行的机关和时间；采取过多种强制措施的应按照时间先后分别叙写，延长刑事拘留期限及延长、重新计算、中止侦查等羁押期限变化的，也要求写明相关情况。

（2）法定代理人和辩护人简要情况。格式样本分别要求在正文的第二项和第三项内容中写明法定代理人“姓名、与犯罪嫌疑人的关系、住址”和辩护人“姓名、×××律师事务所律师，如系法律援助律师的，应注明指派的法律援助中心；不是律师的写明单位、职务或职业”。

（3）案件来源、案由和案件审查过程。关于案件来源和案由，格式样本规定的写法是“本案由×××（侦查机关）侦查终结，以犯罪嫌疑人×××涉嫌×××（案由）罪，于××××年××月××日向本院移送审查起诉”。这意味着“案由”用以指侦查机关移送审查起诉时认定的行为性质，而非检察机关审查后认定的行为性质，且要写明移送机关及移送审查起诉的时间。在此之后，格式样本又在括号中说明“如果案件是其他检察机关移送的，此处应将指定管辖、移送单位以及移送时间等写清楚”。这样规定是为了使案件当事人能够对相关办案时限有全面的了解。

关于审查过程，格式样本规定的写法是“本院受理后，于××××年××月××日已告知犯罪嫌疑人及其法定代理人有权委托辩护人，××××年××月××日已告知被害人及其法定代理人（近亲属）有权委托诉讼代理人；为犯罪嫌疑人×××落实了法律援助；对其进行了社会调查（或委托×××单位进行了社会调查）；依法讯问了犯罪嫌疑人，其法定代理人（合适成年人）到场；并就是否适用附条件不起诉听取了侦查机关、被害人及其法定代理人、未成年犯罪嫌疑人及其法定代理人、辩护人的意见，未成年犯罪嫌疑人及其法定代理人对适用附条件不起诉无异议。经审查，于××××年××月××日（一次退回补充侦查日期、二次退回补充侦查日期）退回补充侦查，侦查机关于××××年××月××日补充侦查完毕，移送本院审查起诉。本院于××××年××月××日（一次延长日期、二次延长日期、三次延长日期）延长审查起诉期限（×次）（各）十五日”。

（4）审查认定的案件事实和证据情况。这部分内容叙写的是检察机关经审查后认定的案件事实和证明所认定的案件事实的证据，而非侦查机关移送审查起诉时认定的事实和证据，对于检察机关没有认定的事实情节和检察机关没有采集的证据，不必叙述。

（5）社会调查情况。关于社会调查部分，格式样本规定的写法是“根据《中华人民共和国刑事诉讼法》第二百七十九条，本院（委托×××）对犯罪嫌疑人×××进行了社会调查，经调查查明：……（叙写经社会调查查明的事实）”。前面在“案件审查过程”的制作部分已谈到附条件不起诉案件必须经过社会调查这一特别程序，而本部分则要求具体写明“经社会调查查明的事实”。未成年人社会调查报告格式样本规定了社会调查报告要详细叙写查明的未成年人家庭背景、个性特点等五个方面21项具体情况，因此，该部分的制作只概括写明社会调查报告中查明的情况即可，重点说明作出附条件不起诉决定所参考的事实，如未成年犯罪嫌疑人向被害人赔礼道歉、赔偿损失等悔罪表现，对自己的犯罪行为有一定认识但还需要进一步考察，具有较好的帮教条件或社会化帮教措施等事实。

（6）附条件不起诉的理由、法律依据、决定事项及告知事项。该部分写法是“本院认为，犯罪嫌疑人×××实施了《中华人民共和国刑法》第×条规定的行为，但具有……等情节（写明法定和酌定量刑情节），可能判处一年有期徒刑以下刑罚，符合起诉条件，并具有悔罪表现。根据《中华人民共和国刑事诉讼法》第二百八十二条第一款的规定，决定对×××（犯罪嫌疑人姓名）附条件不起诉”。其中，关于“法定和酌定量刑情节”，由于前面在案件事实部分已要求具体写明，因此这里只要简单概括即可，如“具有自首、获得被害人谅解的情节”。

决定事项包括设定的考验期和考察内容，格式样本规定的写法是：“考验期为×个月，从××××年××月××日至××××年××月××日止。考验期内，犯罪嫌疑人×××应当遵守《中华人民共和国刑事诉讼法》第二百八十三条第三款的规定：（一）遵守法律法规，服从监督；（二）按照考察机关的规定（报告的时间、方式）报告自己的活动情况；（三）离开所居住的市、县或者迁居，应当报经考察机关批准；（四）按照考察机关的要求接受矫治和教育。”《中华人民共和国刑事诉讼法》第二百八十三条第二款规定：“附条件不起诉的考验期为六个月以上一年以下，从人民检察院作出附条件不起诉的决定之日起计算。”格式样本规定的是“考验期为×个月”，意味着要在6个月以上12个月以下确定具体几个月（“以上”“以下”包括本数）。另外，需注意的是，接受矫治和教育的内容，要列明要求被附条件不起诉的未成年人接受哪些矫治和教育，附什么条件也要有针对性，因为所附条件越具体、越量化，越有利于执行和对执行效果进行评估。

根据《中华人民共和国刑事诉讼法》第二百八十四条和第二百八十二条第二款、第三款的规定，格式样本在正文最后一部分规定了三项告知事项：一是撤销附条件不起诉决定，提起公诉或者作出不起诉决定的情形；二是犯罪嫌疑人及其法定代理人有向本院对附条件不起诉决定提出异议的权利和提出异议后本院的处理；三是被害人有向上一级检察机关提出申诉，请求提起公诉的权利及提出的时限，即自收到本决定书后七日以内，并要求写明上一级检察机关的名称。

3. 尾部

包括制作文书日期，并加盖院印。另外，附相关法律条文。

（四）文书模板及制作说明

1. 文书模板

×××人民检察院

附条件不起诉决定书

××检未附不诉〔20××〕×号

犯罪嫌疑人……（写明姓名、曾用名、与案情有关的别名、化名、绰号、性别、出生年月日、公民身份号码、民族、文化程度、职业或者工作单位及职务、出生地、户籍所在地、住址）作为适用附条件不起诉依据的曾受刑事处罚、行政处罚的情况。因涉嫌×××（案由）罪，经×××（决定机关）批准/决定，于××××年××月××日由×××（执行机关）执行×××（强制措施名称），延长刑事拘留期限及延长、重新计算、中止侦查等羁押期限变化的情况……

法定代理人……（姓名、与犯罪嫌疑人的关系、住址）

辩护人……（写明姓名、×××律师事务所律师，如系法律援助律师的，应注明指派的法律援助中心；不是律师的填写单位、职务或职业）

本案由×××（侦查机关）侦查终结，以犯罪嫌疑人×××涉嫌×××（案由）罪，于××××年××月××日向本院移送审查起诉。（如果案件是其他人民检察院移送的，此处应将指定管辖、移送单位以及移送时间等写清楚）本院受理后，于××××年××月××日已告知犯罪嫌疑人及其法定代理人有权委托辩护人，××××年××月××日已告知被害人及其法定代理人（近亲属）有权委托诉讼代理人；为犯罪嫌疑人×××落实了法律援助；对其进行了社会调查（或委托×××单位进行了社会调查）；依法讯问了犯罪嫌疑人，其法定代理人（合适成年人）到场；并就是否适用附条件不起诉听取了侦查机关、被害人及其法定代理人、未成年犯罪嫌疑人及其法定代理人、辩护人的意见，未成年犯罪嫌疑人及其法定代理人对适用附条件不起诉无异议。经审查，于××××年××月××日（一次退查日期、二次退查日期）退回补充侦查，侦查机关于××××年××月××日补充侦查完毕，移送本院审查起诉。本院于××××年××月××日（一次延长日期、二次延长日期、三次延长日期）延长审查起诉期限（×次）（各）十五日。

［1. 对于侦查机关移送审查起诉后变更管辖权的，表述为："本案由×××（侦查机关）侦查终结，以犯罪嫌疑人×××涉嫌×××罪，于××××年××月××日移送×××人民检察院审查起诉。×××人民检察院经审查，于××××年××月××日移送（或者报送、交由）本院审查起诉。本院受理后……（同前项内容）。"

2. 对于因上级检察机关指定而变更管辖权的，表述为："本案由×××（侦查机关）侦查终结，以犯罪嫌疑人×××涉嫌×××罪，于××××年××月××日移送×××人民检察院审查起诉，后经×××人民检察院指定，于××××年××月××日移送（或者报送、交由）本院审查起诉。本院受理后，……（同前项内容）。"

3. 对于退回补充侦查的，在"审查了全部案件材料"后写明："经审查，于××××年××月××日（和××××年××月××日两次）退回补充侦查，侦查机关补充侦查完毕后，于××××年××月××日（最终补充侦查完毕时间）移送本院审查起诉。"

4. 对于审查起诉阶段进行精神病鉴定的，在"审查了全部案件材料"后写明："其间，于××××年××月××日至××××年××月××日对犯罪嫌疑人×××作精神病鉴定。"

5. 对于进行不公开听证审查的，在上述内容后写明："××××年××月××日，本院对本案进行不公开听证审查，听取了侦查机关、犯罪嫌疑人×××及其法定代理人×××、辩护人×××以及×××（具体写明其他参加人员及诉讼身份）的意见。”]

经本院依法审查查明：

……（概括叙写案件事实，要将检察机关审查后认定的事实写清楚，不必叙写侦查机关移送审查起诉时认定的事实，重点叙写犯罪嫌疑人符合附条件不起诉法定条件的事实尤其是其悔罪表现及监管帮教条件）

认定上述事实的证据如下：

……

（要将证明犯罪嫌疑人符合附条件不起诉法定条件的证据，按照证据种类写明具体名称并概述其证明内容，与认定的事实相对应，确保全部事实均有充分的证据证实）

根据《中华人民共和国刑事诉讼法》第二百七十九条，本院（委托×××）对犯罪嫌疑人×××进行了社会调查，经调查查明：……（叙写经社会调查查明的事实）

本院认为，犯罪嫌疑人×××实施了《中华人民共和国刑法》第×条规定的行为，但具有……等情节（写明法定和酌定量刑情节），可能判处一年有期徒刑以下刑罚，符合起诉条件，并具有悔罪表现。根据《中华人民共和国刑事诉讼法》第二百八十二条第一款的规定，决定对×××（犯罪嫌疑人的姓名）附条件不起诉。考验期为×个月，从××××年××月××日至××××年××月××日止。

考验期内，犯罪嫌疑人×××应当遵守《中华人民共和国刑事诉讼法》第二百八十三条第三款的规定：

（一）遵守法律法规，服从监督；

（二）按照考察机关的规定（报告的时间，方式）报告自己的活动情况；

（三）离开所居住的市、县或者迁居，应当报经考察机关批准；

（四）按照考察机关的要求接受矫治教育：（可以参考《人民检察院刑事诉讼规则》第四百七十六条，结合具体情况写明接受矫治教育的内容）。

……

在考验期内有《中华人民共和国刑事诉讼法》第二百八十四条第一

款规定情形之一的，本院将撤销附条件不起诉的决定，提起公诉：

（一）实施新的犯罪或者发现决定附条件不起诉以前还有其他犯罪需要追诉的；

（二）违反治安管理规定或者考察机关有关附条件不起诉的监督管理规定，情节严重的。

在考验期内没有上述情形，考验期满的，本院将作出不起诉决定。

犯罪嫌疑人及其法定代理人如果对本决定有异议，可以向本院提出，本院将依法提起公诉。

被害人如果不服本决定，可以自收到本决定书后七日以内向×××人民检察院（此处应写明上一级人民检察院名称）申诉，请求提起公诉。

20××年××月××日

（院印）

附：相关法律条文

相关法律条文：

《中华人民共和国刑法》

第×条×款……

《中华人民共和国刑事诉讼法》

第×条×款……

相关司法解释

……

2. 制作说明

（1）本文书依据《中华人民共和国刑事诉讼法》第二百八十二条第一款，《未成年人刑事检察工作指引（试行）》第一百九十条的规定制作。是人民检察院对未成年犯罪嫌疑人作出附条件不起诉决定时使用。

（2）除文书中所列内容外，其他填制要求与不起诉决定书相同。

（3）本文书应当向未成年犯罪嫌疑人及其法定代理人宣布，同时，宣读并责令其遵守《中华人民共和国刑事诉讼法》第二百八十三条第三款的规定，告知其违反规定应负的法律责任。

（4）本文书以人为单位制作，分为正本、副本，其中正本一份归入正卷，一份发送犯罪嫌疑人，其他副本分别送达未成年犯罪嫌疑人的法定代理人、辩护人、侦查机关、被害人或者其近亲属及其诉讼代理人。

5.6.20 法律文书：撤销附条件不起诉决定书

（一）基本概念

撤销附条件不起诉决定书，是人民检察院发现附条件不起诉决定确有错误，或者被附条件不起诉的犯罪嫌疑人在考验期内有《中华人民共和国刑事诉讼法》第二百八十四条第一款规定情形之一的，撤销原附条件不起诉决定时所使用的法律文书。

（二）相关依据

1. 法律依据

《中华人民共和国刑事诉讼法》第二百八十四条："被附条件不起诉的未成年犯罪嫌疑人，在考验期内有下列情形之一的，人民检察院应当撤销附条件不起诉的决定，提起公诉：

（一）实施新的犯罪或者发现决定附条件不起诉以前还有其他犯罪需要追诉的；

（二）违反治安管理规定或者考察机关有关附条件不起诉的监督管理规定，情节严重的。

被附条件不起诉的未成年犯罪嫌疑人，在考验期内没有上述情形，考验期满的，人民检察院应当作出不起诉的决定。"

2. 司法解释规定

《人民检察院刑事诉讼规则》第四百七十九条：“被附条件不起诉的未成年犯罪嫌疑人，在考验期内具有下列情形之一的，人民检察院应当撤销附条件不起诉的决定，提起公诉：

（一）实施新的犯罪的；

（二）发现决定附条件不起诉以前还有其他犯罪需要追诉的；

（三）违反治安管理规定，造成严重后果，或者多次违反治安管理规定的；

（四）违反有关附条件不起诉的监督管理规定，造成严重后果，或者多次违反有关附条件不起诉的监督管理规定的。”

3. 其他规定

《未成年人刑事检察工作指引（试行）》第一百九十一条：“公安机关认为附条件不起诉决定有错误的，可以向同级人民检察院要求复议。人民检察院应当另行指定检察人员进行审查并提出审查意见，报请检察长或者检察委员会决定。人民检察院应当在收到要求复议意见书后的三十日内作出复议决定，并通知公安机关。

公安机关对人民检察院的复议结果不服的，可以向上一级人民检察院提请复核。上一级人民检察院收到公安机关对附条件不起诉决定提请复核的意见书后，应当交由未成年人检察部门办理。未成年人检察部门应当指定检察人员进行审查并提出审查意见，报请检察长或者检察委员会决定。上一级人民检察院应当在收到提请复核意见书后的三十日内作出决定，制作复核决定书送交提请复核的公安机关和下级人民检察院。经复核改变下级人民检察院附条件不起诉决定的，应当撤销下级人民检察院作出的附条件不起诉决定，交由下级人民检察院执行。”

第一百九十二条：“被害人不服附条件不起诉决定，在收到附条件不起诉决定书后七日以内申诉的，由作出附条件不起诉决定的人民检察院的上一级人民检察院立案复查。

被害人向作出附条件不起诉决定的人民检察院提出申诉的，作出决定的人民检察院应当将申诉材料连同案卷一并报送上一级人民检察院受理。

上述申诉的审查由未成年人检察部门负责。承办人员审查后应当提出意见，报请检察长决定后制作复查决定书。

复查决定书应当送达被害人、被附条件不起诉的未成年犯罪嫌疑人及其法定代理人和作出附条件不起诉决定的人民检察院。

被害人不服附条件不起诉决定，在收到附条件不起诉决定书七日后提出申诉的，由作出附条件不起诉决定的人民检察院未成年人检察部门另行指定检察人员审查后决定是否立案复查。

上级人民检察院经复查作出起诉决定的，应当撤销下级人民检察院的附条件不起诉决定，由下级人民检察院提起公诉，并将复查决定抄送移送审查起诉的公安机关。

被害人不能向人民法院提起自诉。"

第二百零四条："在考验期内，发现被附条件不起诉的未成年犯罪嫌疑人有下列情形之一的，案件承办人应当制作附条件不起诉考察意见书，报请检察长或者检察委员会作出撤销附条件不起诉、提起公诉的决定：

（一）实施新的犯罪并经人民检察院查证属实的；

（二）发现决定附条件不起诉以前还有其他犯罪需要追诉并经人民检察院查证属实的；

（三）违反治安管理规定，造成严重后果，或者多次违反治安管理规定的；

（四）违反考察机关有关附条件不起诉的监督管理规定，造成严重后果，或者多次违反的。

未成年犯罪嫌疑人如实供述其他犯罪行为，但因证据不足不予认定，在被作出附条件不起诉决定后查证属实的，可以不作出撤销附条件不起诉、提起公诉的决定。"

（三）文书结构

本文书为五联填充式文书。

1. 第一联

本联主要用于审批程序，不附卷，由办案部门统一留存。

（1）首部。本部分包括制作文书的人民检察院名称，需注明所在省

（自治区、直辖市）的名称，不能只写地区级市、县、区院名；文书名称，即“撤销附条件不起诉决定书”；文书名称下方标注“（存根）”字样；文号生成格式为：“××检未撤附不诉〔20××〕×号”。

（2）正文。依次填写：案由；涉案人基本情况，包括姓名、性别、出生日期、公民身份号码、工作单位、住址、是否人大代表、政协委员等；批准人、承办人、办案单位、填发人；填发时间。

2. 第二、三、四、五联

第二联由承办人附卷，第三联送达犯罪嫌疑人或者作出附条件不起诉决定的下级人民检察院，第四联送达公安机关，第五联送达被害人。

（1）首部。本部分与存根内容基本相同，不同之处在于第二联文书名称下方注“（副本）”字样，第三、四、五联文书名称下方无标注。

（2）正文。主文采用填充加叙写的方式，模板为“×××（作出附条件不起诉的人民检察院）于××××年××月××日以××号附条件不起诉决定书对未成年犯罪嫌疑人×××决定附条件不起诉。现因……，依据《中华人民共和国刑事诉讼法》第二百八十四条第一款第一项/第二项的规定，决定撤销原××号附条件不起诉决定书”，需按照模板要求填充写明作出附条件不起诉决定的人民检察院名称、决定作出的时间、文号，未成年犯罪嫌疑人的姓名，叙写撤销对未成年犯罪嫌疑人不起诉决定的原因。文末写明依法撤销原不起诉决定。

（3）尾部。填发文书的日期，日期上加盖院印。

（四）文书模板及制作说明

1. 文书模板

×××人民检察院

撤销附条件不起诉决定书

（存　根）

××检未撤附不诉〔20××〕×号

案由________________

涉案人基本情况（姓名、性别、出生日期、公民身份号码、工作单位、住址、是否人大代表、政协委员）________________

____

____

批准人________________

承办人________________

办案单位________________

填发人________________

填发时间________________

第一联　统一保存

×××人民检察院

撤销附条件不起诉决定书

（副　本）

××检未撤附不诉〔20××〕×号

（作出附条件不起诉的人民检察院）于______年____月____日以______号附条件不起诉决定书对未成年犯罪嫌疑人____决定附条件不起诉。现因________________，依据《中华人民共和国刑事诉讼法》第二百八十四条第一款第一项/第二项的规定，决定撤销原______号附条件不起诉决定书。

20××年××月××日

（院印）

第二联　附卷

×××人民检察院

撤销附条件不起诉决定书

××检未撤附不诉〔20××〕×号

（作出附条件不起诉的人民检察院）于____年____月____日以________号附条件不起诉决定书对未成年犯罪嫌疑人______决定附条件不起诉。现因________________，依据《中华人民共和国刑事诉讼法》第二百八十四条第一款第一项/第二项的规定，决定撤销原________号附条件不起诉决定书。

20××年××月××日

（院印）

第三联　送达犯罪嫌疑人或者作出附条件不起诉决定的下级人民检察院

×××人民检察院

撤销附条件不起诉决定书

××检未撤附不诉〔20××〕×号

（作出附条件不起诉的人民检察院）于____年____月____日以________号附条件不起诉决定书对未成年犯罪嫌疑人______决定附条件不起诉。现因________________，依据《中华人民共和国刑事诉讼法》第二百八十四条第一款第一项/第二项的规定，决定撤销原________号附条件不起诉决定书。

20××年××月××日

（院印）

第四联　送达公安机关

×××人民检察院

撤销附条件不起诉决定书

××检未撤附不诉〔20××〕×号

（作出附条件不起诉的人民检察院）于____年____月____日以________号附条件不起诉决定书对未成年犯罪嫌疑人______决定附条件不起诉。现因________________，依据《中华人民共和国刑事诉讼法》第二百八十四条第一款第一项/第二项的规定，决定撤销原________号附条件不起诉决定书。

20××年××月××日

（院印）

第五联　送达被害人

2. 制作说明

（1）本文书依据《中华人民共和国刑事诉讼法》第二百八十四条第一款，《未成年人刑事检察工作指引（试行）》第一百九十一条、第一百九十二条、第二百零四条的规定制作。是人民检察院发现附条件不起诉决定确有错误，或者被附条件不起诉的犯罪嫌疑人在考验期内有《中华人民共和国刑事诉讼法》第二百八十四条第一款规定情形之一的，撤销原附条件不起诉决定时使用。

（2）本文书共五联，第一联统一保存，第二联附卷；第三联送达未成年犯罪嫌疑人，如果是上级人民检察院作出撤销决定的，送达作出附条件不起诉决定的下级人民检察院，由下级院通知犯罪嫌疑人；如果系公安机关复议复核或有被害人申诉后撤销决定的，制作第四、五联送达上述单位或人员。

5.6.21 法律文书：和解协议书（未检）

（一）基本概念

和解协议书（未检），是人民检察院对双方当事人达成和解的未成年刑事案件，对和解的自愿性、合法性进行审查后，主持制作和解协议书时所使用的法律文书。

（二）相关依据

1. 法律依据

《中华人民共和国刑事诉讼法》第二百八十八条：“下列公诉案件，犯罪嫌疑人、被告人真诚悔罪，通过向被害人赔偿损失、赔礼道歉等方式获得被害人谅解，被害人自愿和解的，双方当事人可以和解：

（一）因民间纠纷引起，涉嫌刑法分则第四章、第五章规定的犯罪案件，可能判处三年有期徒刑以下刑罚的；

（二）除渎职犯罪以外的可能判处七年有期徒刑以下刑罚的过失犯罪案件。

犯罪嫌疑人、被告人在五年以内曾经故意犯罪的，不适用本章[①]规定的程序。”

第二百八十九条：“双方当事人和解的，公安机关、人民检察院、人民法院应当听取当事人和其他有关人员的意见，对和解的自愿性、合法性进行审查，并主持制作和解协议书。”

2. 司法解释规定

《人民检察院刑事诉讼规则》第四百九十二条第一款：“下列公诉案件，双方当事人可以和解：

（一）因民间纠纷引起，涉嫌刑法分则第四章、第五章规定的犯罪案件，可能判处三年有期徒刑以下刑罚的；

（二）除渎职犯罪以外的可能判处七年有期徒刑以下刑罚的过失犯罪案件。

当事人和解的公诉案件应当同时符合下列条件：

（一）犯罪嫌疑人真诚悔罪，向被害人赔偿损失、赔礼道歉等；

（二）被害人明确表示对犯罪嫌疑人予以谅解；

（三）双方当事人自愿和解，符合有关法律规定；

（四）属于侵害特定被害人的故意犯罪或者有直接被害人的过失犯罪；

（五）案件事实清楚，证据确实、充分。”

犯罪嫌疑人在五年以内曾经故意犯罪的，不适用本节规定的程序。

犯罪嫌疑人在犯刑事诉讼法第二百八十八条第一款规定的犯罪前五年内曾经故意犯罪，无论该故意犯罪是否已经追究，均应当认定为前款规定的五年以内曾经故意犯罪。

3. 其他规定

《未成年人刑事检察工作指引（试行）》第六十八条：“对于符合条件的未成年人刑事案件，人民检察院可以应双方当事人的申请促成和解或者通过人民调解委员会等中立的第三方进行和解。申请可以口头提出，

---

① 指《刑事诉讼法》第五编“特别程序”之第二章“当事人和解的公诉案件诉讼程序”。

也可以书面提出，均应记录在案。

开展和解应当不公开进行。人民检察院应当告知参与人不得泄露未成年人的案件信息。”

第六十九条：“对于当事人双方自愿达成和解协议的，人民检察院可以依法主持制作和解协议书。

协议书应当包括如下内容：

（一）未成年犯罪嫌疑人认罪并向被害方赔礼道歉；

（二）有赔偿或补偿内容的，明确具体数额、履行方式和具体时间；

（三）被害方（包括未成年被害人）表示对未成年犯罪嫌疑人的谅解，以及对犯罪嫌疑人从宽处理的明确意见。

和解协议书一式三份，当事人及代理人签字、盖章确认后，涉案双方各持一份，另一份附卷。”

（三）文书结构

1. 首部

文书名称，即“和解协议书”。

2. 正文

和解协议书的主要内容包括：

（1）双方当事人的基本情况；

（2）案件的主要事实；

（3）犯罪嫌疑人真诚悔罪，承认自己所犯罪行，对指控的犯罪没有异议，向被害人赔偿损失、赔礼道歉等。赔偿损失的，应当写明赔偿的数额、履行的方式、期限等；

（4）被害人及其法定代理人或者近亲属对犯罪嫌疑人予以谅解，并要求或者同意公安机关、人民检察院、人民法院对犯罪嫌疑人依法从宽处理。

3. 尾部

和解协议书应当由双方当事人签字，可以写明和解协议书系在人民检察院的支持下制作。检察人员不在当事人和解协议书上签字，也不加盖人民检察院印章。

甲方为被害人签名，因系未成年刑事案件，还涉及法定代理人/近亲属签名，以及诉讼代理人签名。乙方为犯罪嫌疑人签名，因系未成年刑事案件，可能还涉及法定代理人/近亲属签名，以及辩护人签名。

（四）文书模板及制作说明

1. 文书模板

和解协议书

甲方：

（被害人方）×××（写明姓名、性别、出生年月日、公民身份号码、住址等）

法定代理人（近亲属）×××（写明姓名、性别、出生年月日、公民身份号码、住址、与被害人的关系等）

诉讼代理人×××（写明姓名、工作单位等，是法律援助的应注明指派的法律援助机构）

乙方：

（犯罪嫌疑人方）×××（写明姓名、性别、出生年月日、公民身份号码、住址等）

法定代理人（近亲属）×××（写明姓名、性别、出生年月日、公民身份号码、住址、与犯罪嫌疑人的关系等）

辩护人×××（写明姓名、工作单位等，是法律援助的应注明指派的法律援助机构）

调解人：×××

（根据实际情况决定是否书写此项内容，调解人可以包括人民调解委员会、村民委员会、居民委员会、当事人所在单位或者同事、亲友等，但人民检察院不应作为调解主体）

案件主要事实及和解协议情况：

（案件主要事实）……（概述案件的主要事实，应当着重说明该案件符合《中华人民共和国刑事诉讼法》第二百八十八条规定的条件）。

（和解协议情况）犯罪嫌疑人×××到案后，对犯罪事实进行了如实供述，并真诚悔罪。经双方当事人自行和解，于××××年××月××日，达成如下协议：

（经调解的，写明：“××××年××月××日，由×××主持调解，甲方×××、法定代理人×××、诉讼代理人×××、乙方×××、法定代理人×××、辩护人×××参加了调解。经调解，双方当事人自愿达成如下协议：”）

一、乙方一次性赔偿甲方损失共计人民币×元整，于签订协议当日现场付清。（乙方赔偿损失时适用，如乙方系提供了有效担保后分期履行的，写明具体情况。如乙方有多名犯罪嫌疑人共同实施了加害行为的，应写明各犯罪嫌疑人的责任分担情况）

乙方向甲方赔礼道歉。（乙方赔礼道歉时适用）

乙方同意……。（乙方以其他方式获得谅解时适用）

二、甲方对乙方予以谅解，并请求（或同意）司法机关对乙方依法从宽处理。

经×××人民检察院审查，上述协议系在双方自愿的前提下达成，内容真实合法，符合《中华人民共和国刑事诉讼法》第二百七十七条规定的条件，由×××人民检察院主持制作和解协议书。

本协议书一式三份，甲乙双方当事人各持一份、×××人民检察院附卷备查一份。

甲方：（被害人签名）　　　　　　乙方：（犯罪嫌疑人签名）

××××年××月××日　　　　　　××××年××月××日

（甲方法定代理人/近亲属签名）（乙方法定代理人/近亲属签名）

××××年××月××日　　　　　　××××年××月××日

（甲方诉讼代理人签名）　　　　（乙方辩护人签名）

××××年××月××日　　　　　　××××年××月××日

（如系经第三方调解达成协议的，此处应由调解方签字或盖章）

调解人：（调解人签名或者盖章）

××××年××月××日

2. 制作说明

(1) 本文书依据《中华人民共和国刑事诉讼法》第二百八十八条、第二百八十九条，《未成年人刑事检察工作指引（试行）》第六十八条、第六十九条的规定制作。是人民检察院对双方当事人达成和解的公诉案件，对和解的自愿性、合法性进行审查后，主持制作和解协议书时使用。

(2) 本文书由双方当事人签字，办案人员不在当事人和解协议书上签字，也不加盖人民检察院印章。可以写明和解协议书系在人民检察院主持下制作。如被害人不愿透露个人信息的，可变通处理。

(3) 本文书一式三份，一份由人民检察院附卷，双方当事人各持一份。如存在调解组织的案件，可提供一份交由调解组织留存。

5.6.22　法律文书：未成年人犯罪记录封存决定书

（一）基本概念

未成年人犯罪记录封存决定书，是检察机关决定对犯罪的时候不满十八周岁，被判处五年有期徒刑以下刑罚的未成年人犯罪记录予以封存时所使用的法律文书。

（二）相关依据

1. 法律依据

(1)《中华人民共和国刑事诉讼法》第二百八十六条：“犯罪的时候不满十八周岁，被判处五年有期徒刑以下刑罚的，应当对相关犯罪记录予以封存。

犯罪记录被封存的，不得向任何单位和个人提供，但司法机关为办案需要或者有关单位根据国家规定进行查询的除外。依法进行查询的单位，应当对被封存的犯罪记录的情况予以保密。”

(2)《中华人民共和国未成年人保护法》第一百零三条：“公安机关、人民检察院、人民法院、司法行政部门以及其他组织和个人不得披露有关案件中未成年人的姓名、影像、住所、就读学校以及其他可能识别出其身份的信息，但查找失踪、被拐卖未成年人等情形除外。”

（3）《中华人民共和国预防未成年人犯罪法》第五十九条：“未成年人的犯罪记录依法被封存的，公安机关、人民检察院、人民法院和司法行政部门不得向任何单位或者个人提供，但司法机关因办案需要或者有关单位根据国家有关规定进行查询的除外。依法进行查询的单位和个人应当对相关记录信息予以保密。

未成年人接受专门矫治教育、专门教育的记录，以及被行政处罚、采取刑事强制措施和不起诉的记录，适用前款规定。”

2. 司法解释规定

《人民检察院刑事诉讼规则》第四百八十二条：“犯罪的时候不满十八周岁，被判处五年有期徒刑以下刑罚的，人民检察院应当在收到人民法院生效判决、裁定后，对犯罪记录予以封存。

生效判决、裁定由第二审人民法院作出的，同级人民检察院依照前款规定封存犯罪记录时，应当通知下级人民检察院对相关犯罪记录予以封存。”

第四百八十三条：“人民检察院应当将拟封存的未成年人犯罪记录、案卷等相关材料装订成册，加密保存，不予公开，并建立专门的未成年人犯罪档案库，执行严格的保管制度。”

第四百八十四条：“除司法机关为办案需要或者有关单位根据国家规定进行查询的以外，人民检察院不得向任何单位和个人提供封存的犯罪记录，并不得提供未成年人有犯罪记录的证明。

司法机关或者有关单位需要查询犯罪记录的，应当向封存犯罪记录的人民检察院提出书面申请。人民检察院应当在七日以内作出是否许可的决定。”

3. 其他规定

《未成年人刑事检察工作指引（试行）》第八十二条第一款：“对于犯罪时不满十八周岁，被判处五年有期徒刑以下刑罚以及免除刑事处罚的未成年人的犯罪记录，人民检察院应当在收到人民法院生效判决后，对犯罪记录予以封存。”

此外，最高人民法院、最高人民检察院、公安部、司法部《关于未成年人犯罪记录封存的实施办法》也作了具体规范。

（三）文书结构

1. 首部

首部由检察机关名称、文书名称和文号三部分组成。其中，检察机关的名称应为全称，即要注明所在省（自治区、直辖市）名称，不能只写地区级市、县、区院名。文书名称，即“未成年人犯罪记录封存决定书”。文号生成格式为：“×检未封〔20××〕×号”。

2. 正文

主文部分为填充加叙写式，模板为“本院以××号起诉书提起公诉的×××涉嫌×××一案，×××人民法院于××××年××月××日以××号刑事判决书作出一审判决，判处其……（写明具体判决情况）。在法定期限内，本院未提出抗诉，被告人未提出上诉，现已生效。（经过二审程序的，说明二审程序情况）因被告人×××犯罪时系未成年人，根据《中华人民共和国刑事诉讼法》第二百八十六条、《人民检察院刑事诉讼规则》第四百八十二条、《未成年人刑事检察工作指引（试行）》第八十二条之规定，决定对×××的犯罪记录予以封存。犯罪记录封存后，除司法机关为办案需要或者有关单位根据国家规定进行查询及出现依法应当解除犯罪记录封存的情形外，相关单位不得向任何单位和个人提供封存的犯罪记录，并不得提供未成年人有犯罪记录的证明”，需填充的内容写明未成年被告人被起诉和判决的情况，具体包括案件名称（被告人姓名+案由）、起诉书文号、判决法院及文号；需叙写的内容写明已生效判决的具体判决情况。然后阐明依法决定对未成年被告人的犯罪记录予以封存，并强调相关单位的有关附随义务。

3. 尾部

落款，制发文书的日期，日期上加盖院印。

（四）文书模板和制作说明

1. 文书模板

×××人民检察院

未成年人犯罪记录封存决定书

××检未封〔20××〕×号

本院以××号起诉书提起公诉的×××涉嫌×××一案，×××人民法院于××××年××月××日以××号刑事判决书作出一审判决，判处其……（写明具体判决情况）。在法定期限内，本院未提出抗诉，被告人未提出上诉，现已生效。（经过二审程序的，说明二审程序情况）因被告人×××犯罪时系未成年人，根据《中华人民共和国刑事诉讼法》第二百八十六条、《人民检察院刑事诉讼规则》第四百八十二条、《未成年人刑事检察工作指引（试行）》第八十二条之规定，决定对×××的犯罪记录予以封存。犯罪记录封存后，除司法机关为办案需要或者有关单位根据国家规定进行查询及出现依法应当解除犯罪记录封存的情形外，相关单位不得向任何单位和个人提供封存的犯罪记录，并不得提供未成年人有犯罪记录的证明。

20××年××月××日

（院印）

2. 制作说明

（1）本文书依据《中华人民共和国刑事诉讼法》第二百八十六条，《未成年人刑事检察工作指引（试行）》第八十二条的规定制作。为人民检察院依法对符合条件的未成年被告人的犯罪记录进行封存时使用。

（2）本文书以未成年人为单位制作，一式三份，一份附卷，一份送达未成年被告人，一份送达未成年被告人的法定代理人。

5.6.23　法律文书：未成年人犯罪记录封存通知书

（一）基本概念

未成年人犯罪记录封存通知书，是上级检察机关通知下级检察机关对未成年人的犯罪记录进行封存时所使用的法律文书。

（二）相关依据

1. 法律依据

（1）《中华人民共和国刑事诉讼法》第二百八十六条："犯罪的时候不满十八周岁，被判处五年有期徒刑以下刑罚的，应当对相关犯罪记录予以封存。

犯罪记录被封存的，不得向任何单位和个人提供，但司法机关为办案需要或者有关单位根据国家规定进行查询的除外。依法进行查询的单位，应当对被封存的犯罪记录的情况予以保密。"

（2）《中华人民共和国未成年人保护法》第一百零三条："公安机关、人民检察院、人民法院、司法行政部门以及其他组织和个人不得披露有关案件中未成年人的姓名、影像、住所、就读学校以及其他可能识别出其身份的信息，但查找失踪、被拐卖未成年人等情形除外。"

（3）《中华人民共和国预防未成年人犯罪法》第五十九条："未成年人的犯罪记录依法被封存的，公安机关、人民检察院、人民法院和司法行政部门不得向任何单位或者个人提供，但司法机关因办案需要或者有关单位根据国家有关规定进行查询的除外。依法进行查询的单位和个人应当对相关记录信息予以保密。

未成年人接受专门矫治教育、专门教育的记录，以及被行政处罚、采取刑事强制措施和不起诉的记录，适用前款规定。"

2. 司法解释规定

《人民检察院刑事诉讼规则》第四百八十二条："犯罪的时候不满十八周岁，被判处五年有期徒刑以下刑罚的，人民检察院应当在收到人民法院生效判决、裁定后，对犯罪记录予以封存。

生效判决、裁定由第二审人民法院作出的，同级人民检察院依照前款规定封存犯罪记录时，应当通知下级人民检察院对相关犯罪记录予以封存。”

第四百八十三条：“人民检察院应当将拟封存的未成年人犯罪记录、案卷等相关材料装订成册，加密保存，不予公开，并建立专门的未成年人犯罪档案库，执行严格的保管制度。”

第四百八十四条：“除司法机关为办案需要或者有关单位根据国家规定进行查询的以外，人民检察院不得向任何单位和个人提供封存的犯罪记录，并不得提供未成年人有犯罪记录的证明。

司法机关或者有关单位需要查询犯罪记录的，应当向封存犯罪记录的人民检察院提出书面申请。人民检察院应当在七日以内作出是否许可的决定。”

3. 其他规定

《未成年人刑事检察工作指引（试行）》第八十二条第一款：“对于犯罪时不满十八周岁，被判处五年有期徒刑以下刑罚以及免除刑事处罚的未成年人的犯罪记录，人民检察院应当在收到人民法院生效判决后，对犯罪记录予以封存。”

此外，最高人民法院、最高人民检察院、公安部、司法部《关于未成年人犯罪记录封存的实施办法》也作了具体规范。

（三）文书结构

1. 首部

首部由检察机关名称、文书名称和文号三部分组成。其中，检察机关的名称应为全称，即要注明所在省（自治区、直辖市）名称，不能只写地区级市、县、区院名。文书名称，即“未成年人犯罪记录封存通知书”。文号生成格式为：“××检未封通〔20××〕×号”。

2. 正文

抬头，文书发往单位，下级人民检察院，行文上顶格书写。

主文部分为填充加叙写式，模板为“你院于××××年××月××日以××号抗诉书提出抗诉/被告人于××××年××月××日提出上诉的×××涉嫌×××一案，经二审裁判，……（维持原判/二审判决情况）因被告人×××犯罪时系未成年人，根据《中华人民共和国刑事诉讼法》第二百八十六条、《人民检察院刑事诉讼规则》第四百八十二条、《未成年人刑事检察工作指引（试行）》第八十二条之规定，决定对×××的犯罪记录予以封存。犯罪记录封存后，除司法机关为办案需要或者有关单位根据国家规定进行查询及出现依法应当解除犯罪记录封存的情形外，相关单位不得向任何单位和个人提供封存的犯罪记录，并不得提供未成年人有犯罪记录的证明”，需填充的内容写明案件二审程序即抗诉或上诉情况，具体包括案件名称（被告人姓名+案由），下级人民检察院提出抗诉的情况，抗诉时间及抗诉书文号，上诉时间；需叙写的内容写明二审裁判情况，维持原判或依法改判情况。然后阐明依法决定对未成年被告人的犯罪记录予以封存，并强调相关单位的有关附随义务。

3. 尾部

落款，制发文书的日期，日期上加盖院印。

（四）文书模板及制作说明

1. 文书模板

×××人民检察院

未成年人犯罪记录封存通知书

××检未封通〔20××〕×号

×××（下级人民检察院）：

你院于××××年××月××日以××号抗诉书提出抗诉/被告人于××××年××月××日提出上诉的×××涉嫌×××一案，经二审裁判，……（维持原判/二审判决情况）因被告人×××犯罪时系未成年人，根据《中华人民共和国刑事诉讼法》第二百八十六条、《人民检察院刑事诉讼规则》第四百八十二条、《未成年人刑事检察工作指引（试行）》第八十二条之规定，决定对×××的犯罪记录予以封存。犯罪记录封存后，除司法机关为办案需要或者有关单位根据国家规定进行查询及出现依法应当解除犯罪记录封存的情形外，相关单位不得向任何单位和个人提供封存的犯罪记录，并不得提供未成年人有犯罪记录的证明。

20××年××月××日
（院印）

2. 制作说明

（1）本文书依据《中华人民共和国刑事诉讼法》第二百八十六条，《人民检察院刑事诉讼规则》第四百八十二条、《未成年人刑事检察工作指引（试行）》第八十二条的规定，适用于二审判决生效后，上级检察机关通知下级检察机关对未成年人的犯罪记录进行封存的文书。

（2）本文书以未成年人为单位制作，一式二份，一份附卷，一份送达下级人民检察院。

5.6.24 法律文书：未成年人不起诉记录封存决定书

（一）基本概念

未成年人不起诉记录封存决定书，是人民检察院对未成年人作出不起诉决定后，依法对未成年人不起诉记录进行封存时所使用的法律文书。

（二）相关依据

1. 法律依据

（1）《中华人民共和国刑事诉讼法》第二百八十六条：“犯罪的时候不满十八周岁，被判处五年有期徒刑以下刑罚的，应当对相关犯罪记录予以封存。

犯罪记录被封存的，不得向任何单位和个人提供，但司法机关为办案需要或者有关单位根据国家规定进行查询的除外。依法进行查询的单位，应当对被封存的犯罪记录的情况予以保密。”

（2）《中华人民共和国未成年人保护法》第一百零三条：“公安机

关、人民检察院、人民法院、司法行政部门以及其他组织和个人不得披露有关案件中未成年人的姓名、影像、住所、就读学校以及其他可能识别出其身份的信息，但查找失踪、被拐卖未成年人等情形除外。”

(3)《中华人民共和国预防未成年人犯罪法》第五十九条：“未成年人的犯罪记录依法被封存的，公安机关、人民检察院、人民法院和司法行政部门不得向任何单位或者个人提供，但司法机关因办案需要或者有关单位根据国家有关规定进行查询的除外。依法进行查询的单位和个人应当对相关记录信息予以保密。

未成年人接受专门矫治教育、专门教育的记录，以及被行政处罚、采取刑事强制措施和不起诉的记录，适用前款规定。”

2. 司法解释规定

《人民检察院刑事诉讼规则》第四百八十二条：“犯罪的时候不满十八周岁，被判处五年有期徒刑以下刑罚的，人民检察院应当在收到人民法院生效判决、裁定后，对犯罪记录予以封存。

生效判决、裁定由第二审人民法院作出的，同级人民检察院依照前款规定封存犯罪记录时，应当通知下级人民检察院对相关犯罪记录予以封存。”

第四百八十三条：“人民检察院应当将拟封存的未成年人犯罪记录、案卷等相关材料装订成册，加密保存，不予公开，并建立专门的未成年人犯罪档案库，执行严格的保管制度。”

第四百八十四条：“除司法机关为办案需要或者有关单位根据国家规定进行查询的以外，人民检察院不得向任何单位和个人提供封存的犯罪记录，并不得提供未成年人有犯罪记录的证明。

司法机关或者有关单位需要查询犯罪记录的，应当向封存犯罪记录的人民检察院提出书面申请。人民检察院应当在七日以内作出是否许可的决定。”

3. 其他规定

《未成年人刑事检察工作指引（试行）》第八十二条：“对于犯罪时不满十八周岁，被判处五年有期徒刑以下刑罚以及免除刑事处罚的未成年人的犯罪记录，人民检察院应当在收到人民法院生效判决后，对犯罪记录予以封存。

对于犯罪记录封存的未成年人，人民检察院应当告知其在入学、入伍、就业时，免除报告自己曾受过刑事处罚的义务。

对于二审案件，上级人民检察院封存犯罪记录时，应当通知下级人民检察院对相关犯罪记录予以封存。

对于在年满十八周岁前后实施数个行为，构成一罪或者数罪，被判处五年有期徒刑以下刑罚的以及免除刑事处罚的未成年人的犯罪记录，人民检察院可以不适用犯罪记录封存规定。”

第八十三条：“人民检察院应当将拟封存的有关未成年人个人信息、涉嫌犯罪或者犯罪的全部案卷、材料，均装订成册，加盖‘封存’字样印章后，交由档案部门统一加密保存，执行严格的保管制度，不予公开，并应在相关电子信息系统中加设封存模块，实行专门的管理及查询制度。未经法定查询程序，不得对封存的犯罪记录及相关电子信息进行查询。

有条件的地方可以建立专门的未成年人犯罪档案库或者管理区，封存相关档案。”

第八十四条：“对于未分案处理的未成年人与成年人共同犯罪案件中有未成年人涉罪记录需要封存的，应当将全案卷宗等材料予以封存。分案处理的，在封存未成年人材料的同时，应当在未封存的成年人卷宗封皮标注‘含犯罪记录封存信息’，并对相关信息采取必要保密措施。

对不符合封存条件的其他未成年人、成年人犯罪记录，应当依照相关规定录入全国违法犯罪人员信息系统。”

第八十五条：“未成年人犯罪记录封存后，没有法定事由、未经法定程序不得解封。

除司法机关为办案需要或者有关单位根据国家规定进行查询的以外，人民检察院不得向任何单位和个人提供封存的犯罪记录，并不得提供未成年人有犯罪记录的证明。

前款所称国家规定，是指全国人民代表大会及其常务委员会制定的法律和决定，国务院制定的行政法规、规定的行政措施、发布的决定和命令。”

第八十六条：“人民检察院对未成年犯罪嫌疑人作出不起诉决定后，

应当对相关记录予以封存。具体程序参照本指引第八十二条至八十五条规定办理。”

（三）文书结构

1. 首部

首部由检察机关名称、文书名称和文号三部分组成。其中，检察机关的名称应为全称，即要注明所在省（自治区、直辖市）名称，不能只写地区级市、县、区院名。文书名称，即“未成年人不起诉记录封存决定书”。文号生成格式为：“××检未不诉封〔20××〕×号”，写在最右端。

2. 正文

主文部分为填充式，模板为“本院于××××年××月××日以××号不起诉决定书，对×××（被不起诉未成年人姓名）作出不起诉决定。根据《未成年人刑事检察工作指引（试行）》第八十二条、第八十六条的规定，决定对×××的不起诉记录予以封存。不起诉记录封存后，除司法机关为办案需要或者有关单位根据国家规定进行查询以外，相关单位不得向任何单位和个人提供封存的不起诉记录，并不得提供未成年人有不起诉记录的证明。不起诉记录被封存的人，在入伍、就业、入学的时候，免除相应的报告义务。相关单位或个人违法泄露被封存的不起诉记录的，可以向检察机关反映情况”，需填充的内容写明不起诉决定书日期及文号，被不起诉未成年人姓名。然后阐明依法决定对被不起诉未成年人的犯罪记录予以封存，并强调相关单位的有关附随义务。

3. 尾部

落款，制发文书的日期，日期上加盖院印。

（四）文书模板及制作说明

1. 文书模板

×××人民检察院

未成年人不起诉记录封存决定书

××检未不诉封〔20××〕×号

本院于××××年××月××日以××号不起诉决定书，对×××（被不起诉未成年人姓名）作出不起诉决定。根据《未成年人刑事检察工作指引（试行）》第八十二条、第八十六条的规定，决定对×××的不起诉记录予以封存。不起诉记录封存后，除司法机关为办案需要或者有关单位根据国家规定进行查询以外，相关单位不得向任何单位和个人提供封存的不起诉记录，并不得提供未成年人有不起诉记录的证明。不起诉记录被封存的人，在入伍、就业、入学的时候，免除相应的报告义务。相关单位或个人违法泄露被封存的不起诉记录的，可以向检察机关反映情况。

20××年××月××日

（院印）

2. 制作说明

（1）本文书依据《未成年人刑事检察工作指引（试行）》第八十二条至第八十六条的规定制作。是人民检察院对未成年人作出不起诉决定后，依法对未成年人不起诉记录进行封存时使用。

（2）本文书以未成年人为单位制作，一式三份，一份附卷，一份送达被不起诉人，一份送达被不起诉人的法定代理人。

5.6.25 法律文书：未成年人不起诉记录封存通知书

（一）基本概念

未成年人不起诉记录封存通知书，是检察机关作出不起诉决定后，通知公安机关对未成年人的不起诉记录进行封存时使用的法律文书。

（二）相关依据

1. 法律依据

《中华人民共和国刑事诉讼法》第二百八十六条："犯罪的时候不满十八周岁，被判处五年有期徒刑以下刑罚的，应当对相关犯罪记录予以封存。

犯罪记录被封存的，不得向任何单位和个人提供，但司法机关为办案需要或者有关单位根据国家规定进行查询的除外。依法进行查询的单位，应当对被封存的犯罪记录的情况予以保密。"

2. 其他规定

(1)《未成年人刑事检察工作指引（试行）》第八十二条："对于犯罪时不满十八周岁，被判处五年有期徒刑以下刑罚以及免除刑事处罚的未成年人的犯罪记录，人民检察院应当在收到人民法院生效判决后，对犯罪记录予以封存。

对于犯罪记录封存的未成年人，人民检察院应当告知其在入学、入伍、就业时，免除报告自己曾受过刑事处罚的义务。

对于二审案件，上级人民检察院封存犯罪记录时，应当通知下级人民检察院对相关犯罪记录予以封存。

对于在年满十八周岁前后实施数个行为，构成一罪或者数罪，被判处五年有期徒刑以下刑罚的以及免除刑事处罚的未成年人的犯罪记录，人民检察院可以不适用犯罪记录封存规定。"

第八十六条："人民检察院对未成年犯罪嫌疑人作出不起诉决定后，应当对相关记录予以封存。具体程序参照本指引第八十二条至八十五条规定办理。"

（2）最高人民法院、最高人民检察院、公安部、司法部《关于未成年人犯罪记录封存的实施办法》第十二条："人民检察院依法对犯罪时不满十八周岁的犯罪嫌疑人决定不起诉后，应当将《不起诉决定书》、《犯罪记录封存通知书》及时送达被不起诉人，并同时送达同级公安机关，同级公安机关收到上述文书后应当在三日内将涉案未成年人的犯罪记录封存。"

（三）文书结构

1. 首部

首部由检察机关名称、文书名称和文号三部分组成。其中，检察机关的名称应为全称，即要注明所在省（自治区、直辖市）名称，不能只写地区级市、县、区院名。文书名称，即"未成年人不起诉记录封存通知书"。文号生成格式为："××检未不诉封通〔20××〕×号"。

2. 正文

抬头，文书发往单位，移送审查起诉的公安机关名称，行文上顶格书写。

主文部分为填充式，模板为"本院于××××年××月××日受理你局移送审查起诉的×××涉嫌×××一案的案卷材料后，于××××年××月××日以××号不起诉决定书对×××作出不起诉决定，并于××××年××月××日予以宣布。因被不起诉人×××系未成年人，根据《中华人民共和国刑事诉讼法》第二百八十六条、《未成年人刑事检察工作指引（试行）》第八十二条、第八十六条之规定，其不起诉记录应予以封存，请你单位配合执行"，需填充的内容写明案件受理及审结处理情况，包括受理移送审查起诉的时间、案件名称（被不起诉人姓名+案由），作出不起诉决定的时间、文号，宣布不起诉决定的日期。然后阐明依法决定对未成年被告人的犯罪记录予以封存，请公安机关配合执行。

3. 尾部

落款，制发文书的日期，日期上加盖院印。

(四) 文书模板及制作说明

1. 文书模板

×××人民检察院
未成年人不起诉记录封存通知书

××检未不诉封通〔20××〕×号

________（公安机关名称）:

本院于××××年××月××日受理你局移送审查起诉的×××涉嫌×××一案的案卷材料后，于××××年××月××日以××号不起诉决定书对×××作出不起诉决定，并于××××年××月××日予以宣布。因被不起诉人×××系未成年人，根据《中华人民共和国刑事诉讼法》第二百八十六条、《未成年人刑事检察工作指引（试行)》第八十二条、第八十六条之规定，其不起诉记录应予以封存，请你单位配合执行。

20××年××月××日
（院印）

2. 制作说明

(1) 本文书依据《中华人民共和国刑事诉讼法》第二百八十六条，《未成年人刑事检察工作指引（试行)》第八十二条、第八十六条的规定，适用于检察机关作出不起诉决定后，通知公安机关对未成年人的不起诉记录进行封存的文书。

(2) 本文书以未成年人为单位制作，一式二份，一份附卷，一份送达原办理案件的公安机关。

5.6.26 法律文书：解除未成年人犯罪记录封存决定书

（一）基本概念

解除未成年人犯罪记录封存决定书，是作为封存机关的检察机关对于被封存犯罪记录的未成年人，在符合一定条件下，对被封存的犯罪记录作出解除封存决定时所使用的法律文书。

（二）相关依据

（1）《未成年人刑事检察工作指引（试行）》第九十二条："对被封存犯罪记录的未成年人，符合下列条件之一的，应当对其犯罪记录解除封存：

（一）实施新的犯罪，且新罪与封存记录之罪数罪并罚后被决定执行五年有期徒刑以上刑罚的；

（二）发现漏罪，且漏罪与封存记录之罪数罪并罚后被决定执行五年有期徒刑以上刑罚的。"

（2）最高人民法院、最高人民检察院、公安部、司法部《关于未成年人犯罪记录封存的实施办法》第十八条："对被封存犯罪记录的未成年人，符合下列条件之一的，封存机关应当对其犯罪记录解除封存：

（一）在未成年时实施新的犯罪，且新罪与封存记录之罪数罪并罚后被决定执行刑罚超过五年有期徒刑的；

（二）发现未成年时实施的漏罪，且漏罪与封存记录之罪数罪并罚后被决定执行刑罚超过五年有期徒刑的；

（三）经审判监督程序改判五年有期徒刑以上刑罚的。

被封存犯罪记录的未成年人，成年后又故意犯罪的，人民法院应当在裁判文书中载明其之前的犯罪记录。"

第十九条："符合解除封存条件的案件，自解除封存条件成立之日起，不再受未成年人犯罪记录封存相关规定的限制。"

(三) 文书结构

1. 首部

首部由检察机关名称、文书名称和文号三部分组成。其中，检察机关的名称应为全称，即要注明所在省（自治区、直辖市）名称，不能只写地区级市、县、区院名。文书名称，即“解除未成年人犯罪记录封存决定书”。文号生成格式为：“××检未解封〔20××〕×号”。

2. 正文

主文部分为填充加叙写式，模板为“本院于××××年××月××日（未成年人犯罪记录封存日期）对被告人×××犯×××罪一案作出××号犯罪记录封存决定书，因发现漏罪/实施新的犯罪，且该漏罪/新罪与被告人被封存记录之罪数罪并罚后被决定执行……（写明具体判决情况），刑罚超过五年有期徒刑，依据《未成年人刑事检察工作指引（试行）》第九十二条之规定，决定解除封存该犯罪记录”，需填充的内容写明犯罪记录封存情况，包括决定封存犯罪记录的时间、案件名称（被告人姓名+案由）、犯罪记录封存决定书文号；选择解除未成年人犯罪记录封存的具体原因，即发现漏罪或实施新的犯罪；写明该漏罪/新罪与被告人被封存记录之罪数罪并罚后被决定执行刑罚超过五年有期徒刑的具体判决情况。然后明确依法决定对未成年被告人被封存的犯罪记录予以解除。

3. 尾部

落款，制发文书的日期，日期上加盖院印。

(四) 文书模板及制作说明

1. 文书模板

×××人民检察院

解除未成年人犯罪记录封存决定书

××检未解封〔20××〕×号

本院于××××年××月××日（未成年人犯罪记录封存日期）对

被告人×××犯×××罪一案作出××号犯罪记录封存决定书，因发现漏罪/实施新的犯罪，且该漏罪/新罪与被告人被封存记录之罪数罪并罚后被决定执行……（写明具体判决情况），刑罚超过五年有期徒刑，依据《未成年人刑事检察工作指引（试行）》第九十二条之规定，决定解除封存该犯罪记录。

20××年××月××日

（院印）

2. 制作说明

（1）本文书依据《未成年人刑事检察工作指引（试行）》第九十二条的规定制作。为人民检察院依法解除已封存的未成年被告人的犯罪记录时使用。

（2）本文书以未成年人为单位制作，一式三份，一份附卷，一份送达被解除犯罪记录封存的未成年人，一份送达未成年人的法定代理人。

5.6.27 法律文书：许可查询犯罪（不起诉）记录决定书

（一）基本概念

许可查询犯罪（不起诉）记录决定书，是人民检察院在对未成年犯的犯罪记录或者不起诉记录封存后，依法许可司法机关为办案需要或者有关单位根据国家规定进行查询时所使用的法律文书。

（二）相关依据

1. 法律依据

《中华人民共和国刑事诉讼法》第二百八十六条第二款："犯罪记录被封存的，不得向任何单位和个人提供，但司法机关为办案需要或者有关单位根据国家规定进行查询的除外。依法进行查询的单位，应当对被封存的犯罪记录的情况予以保密。"

2. 其他规定

(1)《未成年人刑事检察工作指引（试行）》第八十五条：“未成年人犯罪记录封存后，没有法定事由、未经法定程序不得解封。

除司法机关为办案需要或者有关单位根据国家规定进行查询的以外，人民检察院不得向任何单位和个人提供封存的犯罪记录，并不得提供未成年人有犯罪记录的证明。

前款所称国家规定，是指全国人民代表大会及其常务委员会制定的法律和决定，国务院制定的行政法规、规定的行政措施、发布的决定和命令。”

第八十九条：“司法机关或者有关单位需要查询犯罪记录的，应当向封存犯罪记录的人民检察院提出书面申请，列明查询理由、依据和目的，人民检察院应当在受理之后七日内作出是否许可的答复。

对司法机关为办理案件需要申请查询的，可以依法允许其查阅、摘抄、复制相关案卷材料和电子信息。

其他单位查询人民检察院不起诉决定的，应当不许可查询。

依法不许可查询的，人民检察院应当向查询单位出具不许可查询决定书，并说明理由。

许可查询的，查询后，档案管理部门应当登记相关查询情况，并按照档案管理规定将有关申请、审批材料一同存入卷宗归档保存。”

(2) 最高人民法院、最高人民检察院、公安部、司法部《关于未成年人犯罪记录封存的实施办法》第十六条：“司法机关为办案需要或者有关单位根据国家规定查询犯罪记录的，应当向封存犯罪记录的司法机关提出书面申请，列明查询理由、依据和使用范围等，查询人员应当出示单位公函和身份证明等材料。

经审核符合查询条件的，受理单位应当在三个工作日内开具有/无犯罪记录证明。许可查询的，查询后，档案管理部门应当登记相关查询情况，并按照档案管理规定将有关申请、审批材料、保密承诺书等一同存入卷宗归档保存。依法不许可查询的，应当在三个工作日内向查询单位出具不许可查询决定书并说明理由。

对司法机关为办理案件、开展重新犯罪预防工作需要申请查询的，封存机关可以依法允许其查阅、摘抄、复制相关案卷材料和电子信息。对司法机关以外的单位根据国家规定申请查询的，可以根据查询的用途、目的与实际需要告知被查询对象是否受过刑事处罚、被判处的罪名、刑期等信息，必要时，可以提供相关法律文书复印件。”

第十七条：“对于许可查询被封存的未成年人犯罪记录的，应当告知查询犯罪记录的单位及相关人员严格按照查询目的和使用范围使用有关信息，严格遵守保密义务，并要求其签署保密承诺书。不按规定使用所查询的犯罪记录或者违反规定泄露相关信息，情节严重或者造成严重后果的，应当依法追究相关人员的责任。

因工作原因获知未成年人封存信息的司法机关、教育行政部门、未成年人所在学校、社区等单位组织及其工作人员、诉讼参与人、社会调查员、合适成年人等，应当做好保密工作，不得泄露被封存的犯罪记录，不得向外界披露该未成年人的姓名、住所、照片，以及可能推断出该未成年人身份的其他资料。违反法律规定披露被封存信息的单位或个人，应当依法追究其法律责任。”

（三）文书结构

本文书为三联填充式文书。

1. 第一联

本联主要用于审批程序，不附卷，由办案部门统一留存。

（1）首部。本部分包括制作文书的人民检察院名称，需注明所在省（自治区、直辖市）的名称，不能只写地区级市、县、区院名；文书名称，即“许可查询犯罪（不起诉）记录决定书”；文书名称下方标注“（存根）”字样；文号生成格式为：“××检未许查〔20××〕×号”。

（2）正文。依次填写：案由；涉案人基本情况，包括姓名、性别、出生日期、公民身份号码、工作单位、住址、是否人大代表、政协委员等；批准人、承办人、办案单位、填发人；填发时间。

2. 第二、三联

第二联由承办人附卷，第三联送达申请单位。

（1）首部。本部分与存根内容基本相同，不同之处在于第二、三联文书名称下方无标注。

（2）正文。抬头，文书发往单位，即申请查询单位名称，行文上顶格书写。

主文采用填充方式，模板为“根据《中华人民共和国刑事诉讼法》第二百八十六条第二款、《未成年人刑事检察工作指引（试行）》第八十五条、第八十九的规定，许可你单位关于查询×××犯罪（不起诉）记录的申请。你单位应当对被封存的犯罪（不起诉）记录的情况予以保密”，需按照模板要求填充写明申请查询对象的姓名。

（3）尾部。填发文书的日期，日期上加盖院印。

（四）文书模板及制作说明

1. 文书模板

×××人民检察院

许可查询犯罪（不起诉）记录决定书

（存　根）

××检未许查〔20××〕×号

案由＿＿＿＿＿＿＿＿＿＿＿＿

涉案人基本情况（姓名、性别、出生日期、公民身份号码、工作单位、住址、是否人大代表、政协委员）＿＿＿＿＿＿＿＿＿＿＿＿

＿＿＿＿＿＿＿＿＿＿＿＿

＿＿＿＿＿＿＿＿＿＿＿＿

批准人＿＿＿＿＿＿＿＿＿＿＿＿

承办人＿＿＿＿＿＿＿＿＿＿＿＿

办案单位＿＿＿＿＿＿＿＿＿＿＿＿

填发人＿＿＿＿＿＿＿＿＿＿＿＿

填发时间＿＿＿＿＿＿＿＿＿＿＿＿

第一联　统一保存

×××人民检察院

许可查询犯罪（不起诉）记录决定书

××检未许查〔20××〕×号

＿＿＿＿＿＿：

根据《中华人民共和国刑事诉讼法》第二百八十六条第二款、《未成年人刑事检察工作指引（试行）》第八十五条、第八十九的规定，许可你单位关于查询＿＿＿＿＿＿犯罪（不起诉）记录的申请。你单位应当对被封存的犯罪（不起诉）记录的情况予以保密。

20××年××月××日

（院印）

第二联　附卷

×××人民检察院

许可查询犯罪（不起诉）记录决定书

××检未许查〔20××〕×号

＿＿＿＿＿＿：

根据《中华人民共和国刑事诉讼法》第二百八十六条第二款、《未成年人刑事检察工作指引（试行）》第八十五条、第八十九条的规定，许可你单位关于查询＿＿＿＿＿＿犯罪（不起诉）记录的申请。你单位应当对被封存的犯罪（不起诉）记录的情况予以保密。

20××年××月××日

（院印）

第三联　送达申请单位

2. 制作说明

（1）本文书依据《中华人民共和国刑事诉讼法》第二百八十六条第二款的规定制作。为人民检察院在对未成年犯的犯罪记录或者不起诉记录封存后，依法许可司法机关为办案需要或者有关单位根据国家规定进行查询时使用。

（2）本文书共三联，第一联统一保存，第二联附卷，第三联送达申请单位。

5.6.28　法律文书：不许可查询犯罪（不起诉）记录决定书

（一）基本概念

不许可查询犯罪（不起诉）记录决定书，是人民检察院在对未成年犯的犯罪记录或者不起诉记录封存后，依法不许可司法机关或者有关单位查询时使用的法律文书。

（二）相关依据

1. 法律依据

《中华人民共和国刑事诉讼法》第二百八十六条第二款：“犯罪记录被封存的，不得向任何单位和个人提供，但司法机关为办案需要或者有关单位根据国家规定进行查询的除外。依法进行查询的单位，应当对被封存的犯罪记录的情况予以保密。”

2. 其他规定

（1）《未成年人刑事检察工作指引（试行）》第八十五条：“未成年人犯罪记录封存后，没有法定事由、未经法定程序不得解封。

除司法机关为办案需要或者有关单位根据国家规定进行查询的以外，人民检察院不得向任何单位和个人提供封存的犯罪记录，并不得提供未成年人有犯罪记录的证明。

前款所称国家规定，是指全国人民代表大会及其常务委员会制定的法律和决定，国务院制定的行政法规、规定的行政措施、发布的决定和命令。”

第八十九条："司法机关或者有关单位需要查询犯罪记录的，应当向封存犯罪记录的人民检察院提出书面申请，列明查询理由、依据和目的，人民检察院应当在受理之后七日内作出是否许可的答复。

对司法机关为办理案件需要申请查询的，可以依法允许其查阅、摘抄、复制相关案卷材料和电子信息。

其他单位查询人民检察院不起诉决定的，应当不许可查询。

依法不许可查询的，人民检察院应当向查询单位出具不许可查询决定书，并说明理由。

许可查询的，查询后，档案管理部门应当登记相关查询情况，并按照档案管理规定将有关申请、审批材料一同存入卷宗归档保存。"

（2）最高人民法院、最高人民检察院、公安部、司法部《关于未成年人犯罪记录封存的实施办法》第十六条："司法机关为办案需要或者有关单位根据国家规定查询犯罪记录的，应当向封存犯罪记录的司法机关提出书面申请，列明查询理由、依据和使用范围等，查询人员应当出示单位公函和身份证明等材料。

经审核符合查询条件的，受理单位应当在三个工作日内开具有/无犯罪记录证明。许可查询的，查询后，档案管理部门应当登记相关查询情况，并按照档案管理规定将有关申请、审批材料、保密承诺书等一同存入卷宗归档保存。依法不许可查询的，应当在三个工作日内向查询单位出具不许可查询决定书并说明理由。

对司法机关为办理案件、开展重新犯罪预防工作需要申请查询的，封存机关可以依法允许其查阅、摘抄、复制相关案卷材料和电子信息。对司法机关以外的单位根据国家规定申请查询的，可以根据查询的用途、目的与实际需要告知被查询对象是否受过刑事处罚、被判处的罪名、刑期等信息，必要时，可以提供相关法律文书复印件。"

（三）文书结构

本文书为三联填充式文书。

1. 第一联

本联主要用于审批程序，不附卷，由办案部门统一留存。

（1）首部。本部分包括制作文书的人民检察院名称，需注明所在省（自治区、直辖市）的名称，不能只写地区级市、县、区院名；文书名称，即“不许可查询犯罪（不起诉）记录决定书”；文书名称下方标注“（存根）”字样；文号生成格式为：“××检未不许查〔20××〕×号”。

（2）正文。依次填写：案由；涉案人基本情况，包括姓名、性别、出生日期、公民身份号码、工作单位、住址、是否人大代表、政协委员等；不许可理由；批准人、承办人、填发人；填发时间。

2. 第二、三联

第二联由承办人附卷，第三联送达申请单位。

（1）首部。本部分与存根内容基本相同，不同之处在于第二、三联文书名称下方无标注。

（2）正文。抬头，文书发往单位，即申请查询单位名称，行文上顶格书写。

主文采用填充方式，模板为“你单位关于查询×××犯罪（不起诉）记录的申请不符合《中华人民共和国刑事诉讼法》第二百八十六条第二款，《未成年人刑事检察工作指引（试行）》第八十五条、第八十九条的规定，不予许可”，需按照模板要求填充写明申请查询对象的姓名。

（3）尾部。填发文书的日期，日期上加盖院印。

（四）文书模板及制作说明

1. 文书模板

×××人民检察院

不许可查询犯罪（不起诉）记录决定书

（存　根）

××检未不许查〔20××〕×号

案由＿＿＿＿＿＿＿＿

涉案人基本情况（姓名、性别、出生日期、公民身份号码、工作单位、住址、是否人大代表、政协委员）＿＿＿＿＿＿＿＿

批准人＿＿＿＿＿＿＿＿

承办人＿＿＿＿＿＿＿＿

办案单位＿＿＿＿＿＿＿＿

填发人＿＿＿＿＿＿＿＿

填发时间＿＿＿＿＿＿＿＿

第一联　统一保存

×××人民检察院

不许可查询犯罪（不起诉）记录决定书

××检未不许查〔20××〕×号

＿＿＿＿＿＿：

你单位关于查询＿＿＿＿＿＿犯罪（不起诉）记录的申请不符合《中华人民共和国刑事诉讼法》第二百八十六条第二款，《未成年人刑事检察工作指引（试行）》第八十五条、第八十九条的规定，不予许可。

20××年××月××日

（院印）

第二联　附卷

×××人民检察院

不许可查询犯罪（不起诉）记录决定书

××检未不许查〔20××〕×号

＿＿＿＿＿＿：

你单位关于查询＿＿＿＿＿＿犯罪（不起诉）记录的申请不符合《中华人民共和国刑事诉讼法》第二百八十六条第二款，《未成年人刑事检察工作指引（试行）》第八十五条、第八十九条的规定，不予许可。

20××年××月××日

（院印）

第三联　送达申请单位

2. 制作说明

（1）本文书依据《中华人民共和国刑事诉讼法》第二百八十六条第二款的规定制作。为人民检察院在对未成年犯的犯罪记录或者不起诉记录封存后，依法不许可司法机关或者有关单位查询时使用。

（2）本文书共三联，第一联统一保存备查，第二联附卷，第三联送达申请单位。

5.6.29 法律文书：适用附条件不起诉意见征询书（适用被害人）

（一）基本概念

适用附条件不起诉意见征询书（适用被害人），是人民检察院在作出附条件不起诉决定以前，听取被害人意见时使用的法律文书。

（二）相关依据

1. 法律依据

《中华人民共和国刑事诉讼法》第二百八十二条第一、二款："对于未成年人涉嫌刑法分则第四章、第五章、第六章规定的犯罪，可能判处一年有期徒刑以下刑罚，符合起诉条件，但有悔罪表现的，人民检察院可以作出附条件不起诉的决定。人民检察院在作出附条件不起诉的决定以前，应当听取公安机关、被害人的意见。

对附条件不起诉的决定，公安机关要求复议、提请复核或者被害人申诉的，适用本法第一百七十九条、第一百八十条的规定。"

2. 司法解释规定

《人民检察院刑事诉讼规则》第四百六十九条第二款："人民检察院在作出附条件不起诉的决定以前，应当听取公安机关、被害人、未成年犯罪嫌疑人及其法定代理人、辩护人的意见，并制作笔录附卷。"

3. 其他规定

《未成年人刑事检察工作指引（试行）》第一百八十七条："人民检

察院在作出附条件不起诉决定前，应当听取公安机关、被害人及其法定代理人、诉讼代理人、辩护人的意见。

对公安机关应当采用书面征求意见的方式听取意见，并要求公安机关书面反馈意见。

对被害人及其法定代理人、诉讼代理人听取意见，参照本指引第一百七十一条办理。

对于被害人不同意附条件不起诉的，人民检察院可以作出附条件不起诉决定，但要做好释法说理和化解矛盾工作。

对于审查起诉阶段无法联系到被害人，经审查符合附条件不起诉条件的，可以作出附条件不起诉决定。”

第一百九十二条：“被害人不服附条件不起诉决定，在收到附条件不起诉决定书后七日以内申诉的，由作出附条件不起诉决定的人民检察院的上一级人民检察院立案复查。

被害人向作出附条件不起诉决定的人民检察院提出申诉的，作出决定的人民检察院应当将申诉材料连同案卷一并报送上一级人民检察院受理。

上述申诉的审查由未成年人检察部门负责。承办人员审查后应当提出意见，报请检察长决定后制作复查决定书。

复查决定书应当送达被害人、被附条件不起诉的未成年犯罪嫌疑人及其法定代理人和作出附条件不起诉决定的人民检察院。

被害人不服附条件不起诉决定，在收到附条件不起诉决定书七日后提出申诉的，由作出附条件不起诉决定的人民检察院未成年人检察部门另行指定检察人员审查后决定是否立案复查。

上级人民检察院经复查作出起诉决定的，应当撤销下级人民检察院的附条件不起诉决定，由下级人民检察院提起公诉，并将复查决定抄送移送审查起诉的公安机关。

被害人不能向人民法院提起自诉。”

（三）文书结构

本文书为五联填充式文书。

1. 第一联

本联主要用于审批程序，不附卷，由办案部门统一留存。

（1）首部。本部分包括制作文书的人民检察院名称，需注明所在省（自治区、直辖市）的名称，不能只写地区级市、县、区院名；文书名称，即“适用附条件不起诉意见征询书”；文书名称下方标注“（存根）”字样；文号生成格式为：“××检未附不诉征〔20××〕×号”。

（2）正文。依次填写：案由；涉案人基本情况，包括姓名、性别、出生日期、公民身份号码、工作单位、住址、是否人大代表、政协委员等；批准人、承办人、办案单位、填发人；填发时间。

2. 第二、三、四联

第二联由承办人附卷，第三联送达被害人及其法定代理人，第四联送达被害人的诉讼代理人。

（1）首部。本部分与存根内容基本相同，不同之处在于第二联文书名称下方注明“（副本）”字样，第三、四联文书名称下方无标注。

（2）正文。抬头，第二、三联为被害人及其法定代理人姓名，第四联为诉讼代理人姓名，行文上顶格书写。

主文采用填充加叙写方式，模板为“犯罪嫌疑人×××涉嫌×××一案，已由×××（侦查机关）于××××年××月××日移送本院审查起诉。经审查，犯罪嫌疑人×××涉嫌×××罪，犯罪时未满十八周岁，系未成年人，……（将法定和酌定情节简要列明）可能判处一年有期徒刑以下刑罚，符合起诉条件，但有悔罪表现，根据《中华人民共和国刑事诉讼法》第二百八十二条的规定，可以作出附条件不起诉决定。现本院就拟对其决定附条件不起诉听取你们的意见，如有意见可通过填写回执书面回复我院或致电反馈”，需按照模板要求填充写明案件名称及案件来源，包括犯罪嫌疑人姓名、案由，侦查机关名称、移送审查起诉时间；审查起诉情况，犯罪嫌疑人姓名及涉嫌案由，简要列明涉及可以作出附条件不起诉决定的法定和酌定情节。

（3）尾部。填发文书的日期，日期上加盖院印。

第三、四联还需注明承办人联系方式及相关法律条文。

3. 第五联

第五联为回执联，由相关人员回复后附卷。

抬头为发文的人民检察院，由被害人填写文书收到日期，被害人、法定代理人、诉讼代理人分别填写意见、签名确认并写明日期后回收附卷。

（四）文书模板及制作说明

1. 文书模板

（适用被害人）

×××人民检察院

适用附条件不起诉意见征询书

（存　根）

××检未附不诉征〔20××〕×号

案由＿＿＿＿＿＿＿＿

涉案人基本情况（姓名、性别、出生日期、公民身份号码、工作单位、住址、是否人大代表、政协委员）＿＿＿＿＿＿＿＿

＿＿＿＿＿＿＿＿

＿＿＿＿＿＿＿＿

批准人＿＿＿＿＿＿＿＿

承办人＿＿＿＿＿＿＿＿

办案单位＿＿＿＿＿＿＿＿

填发人＿＿＿＿＿＿＿＿

填发时间＿＿＿＿＿＿＿＿

第一联　统一保存

×××人民检察院

适用附条件不起诉意见征询书

（副　本）

××检未附不诉征〔20××〕×号

（被害人及其法定代理人姓名　　）：

犯罪嫌疑人×××涉嫌×××一案，已由×××（侦查机关）于××××年××月××日移送本院审查起诉。经审查，犯罪嫌疑人×××涉嫌×××罪，犯罪时未满十八周岁，系未成年人，……（将法定和酌定情节简要列明）可能判处一年有期徒刑以下刑罚，符合起诉条件，但有悔罪表现，根据《中华人民共和国刑事诉讼法》第二百八十二条的规定，可以作出附条件不起诉决定。现本院就拟对其决定附条件不起诉听取你们的意见，如有意见可通过填写回执书面回复我院或致电反馈。

20××年××月××日

（院印）

第二联　附卷

×××人民检察院

适用附条件不起诉意见征询书

××检未附不诉征〔20××〕×号

（被害人及其法定代理人）：

犯罪嫌疑人×××涉嫌×××一案，已由×××（侦查机关）于××××年××月××日移送本院审查起诉。经审查，犯罪嫌疑人×××涉嫌×××罪，犯罪时未满十八周岁，系未成年人，……（将法定和酌定情节简要列明）可能判处一年有期徒刑以下刑罚，符合起诉条件，但有悔罪表现，根据《中华人民共和国刑事诉讼法》第二百八十二条的规定，可以作出附条件不起诉决定。现本院就拟对其决定附条件不起诉听取你们的意见，如有意见可通过填写回执书面回复我院或致电反馈。

20××年××月××日

（院印）

附：1. 联系方式

2. 相关法律条文

第三联　送达被害人及其法定代理人

×××人民检察院

适用附条件不起诉意见征询书

××检未附不诉征〔20××〕×号

(被害人诉讼代理人)：

犯罪嫌疑人×××涉嫌××一案，已由×××（侦查机关）于××××年××月××日移送本院审查起诉。经审查，犯罪嫌疑人×××涉嫌×××罪，犯罪时未满十八周岁，系未成年人，……（将法定和酌定情节简要列明）可能判处一年有期徒刑以下刑罚，符合起诉条件，但有悔罪表现，根据《中华人民共和国刑事诉讼法》第二百八十二条的规定，可以作出附条件不起诉决定。现本院就拟对其决定附条件不起诉听取你的意见，如有意见可通过填写回执书面回复我院或致电反馈。

20××年××月××日

（院印）

附：1. 联系方式

2. 相关法律条文

第四联　送达被害人的诉讼代理人

×××人民检察院

适用附条件不起诉意见征询书

（回　执）

________人民检察院：

本人已于______年____月____日收到你院送达的《适用附条件不起诉意见征询书》，现已知晓附条件不起诉的含义和法律后果，对犯罪嫌疑人×××是否同意适用附条件不起诉，本人意见如下：

被害人（签名）：

20××年××月××日

（若被害人是未成年人，其法定代理人意见填写在下方）

法定代理人意见：

法定代理人（签名）：

20××年××月××日

诉讼代理人意见：

诉讼代理人（签名）：

20××年××月××日

第五联　相关人员回复后附卷

2. 制作说明

（1）本文书依据《中华人民共和国刑事诉讼法》第二百八十二条第一款，《未成年人刑事检察工作指引（试行）》第一百八十七条的规定制作。为人民检察院在作出附条件不起诉的决定前，听取公安机关的意见时使用。

（2）本文书以被害人为单位制作，第一联统一保存，第二联附卷，第三联送达被害人及其法定代理人，第四联送达被害人的诉讼代理人，第五联由上述人员回复后附卷。

（3）若无法当面听取被害人的意见且邮寄送达被害人也无回复的，可采用电话方式听取意见，并做好电话记录。

5.6.30 法律文书：变更附条件不起诉考验期限决定书

（一）基本概念

变更附条件不起诉考验期限决定书，是人民检察院在确定附条件不起诉考验期限之后，根据未成年犯罪嫌疑人考验期间的表现和教育挽救的需要，或者发现未成年犯罪嫌疑人可能存在违法犯罪行为，但尚未查实的，作出缩短或延长附条件不起诉考验期限决定时使用的法律文书。

（二）相关依据

（1）《人民检察院办理未成年人刑事案件的规定》第四十条：“人民检察院决定附条件不起诉的，应当确定考验期。考验期为六个月以上一年以下，从人民检察院作出附条件不起诉的决定之日起计算。考验期不计入案件审查起诉期限。

考验期的长短应当与未成年犯罪嫌疑人所犯罪行的轻重、主观恶性的大小和人身危险性的大小、一贯表现及帮教条件等相适应，根据未成年犯罪嫌疑人在考验期的表现，可以在法定期限范围内适当缩短或者延长。”

（2）《未成年人刑事检察工作指引（试行）》第一百九十四条：“附条件不起诉考验期为六个月以上一年以下，考验期的长短应当与未成年犯罪嫌疑人所犯罪行的性质、情节和主观恶性的大小相适应。可能判处的刑罚在六个月以下的，一般应当将考验期限确定为六个月；可能判处的刑罚在六个月以上的，可以参考未成年犯罪嫌疑人可能判处的刑期确定具体考察期限。

考验期从人民检察院作出附条件不起诉的决定之日起计算。考验期不计入审查起诉期限。

在考验期的前两个月要密切关注被附条件不起诉的未成年犯罪嫌疑人的表现，帮助、督促其改正不良行为，形成良好习惯。根据未成年犯罪嫌疑人在考验期内的表现和教育挽救的需要，人民检察院作出决定后可以在法定期限范围内适当缩短或延长考验期。”

（三）文书结构

本文书为四联填充式文书。

1. 第一联

本联主要用于审批程序，不附卷，由办案部门统一留存。

（1）首部。本部分包括制作文书的人民检察院名称，需注明所在省（自治区、直辖市）的名称，不能只写地区级市、县、区院名；文书名称，即“变更附条件不起诉考验期限决定书”；文书名称下方标注“（存根）”字样；文号生成格式为：“××检未附不诉变期〔20××〕×号”。

（2）正文。依次填写：案由；涉案人基本情况，包括姓名、性别、出生日期、公民身份号码、工作单位、住址、是否人大代表、政协委员等；批准人、承办人、办案单位、填发人；填发时间。

2. 第二、三、四联

第二联由承办人附卷，第三联送达未成年犯罪嫌疑人，第四联送达未成年犯罪嫌疑人的法定代理人。

（1）首部。本部分与存根内容基本相同，不同之处在于第三联文书名称下方注明“（副本）”字样，第二、四联文书名称下方无标注。

（2）正文。主文采用填充加叙写方式，模板为“本院于××××年××月××日以××号附条件不起诉决定书对未成年犯罪嫌疑人×××决定附条件不起诉。考验期自××××年××月××日至××××年×

×月××日。现因……（变更附条件不起诉考验期限的理由），决定（延长/缩短）附条件不起诉考验期至××××年××月××日”，需按照模板要求填充写明对未成年犯罪嫌疑人决定附条件不起诉的情况，具体包括作出附条件不起诉决定的时间、文号，未成年犯罪嫌疑人姓名，原附条件不起诉决定的考验期起止时间；写明现变更附条件不起诉考验期限的理由，决定延长或者缩短附条件不起诉考验期的截止日期。

（3）尾部。填发文书的日期，日期上加盖院印。

第三联还需未成年犯罪嫌疑人、法定代理人签名确认，并写明收到日期。

（四）文书模板及制作说明

1. 文书模板

×××人民检察院

变更附条件不起诉考验期限决定书

（存　根）

××检未附不诉变期〔20××〕×号

案由______

涉案人基本情况（姓名、性别、出生日期、公民身份号码、工作单位、住址、是否人大代表、政协委员）______

______

______

批准人______

承办人______

办案单位______

填发人______

填发时间______

第一联　统一保存

×××人民检察院

变更附条件不起诉考验期限决定书

××检未附不诉变期〔20××〕×号

本院于____年____月____日以______号附条件不起诉决定书对未成年犯罪嫌疑人______决定附条件不起诉。考验期自____年____月____日至____年____月____日。现因（变更附条件不起诉考验期限的理由），决定（延长/缩短）附条件不起诉考验期至____年____月____日。

20××年××月××日

（院印）

第二联　附卷

×××人民检察院

变更附条件不起诉考验期限决定书

（副　本）

××检未附不诉变期〔20××〕×号

本院于______年____月____日以____________号附条件不起诉决定书对未成年犯罪嫌疑人____________决定附条件不起诉。考验期自______年____月____日至______年____月____日。现因（变更附条件不起诉考验期限的理由），决定（延长/缩短）附条件不起诉考验期至______年____月____日。

20××年××月××日

（院印）

未成年犯罪嫌疑人：

20××年××月××日

法定代理人（其他成年亲属/有关组织代表）：

20××年××月××日

第三联　送达未成年犯罪嫌疑人

×××人民检察院

变更附条件不起诉考验期限决定书

××检未附不诉变期〔20××〕×号

本院于______年____月____日以____________号附条件不起诉决定书对未成年犯罪嫌疑人____________决定附条件不起诉。考验期自______年____月____日至______年____月____日。现因（变更附条件不起诉考验期限的理由），决定（延长/缩短）附条件不起诉考验期至______年____月____日。

20××年××月××日

（院印）

第四联　送达未成年犯罪嫌疑人的法定代理人

2. 制作说明

(1) 本文书依据《人民检察院办理未成年人刑事案件的规定》第四十条,《未成年人刑事检察工作指引(试行)》第一百九十四条的规定制作。为人民检察院在确定附条件不起诉考验期限之后,根据未成年犯罪嫌疑人考验期间的表现和教育挽救的需要,或者发现未成年犯罪嫌疑人可能存在违法犯罪行为,但尚未查实的,作出缩短或延长附条件不起诉考验期限决定时使用。

(2) 本文书共四联,第一联统一保存,第二联附卷,第三联、第四联分别送达未成年犯罪嫌疑人及其法定代理人,未成年人与法定代理人一起居住的,可将未成年人联一并送达法定代理人。

5.6.31 法律文书:附条件不起诉考验期满后不起诉听取意见书(适用被害人)

(一) 基本概念

附条件不起诉考验期满后不起诉听取意见书(适用被害人),是人民检察院在附条件不起诉监督考验期满作出不起诉决定以前,听取被害人的意见时所使用的法律文书。

(二) 相关依据

1. 法律依据

《中华人民共和国刑事诉讼法》第二百八十四条:“被附条件不起诉的未成年犯罪嫌疑人,在考验期内有下列情形之一的,人民检察院应当撤销附条件不起诉的决定,提起公诉:

(一) 实施新的犯罪或者发现决定附条件不起诉以前还有其他犯罪需要追诉的;

(二) 违反治安管理规定或者考察机关有关附条件不起诉的监督管理规定,情节严重的。

被附条件不起诉的未成年犯罪嫌疑人,在考验期内没有上述情形,考验期满的,人民检察院应当作出不起诉的决定。”

2. 司法解释规定

《全国人民代表大会常务委员会关于〈中华人民共和国刑事诉讼法〉第二百七十一条第二款的解释》："全国人民代表大会常务委员会根据司法实践中遇到的情况，讨论了刑事诉讼法第二百七十一条第二款的含义及被害人对附条件不起诉的案件能否依照第一百七十六条的规定向人民法院起诉的问题，解释如下：

人民检察院办理未成年人刑事案件，在作出附条件不起诉的决定以及考验期满作出不起诉的决定以前，应当听取被害人的意见。被害人对人民检察院对未成年犯罪嫌疑人作出的附条件不起诉的决定和不起诉的决定，可以向上一级人民检察院申诉，不适用刑事诉讼法第一百七十六条关于被害人可以向人民法院起诉的规定。"

《人民检察院刑事诉讼规则》第四百七十七条："考验期届满，检察人员应当制作附条件不起诉考察意见书，提出起诉或者不起诉的意见，报请检察长决定。

考验期满作出不起诉的决定以前，应当听取被害人意见。"

3. 其他规定

《未成年人刑事检察工作指引（试行）》第一百九十九条："被附条件不起诉的未成年犯罪嫌疑人在考验期内没有本指引所列撤销附条件不起诉的情形，考验期满后，承办人应当制作附条件不起诉考察意见书，报请检察长作出不起诉决定。作出不起诉决定之前，应当听取被害人意见。"

（三）文书结构

本文书为四联填充式文书。

1. 第一联

本联主要用于审批程序，不附卷，由办案部门统一留存。

（1）首部。本部分包括制作文书的人民检察院名称，需注明所在省（自治区、直辖市）的名称，不能只写地区级市、县、区院名；文书名称，即"附条件不起诉考验期满后不起诉听取意见书"；文书名称下方标注"（存根）"字样；文号生成格式为："××检未附不诉期满听〔20×

×〕×号”。

（2）正文。依次填写：案由；涉案人基本情况，包括姓名、性别、出生日期、公民身份号码、工作单位、住址、是否人大代表、政协委员等；批准人、承办人、办案单位、填发人；填发时间。

2. 第二、三联

第二联由承办人附卷，第三联送达被害人。

（1）首部。本部分与存根内容基本相同，不同之处在于第二联文书名称下方注明“（副本）”字样，第三联名称下方无标注。

（2）正文。抬头，被害人姓名，行文上顶格书写。

主文采用填充方式，模板为“犯罪嫌疑人×××涉嫌×××一案，已由×××（侦查机关名称）于××××年××月××日移送本院审查起诉。经审查，本院于××××年××月××日对其作出附条件不起诉决定，考验期为×月。现其在考验期内无违反《中华人民共和国刑事诉讼法》第二百八十四条第一款的情形，应当对其作出不起诉决定。本院拟就对犯罪嫌疑人×××决定不起诉听取意见，请将同意与否及其他意见通过填写回执书面回复我院或致电反馈”，需按照模板要求填充写明案件名称及案件来源，包括犯罪嫌疑人姓名、案由，侦查机关名称、移送审查起诉时间；本院作出附条件不起诉决定的情况，包括作出附条件不起诉决定的时间、考验期时长。

（3）尾部。填发文书的日期，日期上加盖院印。

第三联附承办人联系方式及相关法律条文。

3. 第四联

第四联为回执联，由被害人回复后附卷。

（1）首部。本部分与前三联内容基本相同，不同之处在于第二联文书名称下方注明“（回执）”字样。

（2）正文。抬头，发文的人民检察院名称。

主文第一部分为确认收到听取意见书，并发表同意或者不同意的意见。模板为“本人已于××××年××月××日收到你院《附条件不起诉考验期满后不起诉听取意见书》，现已知晓附条件不起诉监督考察期满后不起诉的含义和法律后果，对犯罪嫌疑人×××是否同意不起诉及其他意见，本人意见如下：同意/不同意。”

第二部分列明其他需要说明的事项。

（3）尾部。被害人签名，具明日期。法定代理人签名及注明法定代理人的意见。

（四）文书模板及制作说明

1. 文书模板

×××人民检察院

附条件不起诉考验期满后不起诉听取意见书

（存　根）

××检未附不诉期满听〔20××〕×号

案由＿＿＿＿＿＿＿＿＿＿＿＿＿＿＿＿

涉案人基本情况（姓名、性别、出生日期、公民身份号码、工作单位、住址、是否人大代表、政协委员）＿＿＿＿＿＿＿＿＿＿＿＿＿＿＿＿

批准人＿＿＿＿＿＿＿＿＿＿＿＿＿＿＿＿

承办人＿＿＿＿＿＿＿＿＿＿＿＿＿＿＿＿

办案单位＿＿＿＿＿＿＿＿＿＿＿＿＿＿＿＿

填发人＿＿＿＿＿＿＿＿＿＿＿＿＿＿＿＿

填发时间＿＿＿＿＿＿＿＿＿＿＿＿＿＿＿＿

第一联　统一保存

（适用被害人）

×××人民检察院

附条件不起诉考验期满后不起诉听取意见书

（副　本）

××检未附不诉期满听〔20××〕×号

×××（被害人姓名）：

犯罪嫌疑人×××涉嫌×××一案，已由×××（侦查机关名称）于××××年××月××日移送本院审查起诉。经审查，本院于××××年××月××日对其作出附条件不起诉决定，考验期为×月。现其在考验期内无违反《中华人民共和国刑事诉讼法》第二百八十四条第一款的情形，应当对其作出不起诉决定。本院拟就对犯罪嫌疑人×××决定不起诉听取意见，请将同意与否及其他意见通过填写回执书面回复我院或致电反馈。

20××年××月××日

（院印）

第二联　附卷

×××人民检察院

附条件不起诉考验期满后不起诉听取意见书

××检未附不诉期满听〔20××〕×号

×××（被害人姓名）：

犯罪嫌疑人×××涉嫌×××一案，已由×××（侦查机关名称）于××××年××月××日移送本院审查起诉。经审查，本院于××××年××月××日对其作出附条件不起诉决定，考验期为×月。现其在考验期内无违反《中华人民共和国刑事诉讼法》第二百八十四条第一款的情形，应当对其作出不起诉决定。本院拟就对犯罪嫌疑人×××决定不起诉听取意见，请将同意与否及其他意见通过填写回执书面回复我院或致电反馈。

20××年××月××日

（院印）

附：1. 办案机关联系人及联系方式

2. 相关法律条文

第三联　送达被害人

×××人民检察院

附条件不起诉考验期满后不起诉听取意见书

（回　执）

________人民检察院：

本人已于______年____月____日收到你院《附条件不起诉考验期满后不起诉听取意见书》，现已知晓附条件不起诉监督考察期满后不起诉的含义和法律后果，对犯罪嫌疑人×××是否同意不起诉及其他意见，本人意见如下：

同意/不同意。

其他需要说明的事项：

被害人（签名）：

20××年××月××日

（若被害人是未成年人，其法定代理人意见填写在下方）

法定代理人姓名：　　　　与被害人关系：

法定代理人意见：

法定代理人（签名）：

20××年××月××日

第四联　被害人回复后附卷

2. 制作说明

（1）本文书以人为单位制作，回执由被害人回复后附卷，被害人系未成年人的，还应当填写法定代理人意见，征询书送达被害人。

（2）若无法当面听取被害人的意见，且邮寄送达被害人也未有回复的，可采用电话方式听取意见，并做好电话记录。

5.6.32 法律文书：不起诉决定书（适用附条件不起诉考察期满后决定不起诉）

（一）基本概念

不起诉决定书（适用附条件不起诉考察期满后决定不起诉），是人民检察院在附条件不起诉考验期满后，作出不起诉决定时所使用的法律文书。

（二）相关依据

1. 法律依据

《中华人民共和国刑事诉讼法》第二百八十四条第二款：“被附条件不起诉的未成年犯罪嫌疑人，在考验期内没有上述情形，考验期满的，人民检察院应当作出不起诉的决定。”

2. 司法解释规定

《人民检察院刑事诉讼规则》第四百八十条：“被附条件不起诉的未成年犯罪嫌疑人，在考验期内没有本规则第四百七十九条规定的情形，考验期满的，人民检察院应当作出不起诉的决定。”

3. 其他规定

《未成年人刑事检察工作指引（试行）》第一百九十九条：“被附条件不起诉的未成年犯罪嫌疑人在考验期内没有本指引所列撤销附条件不起诉的情形，考验期满后，承办人应当制作附条件不起诉考察意见书，报请检察长作出不起诉决定。作出不起诉决定之前，应当听取被害人意见。”

第二百条：“人民检察院对于考验期满后决定不起诉的，应当制作不起诉决定书，并在三日内送达公安机关、被害人或者其近亲属及其诉讼代理人、被不起诉的未成年犯罪嫌疑人及其法定代理人、辩护人。

送达时，应当告知被送达人，检察机关将对未成年犯罪嫌疑人涉嫌犯罪的不起诉记录予以封存，被送达人不得泄露未成年犯罪嫌疑人的隐私；告知未成年犯罪嫌疑人及其法定代理人，如有单位或者个人泄露已被封存的不起诉记录，可以向检察机关投诉；告知被害人及其诉讼代理人或者其近亲属，如果对不起诉决定不服，可以自收到不起诉决定书后七日以内向上一级人民检察院申诉。上述告知情况应当记录在案。”

（三）文书结构

1. 首部

首部需注明制作文书的人民检察院所在省（自治区、直辖市）的名称，不能只写地区级市、县、区院名。文书名称，即“不起诉决定书”。文号生成格式为：“××检未刑不诉〔20××〕×号”。

2. 正文

（1）被不起诉人基本情况。该部分按文书中所列项目顺序叙明。包括：姓名、曾用名、与案情有关的别名、化名、绰号、性别、出生年月日、公民身份号码、民族、文化程度、职业或者工作单位及职务、出生地、户籍所在地、住址；曾受刑事处罚、行政处罚情况；强制措施情况。

（2）法定代理人情况。包括姓名、与被不起诉人的关系、住址。

（3）辩护人基本情况。包括辩护人姓名、单位。如系法律援助律师，应当写明指派的法律援助机构名称等。

（4）附条件不起诉考察及作出不起诉决定的情况。写明被不起诉人姓名、案由，作出附条件不起诉决定的时间及考验期时长。写明附条件不起诉考验期内考察情况，以及依法作出不起诉决定的情况，模板为“经本院考察认为，被不起诉人×××在考验期内没有违反《中华人民共和国刑事诉讼法》第二百八十四条第一款规定的情形，根据《中华人民共和国刑事诉讼法》第二百八十四条第二款的规定，决定对×××（被不起诉人的姓名）不起诉。”

（5）告知事项。应写明被不起诉人、被害人享有的申诉权。

3. 尾部

落款，文书签发日期，加盖院印。

附相关法律条文。

（四）文书模板及制作说明

1. 文书模板

×××人民检察院

不起诉决定书

（适用附条件不起诉考察期满后决定不起诉）

××检未刑不诉〔20××〕×号

被不起诉人……（写明姓名、曾用名、与案情有关的别名、化名、绰号、性别、出生年月日、公民身份号码、民族、文化程度、职业或者工作单位及职务、出生地、户籍所在地、住址）作为适用附条件不起诉依据的曾受刑事处罚、行政处罚的情况。因涉嫌×××（案由）罪，经×××（决定机关）批准/决定，于××××年××月××日由×××（执行机关）执行×××（强制措施名称），延长刑事拘留期限及延长、重新计算、中止侦查等羁押期限变化的情况。

法定代理人……（姓名、与被不起诉人的关系、住址）

辩护人……（写明姓名、×××律师事务所律师，如系法律援助律师的，应注明指派的法律援助机构；不是律师的写单位、职务或职业）

被不起诉人×××因涉嫌×××罪，于××××年××月××日由本院决定附条件不起诉，考验期为×个月。

经本院考察认为，被不起诉人×××在考验期内没有违反《中华人民共和国刑事诉讼法》第二百八十四条第一款规定的情形，根据《中华人民共和国刑事诉讼法》第二百八十四条第二款的规定，决定对×××（被不起诉人的姓名）不起诉。

被不起诉人如果不服本决定，可以自收到本决定书后七日内向本院申诉。

被害人如果不服本决定，可以自收到本决定书后七日以内向×××人民检察院（此处应写明上一级人民检察院名称）申诉，请求提起公诉。

20××年××月××日
（院印）

附件：相关法律条文

2. 制作说明

（1）本文书依据《中华人民共和国刑事诉讼法》第二百八十四条第二款，《未成年人刑事检察工作指引（试行）》第一百九十九条、第二百条的规定制作。为人民检察院在附条件不起诉考验期满后，作出不起诉决定时使用。

（2）除文书中所列内容外，其他填制要求与不起诉决定书相同。

（3）本文书以人为单位制作，分为正本、副本，不起诉决定书应当有正本、副本之分，其中正本一份归入正卷，一份发送被不起诉人，副本发送法定代理人、辩护人、被害人或者其近亲属及其诉讼代理人、公安机关。

5.6.33 法律文书：无犯罪记录证明

（一）基本概念

无犯罪记录证明，是用于证明居民无犯罪事实的一个证明，此处为被封存犯罪记录或者无犯罪记录（包含不捕、不诉）的未成年人本人或者其法定代理人为其申请出具无犯罪记录证明及司法机关或有关单位依法查询时使用的法律文书。

（二）相关依据

1. 司法解释规定

《人民检察院刑事诉讼规则》第四百八十七条："被封存犯罪记录的

未成年人或者其法定代理人申请出具无犯罪记录证明的，人民检察院应当出具。需要协调公安机关、人民法院为其出具无犯罪记录证明的，人民检察院应当予以协助。”

2. 其他规定

（1）《未成年人刑事检察工作指引（试行）》第八十八条：“被封存犯罪记录的未成年人本人或者其法定代理人申请为其出具无犯罪记录证明的，人民检察院应当出具无犯罪记录的证明。如需要协调公安机关、人民法院为其出具无犯罪记录证明的，人民检察院应当积极予以协助。”

第八十九条第一款：“司法机关或者有关单位需要查询犯罪记录的，应当向封存犯罪记录的人民检察院提出书面申请，列明查询理由、依据和目的，人民检察院应当在受理之后七日内作出是否许可的答复。”

（2）《关于未成年人犯罪记录封存的实施办法》第十五条：“被封存犯罪记录的未成年人本人或者其法定代理人申请为其出具无犯罪记录证明的，受理单位应当在三个工作日内出具无犯罪记录的证明。”

（三）文书结构

1. 首部

首部由检察机关名称、文书名称和文号三部分组成。其中，检察机关的名称应为全称，即要注明所在省（自治区、直辖市）名称，不能只写地区级市、县、区院名。文书名称，即“无犯罪记录证明”。文号生成格式为：“××检未无证〔20××〕×号”。

2. 正文

抬头，查询单位名称或查询个人的姓名。

主文部分模板为“经查，本院辖区居民×××（性别×，公民身份号码×××，住址×××）在我辖区内无犯罪记录”，写明被查询人姓名、性别、公民身份号码、住址等信息。

3. 尾部

落款，文书签发日期，加盖院印。

（四）文书模板及制作说明

1. 文书模板

无犯罪记录证明

××检未无证〔20××〕×号

<u>查询单位/个人：</u>

经查，本院辖区居民×××（性别×，公民身份号码×××，住址×××）在我辖区内无犯罪记录。

特此证明。

20××年××月××日

（院印）

一式二份，一份附卷，一份交申请人

2. 制作说明

（1）本文书依据《人民检察院刑事诉讼规则》第四百八十七条，《未成年人刑事检察工作指引（试行）》第八十八条、第八十九条的规定制作。为被封存犯罪记录或者无犯罪记录（包含不捕、不诉）的未成年人本人或者其法定代理人为其申请出具无犯罪记录证明及司法机关或有关单位依法查询时使用。

（2）本文书以未成年人为单位制作，应申请向其本人或者法定代理人提供。

第六章

通用刑事检察文书

第一节　请示案件适用文书

请示案件适用文书，是人民检察院在办理请示案件，即下级人民检察院按规定向上级人民检察院请示的刑事案件时所使用的相关文书。

6.1.1　工作文书：请示

（一）基本概念

请示文书，是人民检察院对涉及法律适用、办案程序、司法政策等方面确属重大疑难复杂的问题，经本级人民检察院研究难以决定的，向上级人民检察院以特定的书面形式请示的工作文书。

（二）相关依据

《人民检察院案件请示办理工作规定（试行）》第二条："下级人民检察院在办理具体案件时，对涉及法律适用、办案程序、司法政策等方面确属重大疑难复杂的问题，经本级人民检察院研究难以决定的，应当向上级人民检察院请示。

上级人民检察院认为必要时，可以要求下级人民检察院报告有关情况。"

第六条："下级人民检察院应当以院名义向上级人民检察院请示。

下级人民检察院业务部门向上级人民检察院对口业务部门请示，上级人民检察院业务部门认为请示问题属于重大疑难复杂的，应当要求下级人民检察院业务部门报请本院检察委员会讨论后，以院名义请示。"

第七条："下级人民检察院请示案件，应当以书面形式提出。请示文书包括以下内容：

（一）案件基本情况；

（二）需要请示的具体问题；

（三）下级人民检察院检察委员会讨论情况、争议焦点及倾向性意见；

（四）下级人民检察院检察长的意见。

下级人民检察院有案卷材料的，应当一并附送。”

第八条：“下级人民检察院对正在办理的案件向上级人民检察院请示的，应当在办案期限届满十日之前报送上级人民检察院；法律规定的办案期限不足十日的，应当在办案期限届满三日之前报送。”

第九条：“下级人民检察院请示案件，应当由本院案件管理部门通过统一业务应用系统，报送上级人民检察院案件管理部门，同时报送书面请示一式三份。”

（三）文书结构

1. 首部

首部由检察机关名称、文书名称和文号三部分组成。其中，检察机关的名称应为全称，即要注明所在省（自治区、直辖市）名称，不能只写地区级市、县、区院名。文书名称，即“关于×××案的请示”。文号生成格式为：“××检××请〔20××〕×号”。

2. 正文

抬头，上级人民检察院，行文上顶格书写。

写明所请示的上级检察机关名称、犯罪嫌疑人或者被告人姓名、案由、审查后意见。

基本情况。应根据案件的具体情况分别写明犯罪嫌疑人或单位的基本情况、被害人的基本情况、案件的诉讼过程、案件事实及证据情况等。

存在问题。阐明案件中存在的法律适用问题、办案程序问题或者司法政策等方面的问题。

本院意见。应写明下级人民检察院检察长的意见、下级人民检察院检察委员会讨论情况、争议焦点、倾向性意见及相应的法律依据。

请示事项。请示的事项应具体、明确。

3. 尾部

写明“妥否，请批复”及文书制作的日期，加盖院章。

(四) 文书模板及制作说明

1. 文书模板

×××人民检察院
关于×××案的请示

××检××请〔20××〕×号

×××人民检察院：

我院审查起诉的犯罪嫌疑人×××涉嫌×××一案，经审查，……。现就有关情况报告如下：

一、基本情况

二、存在问题

三、本院意见

四、请示事项

妥否，请批复。

20××年××月××日
（院印）

2. 制作说明

（1）本文书依据《人民检察院案件请示办理工作规定（试行）》第二条、第六条、第七条、第八条、第九条的规定制作。是下级人民检察院在办理具体案件时，对涉及法律适用、办案程序、司法政策等方面确属重大疑难复杂的问题，需要向上级人民检察院请示时使用。

（2）本文书为报告式文书，分为首部、基本情况、存在问题、本院意见、请示事项、尾部共六部分内容。

（3）本文书以案为单位制作。

（4）本文书一式四份，三份报送上级人民检察院，一份留存附卷。

6.1.2 工作文书：请示案件审查报告

（一）基本概念

请示案件审查报告，是上级人民检察院审查下级人民检察院请示的案件时使用的工作文书。

（二）相关依据

《人民检察院案件请示办理工作规定（试行）》第二条："下级人民检察院在办理具体案件时，对涉及法律适用、办案程序、司法政策等方面确属重大疑难复杂的问题，经本级人民检察院研究难以决定的，应当向上级人民检察院请示。

上级人民检察院认为必要时，可以要求下级人民检察院报告有关情况。"

第十二条："承办部门应当指定专人办理答复工作。承办人应当全面审查请示内容和案卷材料，研究提出处理意见，经部门负责人审查后报分管副检察长审批。

分管副检察长认为必要时，可以报检察长或者提请检察委员会审议决定。检察委员会开会时，可以根据情况要求下级人民检察院有关负责人和办案人员列席。"

（三）文书结构

本文书为报告式文书，分为首部、案件基本情况、诉讼过程、请示的事项、需要说明的问题、承办人意见、尾部共七部分内容。下面按照首部、正文、尾部三个层次加以介绍。

1. 首部

首部标题处检察机关的名称应为全称，即要注明所在省（自治区、直辖市）名称，不能只写地区级市、县、区院名。文书名称，即"请示案件审查报告"。

2. 正文

开头应写明所请示的下级检察机关名称、提出请示日期、案件名称、承办人审查后意见。

案件基本情况。应当列明犯罪嫌疑人或者被告人、被害人及可能影响请示问题的其他诉讼参与人的基本情况，发、破案经过、案件事实及证据情况。

诉讼过程。应当注意刑事诉讼各环节，包括立案、受案及案由改变，指定管辖、延长侦查羁押期限以及移送审查起诉、退回补充侦查等，可能影响请示问题的可简要说明理由。

请示的事项。准确述明下级院请示事项的具体内容。

需要说明的问题。主要是报告其他部分无法涵盖而承办人认为需要说明或者报告的事项，包括：案件管辖问题；追诉漏罪、漏犯情况；刑事和解情况；敏感案件预警或处置情况；有碍侦查、起诉、审判的违法活动及解决情况；被害人及附带民事诉讼原告人、被告人及其亲属以及人民群众对案件的处理有无涉法、涉诉上访问题及化解矛盾情况；案件经过沟通、协调情况，领导批示情况；承办人认为需要解决的其他问题等。

承办人意见。重点围绕下级院请示事项具体内容进行分析论证，研究提出处理意见。

3. 尾部

列明案件承办人姓名及审结日期。

（四）文书模板及制作说明

1. 文书模板

×××人民检察院

请示案件审查报告

（请示单位）于（下级院请示日期）向我院请示的（案件名称）一案，承办人对全案进行了审查，认为：……，现报告如下：

一、案件基本情况

二、诉讼过程

三、请示的事项

四、需要说明的问题

五、承办人意见

承办人：×××

20××年××月××日

2. 制作说明

（1）本文书依据《人民检察院案件请示办理工作规定（试行）》第二条、第十二条的规定制作。为上级院指定专人承办下级院请示案件时使用。

（2）本文书以案为单位制作。

（3）承办人研究提出处理意见后，经部门负责人审查后报分管副检察长审批。分管副检察长认为必要时，可以报检察长或者提请检察委员会审议决定。

6.1.3 工作文书：批复

（一）基本概念

批复，是上级检察院对下级检察院就法律适用、办案程序、司法政策等重大疑难复杂问题的请示作出书面回复时使用的工作文书。

（二）相关依据

《人民检察院案件请示办理工作规定（试行）》第二条第一款："下级人民检察院在办理具体案件时，对涉及法律适用、办案程序、司法政策等方面确属重大疑难复杂的问题，经本级人民检察院研究难以决定的，应当向上级人民检察院请示。"

第十四条："上级人民检察院对案件请示应当及时办理并答复下级人民检察院。对在诉讼程序内案件的请示，应当在办案期限届满之前答复下级人民检察院。对不在诉讼程序内案件的请示，应当在一个月以内答复下级人民检察院；特别重大复杂案件，经分管副检察长批准，可以延长一个月。

因特殊原因不能在规定的办理期限内答复的，承办部门应当在报告检察长后，及时通知下级人民检察院，并抄送本院案件管理部门。”

第十五条：“上级人民检察院办理请示的案件，应当严格依据法律、司法解释和检察工作规定，对请示问题提出明确的答复意见，并阐明答复依据和理由。”

第十六条：“对下级人民检察院的请示，上级人民检察院应当以院发文件进行答复。紧急情况下，经分管副检察长批准，上级人民检察院承办部门可以先通过其他方式向下级人民检察院告知答复意见，并立即制发公文进行正式答复。正式答复应当与其他方式答复内容一致。”

第十七条：“上级人民检察院对下级人民检察院正式答复后，承办部门应当在三个工作日以内将答复意见抄送本院案件管理部门和法律政策研究部门。对于案件已经办结并且不涉密的答复意见，上级人民检察院可以通过适当方式在检察机关内部公布，所属各级人民检察院办理类似案件或者处理类似问题，可以参照适用。”

（三）文书结构

1. 首部

首部由检察机关名称、文书名称和文号三部分组成。其中，检察机关的名称应为全称，即要注明所在省（自治区、直辖市）名称，不能只写地区级市、县、区院名。文书名称，即“关于×××案的批复”。文号生成格式为：“××检××批复〔20××〕×号”。

2. 正文

抬头，发往部门，请示单位名称，应写明提出请示的检察机关的单位全称，行文上顶格书写。

主文模板为“你院请示的×××案，本院审查后认为×××”，关于×××案件的文书名称，根据不同的案件情况，采取不同的命名方法。对于有明确的当事人和涉嫌犯罪情节清楚的案件，可采取“人名+涉嫌罪名”命名，如“王××故意杀人案”；对于当事人不明而被害人和被害情况清楚的案件，可采取“被害人+被侵害情况”命名，如“张××被抢劫案”；对于当事人和被害人不明或者当事人、被害人人数众多不便概括以及需要保密等情形，可采取以案件发生时间或立案时间或者地名来命名，如“7·15案”“×××（地名）抢劫案”等。

审查意见。应对请示问题提出明确的答复意见，并阐明答复依据和理由。

3. 尾部

落款，批复的日期，日期上加盖院印。

(四) 文书模板及制作说明

1. 文书模板

×××人民检察院

关于×××案的批复

××检××批复〔20××〕×号

（请示单位名称）：

你院请示的×××案，本院审查后认为×××。

此复。

20××年××月××日

2. 制作说明

（1）本文书依据《人民检察院案件请示办理工作规定（试行）》第二条、第十四条、第十五条、第十六条、第十七条制作。为下级检察院在办理具体案件时就法律适用、办案程序、司法政策等重大疑难复杂的问题请示上级检察院后，上级检察院作出书面回复时使用。

（2）本文书由作出具体回复意见的上级检察院制作，应列明需回复的单位名称、案件名称，对请示问题提出明确的答复意见，并阐明答复依据和理由。

（3）本文书以案为单位制作。

（4）本文书一式四份，一份送达下级人民检察院，一份抄送本院案件管理部门，一份抄送本院法律政策研究部门，一份留存附卷。

6.1.4　工作文书：提请批准直接受理书

（一）基本概念

提请批准直接受理书，是人民检察院发现公安机关管辖的国家机关工作人员利用职权实施重大犯罪案件，需要由人民检察院直接受理，层报省级以上人民检察院决定时使用的工作文书。

（二）相关依据

1. 法律依据

《中华人民共和国刑事诉讼法》第十九条第二款："人民检察院在对诉讼活动实行法律监督中发现的司法工作人员利用职权实施的非法拘禁、刑讯逼供、非法搜查等侵犯公民权利、损害司法公正的犯罪，可以由人民检察院立案侦查。对于公安机关管辖的国家机关工作人员利用职权实施的重大犯罪案件，需要由人民检察院直接受理的时候，经省级以上人民检察院决定，可以由人民检察院立案侦查。"

第一百零九条："公安机关或者人民检察院发现犯罪事实或者犯罪嫌疑人，应当按照管辖范围，立案侦查。"

2. 司法解释规定

《人民检察院刑事诉讼规则》第十三条："人民检察院在对诉讼活动实行法律监督中发现的司法工作人员利用职权实施的非法拘禁、刑讯逼供、非法搜查等侵犯公民权利、损害司法公正的犯罪，可以由人民检察院立案侦查。

对于公安机关管辖的国家机关工作人员利用职权实施的重大犯罪案件，需要由人民检察院直接受理的，经省级以上人民检察院决定，可以由人民检察院立案侦查。"

第十五条："对本规则第十三条第二款规定的案件，人民检察院需要直接立案侦查的，应当层报省级人民检察院决定。

报请省级人民检察院决定立案侦查的案件，应当制作提请批准直接受理书，写明案件情况以及需要由人民检察院立案侦查的理由，并附有关材料。

省级人民检察院应当在收到提请批准直接受理书后十日以内作出是否立案侦查的决定。省级人民检察院可以决定由设区的市级人民检察院立案侦查，也可以自行立案侦查。”

（三）文书结构

本文书为二联填充式文书。

1. 第一联

本联主要用于审批程序，不附卷，由办案部门统一留存。

（1）首部。本部分包括制作文书的人民检察院名称，需注明所在省（自治区、直辖市）的名称，不能只写地区级市、县、区院名；文书名称，即“提请批准直接受理书”；文书名称下方标注“（副本）”字样；文号生成格式为：“××检××请受〔20××〕×号”。

（2）正文。模板为，“本院在办理×××案中，发现×××涉嫌×××，需要直接受理侦查，现提请批准”，关于案件名称的表述，例如：本院在办理（张三+案由）案中，发现（李四或者单位）涉嫌（案由），需要直接受理侦查，现提请批准。案由系该案涉嫌的罪名，如故意杀人、盗窃等。涉嫌多个罪名的则写多个案由，例如：张某某故意杀人、盗窃案。

（3）尾部。落款成文日期并加盖院印。成文日期填写批准人的批准日期。审核人、批准人在其签名下方填写审核、批准时的日期。

附案件情况报告。

2. 第二联

第二联逐级上报省级以上人民检察院。第二联文书结构与第一联相同。不同之处在于首部第二联文书名称下方无标注。

（四）文书模板及制作说明

1. 文书模板

×××人民检察院

提请批准直接受理书

（副　本）

××检××请受〔20××〕×号

×××人民检察院：

本院在办理×××案中，发现×××涉嫌×××，需要直接受理侦查，现提请批准。

20××年××月××日

（院印）

附件：案件情况报告

第一联　附卷

×××人民检察院

提请批准直接受理书

××检××请受〔20××〕×号

×××人民检察院：

本院在办理×××案中，发现×××涉嫌×××，需要直接受理侦查，现提请批准。

20××年××月××日

（院印）

附件：案件情况报告

第二联　逐级上报省级以上人民检察院

2. 制作说明

（1）本文书依据《中华人民共和国刑事诉讼法》第十九条第二款、第一百零九条和《人民检察院刑事诉讼规则》第十三条、第十五条的规定制作。为发现对于公安机关管辖的国家机关工作人员利用职权实施重大犯罪案件，需要由人民检察院直接受理的时候，层报省级以上人民检察院决定时使用。

（2）本文书报送机关为省级以上人民检察院。文书后应附案件情况报告以及其他有关材料。

（3）本文书以案为单位制作。

（4）本文书共二联，第一联附卷，第二联逐级上报省级以上人民检察院。

（5）本文书加盖人民检察院印章。

6.1.5 工作文书：请示案件审查意见书

（一）基本概念

请示案件审查意见书，是承办人对案件请示提出审查意见时使用的工作文书。

（二）相关依据

《人民检察院案件请示办理工作规定（试行）》第十二条："承办部门应当指定专人办理答复工作。承办人应当全面审查请示内容和案卷材料，研究提出处理意见，经部门负责人审查后报分管副检察长审批。

分管副检察长认为必要时，可以报检察长或者提请检察委员会审议决定。检察委员会开会时，可以根据情况要求下级人民检察院有关负责人和办案人员列席。"

（三）文书结构

1. 首部

首部标题处检察机关的名称应为全称，即要注明所在省（自治区、直辖市）名称，不能只写地区级市、县、区院名。文书名称，即“请示案件审查意见书”。

2. 正文

开头写明请示案件来源，写明下级请示人民检察院名称，请示时间及请示案件名称，模板为“×××人民检察院于××××年××月××日向我院请示的××案，承办人对全案进行了审查，现报告如下”。

案件基本情况。简要概括案件基本情况。

诉讼过程。按时间顺序依次写明案件立案、侦查、审查起诉、一审、二审、再审审理及裁判结果等诉讼经过。

请示的事项。分点简要写明请示事项。

需要说明的问题。写明需要说明的或者存在的问题、争议焦点。

审查意见。承办人的意见或倾向性意见。

3. 尾部

列明案件承办人姓名及审结日期。

（四）文书模板及制作说明

1. 文书模板

×××人民检察院

请示案件审查意见书

×××人民检察院于××××年××月××日向我院请示的×××案，承办人对全案进行了审查，现报告如下：

一、案件基本情况

×××

二、诉讼过程

×××

三、请示的事项

×××

四、需要说明的问题

×××

五、审查意见

×××

承办人：×××

20××年××月××日

2. 制作说明

（1）本文书依据《人民检察院案件请示办理工作规定（试行）》第十二条规定制作。承办人对案件请示提出审查意见时使用。

（2）承办人应当全面审查请示内容和案卷材料，研究提出处理意见。

（3）承办人的意见经部门负责人审查后报分管副检察长审批。

第二节　备案审查案件适用文书

备案审查案件适用文书，是人民检察院在办理备案审查案件，即下级人民检察院按规定需要向上级人民检察院报送备案审查的刑事案件时所使用的相关文书。

关于备案审查案件的范围，按照最高人民检察院和各省级人民检察院制定的规范性工作文件，包括部分审查逮捕和审查起诉案件，如部分不捕案件报上级院备案审查，人民法院判决无罪的案件、撤回起诉后作不起诉处理的案件、人民检察院决定不起诉的职务犯罪案件等。此外，近年来，最高人民检察院、部分省级院对于扫黑除恶专项斗争、经济犯罪工作、未成年人犯罪以及国家安全、反暴恐、职务犯罪等领域案件均有相关备案审查的规定出台，也需要在具体案件办理过程中按要求报请备案审查。

6.2.1 法律文书：撤销不起诉决定书

具体内容参见本书第三章“公诉检察文书”第一节“一审公诉案件适用文书”之“3.1.32 法律文书：撤销不起诉决定书”。

6.2.2 工作文书：撤销逮捕决定通知书（适用备案审查）

（一）基本概念

撤销逮捕决定通知书（适用备案审查），是上级人民检察院通过备案审查，发现犯罪嫌疑人不符合逮捕条件，需要撤销下级人民检察院逮捕决定时使用制作的工作文书。

（二）相关依据

《人民检察院刑事诉讼规则》第三百一十二条第二款：“犯罪嫌疑人不符合逮捕条件，需要撤销下级人民检察院逮捕决定的，上级人民检察院在作出不批准延长侦查羁押期限决定的同时，应当作出撤销逮捕的决定，或者通知下级人民检察院撤销逮捕决定。”

（三）文书结构

1. 首部

首部由检察机关名称、文书名称和文号三部分组成。其中，检察机关的名称应为全称，即要注明所在省（自治区、直辖市）名称，不能只写地区级市、县、区院名。文书名称，即“撤销逮捕决定通知书”。文号生成格式为：“××检××撤捕通〔20××〕×号”。

2. 正文

抬头，文书发往单位，下级人民检察院，行文上顶格书写。

主文模板为“你院办理的×××案，经审查认为，你院对犯罪嫌疑人×××的（批准）逮捕决定错误，现通知你院予以撤销，并将处理结果上报我院”，写明案件名称、犯罪嫌疑人姓名。明确通知撤销逮捕决定的审查结论及工作要求。

3. 尾部

落款，发文时间，并在时间上加盖院印。

（四）文书模板及制作说明

1. 文书模板

×××人民检察院

撤销逮捕决定通知书

××检××撤捕通〔20××〕×号

×××（下级检察院）：

你院办理的×××案，经审查认为，你院对犯罪嫌疑人×××的（批准）逮捕决定错误，现通知你院予以撤销，并将处理结果上报我院。

20××年××月××日

（院印）

2. 制作说明

（1）本文书依据《人民检察院刑事诉讼规则》第三百一十二条第二款的规定制作。为发现犯罪嫌疑人不符合逮捕条件，需要撤销下级人民检察院逮捕决定时使用。

（2）本文书需经检察长批准，加盖院印。

（3）该文书一式二份，一份留档，一份交下级院执行。

6.2.3 工作文书：备案案件审查报告

（一）基本概念

备案案件审查报告，是上级人民检察院对下级人民检察院向本院报请备案审查时，由承办人员对案件进行审查制作的综合性报告式工作文书。

（二）相关依据

1. 最高人民检察院《关于对职务犯罪罪犯减刑、假释、暂予监外执行案件实行备案审查的规定》第二条：“人民检察院对职务犯罪罪犯减刑、假释、暂予监外执行案件实行备案审查，按照下列情形分别处理：

（一）对原厅局级以上职务犯罪罪犯减刑、假释、暂予监外执行的案件，人民检察院应当在收到减刑、假释裁定书或者暂予监外执行决定书后十日以内，逐案层报最高人民检察院备案审查；

（二）对原县处级职务犯罪罪犯减刑、假释、暂予监外执行的案件，人民检察院应当在收到减刑、假释裁定书或者暂予监外执行决定书后十日以内，逐案层报省级人民检察院备案审查。”

2. 最高人民检察院第三检察厅《重大、敏感职务犯罪案件请示、报告和备案工作规定》第五条：“具有下列情形之一的职务犯罪案件，人民检察院作出起诉、不起诉、抗诉决定或者人民法院作出生效判决后，应当及时层报最高人民检察院第三检察厅备案：

（一）犯罪嫌疑人系原厅级干部或者国有企业、事业单位中相当于厅级管理人员；

（二）犯罪嫌疑人系检察院院领导、检委会专职委员；

（三）检察机关立案侦查的县处级以上干部；

（四）涉嫌贪污贿赂自洗钱犯罪；

（五）犯罪嫌疑人系全国人大代表、全国政协委员、社会知名人士等敏感身份；

（六）犯罪嫌疑人系外国人、无国籍人或者由国（境）外追逃劝返；

（七）案情涉及境外企业在华分支机构或者中资企业境外分支机构；

（八）涉及港澳台；

（九）具有其他重大、敏感因素。”

（三）文书结构

1. 首部

首部标题处检察机关的名称应为全称，即要注明所在省（自治区、直辖市）名称，不能只写地区级市、县、区院名。文书名称，即“备案案件审查报告”。

报送备案机关。写明报送备案机关。

犯罪嫌疑人（罪犯）姓名。写明犯罪嫌疑人合法身份证件上的姓名，如果没有合法身份证件的，填写在户籍登记中使用的姓名。如果犯罪嫌疑人是外国人，除应当填写其合法身份证件上的姓名外，还应当同时写明汉语译名。

案由。即该案涉嫌的罪名，如故意杀人、盗窃等。涉嫌多个罪名的则写多个案由。例如，张某某故意杀人、盗窃案。

2. 正文

案件基本情况。简明扼要写明案件基本情况。

承办人审查意见。写明承办人审查意见、依据和理由。

3. 尾部

列明案件承办人姓名及审结日期。

承办人应填写办理案件检察官的姓名，或者有关事项承办人的姓名。

（四）文书模板及制作说明

1. 文书模板

×××人民检察院

备案案件审查报告

报送备案机关：×××

犯罪嫌疑人（罪犯）姓名：×××

案由：×××

一、案件基本情况

……

二、承办人审查意见

……

承办人：×××

20××年××月××日

2. 制作说明

（1）本文书是下级机关按照有关规定就相关备案审查案件向上级检察机关备案时，承办人对案件进行审查制作审查报告时使用。

（2）审查报告包括报送备案机关情况、犯罪嫌疑人（罪犯）姓名情况、案件基本情况和承办人审查意见等内容。

第三节　其他通用文书

6.3.1　法律文书：回避决定书

（一）基本概念

回避决定书，是人民检察院在决定与案件或者案件当事人有利害关系或者其他特殊关系的检察人员、书记员、司法警察、人民检察院聘请或者指派的翻译人员、鉴定人或侦查机关负责人回避时使用的法律文书。

（二）相关依据

《中华人民共和国刑事诉讼法》第二十九条："审判人员、检察人员、侦查人员有下列情形之一的，应当自行回避，当事人及其法定代理人也有权要求他们回避：

（一）是本案的当事人或者是当事人的近亲属的；

（二）本人或者他的近亲属和本案有利害关系的；

（三）担任过本案的证人、鉴定人、辩护人、诉讼代理人的；

（四）与本案当事人有其他关系，可能影响公正处理案件的。"

第三十条："审判人员、检察人员、侦查人员不得接受当事人及其委托的人的请客送礼，不得违反规定会见当事人及其委托的人。

审判人员、检察人员、侦查人员违反前款规定的，应当依法追究法律责任。当事人及其法定代理人有权要求他们回避。"

第三十一条："审判人员、检察人员、侦查人员的回避，应当分别由院长、检察长、公安机关负责人决定；院长的回避，由本院审判委员会决定；检察长和公安机关负责人的回避，由同级人民检察院检察委员会决定。

对侦查人员的回避作出决定前，侦查人员不能停止对案件的侦查。

对驳回申请回避的决定，当事人及其法定代理人可以申请复议一次。"

第三十二条："本章关于回避的规定适用于书记员、翻译人员和鉴定人。

辩护人、诉讼代理人可以依照本章的规定要求回避、申请复议。"

（三）文书结构

本文书为四联填充式文书。

1. 第一联

本联主要用于审批程序，不附卷，由办案部门统一留存。

（1）首部。本部分包括制作文书的人民检察院名称，需注明所在省（自治区、直辖市）的名称，不能只写地区级市、县、区院名；文书名称，即"回避决定书"；文书名称下方标注"（存根）"字样；文号生成格式为："××检××避〔20××〕×号"。

（2）正文。依次填写：案由；犯罪嫌疑人姓名；被决定回避人姓名；回避原因；申请人姓名；批准人、承办人、填发人姓名；填发时间。

2. 第二、三、四联

第二联告知申请回避人后附卷，第三联送达被决定回避人，第四联送达人民法院。

（1）首部。本部分与存根内容基本相同，不同之处在于第二联文书名称下方注"（副本）"字样，第三、四联文书名称下方无标注。

（2）正文。抬头，第二、三联文书发往对象为申请回避人，写明申请回避人姓名；第四联发文对象为同级人民法院，写明人民法院的名称，行文上顶格书写。

主文为填充式，模板为"根据《中华人民共和国刑事诉讼法》第×××条的规定，经×××决定，×××对×××案予以回避"，按照模板填充要求依次写明法律依据、决定主体、被决定回避人、案件名称。

法律依据。根据不同情形填写《中华人民共和国刑事诉讼法》第二十九条或者第三十条。

有权决定人员或者单位。根据《中华人民共和国刑事诉讼法》第三十一条，检察人员的回避，应当由检察长决定；检察长和公安机关负责人的回避，由同级人民检察院检察委员会决定。该处填写检察长或×××人民检察院检察委员会。

被决定回避人。填写被决定回避的与案件或者案件当事人有利害关系或者其他特殊关系的检察人员、书记员、司法警察、人民检察院聘请或者指派的翻译人员、鉴定人姓名。

案件名称。根据不同的案件情况，采取不同的命名方法。对于有明确的当事人和涉嫌犯罪情节清楚的案件，可采取“人名+涉嫌罪名”命名，如“王××故意杀人案”；对于当事人不明而被害人和被害情况清楚的案件，可采取“被害人+被侵害情况”命名，如“张××被抢劫案”；对于当事人和被害人不明或者当事人、被害人人数众多不便概括以及需要保密等情形，可采取以案件发生时间或立案时间或者地名来命名，如“4·15案”“×××（地名）抢劫案”。

(3) 尾部。填发文书的日期，日期上加盖院印。

第二联副本尾部一并记载回避决定宣告经过，写明宣告日期，需申请人签字（捺印）确认，宣告人同时签字。

（四）文书模板及制作说明

1. 文书模板

××× 人民检察院

回避决定书

（存　根）

××检××避〔20××〕×号

案由______________________

犯罪嫌疑人______________________

被决定回避人______________________

回避原因______________________

申请人______________________

批准人______________________

承办人______________________

填发人______________________

填发时间______________________

第一联　统一保存

××× 人民检察院

回避决定书

（副　本）

××检××避〔20××〕×号

________：

根据《中华人民共和国刑事诉讼法》第________条的规定，经____________决定，__________对____________案予以回避。

20××年××月××日

（院印）

此决定于_____年____月____日向我宣布。

申请人________

宣告人________

第二联　告知申请回避人后附卷

×××人民检察院

回避决定书

××检××避〔20××〕×号

________：

根据《中华人民共和国刑事诉讼法》第________条的规定，经________________决定，__________对__________案予以回避。

20××年××月××日

（院印）

第三联　送达被决定回避人

×××人民检察院

回避决定书

××检××避〔20××〕×号

________人民法院：

根据《中华人民共和国刑事诉讼法》第__________条的规定，经________________决定，__________对__________案予以回避。

20××年××月××日

（院印）

第四联　送达人民法院

2. 制作说明

（1）本文书依据《中华人民共和国刑事诉讼法》第二十九条、第三十条、第三十一条、第三十二条的规定制作。为人民检察院决定检察人员、书记员等人员或侦查机关负责人回避时使用。

（2）驳回当事人回避申请时使用通用文书驳回申请决定书。

（3）本文书共四联，第一联统一保存备查，第二联告知申请回避人后附卷，第三联送达被决定回避人，第四联系法院庭审阶段检察人员、书记员等人回避时使用。

6.3.2 法律文书：回避复议决定书

（一）基本概念

回避复议决定书，是人民检察院对当事人及其法定代理人、辩护人、诉讼代理人不服人民检察院驳回申请回避决定而提出的复议作出复议决定时使用的法律文书。

（二）相关依据

1. 法律依据

《中华人民共和国刑事诉讼法》第三十一条第三款："对驳回申请回避的决定，当事人及其法定代理人可以申请复议一次。"

第三十二条第二款："辩护人、诉讼代理人可以依照本章的规定要求回避、申请复议。"

2. 司法解释规定

《人民检察院刑事诉讼规则》第三十二条："人民检察院作出驳回申请回避的决定后，应当告知当事人及其法定代理人如不服本决定，有权在收到驳回申请回避的决定书后五日以内向原决定机关申请复议一次。"

(三) 文书结构

本文书为三联填充式文书。

1. 第一联

本联主要用于审批程序，不附卷，由办案部门统一留存。

(1) 首部。本部分包括制作文书的人民检察院名称，需注明所在省（自治区、直辖市）的名称，不能只写地区级市、县、区院名；文书名称，即“回避复议决定书”；文书名称下方标注“（存根）”字样；文号生成格式为：“××检××避复〔20××〕×号”。

(2) 正文。依次填写：案由；犯罪嫌疑人姓名；申请复议人姓名；申请复议人与案件关系；申请复议理由；复议结果；批准人、承办人、填发人姓名；填发时间。

2. 第二、三联

第二联附卷，第三联送达申请复议人。

(1) 首部。本部分与存根内容基本相同，不同之处在于第二联文书名称下方注“（副本）”字样，第三文书名称下方无标注。

(2) 正文。抬头，文书发往对象申请复议人姓名，行文上顶格书写。

主文为填充式，模板为“你不服本院××号驳回申请回避决定要求复议的材料收悉。根据《中华人民共和国刑事诉讼法》第三十一条的规定，经复议决定……”，按照模板填充要求写明驳回申请回避决定文号，复议决定内容。

(3) 尾部。填发文书的日期，日期上加盖院印。

(四) 文书模板及制作说明

1. 文书模板

×××人民检察院

回避复议决定书

（存　根）

××检××避复〔20××〕×号

案由______

犯罪嫌疑人______

申请复议人______

申请复议人与案件关系______

申请复议理由______

复议结果______

批准人______

承办人______

填发人______

填发时间______

第一联　统一保存

×××人民检察院

回避复议决定书

（副　本）

××检××避复〔20××〕×号

______：

你不服本院______号驳回申请回避决定要求复议的材料收悉。根据《中华人民共和国刑事诉讼法》第三十一条的规定，经复议决定______。

20××年××月××日

（院印）

第二联　附卷

×××人民检察院

回避复议决定书

××检××避复〔20××〕×号

______：

你不服本院______号驳回申请回避决定要求复议的材料收悉。根据《中华人民共和国刑事诉讼法》第三十一条的规定，经复议决定______。

20××年××月××日

（院印）

第三联　送达申请复议人

2. 制作说明

（1）本文书依据《中华人民共和国刑事诉讼法》第三十一条第三款、第三十二条第二款和《人民检察院刑事诉讼规则》第三十二条的规定制作。为人民检察院复议当事人及其法定代理人、辩护人、诉讼代理人对人民检察院驳回申请回避决定不服后作出决定时使用。

（2）本文书共三联，第一联统一保存备查，第二联附卷，第三联送达申请复议人。

6.3.3　法律文书：提供法律援助通知书

（一）基本概念

提供法律援助通知书，是人民检察院办理直接受理立案侦查案件和审查起诉案件，通知法律援助机构指派律师为犯罪嫌疑人提供辩护时使用的法律文书。

（二）相关依据

《中华人民共和国刑事诉讼法》第三十五条："犯罪嫌疑人、被告人因经济困难或者其他原因没有委托辩护人的，本人及其近亲属可以向法律援助机构提出申请。对符合法律援助条件的，法律援助机构应当指派律师为其提供辩护。

犯罪嫌疑人、被告人是盲、聋、哑人，或者是尚未完全丧失辨认或者控制自己行为能力的精神病人，没有委托辩护人的，人民法院、人民检察院和公安机关应当通知法律援助机构指派律师为其提供辩护。

犯罪嫌疑人、被告人可能被判处无期徒刑、死刑，没有委托辩护人的，人民法院、人民检察院和公安机关应当通知法律援助机构指派律师为其提供辩护。"

第二百七十八条："未成年犯罪嫌疑人、被告人没有委托辩护人的，人民法院、人民检察院、公安机关应当通知法律援助机构指派律师为其提供辩护。"

（三）文书结构

本文书为四联填充式文书。

1. 第一联

（1）首部

制作单位人民检察院名称，需注明所在省（自治区、直辖市）的名称，不能只写地区级市、县、区院名；文书名称，即“提供法律援助通知书”；文书名称下方标注“（存根）”字样；文号生成格式为：“××检××援〔20××〕×号”。

（2）正文

写明案由。例如：张某某故意杀人、盗窃案。如果是单位和犯罪嫌疑人，例如：某某科技有限公司、陈某某虚假诉讼案。

案件编号。写明检察业务应用系统统一受案号。

犯罪嫌疑人。写明犯罪嫌疑人姓名、性别、出生日期。

法律援助机构。写明法律援助机构。

批准人。填写批准制作该文书的有关负责人的姓名。

承办人。填写办理案件检察官的姓名，或者有关事项承办人的姓名。

填发人。填写制作文书的人的姓名。

填发时间。填写实际制作文书的时间。

2. 第二、三联

第二联为附卷联，第三联为送法律援助机构联。

（1）首部。除第二联文书名称下方标注为“（副本）”字样，第三联文书名称下方无标注外，其余与第一联相同。

（2）正文。抬头，文书发往单位，即法律援助机构名称，写明法律援助机构全称。

主文为填充式，填写案由、犯罪嫌疑人基本信息、现羁押或者居住的信息，是否属于法律援助规定的情形（刑事诉讼法第三十五条所规定的三款情形）。填写本院联系人姓名和联系方式。模板为“本院办理的××案，犯罪嫌疑人×××（性别、出生日期），涉嫌×××罪，现羁押/居住于×××（未被羁押的，填写其住所），其属于……，符合《中华人民共和国刑事诉讼法》第三十五条第×款/第二百七十八条规定的情形，请依法指派律师为其提供辩护。”

（3）尾部。注明本院联系人姓名及联系方式。落款发文时间并在时间上加盖院印。第二联尾部需由法律援助机构收件人签名，并写明收件日期。第三联尾部需注明犯罪嫌疑人联系方式。

3. 第四联

第四联由法律援助机构退回后附卷。

（1）首部。参照前三联，文书名称下方标注“（回执）”字样。

（2）正文。抬头，发文人民检察院名称。

主文模板为“你院××××年××月××日，以×××号《提供法律援助通知书》通知本机构为×××指派法律援助律师。本中心已指派×××为该犯罪嫌疑人提供法律援助”，写明受指派提供法律援助的律师姓名。

（3）尾部。落款成文日期，加盖法律援助机构印章。注明律师联系方式。

（四）文书模板及制作说明

1. 文书模板

×××人民检察院

提供法律援助通知书

（存　根）

××检××援〔20××〕×号

案由______________________

案件编号______________________

犯罪嫌疑人____性别____出生日期______________

法律援助机构______________________

批准人______________________

承办人______________________

填发人______________________

填发时间______________________

第一联　统一保存

×××人民检察院

提供法律援助通知书

（副　本）

××检××援〔20××〕×号

________：

本院办理的__________案，犯罪嫌疑人______________（性别、出生日期）____________________，涉嫌______________罪，现羁押/居住于________________（未被羁押的，填写其住所），其属于____________________，符合《中华人民共和国刑事诉讼法》第三十五条第____款/第二百七十八条规定的情形，请依法指派律师为其提供辩护。

本院联系人姓名：

联系方式：

20××年××月××日

（院印）

本通知书已收到。

法律援助机构收件人：

20××年××月××日

第二联　附卷

×××人民检察院

提供法律援助通知书

××检××援〔20××〕×号

________：

本院办理的__________案，犯罪嫌疑人__________（性别、出生日期）______________________，涉嫌__________________罪，现羁押/居住于__________________（未被羁押的，填写其住所），其属于______________________，符合《中华人民共和国刑事诉讼法》第三十五条第________款/第二百七十八条规定的情形，请依法指派律师为其提供辩护。

本院联系人姓名：

联系方式：

20××年××月××日

（院印）

犯罪嫌疑人联系方式：

第三联　送法律援助机构

×××人民检察院

提供法律援助通知书

（回　执）

________：

你院______年____月____日，以______________号《提供法律援助通知书》通知本机构为________指派法律援助律师。本中心已指派______________为该犯罪嫌疑人提供法律援助。

20××年××月××日

（法律援助机构印章）

律师联系方式：

第四联　法律援助机构退回后附卷

2. 制作说明

（1）本文书依据《中华人民共和国刑事诉讼法》第三十五条、第二百七十八条的规定制作。在人民检察院办理直接受理立案侦查案件和审查起诉案件，通知法律援助机构指派律师为犯罪嫌疑人提供辩护时使用。

（2）填制本文书时，填写“现羁押/居住于__________”时，犯罪嫌疑人被羁押的填写羁押场所，未被羁押的填写其居住地点；填写引用的法条时，法律依据根据案件的具体情况，分别引用《中华人民共和国刑事诉讼法》第三十五条第一款、第二款、第三款或者第二百七十八条的规定。

（3）本文书共四联，第一联存根统一保存备查，第二联附卷，第三联送达法律援助机构，第四联法律援助机构回执。

6.3.4 法律文书：调取证据通知书

（一）基本概念

调取证据通知书，是人民检察院在办理刑事案件过程中，向有关单位和个人收集、调取证据时使用的法律文书。

（二）相关依据

《中华人民共和国刑事诉讼法》第五十四条第一款：“人民法院、人民检察院和公安机关有权向有关单位和个人收集、调取证据。有关单位和个人应当如实提供证据。”

（三）文书结构

本文书为四联填充式文书。第一联（存根）由业务部门统一保存，第二联（副本）附卷，第三联（正本）送交提供证据的单位或个人；第四联（回执）由提供证据的单位或个人提供证据退回后附卷。

1. 第一联

（1）首部。制作单位人民检察院名称，需注明所在省（自治区、直辖市）的名称，不能只写地区级市、县、区院名；文书名称，即“调取证据通知书”；文书名称下方标注“（存根）”字样；文号生成格式为：“××检××调证〔20××〕×号”。

（2）正文。依次写明：

案由。即该案涉嫌的罪名，如故意杀人、盗窃等。涉嫌多个罪名的则写多个案由。

涉案人基本情况。写明该案在案的涉案人姓名、性别、出生日期、公民身份号码、工作单位、住址、是否人大代表、政协委员。如涉案人人数较多，无法一一列明，写明主要的涉案人即可。

调取证据名称。参照《中华人民共和国刑事诉讼法》第五十条关于证据种类的规定结合案件实际情况填写。

证据持有人（单位）。填写证据持有人的姓名，或者证据持有单位的名称。

批准人。填写批准制作该文书的有关负责人的姓名。

承办人。填写承办检察官的姓名。

填发人。填写制作文书的人的姓名。

填发时间。填写实际制作文书的时间。

2. 第二、三联

（1）首部。除第二联文书名称下方标注“（副本）”，第三联文书名称下方无标注外，与第一联相同。

（2）正文。送达对象。填写证据持有人的姓名，或者证据持有单位的名称。

调取的证据材料。填写需要调取的证据材料的具体名称。

调取证据时间。填写需要调取的证据材料送交本院的具体时间。

（3）尾部。落款，包括日期和院印。正式用印前，要删除提示语“院印”。

第二联（副本）送达证据持有人（单位），由证据持有人或单位签名、盖章并填写日期后附卷。

3. 第四联

第四联由提供证据的单位或个人填写，由被调取证据的单位或个人如实填写并签名或盖章，连同调取的证据材料送交本院后附卷。

（四）文书模板及制作说明

1. 文书模板

×××人民检察院

调取证据通知书

（存　根）

××检××调证〔20××〕×号

案由____________________

涉案人基本情况（姓名、性别、出生日期、公民身份号码、工作单位、住址、是否人大代表、政协委员）____________________

____

____

调取证据名称____________________

证据持有人（单位）____________________

批准人____________________

承办人____________________

填发人____________________

填发时间____________________

第一联　统一保存

×××人民检察院

调取证据通知书

（副　本）

××检××调证〔20××〕×号

________：

根据《中华人民共和国刑事诉讼法》第五十四条之规定，本院需要对在你处的下列证据材料：____________________

____

____

予以调取。请将上列证据材料于______年____月____日前送交本院。

20××年××月××日

（院印）

本通知已收到。

证据持有人（单位）：

20××年××月××日

第二联　附卷

×××人民检察院

调取证据通知书

××检××调证〔20××〕×号

________：

根据《中华人民共和国刑事诉讼法》第五十四条之规定，本院需要对在你处的下列证据材料：____予以调取。请将上列证据材料于______年____月____日前送交本院。

20××年××月××日

（院印）

第三联　送交提供证据的单位或个人

×××人民检察院

调取证据通知书

（回　执）

________人民检察院：

你院____________号调取证据通知书收悉，现将____送交你院。

20××年××月××日

（签名或盖章）

第四联　由提供证据的单位或个人提供证据退回后附卷

2. 制作说明

（1）本文书依据《中华人民共和国刑事诉讼法》第五十四条第一款等规定制作。为人民检察院向有关单位和个人收集、调取证据时使用。

（2）本文书共四联，第一联统一保存备查，第二联附卷，第三联送达提供证据的单位或个人，第四联由被调取证据的单位或个人如实填写并签名或盖章退回后附卷。

6.3.5 法律文书：不予收集、调取证据决定书

（一）基本概念

不予收集、调取证据决定书，是辩护人申请人民检察院向公安机关调取有关无罪、罪轻证据或者申请人民检察院收集、调取有关证据，人民检察院决定不予收集或者调取时使用的一种法律文书。

（二）相关依据

《中华人民共和国刑事诉讼法》第四十一条："辩护人认为在侦查、审查起诉期间公安机关、人民检察院收集的证明犯罪嫌疑人、被告人无罪或者罪轻的证据材料未提交的，有权申请人民检察院、人民法院调取。"

第四十三条第一款："辩护律师经证人或者其他有关单位和个人同意，可以向他们收集与本案有关的材料，也可以申请人民检察院、人民法院收集、调取证据，或者申请人民法院通知证人出庭作证。"

（三）文书结构

本文书为三联填充式文书。

1. 第一联

本联主要用于审批程序，不附卷，由办案部门统一留存。

（1）首部。本部分包括制作文书的人民检察院名称，需注明所在省（自治区、直辖市）的名称，不能只写地区级市、县、区院名；文书名称，即"不予收集、调取证据决定书"；文书名称下方标注"（存根）"字样；文号生成格式为："××检××不调证〔20××〕×号"。

（2）正文。依次写明：

案由。即该案涉嫌的罪名，如故意杀人、盗窃等。涉嫌多个罪名的则写多个案由。

案件编号。写明检察业务应用系统统一受案号。

犯罪嫌疑人姓名。写明该案在案的犯罪嫌疑人姓名。

犯罪嫌疑人出生日期。日期应具体到年月日。犯罪嫌疑人的出生日期应当以其合法身份证件上记载的出生日期为准，没有合法身份证件的，以户籍登记中的出生日期为准。

申请人及其工作单位。填写申请收集、调取证据的辩护人姓名，其工作单位应当填写全称。

申请收集、调取证据名称或特征。填写申请人申请收集、调取证据的名称、类型、特征等信息。

批准人。填写批准制作该文书的有关负责人的姓名。

承办人。填写承办检察官的姓名。

填发人。填写制作文书的人的姓名。

填发时间。填写实际制作文书的时间。

2. 第二、三联

第二联附卷，第三联交申请人。

（1）首部。本部分与存根内容基本相同，不同之处在于第二联文书名称下方注“（副本）”字样，第三联文书名称下方无标注。

（2）正文。抬头，文书发往对象申请人姓名，行文上顶格书写。

写明申请人的姓名以及不予收集、调取证据的情形，由申请人签字后附卷。

（3）尾部。填发文书的日期，日期上加盖院印。

第二联由申请人签收，签名并填写收到日期。

（四）文书模板及制作说明

1. 文书模板

×××人民检察院

不予收集、调取证据决定书

（存　根）

××检××不调证〔20××〕×号

案由________________

案件编号________________

犯罪嫌疑人____性别____出生日期______

申请人________________

工作单位________________

申请收集、调取证据名称或特征________

批准人________________

承办人________________

填发人________________

填发时间________________

第一联　统一保存

×××人民检察院

不予收集、调取证据决定书

（副　本）

××检××不调证〔20××〕×号

________：

因存在________________________________情形，根据《中华人民共和国刑事诉讼法》第四十一条/第四十三条第一款之规定，决定对你申请收集/调取的证据不予收集/调取。

20××年××月××日

（院印）

本决定书已收到。

申请人：

年　月　日

第二联　附卷

×××人民检察院

不予收集、调取证据决定书

××检××不调证〔20××〕×号

________：

因存在________________________________情形，根据《中华人民共和国刑事诉讼法》第四十一条/第四十三条第一款之规定，决定对你申请收集/调取的证据不予收集/调取。

20××年××月××日

（院印）

第三联　交申请人

2. 制作说明

（1）本文书依据《中华人民共和国刑事诉讼法》第四十一条、第四十三条第一款的规定制作。辩护人申请人民检察院向公安机关调取有关无罪、罪轻证据或者申请人民检察院收集、调取有关证据，人民检察院决定不予收集或者调取时使用。

（2）本文书共三联，第一联存根统一保存备查，第二联附卷，第三联交申请人。

6.3.6　法律文书：辩护人/诉讼代理人申诉/控告答复书

（一）基本概念

辩护人/诉讼代理人申诉/控告答复书，是辩护人、诉讼代理人认为行使诉讼权利受到阻碍时，向人民检察院申诉或者控告，人民检察院答复时制作和使用的法律文书。

（二）相关依据

1. 法律依据

《中华人民共和国刑事诉讼法》第四十九条："辩护人、诉讼代理人认为公安机关、人民检察院、人民法院及其工作人员阻碍其依法行使诉讼权利的，有权向同级或者上一级人民检察院申诉或者控告。人民检察院对申诉或者控告应当及时进行审查，情况属实的，通知有关机关予以纠正。"

2. 司法解释规定

《人民检察院刑事诉讼规则》第五十八条："辩护人、诉讼代理人认为其依法行使诉讼权利受到阻碍向人民检察院申诉或者控告的，人民检察院应当及时受理并调查核实，在十日以内办结并书面答复。情况属实的，通知有关机关或者本院有关部门、下级人民检察院予以纠正。"

（三）文书结构

本文书为三联填充式文书。

1. 第一联

本联主要用于审批程序，不附卷，由办案部门统一留存。

（1）首部。本部分包括制作文书的人民检察院名称，需注明所在省

（自治区、直辖市）的名称，不能只写地区级市、县、区院名；文书名称，即“辩护人/诉讼代理人申诉/控告答复书”；文书名称下方标注“（存根）”字样；文号生成格式为：“××检××辩/诉复〔20××〕×号”。

（2）正文。依次写明：

案由。即该案涉嫌的罪名，如故意杀人、盗窃等。涉嫌多个罪名的则写多个案由。例如张某某故意杀人、盗窃案。

案件编号。写明检察业务应用系统统一受案号。

犯罪嫌疑人姓名，性别，出生日期。出生日期以公历（阳历）为准，除有特别说明的外，一律具体到年月日。确定犯罪嫌疑人的出生日期应当以其合法身份证件上记载的出生日期为准，没有合法身份证件的，以户籍登记中的出生日期为准。

申诉人/控告人信息。

被申诉人/控告工作单位的信息。单位名称应当填写全称，必要时在前面加上地域名称。

申诉/控告事由。

批准人。填写批准制作该文书的有关负责人的姓名。

承办人。填写办理案件检察官的姓名，或者有关事项承办人的姓名。

填发人。填写制作文书的人的姓名。

填发时间。填写实际制作文书的时间。

2. 第二、三联

第二联附卷，第三联交申诉、控告人。

（1）首部。本部分与存根内容基本相同，不同之处在于第二联文书名称下方注“（副本）”字样，第三文书名称下方无标注。

（2）正文。抬头，文书发往对象即申诉、控告人姓名，行文上顶格书写。

主文模板为“你对……存在……情形的申诉/控告已收悉。经调查，现将处理情况答复如下：……的行为，属于……（是否违反刑事诉讼法的规定以及是否已经依法通知其纠正）”，按照模板填充要求写明。

（3）尾部。填发文书的日期，日期上加盖院印。第二联记载申诉人/控告人签收信息，包括申诉人/控告人签字、申诉人/控告人填写收到日期。

（四）文书模板及制作说明

1. 文书模板

×××人民检察院

辩护人/诉讼代理人

申诉/控告答复书

（存 根）

××检××辩/诉复〔20××〕×号

案由＿＿＿＿＿＿＿＿

案件编号＿＿＿＿＿＿＿＿

犯罪嫌疑人＿＿性别＿＿出生日期＿＿

申诉人/控告人＿＿＿＿＿＿＿＿

工作单位＿＿＿＿＿＿＿＿

被申诉/控告单位＿＿＿＿＿＿＿＿

申诉/控告事由＿＿＿＿＿＿＿＿

批准人＿＿＿＿＿＿＿＿

承办人＿＿＿＿＿＿＿＿

填发人＿＿＿＿＿＿＿＿

填发时间＿＿＿＿＿＿＿＿

第一联 统一保存

×××人民检察院

辩护人/诉讼代理人

申诉/控告答复书

（副 本）

××检××辩/诉复〔20××〕×号

＿＿＿＿：

你对＿＿＿＿＿＿存在＿＿＿＿＿＿情形的申诉/控告已收悉。经调查，现将处理情况答复如下：＿＿＿＿＿＿＿＿＿＿＿＿的行为，属于＿＿＿＿＿＿（是否违反刑事诉讼法的规定以及是否已经依法通知其纠正）。

20××年××月××日

（院印）

本答复书已收到。

申诉人/控告人：

年 月 日

第二联 附卷

×××人民检察院

辩护人/诉讼代理人

申诉/控告答复书

××检刑辩/诉复〔20××〕×号

＿＿＿＿：

你对＿＿＿＿＿＿存在＿＿＿＿＿＿情形的申诉/控告已收悉。经调查，现将处理情况答复如下：＿＿＿＿＿＿＿＿＿＿＿＿的行为，属于＿＿＿＿＿＿（是否违反刑事诉讼法的规定以及是否已经依法通知其纠正）。

20××年××月××日

（院印）

第三联 交申诉人、控告人

2. 制作说明

（1）本文书依据《中华人民共和国刑事诉讼法》第四十九条，《人民检察院刑事诉讼规则》第五十八条的规定制作。辩护人、诉讼代理人认为行使诉讼权利受到阻碍向人民检察院申诉或者控告，人民检察院答复时使用。

（2）本文书共三联，第一联存根统一保存备查，第二联附卷，第三联交申诉人、控告人。

6.3.7 法律文书：取保候审决定书

（一）基本概念

取保候审决定书，是人民检察院在刑事诉讼中对未被逮捕的犯罪嫌疑人、被告人，为防止其逃避侦查、起诉和审判，责令其提出保证人或者交纳保证金，并出具保证书，保证随传随到时采取取保候审强制措施时使用的法律文书。

（二）相关依据

1. 法律依据

《中华人民共和国刑事诉讼法》第六十七条："人民法院、人民检察院和公安机关对有下列情形之一的犯罪嫌疑人、被告人，可以取保候审：

（一）可能判处管制、拘役或者独立适用附加刑的；

（二）可能判处有期徒刑以上刑罚，采取取保候审不致发生社会危险性的；

（三）患有严重疾病、生活不能自理，怀孕或者正在哺乳自己婴儿的妇女，采取取保候审不致发生社会危险性的；

（四）羁押期限届满，案件尚未办结，需要采取取保候审的。

取保候审由公安机关执行。"

第六十八条："人民法院、人民检察院和公安机关决定对犯罪嫌疑人、被告人取保候审，应当责令犯罪嫌疑人、被告人提出保证人或者交纳保证金。"

第六十九条："保证人必须符合下列条件：

（一）与本案无牵连；

（二）有能力履行保证义务；

（三）享有政治权利，人身自由未受到限制；

（四）有固定的住处和收入。"

第七十二条："取保候审的决定机关应当综合考虑保证诉讼活动正常进行的需要，被取保候审人的社会危险性，案件的性质、情节，可能判处刑罚的轻重，被取保候审人的经济状况等情况，确定保证金的数额。

提供保证金的人应当将保证金存入执行机关指定银行的专门账户。"

2. 司法解释规定

最高人民法院、最高人民检察院、公安部、国家安全部《关于取保候审若干问题的规定》第十二条："人民法院、人民检察院决定使用保证金保证的，应当责令被取保候审人在三日内向公安机关指定银行的专门账户一次性交纳保证金。"

（三）文书结构

本文书为四联填充式文书。

1. 第一联

（1）首部。制作单位人民检察院名称，需注明所在省（自治区、直辖市）的名称，不能只写地区级市、县、区院名；文书名称，即"取保候审决定书"；文书名称下方标注"（存根）"字样；文号生成格式为："××检××保〔20××〕×号"。

（2）正文。依次写明：

案由。即该案涉嫌的罪名，涉嫌多个罪名的则写多个案由。

犯罪嫌疑人基本情况。涉案人姓名、性别、年龄、公民身份号码、工作单位及职务、住址、是否人大代表、政协委员等。如果有单位的，单位名称应当填写全称，必要时在前面加上地域名称。

保证人/保证金（数额大写）。

执行机关。写明执行机关的全称。

批准人。填写批准制作该文书的有关负责人的姓名。

办案人。填写办理案件检察官的姓名，或者有关事项承办人的姓名。

填发人。填写制作文书的人的姓名。

填发时间。填写实际制作文书的时间。

2. 第二联

第二联向犯罪嫌疑人宣告后附卷。

（1）首部。第二联文书名称下方标注为“（副本）”字样。

（2）正文。主文部分填写犯罪嫌疑人姓名，所涉嫌的案由，并填入取保候审的开始日期，执行机关的全称。例如：犯罪嫌疑人张三因涉嫌盗窃，根据《中华人民共和国刑事诉讼法》第六十七条，本院决定对其取保候审，期限从2023年10月1日起算，并由×××区公安局执行。犯罪嫌疑人在取保候审期间应当遵守《中华人民共和国刑事诉讼法》第七十一条的规定。

（3）尾部。落款发文时间并在时间上加盖院印。

第二联宣告取保候审决定书后，由犯罪嫌疑人填写宣告的日期并签名；同时，进行宣告的办案人员也在宣告员栏内签署姓名。

3. 第三联

第三联送达执行机关。

（1）首部。第三联的文书名称为“取保候审执行通知书”，文书名称下方无标注，其余与前两联一致。

（2）正文。按照主文模板的填充要求，依次填写犯罪嫌疑人的姓名及涉嫌的案由，并填写取保候审的开始日期。

（3）尾部。文书发往单位，填写执行机关的全称，行文上顶格书写。

落款文书制发时间，时间上加盖院印。

备注部分填写犯罪嫌疑人的个人基本情况，包括性别、出生日期、公民身份号码、工作单位、住址及联系方式。

4. 第四联

第四联由执行机关执行后退回附卷，由执行机关填写。

（1）首部。文书名称与第三联相同，无文号，其余与前三联相同。

（2）正文。抬头，填写制发文书的检察院的全称。

主文部分填写第一联中的制发日期及文号，写明犯罪嫌疑人的姓名及取保候审的日期，并填写执行机关的全称。

（3）尾部。落款日期，并在日期上加盖执行机关公章。

如不能执行取保候审，要写清楚不能执行的原因及理由，并由执行机关的承办人签名后。

（四）文书模板及制作说明

1. 文书模板

×××人民检察院

取保候审决定书

（存　根）

××检××保〔20××〕×号

案由______________________

犯罪嫌疑人基本情况（姓名、性别、出生日期、公民身份号码、工作单位、住址、是否人大代表、政协委员）______________________

____

____

保证人/保证金（数额大写）______________________

执行机关______________________

批准人______________________

承办人______________________

填发人______________________

填发时间______________________

第一联　统一保存

×××人民检察院

取保候审决定书

（副　本）

××检××保〔20××〕×号

犯罪嫌疑人________因涉嫌__________，根据《中华人民共和国刑事诉讼法》第六十七条的规定，本院决定对其取保候审，由保证人________/由犯罪嫌疑人交纳保证金（大写）________元担保，期限从______年____月____日起算，并由__________执行。犯罪嫌疑人在取保候审期间应当遵守《中华人民共和国刑事诉讼法》第七十一条的规定。

20××年××月××日

（院印）

此决定已于______年____月____日向我宣布。

犯罪嫌疑人：__________

宣告人：__________

第二联　向犯罪嫌疑人宣告后附卷

×××人民检察院

取保候审执行通知书

××检××保〔20××〕×号

犯罪嫌疑人__________因涉嫌__________，根据《中华人民共和国刑事诉讼法》第六十七条的规定，本院决定对其取保候审，保证人__________已向本院出具保证书/犯罪嫌疑人已交纳保证金（大写）__________元，期限从______年____月____日起算。

此致

____

20××年××月××日

（院印）

注：犯罪嫌疑人__________性别______出生日期__________

公民身份号码__________工作单位__________

住址__________联系方式__________

第三联 送达执行机关

×××人民检察院

取保候审执行通知书

（回 执）

________人民检察院：

你院______年____月____日以__________号取保候审决定书决定取保候审的犯罪嫌疑人________已于______年____月____日，由__________执行取保候审。

特此通知

未能执行取保候审的原因：

承办人：

20××年××月××日

（公章）

第四联 执行机关执行后退回附卷

2. 制作说明

（1）本文书依据《中华人民共和国刑事诉讼法》第六十七条的规定制作。为人民检察院对犯罪嫌疑人依法决定取保候审时使用。

（2）本文书应当向犯罪嫌疑人宣告，并由其签名或盖章，同时，宣读并责令其遵守《中华人民共和国刑事诉讼法》第七十一条的规定，告知其违反规定应负的法律责任。

（3）本文书共四联，第一联统一保存备查，第二联向被取保候审人宣告后附卷，第三联送达执行机关，第四联执行机关退回后附卷。未能执行取保候审的，应当在回执中注明原因，并由执行机关承办人签名。送达本文书第三联时，告知执行机关在拟批准犯罪嫌疑人离开所居住的市、县之前，应当征得人民检察院同意。

6.3.8 法律文书：被取保候审人义务告知书

（一）基本概念

被取保候审人义务告知书，是人民检察院对犯罪嫌疑人依法采取取保候审，告知被取保候审人应当遵守的义务时使用的法律文书。

（二）相关依据

《中华人民共和国刑事诉讼法》第七十一条："被取保候审的犯罪嫌疑人、被告人应当遵守以下规定：

（一）未经执行机关批准不得离开所居住的市、县；

（二）住址、工作单位和联系方式发生变动的，在二十四小时以内向执行机关报告；

（三）在传讯的时候及时到案；

（四）不得以任何形式干扰证人作证；

（五）不得毁灭、伪造证据或者串供。

人民法院、人民检察院和公安机关可以根据案件情况，责令被取保候审的犯罪嫌疑人、被告人遵守以下一项或者多项规定：

（一）不得进入特定的场所；

（二）不得与特定的人员会见或者通信；

（三）不得从事特定的活动；

（四）将护照等出入境证件、驾驶证件交执行机关保存。

被取保候审的犯罪嫌疑人、被告人违反前两款规定，已交纳保证金的，没收部分或者全部保证金，并且区别情形，责令犯罪嫌疑人、被告人具结悔过，重新交纳保证金、提出保证人，或者监视居住、予以逮捕。

对违反取保候审规定，需要予以逮捕的，可以对犯罪嫌疑人、被告人先行拘留。”

（三）文书结构

1. 首部

标题需注明所在省（自治区、直辖市）的名称，不能只写地区级市、县、区院名。文书名称，即“被取保候审人义务告知书”，该文书无文号。

2. 正文

决定取保候审时，可以根据案件情况责令被取保候审人不得进入有关“特定的场所”；决定取保候审时，可以根据案件情况责令被取保候审人不得与有关“特定的人员”会见或者通信；决定取保候审时，可以根据案件情况责令被取保候审人不得从事有关“特定的活动”。

在宣布取保候审时，应当将此文书连同取保候审决定书一并送达。

3. 尾部

被取保候审人在收到本文书后应该签名或者盖章。

（四）文书模板及制作说明

1. 文书模板

×××人民检察院

被取保候审人义务告知书

根据《中华人民共和国刑事诉讼法》第七十一条第一款的规定，被取保候审人在取保候审期间应当遵守以下规定：

（一）未经执行机关批准不得离开所居住的市、县；

（二）住址、工作单位和联系方式发生变动的，在二十四小时以内向执行机关报告；

（三）在传讯的时候及时到案；

（四）不得以任何形式干扰证人作证；

（五）不得毁灭、伪造证据或者串供。

根据《中华人民共和国刑事诉讼法》第七十一条第二款的规定，被取保候审人还应遵守以下规定：

（一）不得进入____________________等场所；

（二）不得_______________________与会见或者通信；

（三）不得从事____________________等活动；

（四）将_________________________证件交执行机关保存。

被取保候审人在取保候审期间违反上述规定，已交纳保证金的，由公安机关没收部分或者全部保证金，并且区别情形，责令被取保候审人具结悔过，重新交纳保证金、提出保证人，或者监视居住、予以逮捕。

本告知书已收到。

被取保候审人：

20××年××月××日

一式四份，一份附卷，一份交被取保候审人，一份交执行机关，一份交保证人（犯罪嫌疑人提出保证人予以取保候审时适用）。

2. 制作说明

（1）本文书依据《中华人民共和国刑事诉讼法》第七十一条的规定制作。为人民检察院对犯罪嫌疑人依法采取取保候审，告知被取保候审人应当遵守的义务时使用。

（2）在宣布取保候审时，应当将此文书连同取保候审决定书一并送达。被取保候审人在收到本文书后应该签名或者盖章。

（3）本文书一式四份，一份附卷，一份交被取保候审人，一份交执行机关，一份交保证人（犯罪嫌疑人提出保证人予以取保候审时适用）。

6.3.9　法律文书：保证书

（一）基本概念

保证书，是人民检察院对犯罪嫌疑人依法采取取保候审，保证人向人民检察院保证履行保证义务时使用的法律文书。

（二）相关依据

《中华人民共和国刑事诉讼法》第六十八条："人民法院、人民检察院和公安机关决定对犯罪嫌疑人、被告人取保候审，应当责令犯罪嫌疑人、被告人提出保证人或者交纳保证金。"

第七十条："保证人应当履行以下义务：

（一）监督被保证人遵守本法第七十一条的规定；

（二）发现被保证人可能发生或者已经发生违反本法第七十一条规定的行为的，应当及时向执行机关报告。

被保证人有违反本法第七十一条规定的行为，保证人未履行保证义务的，对保证人处以罚款，构成犯罪的，依法追究刑事责任。"

（三）文书结构

本文书共四联，第一联统一保存备查，第二联附卷，第三联送达执行机关，第四联送达保证人。

1. 第一联

（1）首部。本部分包括制作文书的人民检察院名称，需注明所在省（自治区、直辖市）的名称，不能只写地区级市、县、区院名；文书名称，即"保证书"；文书名称下方标注"（存根）"字样；文号生成格式为："××检××保书〔20××〕×号"。

（2）正文。依次写明：

案由，即该案涉嫌的罪名，如故意杀人、盗窃等。涉嫌多个罪名的则写多个案由。例如：张某某故意杀人、盗窃案。

犯罪嫌疑人基本情况。犯罪嫌疑人姓名及身份证信息。

保证人基本信息。如实填写。

与犯罪嫌疑人关系。按保证人提供的信息如实填写。

保证日期。按照保证人签字确认日期填写。

批准人。填写批准制作该文书的有关负责人的姓名。

办案人。填写办理案件检察官的姓名，或者有关事项承办人的姓名。

填发人。填写制作文书的人的姓名。

填发时间。填写实际制作文书的日期。

2. 第二联

(1) 首部。文书名称下方标注“（副本）”字样，其余与第一联相同。

(2) 正文。保证人住址、公民身份号码、工作单位、与被保证人的关系等相关信息，由保证人如实填写。向人民检察院承诺自愿作出保证，并承担相应法律责任。

(3) 尾部。由保证人签字确认，日期按签收日期填写。同时注明保证人联系方式。

3. 第三联

文书结构、内容与第二联一致。

4. 第四联

文书结构、内容与第二联一致。

附件注明《中华人民共和国刑事诉讼法》第七十条、第七十一条。

(四) 文书模板及制作说明

1. 文书模板

保证书

（存　根）

××检××保书〔20××〕×号

案由______

犯罪嫌疑人______

保证人______公民身份号码______

住址______

与犯罪嫌疑人关系______

保证日期______

批准人______

承办人______

填发人______

填发时间______

第一联　统一保存

保证书

（副　本）

××检××保书〔20××〕×号

我住在______，公民身份号码______，在______工作，与被保证人______是______关系，我于______年____月____日向______人民检察院自愿做如下保证：

严格履行《中华人民共和国刑事诉讼法》第七十条规定的义务，监督被保证人遵守《中华人民共和国刑事诉讼法》第七十一条的规定。

本人未履行保证义务的，愿承担法律责任。

此致

______人民检察院

保证人：______

20××年××月××日

保证人联系方式______

第二联　附卷

保证书

××检××保书〔20××〕×号

我住在________，公民身份号码________________，在________工作，与被保证人________是________关系，我于____年___月___日向________人民检察院自愿做如下保证：

严格履行《中华人民共和国刑事诉讼法》第七十条规定的义务，监督被保证人遵守《中华人民共和国刑事诉讼法》第七十一条的规定。

本人未履行保证义务的，愿承担法律责任。

此致

______人民检察院

保证人：______

20××年××月××日

保证人联系方式__________

第三联　送执行机关

保证书

××检××保书〔20××〕×号

我住在________，公民身份号码________________，在________工作，与被保证人________是________关系，我于____年___月___日向________人民检察院自愿做如下保证：

严格履行《中华人民共和国刑事诉讼法》第七十条规定的义务，监督被保证人遵守《中华人民共和国刑事诉讼法》第七十一条的规定。

本人未履行保证义务的，愿承担法律责任。

此致

______人民检察院

保证人：______

20××年××月××日

附件：《中华人民共和国刑事诉讼法》第七十条、第七十一条

第四联　送达保证人

2. 制作说明

（1）本文书依据《中华人民共和国刑事诉讼法》第六十八条、第七十条的规定制作。是人民检察院对犯罪嫌疑人依法采取取保候审，保证人向人民检察院保证履行保证义务时使用。

（2）使用本文书时应向保证人告知其应履行的义务。保证人保证承担法律规定的义务后，应当在保证书上签名或者盖章。人民检察院应当将保证人的身份证复印件附卷。

（3）本文书共四联，第一联统一保存备查，第二联附卷，第三联送达执行机关，第四联送达保证人。

6.3.10　法律文书：解除取保候审决定书、通知书

（一）基本概念

解除取保候审决定书、通知书，是人民检察院对犯罪嫌疑人依法解除取保候审，对被取保候审人解除取保候审强制措施时适用的法律文书。

（二）相关依据

《中华人民共和国刑事诉讼法》第七十一条："被取保候审的犯罪嫌疑人、被告人应当遵守以下规定：

（一）未经执行机关批准不得离开所居住的市、县；

（二）住址、工作单位和联系方式发生变动的，在二十四小时以内向执行机关报告；

（三）在传讯的时候及时到案；

（四）不得以任何形式干扰证人作证；

（五）不得毁灭、伪造证据或者串供。

人民法院、人民检察院和公安机关可以根据案件情况，责令被取保候审的犯罪嫌疑人、被告人遵守以下一项或者多项规定：

（一）不得进入特定的场所；

（二）不得与特定的人员会见或者通信；

（三）不得从事特定的活动；

（四）将护照等出入境证件、驾驶证件交执行机关保存。

被取保候审的犯罪嫌疑人、被告人违反前两款规定，已交纳保证金的，没收部分或者全部保证金，并且区别情形，责令犯罪嫌疑人、被告人具结悔过，重新交纳保证金、提出保证人，或者监视居住、予以逮捕。

对违反取保候审规定，需要予以逮捕的，可以对犯罪嫌疑人、被告人先行拘留。”

第七十三条：“犯罪嫌疑人、被告人在取保候审期间未违反本法第七十一条规定的，取保候审结束的时候，凭解除取保候审的通知或者有关法律文书到银行领取退还的保证金。”

第七十九条：“人民法院、人民检察院和公安机关对犯罪嫌疑人、被告人取保候审最长不得超过十二个月，监视居住最长不得超过六个月。

在取保候审、监视居住期间，不得中断对案件的侦查、起诉和审理。对于发现不应当追究刑事责任或者取保候审、监视居住期限届满的，应当及时解除取保候审、监视居住。解除取保候审、监视居住，应当及时通知被取保候审、监视居住人和有关单位。”

第九十九条：“人民法院、人民检察院或者公安机关对被采取强制措施法定期限届满的犯罪嫌疑人、被告人，应当予以释放、解除取保候审、监视居住或者依法变更强制措施。犯罪嫌疑人、被告人及其法定代理人、近亲属或者辩护人对于人民法院、人民检察院或者公安机关采取强制措施法定期限届满的，有权要求解除强制措施。”

（三）文书结构

本文书共六联，第一联为存根，统一保存备查；第二联附卷；第三联送达犯罪嫌疑人；第四联送达保证人；第五联送达执行机关；第六联为执行回执，由执行机关退回后附卷。

1. 第一联

（1）首部。本部分包括制作文书的人民检察院名称，需注明所在省（自治区、直辖市）的名称，不能只写地区级市、县、区院名；文书名称，即“解除取保候审决定书”；文书名称下方标注“（存根）”字样；文号生成格式为：“××检××解保〔20××〕×号”。

(2) 正文。依次写明:

案由。即该案涉嫌的罪名，涉嫌多个罪名的则写多个案由。

犯罪嫌疑人基本情况。涉案人姓名、性别、出生日期、公民身份号码、工作单位及职务、住址、是否人大代表、政协委员等。如果有单位的，单位名称应当填写全称，必要时在前面加上地域名称。

解除原因。写明解除取保候审的理由。

解除时间。写明解除取保候审的日期。

批准人。填写批准制作该文书的有关负责人的姓名。

承办人。填写办理案件检察官的姓名，或者有关事项承办人的姓名。

填发人。填写制作文书的人的姓名。

填发时间。填写实际制作文书的日期。

2. 第二联

(1) 首部。除文书名称下方标注“(副本)”字样，与第一联相同。

(2) 正文。抬头，填写犯罪嫌疑人的姓名。

主文划线部分填写解除取保候审的原因。

(3) 尾部。落款成文日期，日期上加盖院印。

被取保候审人在收到解除取保候审决定书后，填写姓名及收到文书的日期。

3. 第三联

除文书名称下方无标注外，与第二联一致。

4. 第四联

除文书名称下方无标注外，与第二联一致。

5. 第五联

(1) 首部。文书名称为“解除取保候审通知书”。

(2) 正文。下划线内填写解除取保候审的理由，后填写被取保候审人的姓名。

(3) 尾部。“此致”下方下划线填写解除取保候审的执行机关的全称。

落款成文日期，日期上加盖院印。

6. 第六联

本联执行机关退回后附卷，由执行机关填写。

（1）首部。文书名称下方标注“（回执）”字样，本联无文号，其余与第五联一致。

（2）正文。抬头，填写制发文书的检察院的全称。

横线部分依次填写第一联中的文号、犯罪嫌疑人的姓名。

（3）尾部。落款成文日期，日期上加盖执行机关单位公章。

（四）文书模板及制作说明

1. 文书模板

×××人民检察院

解除取保候审决定书

（存　根）

____

××检××解保〔20××〕×号

案由______________________________

犯罪嫌疑人基本情况（姓名、性别、出生日期、公民身份号码、工作单位、住址、是否人大代表、政协委员）______________________________

____

解除原因______________________________

解除时间______________________________

批准人______________________________

承办人______________________________

填发人______________________________

填发时间______________________________

第一联　统一保存

×××人民检察院

解除取保候审决定书

（副　本）

____

××检××解保〔20××〕×号

________：

因________________，本院根据《中华人民共和国刑事诉讼法》第七十九条的规定，决定解除对你的取保候审措施。

20××年××月××日

（院印）

本决定书已收到。

被取保候审人：

20××年××月××日

第二联　附卷

×××人民检察院

解除取保候审决定书

____

××检××解保〔20××〕×号

________：

因________________，本院根据《中华人民共和国刑事诉讼法》第七十九条的规定，决定解除对你的取保候审措施。

20××年××月××日

（院印）

第三联　送达犯罪嫌疑人

×××人民检察院

解除取保候审决定书

××检××解保〔20××〕×号

________：

本院于________年______月______日以____________号取保候审决定书决定取保候审的犯罪嫌疑人____________（现住____________），因______________，现决定解除对其取保候审措施。

特此通知

20××年××月××日

（院印）

第四联　送达保证人

×××人民检察院

解除取保候审通知书

××检××解保〔20××〕×号

本院于________年______月______日以____________号取保候审决定书决定取保候审的犯罪嫌疑人____________（现住________），因________，现决定解除对其取保候审措施。犯罪嫌疑人已交纳保证金（大写）__________元，请予以退还。

此致

____

20××年××月××日

（院印）

第五联　送达执行机关

×××人民检察院

解除取保候审通知书

（回　执）

________人民检察院：

你院__________号解除取保候审决定书收悉。现已对犯罪嫌疑人________解除取保候审措施。

此复

20××年××月××日

（单位公章）

第六联　执行机关退回后附卷

2. 制作说明

（1）本文书依据《中华人民共和国刑事诉讼法》第七十九条第二款、第九十九条的规定制作。为人民检察院对于有《中华人民共和国刑事诉讼法》第十六条规定情形或没有犯罪事实，不应当追究刑事责任而撤销案件，或取保候审期限届满的犯罪嫌疑人，解除取保候审措施时使用。

（2）使用本文书时，犯罪嫌疑人有保证人的应通知保证人解除担保义务；犯罪嫌疑人在取保候审期间没有违反《中华人民共和国刑事诉讼法》第七十一条规定的，应当通知执行机关退还保证金。对犯罪嫌疑人作出不起诉决定的，强制措施自动解除，不需要另行制作本文书。

（3）本文书共六联，第一联统一保存备查，第二联附卷，第三联送达犯罪嫌疑人，第四联送达保证人，第五联送达执行机关，第六联执行机关退回后附卷。

6.3.11　法律文书：监视居住决定书

（一）基本概念

监视居住决定书，是人民检察院依法对犯罪嫌疑人决定监视居住（不包括指定居所监视居住）时使用的法律文书。

（二）相关依据

《中华人民共和国刑事诉讼法》第七十四条："人民法院、人民检察院和公安机关对符合逮捕条件，有下列情形之一的犯罪嫌疑人、被告人，可以监视居住：

（一）患有严重疾病、生活不能自理的；

（二）怀孕或者正在哺乳自己婴儿的妇女；

（三）系生活不能自理的人的唯一扶养人；

（四）因为案件的特殊情况或者办理案件的需要，采取监视居住措施更为适宜的；

（五）羁押期限届满，案件尚未办结，需要采取监视居住措施的。

对符合取保候审条件，但犯罪嫌疑人、被告人不能提出保证人，也不交纳保证金的，可以监视居住。

监视居住由公安机关执行。”

第七十五条第一款：“监视居住应当在犯罪嫌疑人、被告人的住处执行；无固定住处的，可以在指定的居所执行。对于涉嫌危害国家安全犯罪、恐怖活动犯罪，在住处执行可能有碍侦查的，经上一级公安机关批准，也可以在指定的居所执行。但是，不得在羁押场所、专门的办案场所执行。”

（三）文书结构

本文书共四联，第一联统一保存备查，第二联向犯罪嫌疑人宣告后附卷，第三联送达执行机关，第四联执行机关退回后附卷。

1. 第一联

（1）首部。本部分包括制作文书的人民检察院名称，需注明所在省（自治区、直辖市）的名称，不能只写地区级市、县、区院名；文书名称，即“监视居住决定书”；文书名称下方标注“（存根）”字样；文号生成格式为：“××检××监〔20××〕×号”。

（2）正文。依次写明：

案由。即该案涉嫌的罪名，如故意杀人、盗窃等。涉嫌多个罪名的则写多个案由。例如：张某某故意杀人、盗窃案。如果是单位和犯罪嫌疑人，例如：广西某某科技有限公司、陈某某虚假诉讼案。

犯罪嫌疑人基本情况。涉案人姓名、性别、出生日期、公民身份号码、工作单位及职务、住址、是否人大代表、政协委员等。如果有单位的，单位名称应当填写全称，必要时在前面加上地域名称。

监视居住原因。写清楚监视居住的理由。

监视居住地点。写清楚监视居住地点所在的详细地址。

起算时间。写明监视居住开始的日期。

执行机关。写明执行机关的全称。

批准人。填写批准制作该文书的有关负责人的姓名。

办案人。填写办理案件检察官的姓名，或者有关事项承办人的姓名。

填发人。填写制作文书的人的姓名。

填发时间。填写实际制作文书的时间。

2. 第二联

（1）首部。除文书名称下方标注“（副本）”字样，与第一联相同。

（2）正文。按照模板要求填写犯罪嫌疑人姓名，所涉嫌的案由，并填入监视居住的开始日期，执行机关的全称。例如：犯罪嫌疑人张三因涉嫌盗窃，根据《中华人民共和国刑事诉讼法》第七十四条，本院决定对其监视居住，期限从2023年10月1日起算，并由×××区公安局执行。犯罪嫌疑人在监视居住期间应当遵守《中华人民共和国刑事诉讼法》第七十七条的规定。

（3）尾部。落款文书制发日期，日期上加盖院印。

宣告监视居住决定书后，由犯罪嫌疑人填写宣告的日期并签名；同时，进行宣告的办案人员也在宣告员栏内签署姓名。

3. 第三联

（1）首部。文书名称为“监视居住执行通知书”，文号与第一、二联相同。

（2）正文。按照模板在横线处填写犯罪嫌疑人的姓名及涉嫌的案由，并填写监视居住的开始日期。

（3）尾部。此致，填写执行机关的全称。

填写犯罪嫌疑人的个人基本情况，包括性别、出生日期、公民身份号码、工作单位、住址及联系方式。

落款文书制发日期，日期上加盖院印。

4. 第四联

本联由执行机关退回后附卷，相关内容由执行机关填写。

（1）首部。本联首部与第三联一致，文书名称“监视居住执行通知书”下方标注“（回执）”字样。

（2）正文。抬头，填写制发文书的检察院的全称。

主文模板横线除填写第一联中的制发日期及文号，写明犯罪嫌疑人的姓名及监视居住的日期，并填写执行机关的全称。

如不能执行监视居住，要写清楚不能执行的原因及理由，并由执行机关的承办人签名。

（3）尾部。落款文书成文日期，并加盖执行机关单位公章。

（四）文书模板及制作说明

1. 文书模板

×××人民检察院

监视居住决定书

（存　根）

××检××监〔20××〕×号

案由＿＿＿＿＿＿＿＿＿＿

犯罪嫌疑人基本情况（姓名、性别、出生日期、公民身份号码、工作单位、住址、是否人大代表、政协委员）＿＿＿＿＿＿＿＿＿＿

监视居住原因＿＿＿＿＿＿＿＿＿＿

监视居住地点＿＿＿＿＿＿＿＿＿＿

起算时间＿＿＿＿＿＿＿＿＿＿

执行机关＿＿＿＿＿＿＿＿＿＿

批准人＿＿＿＿＿＿＿＿＿＿

办案人＿＿＿＿＿＿＿＿＿＿

填发人＿＿＿＿＿＿＿＿＿＿

填发时间＿＿＿＿＿＿＿＿＿＿

第一联　统一保存

×××人民检察院

监视居住决定书

（副　本）

××检××监〔20××〕×号

犯罪嫌疑人＿＿＿＿＿＿因涉嫌＿＿＿＿＿＿，根据《中华人民共和国刑事诉讼法》第七十四条，本院决定对其监视居住，期限从＿＿＿年＿＿月＿＿日起算，并由＿＿＿＿＿＿执行。犯罪嫌疑人在监视居住期间应当遵守《中华人民共和国刑事诉讼法》第七十七条的规定。

20××年××月××日

（院印）

此决定已于＿＿＿＿年＿＿月＿＿日向我宣布。

犯罪嫌疑人：＿＿＿＿

宣告人：＿＿＿＿

第二联　向犯罪嫌疑人宣告后附卷

××人民检察院

监视居住执行通知书

××检××监〔20××〕×号

犯罪嫌疑人______因涉嫌______，根据《中华人民共和国刑事诉讼法》第七十四条，本院决定对其监视居住，期限从____年___月___日起算。特通知你单位执行。

此致

______

20××年××月××日

（院印）

注：犯罪嫌疑人______性别___出生日期______

公民身份号码______工作单位______

住址______联系方式______

第三联 送达执行机关

××人民检察院

监视居住执行通知书

（回 执）

______人民检察院：

你院____年___月___日以______号监视居住决定书决定监视居住的犯罪嫌疑人______已于____年___月___日，由______执行监视居住。

特此通知

未能执行监视居住的原因：

承办人：

20××年××月××日

（单位公章）

第四联 执行机关退回后附卷

2. 制作说明

（1）本文书依据《中华人民共和国刑事诉讼法》第七十四条、第七十五条第一款的规定制作。是人民检察院依法对犯罪嫌疑人决定监视居住（不包括指定居所监视居住）时使用。

（2）向犯罪嫌疑人宣读本文书时应告知其《中华人民共和国刑事诉讼法》第七十七条的规定，由犯罪嫌疑人签名或者盖章。监视居住由公安机关执行。送达本文书第三联时，应告知执行机关在拟批准犯罪嫌疑人离开住处或会见其他人员之前，应当征得人民检察院同意。

（3）对犯罪嫌疑人由拘留或者逮捕变更为监视居住的，除制作本文书外，还应同时制作决定释放通知书通知看守所。

（4）本文书共四联，第一联统一保存备查，第二联向犯罪嫌疑人宣告后附卷，第三联送达执行机关，第四联执行机关退回后附卷。

6.3.12　法律文书：指定居所监视居住决定书

（一）基本概念

指定居所监视居住决定书，是人民检察院依法对犯罪嫌疑人决定指定居所监视居住时所使用的法律文书。

（二）相关依据

《中华人民共和国刑事诉讼法》第七十四条：“人民法院、人民检察院和公安机关对符合逮捕条件，有下列情形之一的犯罪嫌疑人、被告人，可以监视居住：

（一）患有严重疾病、生活不能自理的；

（二）怀孕或者正在哺乳自己婴儿的妇女；

（三）系生活不能自理的人的唯一扶养人；

（四）因为案件的特殊情况或者办理案件的需要，采取监视居住措施更为适宜的；

（五）羁押期限届满，案件尚未办结，需要采取监视居住措施的。

对符合取保候审条件，但犯罪嫌疑人、被告人不能提出保证人，也不交纳保证金的，可以监视居住。

监视居住由公安机关执行。”

第七十五条第一款：“监视居住应当在犯罪嫌疑人、被告人的住处执行；无固定住处的，可以在指定的居所执行。对于涉嫌危害国家安全犯罪、恐怖活动犯罪，在住处执行可能有碍侦查的，经上一级公安机关批准，也可以在指定的居所执行。但是，不得在羁押场所、专门的办案场所执行。”

（三）文书结构

本文书共四联，第一联统一保存备查，第二联向犯罪嫌疑人宣告后附卷，第三联送达执行机关，第四联执行机关退回后附卷。

1. 第一联

（1）首部。本部分包括制作文书的人民检察院名称，需注明所在省（自治区、直辖市）的名称，不能只写地区级市、县、区院名；文书名称，即“指定居所监视居住决定书”；文书名称下方标注“（存根）”字样；文号生成格式为：“××检××指监〔20××〕×号”。

（2）正文。依次写明：

案由。即该案涉嫌的罪名，涉嫌多个罪名的则写多个案由。

犯罪嫌疑人基本情况。涉案人姓名、性别、出生日期、公民身份号码、工作单位及职务、住址、是否人大代表、政协委员等。如果有单位的，单位名称应当填写全称，必要时在前面加上地域名称。

指定居所监视居住原因。写清楚监视居住的理由。

指定居所监视居住地点。写清楚监视居住地点所在的详细地址。

起算时间。写明指定居所监视居住开始的日期。

执行机关。写明执行机关的全称。

批准人。填写批准制作该文书的有关负责人的姓名。

办案人。填写办理案件检察官的姓名，或者有关事项承办人的姓名。

填发人。填写制作文书的人的姓名。

填发时间。填写实际制作文书的时间。

2. 第二联

（1）首部。除文书名称下方标注“（副本）”字样，与第一联相同。

（2）正文。按照模板要求填写犯罪嫌疑人姓名，所涉嫌的案由，并填入指定居所监视居住的开始日期，执行机关的全称。

（3）尾部。落款文书制发日期，日期上加盖院印。

宣告指定居所监视居住决定书后，由犯罪嫌疑人填写宣告的日期并签名；同时，进行宣告的办案人员也在宣告人栏内签署姓名。

3. 第三联

（1）首部。文书名称为“指定居所监视居住执行通知书”，文号与第一、二联相同。

（2）正文。按照模板在横线处填写犯罪嫌疑人的姓名及涉嫌的案由，并填写指定居所监视居住的开始日期。

（3）尾部。此致，填写执行机关的全称。

填写犯罪嫌疑人的个人基本情况，包括性别、出生日期、公民身份号码、工作单位、住址及联系方式。

落款文书制发日期，日期上加盖院印。

4. 第四联

本联由执行机关退回后附卷，相关内容由执行机关填写。

（1）首部。本联首部与第三联一致，文书名称“指定居所监视居住执行通知书”下方标注“（回执）”字样。

（2）正文。抬头，填写制发文书的检察院的全称。

主文模板横线除填写第一联中的制发日期及文号，写明犯罪嫌疑人的姓名及指定居所监视居住的日期，并填写执行机关的全称。

如不能执行指定居所监视居住，要写清楚不能执行的原因及理由，并由执行机关的承办人签名。

（3）尾部。落款文书成文日期，并加盖执行机关单位公章。

（四）文书模板及制作说明

1. 文书模板

××× 人民检察院

指定居所监视居住决定书

（存　根）

××检××指监〔20××〕×号

案由__________

犯罪嫌疑人基本情况（姓名、性别、出生日期、公民身份号码、工作单位、住址、是否人大代表、政协委员）__________

____

____

指定居所监视居住原因__________

指定居所地点__________

起算时间__________

办案单位__________

执行机关__________

批准人__________

办案人__________

填发人__________

填发时间__________

第一联　统一保存

××× 人民检察院

指定居所监视居住决定书

（副　本）

××检××指监〔20××〕×号

根据《中华人民共和国刑事诉讼法》第七十四条、第七十五条之规定，本院决定对涉嫌______的犯罪嫌疑人______指定居所监视居住，期限从______年____月____日起算，并由______执行。犯罪嫌疑人在监视居住期间应当遵守《中华人民共和国刑事诉讼法》第七十七条的规定。

20××年××月××日

（院印）

此决定已于____年____月____日向我宣布。

犯罪嫌疑人：______

宣告人：______

第二联　向犯罪嫌疑人宣告后附卷

×××人民检察院

指定居所监视居住执行通知书

××检××指监〔20××〕×号

犯罪嫌疑人________因涉嫌________，根据《中华人民共和国刑事诉讼法》第七十四条、第七十五条，本院决定对其指定居所监视居住，期限从______年____月____日起算。特通知你单位执行。

此致

____

20××年××月××日

（院印）

注：犯罪嫌疑人______________性别______出生日期____________

公民身份号码______________工作单位______________

住址________________________联系方式______________

第三联　送达执行机关

×××人民检察院

指定居所监视居住执行通知书

（回　执）

________人民检察院：

你院______年____月____日以__________号指定居所监视居住决定书决定指定居所监视居住的犯罪嫌疑人________已于______年____月____日，由______________执行指定居所监视居住。

特此通知

未能执行指定居所监视居住的原因：

承办人：

20××年××月××日

（单位公章）

第四联　执行机关退回后附卷

2. 制作说明

（1）本文书依据《中华人民共和国刑事诉讼法》第七十四条、第七十五条第一款的规定制作。为人民检察院依法对犯罪嫌疑人决定指定居所监视居住时使用。

（2）向犯罪嫌疑人宣读本文书时应告知其《中华人民共和国刑事诉讼法》第七十七条的规定，由犯罪嫌疑人签名或者盖章。指定居所监视居住由公安机关执行。送达本文书第四联时，告知执行机关在拟批准犯罪嫌疑人离开居所或会见其他人员之前，应当征得人民检察院同意。

（3）本文书共四联，第一联统一保存备查，第二联向犯罪嫌疑人宣告后附卷，第三联送达执行机关，第四联执行机关退回后由办案单位附卷。

6.3.13　法律文书：指定居所监视居住通知书

（一）基本概念

指定居所监视居住通知书，是人民检察院对犯罪嫌疑人采取指定居所监视居住后，通知其家属时制作和使用的法律文书。

（二）相关依据

《中华人民共和国刑事诉讼法》第七十五条第二款："指定居所监视居住的，除无法通知的以外，应当在执行监视居住后二十四小时以内，通知被监视居住人的家属。"

（三）文书结构

本文书为三联填充式文书。

1. 第一联

本联主要用于审批程序，不附卷，由办案部门统一留存。

（1）首部。本部分包括制作文书的人民检察院名称，需注明所在省（自治区、直辖市）的名称，不能只写地区级市、县、区院名；文书名称，即"指定居所监视居住通知书"；文书名称下方标注"（存根）"字样；文号生成格式为："××检××指监通〔20××〕×号"。

（2）正文。依次写明：

案由。即该案涉嫌的罪名，如故意杀人、盗窃等。涉嫌多个罪名的则写多个案由。

犯罪嫌疑人基本情况。写明需要指定监视居住的犯罪嫌疑人姓名、性别、出生日期、公民身份号码、工作单位、住址、是否人大代表、政协委员等情况。如有多个犯罪嫌疑人需要指定监视居住，应当每一个犯罪嫌疑人填写一份。

指定监视居住的原因。参照《中华人民共和国刑事诉讼法》第七十四条规定的五种情形填写。

指定居所地点。填写经上一级公安机关批准的指定的居所所在的地点。

家属姓名。填写犯罪嫌疑人家属的名字。

地址。填写犯罪嫌疑人家属经常居住地的详细地址。

批准机关。填写批准制作该文书的单位。

办案人。填写承办检察官的姓名。

办案单位。填写承办案件的检察院。

填发人。填写制作文书的人的姓名。

填发时间。填写实际制作文书的时间。

2. 第二、三联

（1）首部。制作单位，文书名称，文书编号同第一联。

（2）正文。包括以下内容：

送达对象。填写犯罪嫌疑人家属的姓名。

主文部分。填写犯罪嫌疑人的姓名及涉嫌的罪名，后填入指定监视居住决定书的文号，写明指定监视居住决定书中注明的指定监视居住开始的日期。

第二联还应当写明犯罪嫌疑人家属的姓名和详细住址。

（3）尾部。落款，填写文书制作日期，并加盖制作单位的印章。

因无法通知的情形不能在二十四小时内通知的，应当写明原因。填写办案人员的姓名及无法通知犯罪嫌疑人家属的日期。

（四）文书模板及制作说明

1. 文书模板

×××人民检察院

指定居所监视居住通知书

（存　根）

××检××指监通〔20××〕×号

案由＿＿＿＿＿＿＿＿

犯罪嫌疑人基本情况（姓名、性别、出生日期、公民身份号码、工作单位、住址、是否人大代表、政协委员）＿＿＿＿＿＿＿＿

指定居所监视居住原因＿＿＿＿＿＿＿＿

指定居所地点＿＿＿＿＿＿＿＿

家属姓名＿＿＿＿＿＿＿＿

地址＿＿＿＿＿＿＿＿

批准机关＿＿＿＿＿＿＿＿

办案人＿＿＿＿＿＿＿＿

办案单位＿＿＿＿＿＿＿＿

填发人＿＿＿＿＿＿＿＿

填发时间＿＿＿＿＿＿＿＿

第一联　统一保存

×××人民检察院

指定居所监视居住通知书

（副　本）

××检××指监通〔20××〕×号

＿＿＿＿：

根据《中华人民共和国刑事诉讼法》第七十五条的规定，犯罪嫌疑人＿＿＿＿因涉嫌＿＿＿＿，由本院以＿＿＿号指定居所监视居住决定书决定对其自＿＿＿年＿＿＿月＿＿＿日＿＿＿时起执行指定居所监视居住。

特此通知

被监视居住人家属＿＿＿＿＿＿＿＿

地址＿＿＿＿＿＿＿＿

20××年××月××日

（院印）

本通知书已收到。

被监视居住人家属：

年　月　日　时

如在指定居所监视居住后24小时内无法通知，请注明原因：＿＿＿＿＿＿＿＿

办案人：

年　月　日　时

第二联　附卷

×××人民检察院

指定居所监视居住通知书

××检××指监通〔20××〕×号

＿＿＿＿：

根据《中华人民共和国刑事诉讼法》第七十五条的规定，犯罪嫌疑人＿＿＿＿因涉嫌＿＿＿＿，由本院以＿＿＿＿号指定监视居住决定书决定对其自＿＿＿年＿＿月＿＿日＿＿时起执行指定居所监视居住。

特此通知

20××年××月××日

（院印）

如在指定居所监视居住后24小时内无法通知，请注明原因：＿＿＿＿＿＿＿＿

办案人：

年　月　日　时

第三联　交被监视居住人家属

2. 制作说明

（1）本文书依据《中华人民共和国刑事诉讼法》第七十五条第二款的规定制作。是人民检察院对犯罪嫌疑人采取指定居所监视居住后，通知其家属时使用。

（2）因无法通知的情形不能在二十四小时内通知的，应当写明原因附卷。

（3）本文书共三联，第一联统一保存备查，第二联附卷，第三联送达被指定居所监视居住人家属。

6.3.14 法律文书：被监视居住人义务告知书

（一）基本概念

被监视居住人义务告知书，是人民检察院对犯罪嫌疑人依法采取监视居住时，告知被监视居住人应当遵守的义务时使用的一种法律文书。

（二）相关依据

《中华人民共和国刑事诉讼法》第七十七条："被监视居住的犯罪嫌疑人、被告人应当遵守以下规定：

（一）未经执行机关批准不得离开执行监视居住的处所；

（二）未经执行机关批准不得会见他人或者通信；

（三）在传讯的时候及时到案；

（四）不得以任何形式干扰证人作证；

（五）不得毁灭、伪造证据或者串供；

（六）将护照等出入境证件、身份证件、驾驶证件交执行机关保存。

被监视居住的犯罪嫌疑人、被告人违反前款规定，情节严重的，可以予以逮捕；需要予以逮捕的，可以对犯罪嫌疑人、被告人先行拘留。"

（三）文书结构

1. 首部

标题需注明所在省（自治区、直辖市）的名称，不能只写地区级市、县、区院名。文书名称，即“被监视居住人义务告知书”，该文书无文号。

2. 正文

写明需要提交给执行机关保存的证件名称，如居民身份证、机动车驾驶证、护照等，同时将证件的号码写清楚。

3. 尾部

由被监视居住人签名，填写告知的日期。

（四）文书模板及制作说明

1. 文书模板

×××人民检察院

被监视居住人义务告知书

根据《中华人民共和国刑事诉讼法》第七十七条的规定，被监视居住人在监视居住期间应当遵守以下规定：

（一）未经执行机关批准不得离开执行监视居住的处所；

（二）未经执行机关批准不得会见他人或者通信；

（三）在传讯的时候及时到案；

（四）不得以任何形式干扰证人作证；

（五）不得毁灭、伪造证据或者串供；

（六）将__________________证件交执行机关保存。

被监视居住人在监视居住期间违反上述规定，情节严重的，可以予以逮捕；需要予以逮捕的，可以先行拘留。

本告知书已收到。

被监视居住人：

年　月　日

一式三份，一份附卷，一份交被监视居住人，一份交执行机关。

2. 制作说明

（1）本文书依据《中华人民共和国刑事诉讼法》第七十七条的规定制作。是人民检察院对犯罪嫌疑人依法采取监视居住，告知被监视居住人应当遵守的义务时使用。

（2）在宣布监视居住时，应当将此文书连同监视居住决定书一并送达。被监视居住人在收到本文书后应该签名或者盖章。

（3）本文书一式三份，一份附卷，一份交被监视居住人，一份交执行机关。

6.3.15 法律文书：解除监视居住决定书

（一）基本概念

解除监视居住决定书，是人民检察院对于有《中华人民共和国刑事诉讼法》第十六条规定的情形或者没有犯罪事实，不应追究刑事责任而撤销案件，或者监视居住期限届满的犯罪嫌疑人，依法决定解除监视居住、指定居所监视居住决定时制作和使用的法律文书。

（二）相关依据

《中华人民共和国刑事诉讼法》第七十九条第二款："在取保候审、监视居住期间，不得中断对案件的侦查、起诉和审理。对于发现不应当追究刑事责任或者取保候审、监视居住期限届满的，应当及时解除取保候审、监视居住。解除取保候审、监视居住，应当及时通知被取保候审、监视居住人和有关单位。"

第九十九条："人民法院、人民检察院或者公安机关对被采取强制措施法定期限届满的犯罪嫌疑人、被告人，应当予以释放、解除取保候审、监视居住或者依法变更强制措施。犯罪嫌疑人、被告人及其法定代理人、近亲属或者辩护人对于人民法院、人民检察院或者公安机关采取强制措施法定期限届满的，有权要求解除强制措施。"

（三）文书结构

本文书共五联，第一联为存根，统一保存备查；第二联附卷；第三联送达犯罪嫌疑人；第四联送达执行机关；第五联为执行回执，由执行机关退回后附卷，划线处填写犯罪嫌疑人于何时被释放或者变更为何种强制措施。

1. 第一联

（1）首部。本部分包括制作文书的人民检察院名称，需注明所在省（自治区、直辖市）的名称，不能只写地区级市、县、区院名；文书名称，即“解除监视居住决定书”；文书名称下方标注“（存根）”字样；文号生成格式为：“××检××解监〔20××〕×号”。

（2）正文。依次写明：

案由。即该案涉嫌的罪名，涉嫌多个罪名的则写多个案由。

犯罪嫌疑人基本情况。涉案人姓名、性别、年龄、公民身份号码、工作单位及职务、住址、是否人大代表、政协委员等。如果有单位的，单位名称应当填写全称，必要时在前面加上地域名称。

解除原因。写明解除监视居住的理由。

解除时间。写明解除监视居住的日期。

批准人。填写批准制作该文书的有关负责人的姓名。

承办人。填写办理案件检察官的姓名，或者有关事项承办人的姓名。

填发人。填写制作文书的人的姓名。

填发时间。填写实际制作文书的日期。

2. 第二联

（1）首部。除文书名称下方标注“（副本）”字样，与第一联相同。

（2）正文。抬头。填写犯罪嫌疑人的姓名。

划线部分填写解除监视居住的原因。

（3）尾部。落款成文日期，日期上加盖院印。

被监视居住人在收到解除监视居住决定书后，填写姓名及收到文书的日期。

3. 第三联

与第二联格式、内容一致。

4. 第四联

（1）首部。文书名称为“解除监视居住通知书”，文号与前三联一致。

（2）正文。主文横线内依次填写解除监视居住的理由、被监视居住人的姓名。如：因监视居住期限届满，本院根据《中华人民共和国刑事诉讼法》第七十九条的规定，决定解除对犯罪嫌疑人张三的监视居住/指定居所监视居住措施。特此通知。

“此致”下方下划线填写解除监视居住的执行机关的全称。

（3）尾部。落款成文日期，日期上加盖院印。

5. 第五联

本联执行机关退回后附卷，由执行机关填写。

（1）首部。文书名称下方标注“（回执）”字样，本联无文号。

（2）正文。抬头，填写制发文书的检察院的全称。横线部分依次填写第一联中的文号、犯罪嫌疑人的姓名。

（3）尾部。落款成文日期，日期上加盖执行机关单位公章。

（四）文书模板及制作说明

1. 文书模板

×××人民检察院

解除监视居住决定书

（存　根）

××检××解监〔20××〕×号

案由＿＿＿＿＿＿＿＿＿＿＿＿＿＿＿＿

犯罪嫌疑人基本情况（姓名、性别、出生日期、公民身份号码、工作单位、住址、是否人大代表、政协委员）＿＿＿＿＿＿＿＿

＿＿＿＿＿＿＿＿＿＿＿＿＿＿＿＿＿＿＿＿

＿＿＿＿＿＿＿＿＿＿＿＿＿＿＿＿＿＿＿＿

解除原因＿＿＿＿＿＿＿＿＿＿＿＿＿＿

解除时间＿＿＿＿＿＿＿＿＿＿＿＿＿＿

批准人＿＿＿＿＿＿＿＿＿＿＿＿＿＿＿

承办人＿＿＿＿＿＿＿＿＿＿＿＿＿＿＿

填发人＿＿＿＿＿＿＿＿＿＿＿＿＿＿＿

填发时间＿＿＿＿＿＿＿＿＿＿＿＿＿＿

第一联　统一保存

×××人民检察院

解除监视居住决定书

（副　本）

××检××解监〔20××〕×号

＿＿＿＿＿：

因＿＿＿＿＿＿＿＿＿＿，本院根据《中华人民共和国刑事诉讼法》第七十九条的规定，决定解除对你的监视居住/指定居所监视居住措施。

20××年××月××日

（院印）

本决定书已收到。

被监视居住人：

20××年××月××日

第二联　附卷

×××人民检察院

解除监视居住决定书

××检××解监〔20××〕×号

________：

因____________，本院根据《中华人民共和国刑事诉讼法》第七十九条的规定，决定解除对你的监视居住/指定居所监视居住措施。

20××年××月××日

（院印）

第三联　送达犯罪嫌疑人

×××人民检察院

解除监视居住通知书

××检××解监〔20××〕×号

因____________，本院根据《中华人民共和国刑事诉讼法》第七十九条的规定，决定解除对犯罪嫌疑人________的监视居住/指定居所监视居住措施。特此通知。

此致

____

20××年××月××日

（院印）

第四联　送达执行机关

×××人民检察院

解除监视居住通知书

（回　执）

________人民检察院：

你院______号解除监视居住决定书收悉。现已解除对犯罪嫌疑人__________的监视居住/指定居所监视居住措施。

此复

20××年××月××日

（单位公章）

第五联　执行机关退回后附卷

2. 制作说明

（1）本文书依据《中华人民共和国刑事诉讼法》第七十九条第二款、第九十九条的规定制作。为人民检察院对于有《中华人民共和国刑事诉讼法》第十六条规定的情形或者没有犯罪事实，不应追究刑事责任而撤销案件，或者监视居住期限届满的犯罪嫌疑人，依法决定解除监视居住、指定居所监视居住决定时使用。

（2）本文书共五联，第一联统一保存备查，第二联附卷，第三联送达犯罪嫌疑人，第四联送达执行机关，第五联执行机关退回后附卷。

6.3.16　法律文书：撤销强制措施决定书

（一）基本概念

撤销强制措施决定书，是人民检察院对犯罪嫌疑人采取强制措施后，发现原强制措施错误，依法决定撤销该强制措施时使用的法律文书。

（二）相关依据

《中华人民共和国刑事诉讼法》第九十六条："人民法院、人民检察院和公安机关如果发现对犯罪嫌疑人、被告人采取强制措施不当的，应当及时撤销或者变更。公安机关释放被逮捕的人或者变更逮捕措施的，应当通知原批准的人民检察院。"

（三）文书结构

本文书共五联：第一联为存根，统一保存备查；第二联附卷；第三联送达犯罪嫌疑人；第四联送达执行机关；第五联为执行回执，由执行机关退回后附卷，划线处填写犯罪嫌疑人于何时被释放或者变更为何种强制措施。

1. 第一联

（1）首部。本部分包括制作文书的人民检察院名称，需注明所在省（自治区、直辖市）的名称，不能只写地区级市、县、区院名；文书名称，即"撤销强制措施决定书"；文书名称下方标注"（存根）"字样；

文号生成格式为："××检××撤强〔20××〕×号"。

（2）正文。依次写明：

案由。即该案涉嫌的罪名，涉嫌多个罪名的则写多个案由。

犯罪嫌疑人基本情况。涉案人姓名、性别、出生日期、公民身份号码、工作单位及职务、住址、是否人大代表、政协委员等。如果有单位的，单位名称应当填写全称，必要时在前面加上地域名称。

执行机关。写明执行机关的全称。

强制措施种类。包括取保候审、监视居住、指定居所监视居住、拘留、逮捕。

撤销原因。写明为什么撤销强制措施。

批准人。填写批准制作该文书的有关负责人的姓名。

办案人。填写办理案件检察官的姓名，或者有关事项承办人的姓名。

填发人。填写制作文书的人的姓名。

填发时间。填写实际制作文书的日期。

2. 第二联

（1）首部。除文书名称下方标注"（副本）"字样，与第一联相同。

（2）正文。抬头，填写犯罪嫌疑人的姓名。

主文划线部分填写需要撤销的强制措施的种类。

（3）尾部。落款成文日期，日期上加盖院印。

3. 第三联

与第二联格式、内容一致。但文书名称下方无标注。

4. 第四联

（1）首部。文书名称为"撤销强制措施通知书"，文号与前三联一致。

（2）正文。抬头。填写撤销强制措施的执行机关的全称。

主文下划线内填写作出撤销强制措施的检察院的全称；填写该院采取强制措施的日期；填写犯罪嫌疑人的姓名及采取的强制措施种类的名称。如：××市××区人民检察院于2023年6月1日决定对张三采取的监视居住措施。

（3）尾部。落款成文日期，日期上加盖院印。

5. 第五联

本联执行机关退回后附卷，由执行机关填写。

（1）首部。文书名称下方标注“（回执）”字样，本联无文号。

（2）正文。抬头，填写制发文书的检察院的全称。

横线部分填写第一联中的制发日期及文号，写明犯罪嫌疑人的姓名及强制措施的名称，并填写执行机关的全称。执行情况写明对犯罪嫌疑人变更（撤销）强制措施的日期及种类。

（3）尾部。落款成文日期，日期上加盖执行机关单位公章。

（四）文书模板及制作说明

1. 文书模板

×××人民检察院

撤销强制措施决定书

（存　根）

××检××撤强〔20××〕×号

案由______

犯罪嫌疑人基本情况（姓名、性别、出生日期、公民身份号码、工作单位、住址、是否为人大代表或政协委员）______

______

______

执行机关______

强制措施种类______

撤销原因______

批准人______

承办人______

填发人______

填发时间______

第一联　统一保存

×××人民检察院

撤销强制措施决定书

（副　本）

××检××撤强〔20××〕×号

______：

根据《中华人民共和国刑事诉讼法》第九十六条的规定，本院决定撤销对你______的强制措施决定。

20××年××月××日

（院印）

第二联　附卷

×××人民检察院

撤销强制措施决定书

××检××撤强〔20××〕×号

______：

根据《中华人民共和国刑事诉讼法》第九十六条的规定，本院决定撤销对你______的强制措施决定。

20××年××月××日

（院印）

第三联　送达犯罪嫌疑人

×××人民检察院

撤销强制措施通知书

××检××撤强〔20××〕×号

________：

________院______年____月____日决定对涉嫌______的犯罪嫌疑人____________采取________措施，根据《中华人民共和国刑事诉讼法》第九十六条的规定，现决定撤销对其________的决定。请依法立即执行，并在三日内将执行情况通知本院。

特此通知

20××年××月××日

（院印）

第四联　送达执行机关

×××人民检察院

撤销强制措施通知书

（回　执）

________人民检察院：

你院______年____月____日________________号文书决定撤销对涉嫌________犯罪的犯罪嫌疑人______的________决定，根据《中华人民共和国刑事诉讼法》第九十六条的规定，现将执行情况通知如下：犯罪嫌疑人______已于______年____月____日释放（或者变更为__________）。

特此通知

20××年××月××日

（公章）

第五联　执行机关退回后附卷

2. 制作说明

（1）本文书依据《中华人民共和国刑事诉讼法》第九十六条的规定制作。是人民检察院对犯罪嫌疑人采取强制措施后，发现原强制措施错误的，依法决定撤销该强制措施时使用。

（2）本文书共五联，第一联为存根统一保存备查；第二联附卷；第三联送达犯罪嫌疑人；第四联送达执行机关；第五联为执行回执，由执行机关退回后附卷，划线处填写犯罪嫌疑人于何时被释放或者变更为何种强制措施。

6.3.17 法律文书：检察建议书

（一）基本概念

检察建议书，是人民检察院针对执法、司法机关在刑事诉讼活动或者执行活动中存在的普遍性、倾向性违法问题或者其他重大隐患，以及有关单位社会治理工作中存在的问题提出检察建议时使用的法律文书。

（二）相关依据

1. 司法解释规定

《人民检察院刑事诉讼规则》第五百五十一条第一款："人民检察院对刑事诉讼活动实行法律监督，发现违法情形的，依法提出抗诉、纠正意见或者检察建议。"

第五百五十二条第一款："人民检察院发现刑事诉讼活动中的违法行为，对于情节较轻的，由检察人员以口头方式提出纠正意见；对于情节较重的，经检察长决定，发出纠正违法通知书。对于带有普遍性的违法情形，经检察长决定，向相关机关提出检察建议。构成犯罪的，移送有关机关、部门依法追究刑事责任。"

第六百二十四条第一款："人民检察院对刑罚执行和监管执法活动实行监督，可以根据下列情形分别处理：

（一）发现执法瑕疵、安全隐患，或者违法情节轻微的，口头提出纠正意见，并记录在案；

（二）发现严重违法，发生重大事故，或者口头提出纠正意见后七日以内未予纠正的，书面提出纠正意见；

（三）发现存在可能导致执法不公问题，或者存在重大监管漏洞、重大安全隐患、重大事故风险等问题的，提出检察建议。

对于在巡回检察中发现的前款规定的问题、线索的整改落实情况，通过巡回检察进行督导。”

2. 其他规定

《人民检察院检察建议工作规定》第三条：“人民检察院可以直接向本院所办理案件的涉案单位、本级有关主管机关以及其他有关单位提出检察建议。

需要向涉案单位以外的上级有关主管机关提出检察建议的，应当层报被建议单位的同级人民检察院决定并提出检察建议，或者由办理案件的人民检察院制作检察建议书后，报被建议单位的同级人民检察院审核并转送被建议单位。

需要向下级有关单位提出检察建议的，应当指令对应的下级人民检察院提出检察建议。

需要向异地有关单位提出检察建议的，应当征求被建议单位所在地同级人民检察院意见。被建议单位所在地同级人民检察院提出不同意见，办理案件的人民检察院坚持认为应当提出检察建议的，层报共同的上级人民检察院决定。”

第九条：“人民检察院在履行对诉讼活动的法律监督职责中发现有关执法、司法机关具有下列情形之一的，可以向有关执法、司法机关提出纠正违法检察建议：

（一）人民法院审判人员在民事、行政审判活动中存在违法行为的；

（二）人民法院在执行生效民事、行政判决、裁定、决定或者调解书、支付令、仲裁裁决书、公证债权文书等法律文书过程中存在违法执行、不执行、怠于执行等行为，或者有其他重大隐患的；

（三）人民检察院办理行政诉讼监督案件或者执行监督案件，发现行政机关有违反法律规定、可能影响人民法院公正审理和执行的行为的；

（四）公安机关、人民法院、监狱、社区矫正机构、强制医疗执行机构等在刑事诉讼活动中或者执行人民法院生效刑事判决、裁定、决定等法律文书过程中存在普遍性、倾向性违法问题，或者有其他重大隐患，需要引起重视予以解决的；

（五）诉讼活动中其他需要以检察建议形式纠正违法的情形。”

第十一条：“人民检察院在办理案件中发现社会治理工作存在下列情形之一的，可以向有关单位和部门提出改进工作、完善治理的检察建议：

（一）涉案单位在预防违法犯罪方面制度不健全、不落实，管理不完善，存在违法犯罪隐患，需要及时消除的；

（二）一定时期某类违法犯罪案件多发、频发，或者已发生的案件暴露出明显的管理监督漏洞，需要督促行业主管部门加强和改进管理监督工作的；

（三）涉及一定群体的民间纠纷问题突出，可能导致发生群体性事件或者恶性案件，需要督促相关部门完善风险预警防范措施，加强调解疏导工作的；

（四）相关单位或者部门不依法及时履行职责，致使个人或者组织合法权益受到损害或者存在损害危险，需要及时整改消除的；

（五）需要给予有关涉案人员、责任人员或者组织行政处罚、政务处分、行业惩戒，或者需要追究有关责任人员的司法责任的；

（六）其他需要提出检察建议的情形。”

（三）文书结构

1. 首部

首部由检察机关名称、文书名称和文号三部分组成。其中，检察机关的名称应为全称，即要注明所在省（自治区、直辖市）名称，不能只写地区级市、县、区院名。文书名称，即“检察建议书”。文号生成格式为：“××检建〔20××〕×号”。

2. 正文

（1）抬头。检察建议发往部门，写明主送单位的全称，行文上顶格书写。

（2）案件或者问题的来源。写明本院在办理案件或者履行法律监督职责中发现该单位存在的问题以及需要提出检察建议的有关情况。

(3) 依法认定的案件事实或者经调查核实的事实及其证据。写明依法认定的案件事实或者经过调查核实后查清的事实及证据。

(4) 存在的违法情形或者应当消除的隐患。阐明该单位存在的违法情形或者隐患。

(5) 建议的具体内容及所依据的法律法规和有关文件等的规定。写明建议的具体内容及依据。

(6) 被建议单位提出异议的期限。告知被建议单位可以提出异议及提出异议的期限。

(7) 被建议单位书面回复落实情况的期限。

(8) 其他需要说明的事项。

3. 尾部

落款文书制发日期，日期上加盖院印。

(四) 文书模板及制作说明

1. 文书模板

×××人民检察院

检察建议书

××检建〔20××〕×号

一、写明主送单位的全称

二、案件或者问题的来源

写明本院在办理案件或者履行法律监督职责中发现该单位存在的问题以及需要提出检察建议的有关情况。

三、依法认定的案件事实或者经调查核实的事实及其证据

写明依法认定的案件事实或者经过调查核实后查清的事实及证据。对事实的叙述要求客观、准确、概括性强，要归纳成几条反映问题实质的事实要件，然后加以叙述。

四、存在的违法情形或者应当消除的隐患

阐明该单位存在的违法情形或者隐患，包括刑事诉讼活动或者执行活动中存在的普遍性、倾向性违法问题或者其他重大隐患；制度不健全、不落实；存在管理监督漏洞；民间纠纷问题突出；不依法及时履行职责；需要给予有关人员行政处罚、政务处分、行业惩戒或者追究司法责任等问题。

五、建议的具体内容及所依据的法律法规和有关文件等的规定

写明建议的具体内容及依据。意见的内容应当具体明确，切实可行，要与以上列举的问题紧密联系。检察建议引用依据有两种情况，一种情况是检察机关提出建议的行为所依据的有关规定，另一种情况是该单位存在的问题不符合哪项法律规定和有关规章制度的规定。

六、被建议单位提出异议的期限

告知被建议单位可以提出异议及提出异议的期限。

七、被建议单位书面回复落实情况的期限

八、其他需要说明的事项

20××年××月××日

（院印）

2. 制作说明

（1）本文书依据《人民检察院刑事诉讼规则》第五百五十一条、第五百五十二条、第六百二十四条，《人民检察院检察建议工作规定》第三条、第九条、第十一条的规定制作。为经检察长批准，人民检察院针对执法、司法机关在刑事诉讼活动或者执行活动中存在的普遍性、倾向性违法问题或者其他重大隐患，以及有关单位社会治理工作中存在的问题提出检察建议时使用。

（2）人民检察院可以直接向本院所办理案件的涉案单位、本级有关主管机关以及其他有关单位提出检察建议。

需要向涉案单位以外的上级有关主管机关提出检察建议的，应当层报被建议单位的同级人民检察院决定并提出检察建议，或者由办理案件的人民检察院制作检察建议书后，报被建议单位的同级人民检察院审核并转送被建议单位。

需要向下级有关单位提出检察建议的，应当指令对应的下级人民检察院提出检察建议。

需要向异地有关单位提出检察建议的，应当征求被建议单位所在地同级人民检察院意见。被建议单位所在地同级人民检察院提出不同意见，办理案件的人民检察院坚持认为应当提出检察建议的，层报共同的上级人民检察院决定。

（3）本文书一式三份，一份附卷，一份发送被建议单位，一份报送上一级人民检察院备案，并可根据抄送对象增加印制份数。

（4）本文书加盖人民检察院印章。

6.3.18　法律文书：检察意见书

（一）基本概念

检察意见书，是人民检察院接到控告、举报或者发现行政执法机关不移送涉嫌犯罪案件的，应当向行政执法机关提出检察意见，要求其按照管辖规定向公安机关或者人民检察院移送涉嫌犯罪案件，被控告人、被举报人行为未构成犯罪，但需要追究党纪、政纪、违法责任的，移送有管辖权的主管机关，或者向其他有关单位提出其他检察意见时使用的法律文书。

（二）相关依据

1. 法律依据

《中华人民共和国刑事诉讼法》第一百七十七条第三款：“人民检察院决定不起诉的案件，应当同时对侦查中查封、扣押、冻结的财物解除查封、扣押、冻结。对被不起诉人需要给予行政处罚、处分或者需要没收其违法所得的，人民检察院应当提出检察意见，移送有关主管机关处理。有关主管机关应当将处理结果及时通知人民检察院。”

2. 司法解释规定

《人民检察院刑事诉讼规则》第一百七十三条："对于控告和实名举报，决定不予立案的，应当制作不立案通知书，写明案由和案件来源、决定不立案的原因和法律依据，由负责侦查的部门在十五日以内送达控告人、举报人，同时告知本院负责控告申诉检察的部门。

控告人如果不服，可以在收到不立案通知书后十日以内向上一级人民检察院申请复议。不立案的复议，由上一级人民检察院负责侦查的部门审查办理。

人民检察院认为被控告人、被举报人的行为未构成犯罪，决定不予立案，但需要追究其党纪、政纪、违法责任的，应当移送有管辖权的主管机关处理。"

第二百四十八条："人民检察院撤销案件时，对犯罪嫌疑人的违法所得及其他涉案财产应当区分不同情形，作出相应处理：……（二）因其他原因撤销案件，对于查封、扣押、冻结的犯罪嫌疑人违法所得及其他涉案财产需要没收的，应当提出检察意见，移送有关主管机关处理……"

第三百七十三条第二款："对被不起诉人需要给予行政处罚、政务处分或者其他处分的，经检察长批准，人民检察院应当提出检察意见，连同不起诉决定书一并移送有关主管机关处理，并要求有关主管机关及时通报处理情况。"

第三百七十五条："人民检察院决定不起诉的案件，需要没收违法所得的，经检察长批准，应当提出检察意见，移送有关主管机关处理，并要求有关主管机关及时通报处理情况。具体程序可以参照本规则第二百四十八条的规定办理。"

第五百五十七条第三款："人民检察院接到控告、举报或者发现行政执法机关不移送涉嫌犯罪案件的，经检察长批准，应当向行政执法机关提出检察意见，要求其按照管辖规定向公安机关移送涉嫌犯罪案件。"

（三）文书结构

1. 首部

首部由检察机关名称、文书名称和文号三部分组成。其中，检察机关的名称应为全称，即要注明所在省（自治区、直辖市）名称，不能只写地区级市、县、区院名。文书名称，即“检察意见书”。文号格式为：“××检××意〔20××〕×号”。

2. 正文

（1）抬头，检察意见书发往单位，单位名称应当填写全称，必要时在前面加上地域名称。

（2）案件来源及查处（审查）情况。写明来源和查处情况。

（3）认定的事实、证据、决定事项（认定结论）及法律依据。

（4）根据法律规定，提出检察意见的具体内容和要求。

3. 尾部

落款文书制发日期，日期上加盖院印。

（四）文书模板及制作说明

1. 文书模板

×××人民检察院

检察意见书

××检××意〔20××〕×号

一、发往单位。

二、案件来源及查处（审查）情况。

三、认定的事实、证据、决定事项（认定结论）及法律依据。

四、根据法律规定，提出检察意见的具体内容和要求。

20××年××月××日

（院印）

2. 制作说明

（1）本文书依据《中华人民共和国刑事诉讼法》第一百七十七条第

三款和《人民检察院刑事诉讼规则》第二百四十八条、第三百七十三条、第三百七十五条、第五百五十七条等规定制作。是人民检察院向有关主管机关提出对被不起诉人给予行政处罚、行政处分（在向有关机关提出对被不起诉人给予行政处罚、行政处分时，应与不起诉决定书一并送有关主管机关）。人民检察院接到控告、举报或者发现行政执法机关不移送涉嫌犯罪案件的，应当向行政执法机关提出检察意见，要求其按照管辖规定向公安机关或者人民检察院移送涉嫌犯罪案件，被控告人、被举报人行为未构成犯罪，但需要追究党纪、政纪、违法责任的，移送有管辖权的主管机关，或向其他有关单位提出其他检察意见时使用。

（2）本文书文号“××检××意〔20××〕×号”应由提出检察意见的具体业务部门分别填写。

（3）本文书一式二份，一份送达有关机关，一份附卷。

6.3.19 法律文书：驳回申请决定书

（一）基本概念

驳回申请决定书，是人民检察院驳回回避申请、变更或者解除强制措施申请时适用的法律文书。

（二）相关依据

《中华人民共和国刑事诉讼法》第二十九条：“审判人员、检察人员、侦查人员有下列情形之一的，应当自行回避，当事人及其法定代理人也有权要求他们回避：

（一）是本案的当事人或者是当事人的近亲属的；

（二）本人或者他的近亲属和本案有利害关系的；

（三）担任过本案的证人、鉴定人、辩护人、诉讼代理人的；

（四）与本案当事人有其他关系，可能影响公正处理案件的。”

第三十条：“审判人员、检察人员、侦查人员不得接受当事人及其委托的人的请客送礼，不得违反规定会见当事人及其委托的人。

审判人员、检察人员、侦查人员违反前款规定的，应当依法追究法律责任。当事人及其法定代理人有权要求他们回避。”

第三十一条：“审判人员、检察人员、侦查人员的回避，应当分别由院长、检察长、公安机关负责人决定；院长的回避，由本院审判委员会决定；检察长和公安机关负责人的回避，由同级人民检察院检察委员会决定。

对侦查人员的回避作出决定前，侦查人员不能停止对案件的侦查。

对驳回申请回避的决定，当事人及其法定代理人可以申请复议一次。”

第三十二条：“本章关于回避的规定适用于书记员、翻译人员和鉴定人。

辩护人、诉讼代理人可以依照本章的规定要求回避、申请复议。”

第九十七条：“犯罪嫌疑人、被告人及其法定代理人、近亲属或者辩护人有权申请变更强制措施。人民法院、人民检察院和公安机关收到申请后，应当在三日以内作出决定；不同意变更强制措施的，应当告知申请人，并说明不同意的理由。”

（三）文书结构

本文书为三联填充式文书。第一联由办案部门统一留存，第二联附卷，第三联送达申请人。

1. 第一联

（1）首部。本部分包括制作文书的人民检察院名称，需注明所在省（自治区、直辖市）的名称，不能只写地区级市、县、区院名；文书名称，即“驳回申请决定书”；文书名称下方标注“（存根）”字样；文号生成格式为：“××检××驳申〔20××〕×号”。

（2）正文。依次填写：

案由。即该案涉嫌的罪名，如故意杀人、盗窃等。涉嫌多个罪名的则写多个案由。

犯罪嫌疑人。写明犯罪嫌疑人姓名。

申请人。写明申请人的姓名。

与案件关系。姓名申请人与犯罪嫌疑人之间、与案件之间的关系。

申请事项。写明需要申请的事项。

驳回原因。写明驳回申请的具体理由。

批准人。写明检察长姓名。

承办人。写明办案人员姓名。

填发人。填写制作文书的人的姓名。

填发时间。填写实际制作文书的时间。

2. 第二、三联

（1）首部。制作单位，文书名称，文书编号同第一联。第二联文书名称下方标注“（副本）”字样。

（2）正文。抬头。填写提出变更强制措施申请人的姓名。

主文部分。填写犯罪嫌疑人的姓名及涉嫌的罪名，后填写申请人申请的理由和事项，将本院经审查认为不符合申请要求的理由写清楚。加盖检察长姓名的印章。

（3）尾部。填写文书制作日期，日期上加盖制作单位的印章。

（四）文书模板及制作说明

1. 文书模板

×××人民检察院

驳回申请决定书

（存　根）

××检××驳申〔20××〕×号

案由________

犯罪嫌疑人________

申请人________

与案件关系________

申请事项________

驳回原因________

批准人________

承办人________

填发人________

填发时间________

第一联　统一保存

×××人民检察院

驳回申请决定书

（副　本）

××检××驳申〔20××〕×号

________：

本院办理________一案时，你提出因________，要求________。本院经审查认为________，决定驳回申请。

检察长（印）

20××年××月××日

（院印）

第二联　附卷

×××人民检察院

驳回申请决定书

××检××驳申〔20××〕×号

________：

本院办理________一案时，你提出因________，要求________。本院经审查认为________，决定驳回申请。

检察长（印）

20××年××月××日

（院印）

第三联　送达申请人

2. 制作说明

（1）本文书依据《中华人民共和国刑事诉讼法》第二十九条、第三十条、第三十一条、第三十二条、第九十七条的规定制作。是人民检察院驳回回避申请、变更或者解除强制措施申请时适用。制作时由检察长签名或盖章并加盖人民检察院印章。

（2）本文书共三联，第一联统一保存备查，第二联附卷，第三联送达申请人。

6.3.20　法律文书：调卷函

（一）基本概念

调卷函，是人民检察院在案件提起公诉，案卷材料移送人民法院后，基于出庭准备和庭审举证工作的需要，或者在案件二审期间需要查阅有关案卷材料和证据而向人民法院调阅卷宗时使用的法律文书（再审程序参照使用）。

（二）相关依据

《人民检察院刑事诉讼规则》第三百九十七条："人民检察院向人民法院移送全部案卷材料后，在法庭审理过程中，公诉人需要出示、宣读、播放有关证据的，可以申请法庭出示、宣读、播放。

人民检察院基于出庭准备和庭审举证工作的需要，可以取回有关案卷材料和证据。

取回案卷材料和证据后，辩护律师要求查阅案卷材料的，应当允许辩护律师在人民检察院查阅、摘抄、复制案卷材料。"

第四百四十七条："对抗诉和上诉案件，第二审人民法院的同级人民检察院可以调取下级人民检察院与案件有关的材料。

人民检察院在接到第二审人民法院决定开庭、查阅案卷通知后，可以查阅或者调阅案卷材料。查阅或者调阅案卷材料应当在接到人民法院的通知之日起一个月以内完成。在一个月以内无法完成的，可以商请人民法院延期审理。"

（三）文书结构

1. 首部

包括制作单位，文书名称，文书编号。制作单位应当写明单位全称，文书名称，即“调卷函”，文书生成格式为：“××检××刑调卷〔20××〕×号”。

2. 正文

送达对象。填写需调阅卷宗所在地人民法院全名或全称。

案件名称。根据不同的案件情况，采取不同的命名方法。对于有明确的当事人和涉嫌犯罪清楚的案件，可采取“人名+涉嫌罪名”命名，如“王××故意杀人案”；对于当事人不明而被害人和被侵害情况清楚的案件，可采取“被害人+被侵害情况”命名，如“张××被抢劫案”；对于当事人和被害人不明或者当事人、被害人人数众多不便概括以及需要保密等情形，可采取以案件发生时间或立案时间或者地名来命名，如“4·15案”“×××（地名）抢劫案”。

3. 尾部

落款。包括日期和院印。填写文书制作日期，日期应当使用阿拉伯数字，如“2020年1月1日”。院印即文书制作单位的印章，正式用印前，要删除提示语“院印”。

后附调阅案卷单。由相关部门确定专人负责办理。要写明调卷单位全称并加盖院印。其余各项填写要求准确无误。

（四）文书模板及制作说明

1. 文书模板

×××人民检察院

调卷函

××检××刑调卷〔20××〕×号

________人民法院：

本院在办理________________________________

一案中，需要调阅该案的相关案卷，请协助办理。

附件：人民检察院调阅案卷单

20××年××月××日
（院印）

××× 人民检察院
调阅案卷单

<table>
<tr><td>调卷单位</td><td colspan="4"></td></tr>
<tr><td>案号</td><td colspan="4">年　　　字第　　　号</td></tr>
<tr><td>当事人</td><td colspan="4"></td></tr>
<tr><td>案由</td><td colspan="4"></td></tr>
<tr><td>用途</td><td colspan="4"></td></tr>
<tr><td rowspan="2">卷数</td><td>正　卷</td><td>副　卷</td><td colspan="2">总计（册）</td></tr>
<tr><td></td><td></td><td colspan="2"></td></tr>
<tr><td></td><td>日期</td><td>调卷人</td><td>调卷人
电话</td><td>经手人</td></tr>
<tr><td>调卷</td><td></td><td></td><td></td><td></td></tr>
<tr><td>还卷</td><td></td><td></td><td></td><td></td></tr>
<tr><td colspan="5">（院印）</td></tr>
</table>

2. 制作说明

（1）本文书依据《人民检察院刑事诉讼规则》第三百九十七条、第四百四十七条的规定制作，为人民检察院向人民法院调阅卷宗时使用。

（2）人民检察院调阅诉讼卷宗应严格手续，填写人民检察院调阅案卷单，加盖院印，由相关部门确定专人负责办理。

（3）最高人民检察院办理死刑复核案件向最高人民法院调阅案卷的，使用专门的涉密文书调阅案卷函。

6.3.21　法律文书：送达回证

（一）基本概念

送达回证，是人民检察院依法向相关单位或个人发送检察机关有关诉讼文书时所使用的法律文书。

（二）相关依据

《中华人民共和国刑事诉讼法》第一百零七条：“送达传票、通知书和其他诉讼文件应当交给收件人本人；如果本人不在，可以交给他的成年家属或者所在单位的负责人员代收。

收件人本人或者代收人拒绝接收或者拒绝签名、盖章的时候，送达人可以邀请他的邻居或者其他见证人到场，说明情况，把文件留在他的住处，在送达证上记明拒绝的事由、送达的日期，由送达人签名，即认为已经送达。”

（三）文书结构

本文书以案为单位制作。正文部分以表格形式呈现。

1. 首部

本部分包括制作文书的人民检察院名称，文书名称，即“送达回证”。首部正中处加盖人民检察院印章。

2. 正文

按照表格填充要求，依次写明：

收件人。受送达人的姓名。

案由。犯罪嫌疑人、被告人姓名 + 罪名。

送达单位。受送达人所在单位。

送达地址。受送达人（单位）所在地址。

文件名称。送达的文件名称。

收到时间。实际签收时间，精确到“时”。

收件人签名或盖章。由实际签收人签名或盖章。

不能送达理由。不能送达的需写明不能送达理由。

3. 尾部

备注栏。签发人、送达人签名。

（四）文书模板及制作说明

1. 文书模板

×××人民检察院

送达回证

收件人		案由	
送达单位			
送达地址			
文件名称	收到时间	收件人签名或盖章	不能送达理由
	年 月 日 时		
	年 月 日 时		
	年 月 日 时		
	年 月 日 时		
备注			
签发人		送达人	

2. 制作说明

(1) 本文书为人民检察院依法向相关单位或个人发送检察机关有关法律文书时使用。

(2) 本文书应由收件人签名或盖章。不能送达的，应在备注中写明情况。

(3) 本文书收回并附卷。

(4) 本文书首部正中处加盖人民检察院印章。

6.3.22　工作文书：讨论案件记录

(一) 基本概念

讨论案件记录，是人民检察院案件承办人在内部汇报、集体讨论决定时所作的记录。集体讨论，包括检察长或受检察长委托副检察长主持召开的检察委员会讨论和业务机构负责人主持召开的检察官联席会讨论。

(二) 相关依据

1. 法律依据

《中华人民共和国人民检察院组织法》第三十三条："检察官可以就重大案件和其他重大问题，提请检察长决定。检察长可以根据案件情况，提交检察委员会讨论决定。

检察委员会讨论案件，检察官对其汇报的事实负责，检察委员会委员对本人发表的意见和表决负责。检察委员会的决定，检察官应当执行。"

第三十四条："人民检察院实行检察官办案责任制。检察官对其职权范围内就案件作出的决定负责。检察长、检察委员会对案件作出决定的，承担相应责任。"

2. 司法解释规定

《人民检察院刑事诉讼规则》第四条："人民检察院办理刑事案件，由检察官、检察长、检察委员会在各自职权范围内对办案事项作出决定，并依照规定承担相应司法责任。

检察官在检察长领导下开展工作。重大办案事项，由检察长决定。检察长可以根据案件情况，提交检察委员会讨论决定。其他办案事项，检察长可以自行决定，也可以委托检察官决定。

本规则对应当由检察长或者检察委员会决定的重大办案事项有明确规定的，依照本规则的规定。本规则没有明确规定的，省级人民检察院可以制定有关规定，报最高人民检察院批准。

以人民检察院名义制发的法律文书，由检察长签发；属于检察官职权范围内决定事项的，检察长可以授权检察官签发。

重大、疑难、复杂或者有社会影响的案件，应当向检察长报告。”

第六条：“人民检察院根据检察工作需要设置业务机构，在刑事诉讼中按照分工履行职责。

业务机构负责人对本部门的办案活动进行监督管理。需要报请检察长决定的事项和需要向检察长报告的案件，应当先由业务机构负责人审核。业务机构负责人可以主持召开检察官联席会议进行讨论，也可以直接报请检察长决定或者向检察长报告。”

（三）文书结构

1. 首部

包括制作单位，文书名称。制作单位应当写明单位全称。文书名称，即“讨论案件记录”。

2. 正文

（1）案由。即该案涉嫌的罪名，如故意杀人、盗窃等。涉嫌多个罪名的则写多个案由。

（2）犯罪嫌疑人。写明该案在案的犯罪嫌疑人姓名，如“张三”。如有多个犯罪嫌疑人可写明每一个犯罪嫌疑人姓名，如“张三、李四、王五”，如犯罪嫌疑人人数较多，无法一一列名，可按照“张三、李四等×人”方式表述。

（3）时间。填写讨论会议的起止时间。

（4）主持人。如是检察委员会会议，主持人为检察长（或受检察长委托主持会议的副检察长）；如是检察官联席会议，主持人为业务机构负责人。

（5）参加人。填写参加检察委员会会议的委员姓名，或者参加检察官联席会议的检察官姓名。

（6）承办人。填写案件承办检察官的姓名。

（7）记录人。填写担任记录工作人员姓名，一般是案件承办检察官助理、书记员或者检察委员会秘书处工作人员。

（8）议题。写明提交集体讨论的办案事项，如“张三故意伤害不起诉”“李四抢劫报请核准追诉”。

（9）讨论情况。全面、准确记录讨论案件过程和参会人员发表的意见。一般而言，主持人要末位发言。

（10）讨论结果。汇总参会人员发表的意见。载明多少人同意某某意见，此外，如检察委员会讨论案件，另需单独载明检察长的意见。

3. 尾部

参会人员签名。参会人员核对讨论案件记录后签名。

（四）文书模板及制作说明

1. 文书模板

×××人民检察院

讨论案件记录

案由：

犯罪嫌疑人：

时间：　　年　月　日　时　分至　　年　月　日　时　分

地点：

主持人：

参加人：

承办人：　　　　　记录人：

议题：

讨论情况：

讨论结果：

参会人员签名

2. 制作说明

（1）本文书根据《中华人民共和国人民检察院组织法》第三十三条、第三十四条和《人民检察院刑事诉讼规则》第四条、第六条的规定制作。

（2）使用本文书，是案件承办人在内部汇报，集体讨论决定时所作的记录。

6.3.23 工作文书：撤销纠正违法意见通知书

（一）基本概念

撤销纠正违法意见通知书，是上级人民检察院经审查认为下级人民检察院向被监督单位提出的纠正违法意见错误，通知下级人民检察院撤销该纠正违法意见时使用的工作文书。

（二）相关依据

《人民检察院刑事诉讼规则》第五百五十四条："被监督单位对纠正意见申请复查的，人民检察院应当在收到被监督单位的书面意见后七日以内进行复查，并将复查结果及时通知申请复查的单位。经过复查，认为纠正意见正确的，应当及时向上一级人民检察院报告；认为纠正意见错误的，应当及时予以撤销。

上一级人民检察院经审查，认为下级人民检察院纠正意见正确的，应当及时通报被监督单位的上级机关或者主管机关，并建议其督促被监督单位予以纠正；认为下级人民检察院纠正意见错误的，应当书面通知下级人民检察院予以撤销，下级人民检察院应当执行，并及时向被监督单位说明情况。”

（三）文书结构

本文书为二联填充式文书。第一联附卷，第二联送交下级人民检察院。

1. 首部

本部分包括制作文书的人民检察院名称，需注明所在省（自治区、直辖市）的名称，不能只写地区级市、县、区院名；文书名称，即“撤销纠正违法意见通知书”；第一联文书名称下方标注“（副本）”字样，第二联文书名称下方标注“（正本）”字样；文号生成格式为：“××检××撤纠通〔20××〕×号”。

2. 正文

抬头，送达对象，填写下级人民检察院全名或全称。

主文部分按照模板填充要求写明原纠正违法通知书送达的单位。填写原被监督单位，如×××公安局、×××人民法院。

写明审查意见。写明本院经审查认为原纠正违法意见错误的具体意见。

3. 尾部

落款。包括日期和院印。填写文书制作日期，日期应当使用阿拉伯数字，如“2020 年 1 月 1 日”。院印即文书制作单位的印章。

（四）文书模板及制作要点

1. 文书模板

×××人民检察院

撤销纠正违法意见通知书

（副　本）

××检××撤纠通〔20××〕×号

×××人民检察院：

你院于××××年××月××日向×××（单位）发出的×××号纠正违法通知书，经审查，本院认为×××。根据《人民检察院刑事诉讼规则》第五百五十四条之规定，通知你院予以撤销。

20××年××月××日

（院印）

第一联　附卷

×××人民检察院

撤销纠正违法意见通知书

（正　本）

××检××撤纠通〔20××〕×号

×××人民检察院：

你院于××××年××月××日向×××（单位）发出的×××号纠正违法通知书，经审查，本院认为×××。根据《人民检察院刑事诉讼规则》第五百五十四条之规定，通知你院予以撤销。

20××年××月××日

（院印）

第二联　送交下级人民检察院

2. 制作要点

（1）本文书依据《人民检察院刑事诉讼规则》第五百五十四条的规定制作。为下级人民检察院纠正意见错误时，上级人民检察院通知下级人民检察院撤销纠正违法意见时使用。

（2）本文书共二联，第一联附卷，第二联送达下级人民检察院。

6.3.24　工作文书：线索移送函

（一）基本概念

线索移送函，是承办人在办理案件过程中，发现不属于本院（本部门）管辖的违法违纪线索，需移送有管辖权的机关或部门时，或者人民检察院办理直接受理侦查的案件，发现犯罪嫌疑人同时涉嫌监察机关管辖的职务犯罪线索的，经与监察机关沟通后，认为由监察机关和人民检察院分别管辖更为适宜的，将监察机关管辖的相应职务犯罪线索移送监察机关时使用的工作文书。

（二）相关依据

1. 法律依据

《中华人民共和国刑事诉讼法》第三条："对刑事案件的侦查、拘留、执行逮捕、预审，由公安机关负责。检察、批准逮捕、检察机关直接受理的案件的侦查、提起公诉，由人民检察院负责。审判由人民法院负责。除法律特别规定的以外，其他任何机关、团体和个人都无权行使这些权力。

人民法院、人民检察院和公安机关进行刑事诉讼，必须严格遵守本法和其他法律的有关规定。"

第七条："人民法院、人民检察院和公安机关进行刑事诉讼，应当分工负责，互相配合，互相制约，以保证准确有效地执行法律。"

第十九条："刑事案件的侦查由公安机关进行，法律另有规定的除外。

人民检察院在对诉讼活动实行法律监督中发现的司法工作人员利用

职权实施的非法拘禁、刑讯逼供、非法搜查等侵犯公民权利、损害司法公正的犯罪，可以由人民检察院立案侦查。对于公安机关管辖的国家机关工作人员利用职权实施的重大犯罪案件，需要由人民检察院直接受理的时候，经省级以上人民检察院决定，可以由人民检察院立案侦查。

自诉案件，由人民法院直接受理。”

第一百一十一条第三款：“公安机关、人民检察院或者人民法院应当保障报案人、控告人、举报人及其近亲属的安全。报案人、控告人、举报人如果不愿公开自己的姓名和报案、控告、举报的行为，应当为他保守秘密。”

2. 司法解释规定

《人民检察院刑事诉讼规则》第十三条：“人民检察院在对诉讼活动实行法律监督中发现的司法工作人员利用职权实施的非法拘禁、刑讯逼供、非法搜查等侵犯公民权利、损害司法公正的犯罪，可以由人民检察院立案侦查。

对于公安机关管辖的国家机关工作人员利用职权实施的重大犯罪案件，需要由人民检察院直接受理的，经省级以上人民检察院决定，可以由人民检察院立案侦查。”

第十七条：“人民检察院办理直接受理侦查的案件，发现犯罪嫌疑人同时涉嫌监察机关管辖的职务犯罪线索的，应当及时与同级监察机关沟通。

经沟通，认为全案由监察机关管辖更为适宜的，人民检察院应当将案件和相应职务犯罪线索一并移送监察机关；认为由监察机关和人民检察院分别管辖更为适宜的，人民检察院应当将监察机关管辖的相应职务犯罪线索移送监察机关，对依法由人民检察院管辖的犯罪案件继续侦查。

人民检察院应当及时将沟通情况报告上一级人民检察院。沟通期间不得停止对案件的侦查。”

第十八条：“人民检察院办理直接受理侦查的案件涉及公安机关管辖的刑事案件，应当将属于公安机关管辖的刑事案件移送公安机关。如果涉嫌的主罪属于公安机关管辖，由公安机关为主侦查，人民检察院予以配合；如果涉嫌的主罪属于人民检察院管辖，由人民检察院为主侦查，公安机关予以配合。

对于一人犯数罪、共同犯罪、共同犯罪的犯罪嫌疑人还实施其他犯罪、多个犯罪嫌疑人实施的犯罪存在关联，并案处理有利于查明案件事实和诉讼进行的，人民检察院可以在职责范围内对相关犯罪案件并案处理。”

（三）文书结构

1. 首部

首部由检察机关名称、文书名称和文号三部分组成。其中，检察机关的名称应为全称，即要注明所在省（自治区、直辖市）名称，不能只写地区级市、县、区院名。文书名称，即“线索移送函”。文号格式为：“××检线移〔20××〕×号”。

2. 正文

抬头，被移送单位（部门）。应写明被移送单位（部门）的全称。

主文部分列明案件名称及简要线索概况。

3. 尾部

落款。日期应当使用阿拉伯数字，并加盖公章（院印或部门印章）。

（四）文书模板及制作说明

1. 文书模板

×××人民检察院

线索移送函

××检线移〔20××〕×号

×××：

本院（部门）在办理________________一案过程中，发现……。现将有关线索移送你单位（部门），请依法处理。

20××年××月××日
（院印或部门印）

2. 制作说明

（1）本文书依据《中华人民共和国刑事诉讼法》第三条、第七条、第十九条、第一百一十一条第三款，《人民检察院刑事诉讼规则》第十三条、第十七条、第十八条的规定制作。为承办人在办理案件过程中，发现不属于本院（本部门）管辖的违法违纪线索，需移送有管辖权的机关或部门时，或者人民检察院办理直接受理侦查的案件，发现犯罪嫌疑人同时涉嫌监察机关管辖的职务犯罪线索的，经与监察机关沟通后，认为由监察机关和人民检察院分别管辖更为适宜的，将监察机关管辖的相应职务犯罪线索移送监察机关时使用。

（2）本文书由发现或收到案件线索的检察院（部门）制作，应列明被移送单位（部门）的单位名称、案件名称及简要线索概况，并加盖公章。

（3）移送本文书时，应将有关材料、证据作为附件一并移送。

（4）本文书一式三份，一份送达被移送单位（部门），一份存档备查，一份留存附卷。

6.3.25 工作文书：移送线索通知书（适用由检察院移送至外单位）

（一）基本概念

移送线索通知书（适用由检察院移送至外单位），是人民检察院将办理刑事案件过程中发现应由其他机关侦查、调查的犯罪线索移送其他机关时使用的工作文书。

（二）相关依据

1.《中华人民共和国监察法》第十一条："监察委员会依照本法和有关法律规定履行监督、调查、处置职责：

（一）对公职人员开展廉政教育，对其依法履职、秉公用权、廉洁从政从业以及道德操守情况进行监督检查；

（二）对涉嫌贪污贿赂、滥用职权、玩忽职守、权力寻租、利益输送、徇私舞弊以及浪费国家资财等职务违法和职务犯罪进行调查；

（三）对违法的公职人员依法作出政务处分决定；对履行职责不力、失职失责的领导人员进行问责；对涉嫌职务犯罪的，将调查结果移送人民检察院依法审查、提起公诉；向监察对象所在单位提出监察建议。”

2.《中华人民共和国刑事诉讼法》第十九条：“刑事案件的侦查由公安机关进行，法律另有规定的除外。

人民检察院在对诉讼活动实行法律监督中发现的司法工作人员利用职权实施的非法拘禁、刑讯逼供、非法搜查等侵犯公民权利、损害司法公正的犯罪，可以由人民检察院立案侦查。对于公安机关管辖的国家机关工作人员利用职权实施的重大犯罪案件，需要由人民检察院直接受理的时候，经省级以上人民检察院决定，可以由人民检察院立案侦查。

自诉案件，由人民法院直接受理。”

（三）文书结构

本文书共三联，第一联统一保存备查，第二联送达有关机关或者部门，第三联由有关机关或者部门接收线索后退回附卷。

1. 第一联

第一联主要用于审批程序，不附卷，由办案部门统一留存。

（1）首部。本部分包括制作文书的人民检察院名称，需注明所在省（自治区、直辖市）的名称，不能只写地区级市、县、区院名；文书名称，即“移送线索通知书”；文书名称下方标注“（存根）”字样；文号生成格式为：“××检××移通〔20××〕×号”。

（2）正文。依次写明：

案由。即该案涉嫌的罪名，涉嫌多个罪名的则写多个案由。

涉案人基本情况。涉案人姓名、性别、年龄、公民身份号码、工作单位及职务、住址、是否人大代表、政协委员等。如果有单位的，单位名称应当填写全称，必要时在前面加上地域名称。

送达单位。送达的单位或者部门，单位名称应当填写全称，必要时在前面加上地域名称。

移送原因。写明移送原因。

批准人。填写批准制作该文书的有关负责人的姓名。

承办人。填写办理案件检察官的姓名，或者有关事项承办人的姓名。

填发人。填写制作文书的人的姓名。

填发时间。填写实际制作文书的时间。

2. 第二联

第二联送达有关机关或者部门。

（1）首部。本部分与存根内容基本相同，不同之处在于第二联文书名称下方无标注。

（2）正文。抬头，送达通知的有关单位或者部门，行文上顶格书写。

主文部分按照模板要求填写犯罪嫌疑人姓名或单位名称、涉嫌的犯罪罪名，对应送达单位或者部门的简称，并留联系人。例如：现将（张三、单位全称）涉嫌（贪污、贿赂）线索移送你（院或者部），如发现涉嫌司法工作人员相关职务犯罪，请及时与（本案承办人）联系。

（3）尾部。落款，署人民检察院或者部门名称，成文日期，即批准人的批准日期，成文日期上加盖院印或者部门印章。

3. 第三联

第三联有关机关或者部门接收线索后退回附卷，本联由接收线索有关机关或者部门填写。

（1）首部。与前两联一致，文书名称下方标注"（回执）"字样。

（2）正文。抬头，移送线索的人民检察院或者部门名称。

按照模板要求填写。主文模板为："你院/部门（成文日期）以（编号）移送的（涉案人或者单位）涉嫌（案由）线索，我（回执的单位或者部门等，填写简称，例如：院或者部，与回执落款的单位或者部门对应即可）已于（收文日期）收悉。"

（3）尾部。落款，接收线索的有关机关或者部门名称，接收日期，日期上加盖有关机关或者部门印章。

（四）文书模板及制作说明

1. 文书模板

×××人民检察院

移送线索通知书

（存　根）

××检××移通〔20××〕×号

案由________

涉案人基本情况（姓名、性别、年龄、身份证号、工作单位及职务、住址、是否人大代表、政协委员）________

送达单位________

移送原因________

批准人________

承办人________

填发人________

填发时间________

第一联　统一保存

×××人民检察院

移送线索通知书

××检××移通〔20××〕×号

________：

现将________涉嫌________线索移送你________，如发现涉嫌司法工作人员相关职务犯罪，请及时与________联系。

________人民检察院/部门

20××年××月××日

（院印或部门印）

第二联　送达有关机关或者部门

×××人民检察院

移送线索通知书

（回　执）

________人民检察院/部门：

你院/部门________年____月____日以____检____移通〔20　〕____号移送的________涉嫌________线索，我____已于______年____月____日收悉。

20××年××月××日

（公章）

第三联　有关机关或者部门接收线索后退回附卷

2. 制作说明

（1）本文书依据《中华人民共和国刑事诉讼法》第十九条，《中华人民共和国监察法》第十一条第二项的规定制作。为人民检察院在办理刑事案件过程中发现应由其他机关侦查、调查的犯罪，以及其他机关在侦查、调查案件过程中发现应由检察机关侦查的犯罪时使用。

（2）填制本文书时，第一联需写明办案单位、文号、案由、涉案人基本情况（姓名、性别、年龄、公民身份号码、工作单位及职务、住址、是否人大代表、政协委员）、送达单位、移送原因、批准人、承办人、填发人、填发时间、第二联需写明具体单位、移送的案件线索具体涉案人姓名、性质。第三联需由受理案件线索单位填写，写明送达单位姓名、移送线索日期、收到线索日期、文号、填写日期，并加盖单位公章。

（3）有权制作本文书的是办理具体案件的人民检察院。

（4）本文书共计三联，第一联统一保存备查，第二联送达有关机关或者部门，第三联由有关机关或者部门接收线索后退回移送线索的人民检察院。

6.3.26 工作文书：移送案件线索通知书（适用检察院内部）

（一）基本概念

移送案件线索通知书（适用检察院内部），是人民检察院在办理刑事案件过程中发现应由其他检察院办理的案件线索，将线索移送给其他检察院时使用的工作文书。

（二）相关依据

《中华人民共和国刑事诉讼法》第二十条：“基层人民法院管辖第一审普通刑事案件，但是依照本法由上级人民法院管辖的除外。”

第二十一条：“中级人民法院管辖下列第一审刑事案件：

（一）危害国家安全、恐怖活动案件；

（二）可能判处无期徒刑、死刑的案件。”

第二十二条："高级人民法院管辖的第一审刑事案件，是全省（自治区、直辖市）性的重大刑事案件。"

第二十三条："最高人民法院管辖的第一审刑事案件，是全国性的重大刑事案件。"

第二十四条："上级人民法院在必要的时候，可以审判下级人民法院管辖的第一审刑事案件；下级人民法院认为案情重大、复杂需要由上级人民法院审判的第一审刑事案件，可以请求移送上一级人民法院审判。"

第二十五条："刑事案件由犯罪地的人民法院管辖。如果由被告人居住地的人民法院审判更为适宜的，可以由被告人居住地的人民法院管辖。"

第二十六条："几个同级人民法院都有权管辖的案件，由最初受理的人民法院审判。在必要的时候，可以移送主要犯罪地的人民法院审判。"

第二十七条："上级人民法院可以指定下级人民法院审判管辖不明的案件，也可以指定下级人民法院将案件移送其他人民法院审判。"

第二十八条："专门人民法院案件的管辖另行规定。"

（三）文书结构

本文书共三联，第一联统一保存备查，第二联送接收单位，第三联附卷。本文书系检察院内部使用。

1. 第一联

第一联主要用于审批程序，不附卷，由办案部门统一留存。

（1）首部。本部分包括制作文书的人民检察院名称，需注明所在省（自治区、直辖市）的名称，不能只写地区级市、县、区院名；文书名称，即"移送案件线索通知书"；文书名称下方标注"（存根）"字样；文号生成格式为："××检××移〔20××〕×号"。

（2）正文。依次写明：

案由。即该案涉嫌的罪名，涉嫌多个罪名的则写多个案由。

当事人姓名。当事人姓名应填写当事人合法身份证件上的姓名，如果没有合法身份证件的，填写在户籍登记中使用的姓名。如果当事人是外国人，除应当填写其合法身份证件上的姓名外，还应当同时写明汉语译名。确实无法查明其真实姓名的，也可以暂填写其自报的姓名。查清其真实姓名后，按照查清后的姓名填写，对之前填写的内容可不再更改，但应当在案件卷宗中予以书面说明（当事人出生日期、住址不明的，参照上述规定办理）。

当事人性别。

当事人出生年月日。当事人的出生日期应当以其合法身份证件上记载的出生日期为准，没有合法身份证件的，以户籍登记中的出生日期为准。

当事人单位及职务。单位名称应当填写全称，必要时在前面加上地域名称。职务填写具体职务，没有具体职务的填写职级情况。没有工作单位的，可以根据实际情况填写经商、务工、农民、在校学生或者无业等。

当事人住址。填写当事人的经常居所地。当事人的经常居所地以户籍登记中的住址为准。如果该当事人离开户籍所在地在其他地方连续居住满一年以上的，则以该地为经常居住地，并应当在填写经常居住地的同时注明户籍登记的住址。

控告（举报、报案、自首）人。填写控告（举报、报案、自首）人的姓名，可参照当事人姓名填写规范如实填写。

送达单位。填写线索接收线索单位的全称。

移送时间。填写移送线索的时间。

移送原因。参照《中华人民共和国刑事诉讼法》第二章、《人民检察院刑事诉讼规则》第二章的规定填写。

批准人。填写批准制作该文书的有关负责人的姓名。

承办人。填写承办检察官的姓名。

填发人。填写制作文书的人的姓名。

填发时间。填写实际制作文书的时间。

2. 第二联

（1）首部。与第一联一致，文书名称下方无标注。

（2）正文。抬头，接收线索单位的全称。

主文部分按照模板填充要求，写明提出控告（举报、报案、自首）

的日期、移送单位的移送日期。

（3）尾部。落款，发文日期，日期上加盖移送案件线索的人民检察院院印。

3. 第三联

本联由接收案件线索单位填写。

（1）首部。与前两联一致。

（2）正文。抬头，写明移送单位全称。

主文部分按照模板填充要求，写明控告（举报、报案、自首）人姓名加案由、线索接收日期。

（3）尾部。落款，文书成文日期，并加盖接收线索人民检察院院印。

（四）文书模板及制作说明

1. 文书模板

×××人民检察院

移送案件线索通知书

（存　根）

××检××移〔20××〕×号

案由________________

当事人________________

性别________出生年月日________

单位及职务________________

住址________________

控告（举报、报案、自首）人________

送达单位________________

移送时间________________

移送原因________________

批准人________________

承办人________________

填发人________________

填发时间________________

第一联　统一保存

×××人民检察院

移送案件线索通知书

××检××移〔20××〕×号

________：

______年____月____日举报（报案、控告、自首）人____一案，我院于______年____月____日移送于你单位。

20××年××月××日

（院印）

第二联　送接收单位

×××人民检察院

移送案件线索通知书

××检××移〔20××〕×号

________：

______年____月____日你院移送的举报（报案、控告、自首）人______________________________一案，我院已于______年____月____日收到。

20××年××月××日

（院印）

第三联　附卷

2. 制作说明

（1）本文书依据《中华人民共和国刑事诉讼法》第二十条、第二十一条、第二十二条、第二十三条、第二十四条、第二十五条、第二十六条、第二十七条、第二十八条的规定制作。为人民检察院在办理刑事案件过程中发现应由其他检察院办理的案件线索时使用。

（2）有权制作本文书的是办理具体案件的人民检察院。

（3）本文书共计三联，第一联统一保存备查，第二联送接收单位，第三联由移送案件线索的人民检察院附卷。

6.3.27 工作文书：回访监督卡

（一）基本概念

回访监督卡，是记录人民检察院检务督察部门征求社会各界、发案单位、案件被回访人，对办案单位和办案人员公正执法、文明办案、执行办案纪律、规定意见时使用的工作文书。

（二）相关依据

1. 《人民检察院执法办案内部监督暂行规定》第六条：“执法办案内部监督的对象是各级人民检察院及检察人员的执法办案活动。”

第七条：“执法办案内部监督的主要内容是：

（一）在执法办案活动中遵守法律规定的情况；

（二）在执法办案活动中遵守检察纪律和规章制度的情况；

（三）在执法办案活动中履行法定职责的情况。”

2. 最高人民检察院《关于加强执法办案活动内部监督防止说情等干扰的若干规定》第二条：“检察人员在执法办案活动中，遇有不依法律程序或者正常工作程序，私下通过各种关系干扰执法办案，向执法办案人员直接或者间接打探案情，或者为涉案人开脱、减轻责任，或者非法干预、阻碍办案，或者提出不符合办案规定的其他要求等情况时，应当向有关领导和纪检监察机构报告。”

（三）文书结构

本文书以案为单位制作。正文部分以表格形式呈现。

1. 首部

本部分包括制作文书的人民检察院名称，文书名称，即“回访监督卡”。

2. 正文

在表格中按要求依次写明：

被回访人（单位）。写明被回访人合法身份证件上的姓名，如果没有合法身份证件的，填写在户籍登记中使用的姓名。如果被回访人是外国人，除应当填写其合法身份证件上的姓名外，还应当同时写明汉语译名。

地址。填写被回访人的经常居所地。被回访人的经常居所地以户籍登记中的住址为准。如果该被回访人离开户籍所在地在其他地方连续居住满一年以上的，则以该地为经常居住地，并应当在填写经常居住地的同时注明户籍登记的住址。单位地址，应当根据实际情况而定，填写单位主要经营或者办公地所处的详细地址。

当事人及案由。写明当事人和案由，即该案涉嫌的罪名，涉嫌多个罪名的则写多个案由。

与当事人的关系。写明与当事人的关系。

回访时间。填写回访当天时间。

联系电话。填写联系人的移动电话号码、固定电话号码、电子邮件地址等内容。

被回访人（单位）对办案单位、办案人员执法执纪意见。结合实际情况，填写被回访人（单位）对办案单位、办案人员执法执纪意见。

回访人意见。结合实际情况，回访人意见。

3. 尾部

备注。结合实际情况，填写相关回访监督信息。

被回访人、回访单位应签字，一式二份，由检务督察部门留存一份，一份附卷备查。

（四）文书模板及制作说明

1. 文书模板

×××人民检察院

回访监督卡

被回访人（单位）		地址	
当事人及案由		与当事人的关系	
回访时间		联系电话	
被回访人（单位）对办案单位、办案人员执法执纪意见			
回访人意见			
备注			

2. 制作说明

（1）本文书依据《人民检察院执法办案内部监督暂行规定》和最高人民检察院《关于加强执法办案活动内部监督防止说情等干扰的若干规定》的规定制作。

（2）使用本文书，是记录检务督查部门征求社会各界、发案单位、案件当事人，对办案单位和办案人员公正执法、文明办案、执行办案纪律、规定意见的情况。适用于检务督查部门对办案人员依法办案、执行办案纪律情况的监督。由检务督查部门或组织有关人员，通过社会各界、案件当事人、发案单位等渠道，了解办案人员执行办案纪律的情况。对复杂、重大或有影响的案件必须派人回访。被回访人、回访单位应签字，一式二份，由检务督察部门留存一份，一份附卷备查。

（3）本文书以案为单位制作。

6.3.28　工作文书：廉洁自律卡

（一）基本概念

廉洁自律卡，是办案人员在办案中记录公正执法、依法办案、文明办案、廉洁办案和执行办案纪律、规定情况的工作文书。

（二）相关依据

本文书依据《人民检察院执法办案内部监督暂行规定》和最高人民检察院《关于加强执法办案活动内部监督防止说情等干扰的若干规定》的规定制作。

（三）文书结构

本文书以案为单位制作。正文部分以表格形式呈现。

1. 首部

本部分包括制作文书的人民检察院名称，文书名称，即“廉洁自律卡”。

2. 正文

在表格中按要求依次写明：

办案部门。写明具体办案部门。

办案人员。写明办案人员姓名。

案件当事人。写明案件当事人名字。

案由。即该案涉嫌的罪名，涉嫌多个罪名的则写多个案由。

受案时间。写明受案时间。

结案时间。写明结案时间。

执法办案执行纪律情况。简明扼要写明执行纪律情况。

处理说情、请吃、吃请情况。简明扼要写明处理说情、请吃、吃请情况。

3. 尾部

部门负责人审签。部门负责人签字。

（四）文书模板及制作说明

1. 文书模板

×××人民检察院

廉洁自律卡

办案部门		办案人员	
案件当事人		案由	
受案时间		结案时间	
执法办案执行纪律情况			
处理说情、请吃、吃请情况			
部门负责人审签			

2. 制作说明

（1）本文书依据《人民检察院执法办案内部监督暂行规定》和最高人民检察院《关于加强执法办案活动内部监督防止说情等干扰的若干规定》的规定制作。

（2）使用本文书，是记录办案人员办案中公正执法、依法办案、文明办案、廉洁办案和执行办案纪律、规定的情况。适用于办案人员自我监督。由案件主办人自己填写执行办案纪律和处理说情、送礼、吃请等情况。每一案件办结后，送本部门负责人审签后，一式二份，一份交检务督察部门备查，一份附卷备查。

（3）本文书以案为单位制作。

6.3.29 工作文书：执法办案风险处置表

（一）基本概念

执法办案风险处置表，是人民检察院办案人员记录在执法办案过程中开展风险处置工作情况时使用的工作文书。

（二）相关依据

本文书依据《关于加强检察机关执法办案风险评估预警工作的意见》的相关规定制作。2011年7月，最高人民检察院下发了《关于加强检察机关执法办案风险评估预警工作的意见》，明确规定了风险评估预警的指导原则、工作重点、方法步骤等内容。

《关于加强检察机关执法办案风险评估预警工作的意见》第二条："执法办案风险评估预警工作，主要是指检察机关业务部门和案件承办人员在执法办案过程中，对检察执法行为是否存在引发不稳定因素、激化社会矛盾等执法办案风险，进行分析研判、论证评估。"

（三）文书结构

本文书以案为单位制作。由人民检察院各业务部门执法办案处置风险案件后填写。正文部分以表格形式呈现。

1. 首部

本部分包括制作文书的人民检察院名称，文书名称，即"执法办案风险处置表"。

2. 正文

在表格中按要求依次写明：

办案部门。写明办案部门。

案件名称。犯罪嫌疑人、被告人姓名+涉嫌的罪名，涉嫌多个罪名的则写多个案由。

承办人。填写承办检察官的姓名。

执法办案风险。写明执法办案风险。

处置意见。写明处置意见。

3. 尾部

备注。填写需要备注的其他情况。

（四）文书模板及制作说明

1. 文书模板

×××人民检察院

执法办案风险处置表

办案部门			
案件名称		承办人	
执法办案风险			
处置意见			
备注			

2. 制作说明

（1）本文书根据《关于加强检察机关执法办案风险评估预警工作的意见》的规定制作。目的在于要在执法办案的同时，实事求是地做好风险评估预警工作，及时预警、依法处置、化解矛盾，确保执法办案“三个效果”的有机统一。

（2）本文书在人民检察院各业务部门执法办案时使用。在处置风险案件后填写。

（3）本文书以案为单位制作。

6.3.30　工作文书：执法办案风险评估预警表

（一）基本概念

执法办案风险评估预警表，是人民检察院各业务部门在执法办案过程中对案件风险评估预警工作所使用的工作文书。

（二）相关依据

2011年7月，最高人民检察院下发了《关于加强检察机关执法办案风险评估预警工作的意见》，明确规定了风险评估预警的指导原则、工作重点、方法步骤等内容。

《关于加强检察机关执法办案风险评估预警工作的意见》第二条："执法办案风险评估预警工作，主要是指检察机关业务部门和案件承办人员在执法办案过程中，对检察执法行为是否存在引发不稳定因素、激化社会矛盾等执法办案风险，进行分析研判、论证评估。"

（三）文书结构

本文书以案为单位制作。正文部分以表格形式呈现。

1. 首部

本部分包括制作文书的人民检察院名称，文书名称，即“执法办案风险评估预警表”。

2. 正文

在表格中按要求依次写明：

办案部门。承办案件的业务部门。

案件名称。犯罪嫌疑人、被告人姓名＋涉嫌的罪名，涉嫌多个罪名的则写多个案出。

案件类型。写明案件所处的诉讼阶段或诉讼类型。

评估等级。简要写明风险等级。

承办人。填写承办检察官的姓名。

（拟）处理决定。简要写明（拟）处理决定。

基本案情。案件事实、证据、情节、法律适用等基本情况。

风险类型和基本情况。承办人根据案件具体情况，综合分析研判诉讼、信访、舆情等各种风险，确定风险类型和基本情况。

风险预测评估意见。对案件风险等级进行评估。

风险处置建议。结合案件情况填写评估预警等级及分析风险情况及原因、采取的应对预案、工作进展等，提出风险处置建议。

（四）文书模板及制作说明

1. 文书模板

×××人民检察院

执法办案风险评估预警表

办案部门		评估等级	
案件名称		承办人	
案件类型		（拟）处理决定	
基本案情			
风险类型和基本情况			
风险预测评估意见			
风险处置建议			
备注			

2. 制作说明

（1）本文书根据《关于加强检察机关执法办案风险评估预警工作的意见》的规定制作。目的在于要在执法办案的同时，实事求是地做好风险评估预警工作，及时预警、依法处置、化解矛盾，确保执法办案“三个效果”的有机统一。

（2）本文书在人民检察院各业务部门执法办案时使用。对案件进行风险评估时填写。

（3）本文书以案为单位制作。

6.3.31 工作文书：办案用警申请表

（一）基本概念

办案用警申请表，是办案部门申请配备使用司法警察时所使用的工作文书。

（二）相关依据

1. 司法解释规定

《人民检察院刑事诉讼规则》第五条第二款：“检察官办理案件，可以根据需要配备检察官助理、书记员、司法警察、检察技术人员等检察辅助人员。检察辅助人员依照法律规定承担相应的检察辅助事务。”

第一百八十六条第二款：“因辨认、鉴定、侦查实验或者追缴犯罪有关财物的需要，经检察长批准，可以提押犯罪嫌疑人出所，并应当由两名以上司法警察押解。不得以讯问为目的将犯罪嫌疑人提押出所进行讯问。”

第二百零四条：“搜查应当在检察人员的主持下进行，可以有司法警察参加。必要时，可以指派检察技术人员参加或者邀请当地公安机关、有关单位协助进行。

执行搜查的人员不得少于二人。”

2. 其他规定

《人民检察院司法警察执行职务规则》第二条：“人民检察院司法警

察在检察官的指挥下，依法履行职责。”

第四条：“人民检察院司法警察执行职务应当根据用警部门的申请，填写执行职务派警令。执行一般任务的，执行职务派警令由警务部门负责人签发；执行重大警务活动或者执行任务需携带武器的，执行职务派警令由分管院领导签发；遇有紧急情况，经分管院领导同意可先派警，任务执行完毕后，及时补办相关手续。”

（三）文书结构

本文书以案为单位制作。正文部分以表格形式呈现。

1. 首部

本部分包括制作文书的人民检察院名称，文书名称，即“办案用警申请表”。

2. 正文

在表格中按要求依次写明：

用警部门。填写申请用警的业务部门。

申请人。由检察官或检察官办案组签名。

出警时间。填写计划用警的时间。

执行地点。填写拟用警的地点。

用警事由。人民检察院司法警察依法履行下列职责：保护人民检察院直接立案侦查案件的犯罪现场；执行传唤、拘传；协助执行监视居住、拘留、逮捕，协助追捕在逃或者脱逃的犯罪嫌疑人；参与搜查；提押、看管犯罪嫌疑人、被告人和罪犯；送达有关法律文书；保护出席法庭、执行死刑临场监督检察人员的安全；协助维护检察机关接待群众来访场所的秩序和安全，参与处置突发事件；法律法规规定的其他职责。可根据申请用警的具体情况结合司法警察的法定职责填写用警事由。

用警部门负责人意见。由用警部门负责人签署意见。

审批人意见。由用警部门的分管领导签署意见。

3. 尾部

备注。填写需备注的其他情况。

（四）文书模板及制作说明

1. 文书模板

×××人民检察院

办案用警申请表

年　月　日

用警部门		申请人	
出警时间		执行地点	
用警事由			
用警部门负责人意见			
审批人意见			
备注			

2. 制作说明

（1）本文书依据《人民检察院刑事诉讼规则》第五条第二款、第一百八十六条第二款、第二百零四条，以及《人民检察院司法警察执行职务规则》第二条、第四条的规定制作。

（2）该文书使用范围不仅限于办理案件中使用，也可用于维持现场秩序等，如检察官办案组中配备、辨认、鉴定、侦查实验、搜查、送达文书、维持现场秩序或者追缴犯罪有关财物等。

（3）申请人是检察官或检察官办案组签名。

（4）本文书以案为单位制作，可多次申请，也可以按时段申请。

6.3.32　工作文书：指定/变更案件承办人申请表

（一）基本概念

指定/变更案件承办人申请表，是人民检察院办理刑事案件时，根据案件具体情况，将案件在检察官或检察官办案组间进行变更办理时使用的一种工作文书。

（二）相关依据

1. 法律依据

《中华人民共和国刑事诉讼法》第二十九条："审判人员、检察人员、侦查人员有下列情形之一的，应当自行回避，当事人及其法定代理人也有权要求他们回避：

（一）是本案的当事人或者是当事人的近亲属的；

（二）本人或者他的近亲属和本案有利害关系的；

（三）担任过本案的证人、鉴定人、辩护人、诉讼代理人的；

（四）与本案当事人有其他关系，可能影响公正处理案件的。

第三十条："审判人员、检察人员、侦查人员不得接受当事人及其委托的人的请客送礼，不得违反规定会见当事人及其委托的人。

审判人员、检察人员、侦查人员违反前款规定的，应当依法追究法律责任。当事人及其法定代理人有权要求他们回避。"

2. 司法解释规定

《人民检察院刑事诉讼规则》第五条第一款："人民检察院办理刑事案件，根据案件情况，可以由一名检察官独任办理，也可以由两名以上检察官组成办案组办理。由检察官办案组办理的，检察长应当指定一名检察官担任主办检察官，组织、指挥办案组办理案件。”

第二十四条：“检察人员在受理举报和办理案件过程中，发现有刑事诉讼法第二十九条或者第三十条规定的情形之一的，应当自行提出回避；没有自行提出回避的，人民检察院应当决定其回避，当事人及其法定代理人有权要求其回避。”

（三）文书结构

本文书以案为单位制作。正文部分以表格形式呈现。

1. 首部

本部分包括制作文书的人民检察院名称，文书名称，即“指定/变更案件承办人申请表”。

2. 正文

在表格中按要求依次写明：

申请人。应填写申请指定/变更人的姓名。

原承办人。应填写原办理案件检察官姓名或检察官办案组名称。

申请时间。应填写申请指定/变更的时间。

变更后承办人。应填写指定/变更后办理案件检察官姓名或检察官办案组名称。

变更原因。应阐明指定/变更案件承办人的缘由和依据。

所在部门意见、案件管理部门意见。应写明同意或不同意指定/变更申请。

处理结果反馈。应填写申请的结果，如已变更或已驳回。

（四）文书模板及制作说明

1. 文书模板

×××人民检察院

指定/变更案件承办人申请表

申请人		原承办人	
申请时间		变更后承办人	
变更原因			
所在部门意见			
案件管理部门意见			
处理结果反馈			

2. 制作说明

（1）本文书依据《中华人民共和国刑事诉讼法》第二十九条、第三十条和《人民检察院刑事诉讼规则》第五条第一款、第二十四条的规定制作。

（2）在使用该文书中，对于共同犯罪或多罪名犯罪案件，可区分主犯、主要罪行，在主管部门检察官或检察官办案组间进行变更。

（3）该文书应当一式二份，办案部门和案件管理部门各留一份。